现代信息资源管理丛书

政府信息资源管理

王新才　等著

科学出版社

北京

内 容 简 介

本书是《现代信息资源管理丛书》之一。

随着信息时代的到来，政府信息资源及其管理已成为当前社会关注的核心问题。本书立足于电子政务环境，在分析政府信息资源含义及其管理起源与发展的基础上，从学科集成和综合的角度，系统地探讨了政府信息资源形成的主体、渠道与机制、采集的原则、程序与发展趋势、组织与整理的原理与方法、公开与利用服务的模式、机制等，进而分析了政府信息资源管理的绩效审计、管理政策、宏观调控体制等方面的内容。

本书可作为信息管理、图书学、情报学、档案学、电子政务等专业师生的教材或参考书，也可作为信息产业部门、信息中心、情报部门、图书馆、档案馆等业务、管理和研究人员的参考工具书。

图书在版编目（CIP）数据

政府信息资源管理／王新才等著．—北京：科学出版社，2011
（现代信息资源管理丛书／邱均平主编）
ISBN 978-7-03-029979-6

Ⅰ．政…　Ⅱ．王…　Ⅲ．国家行政机关－信息管理：资源管理－研究
Ⅳ．D035.1

中国版本图书馆 CIP 数据核字（2011）第 005637 号

责任编辑：李　敏／责任校对：张怡君
责任印制：吴兆东／封面设计：无极书装

科学出版社出版
北京东黄城根北街 16 号
邮政编码：100717
http://www.sciencep.com

北京虎彩文化传播有限公司印刷
科学出版社发行　各地新华书店经销

*

2011 年 1 月第　一　版　　开本：B5（720×1000）
2023 年 2 月第九次印刷　　印张：20 1/4
字数：383 000

定价：60.00 元

（如有印装质量问题，我社负责调换）

《政府信息资源管理》著者名单

王新才（武汉大学信息管理学院）
谭必勇（山东大学历史文化学院）
吕元智（上海师范大学人文与传播学院）
李海涛（武汉大学信息管理学院）
张维华（武汉理工大学信息工程学院）

教育部人文社会科学重点研究基地重大项目（项目批准号：05JJD870158）资助成果

《现代信息资源管理丛书》编委会

总　　序

信息资源管理（information resource management，IRM）是20世纪70年代末兴起的一个新领域。30多年来，IRM已发展成为影响最广、作用最大的管理领域之一，是一门受到广泛关注的富有生命力的新兴学科。IRM对经济社会可持续发展和提高国家、区域、组织乃至个人的核心竞争力来说，都具有基础性的意义和独特的价值。

在国际范围内，受信息技术进步的推动和经济社会管理需求的牵引，IRM理论研究和职业实践发展迅速，并呈现出一些明显的特征：①广泛融合了信息科学、经济学、管理学、计算机科学、图书情报学等多学科的理论方法，形成以“信息资源”为管理对象的一个新学科，在管理学知识地图中确立了自己的地位。②研究范式的形成和变化。IRM的记录管理学派、信息系统学派、信息管理学派各自发展，以及管理理念、理论和技术方法的交叉融合，形成了IRM的集成管理学派。集成管理学派以信息系统学派的继承和发展为主线，吸收了记录管理学派的内容管理和信息管理学派的社会研究视角，形成了IRM强调“管理”和“技术”，并在国家、组织、个人层面支持决策和各自目标实现的新的研究范式[①]。③研究热点的变化。当前IRM研究在国家、组织、个人层面上表现出新的研究热点，如国家层面的国家信息战略、国家信息主权与信息安全、信息政策与法规、支持危机管理的信息技术等；组织层面的信息系统理论，信息技术（系统）的绩效、价值与应用，IT投资，知识管理，电子商务，电子政务，IT部门与IT员工，虚拟组织，IRM技术等[②]；个人层面的人－机交互、My Li-

---

① 麦迪·克斯罗蓬．信息资源管理的前沿领域．沙勇忠等译．北京：科学出版社，2005

② Mehdi Khosrow-Pour. Advanced Topics in Information Resources Management（Volume 1-5）. Hershey：IGI Publishing，2002～2006

brary、个人信息管理（personal information management，PIM）框架、PIM 工具与方法等[①]。④职业实践的发展。IRM 的基础管理意义和强大的实践渗透力不断催生出新的信息职业、新的信息专业团体和新的信息教育。组织中的 CIO 作为一个面向组织决策的高层管理职位，正经历与 COO、CLO、CKO 等的角色融合与再塑；信息专业团体除信息科学学（协）会、图书馆学（协）会、计算机学（协）会、竞争情报学（协）会、数据处理管理学（协）会、互联网协会等之外，专门的信息资源管理协会也开始成立，如美国信息资源管理协会（Information Resources Management Association，IRMA）；同时，IRM 作为高等教育中的一个专业或课程，广泛渗透于图书情报、计算机、工商管理等学科领域，这种多元并存的教育格局一方面加剧了 IRM 的职业竞争，另一方面也成为推动 IRM 学科发展和保持职业生命力的重要因素。

随着 IRM 在中国的发展，中国的图书情报档案类高等教育与 IRM 的关系日益密切[②]，进入 21 世纪以后，出现了面向 IRM 的整体改革趋势和路径选择。在 2006 年召开的“第二届中美数字时代图书馆学情报学教育国际研讨会”上，与会图书情报（信息管理）学院院长（系主任）签署的《数字时代中国图书情报与档案学教育发展方向及行动纲要》中明确提出：“图书情报档案类高等教育应定位于信息资源管理，定位于管理科学门类”，认为“面向图书馆、情报、档案与出版工作的图书情报学类高等教育是信息资源管理事业健康发展的重要保障”[③]，显示了面向 IRM 已成为中国图书情报档案类高等教育改革的一个集体共识。在这一背景下，图书情报档案类学科如何在 IRM 大的学

---

① William Jones. Personal Information Management. *See*: Annual Review of Information Science and Technology. Volume 41, 2007

② 在我国目前的高等教育体系中，图书馆学、信息管理与信息系统、档案学、编辑出版学分别属于教育部高等教育司颁布的《普通高等学校本科专业目录和专业介绍》中的本科专业；图书馆学、情报学、档案学、出版发行学分别属于国务院学位委员会《授予博士硕士学位和培养研究生的学科专业目录》中的二级学科。但它们分别属于不同的学科门类（如本科专业中的管理学类、文学类）和一级学科（如研究生专业中的管理科学与工程，图书馆、情报与档案管理）

③ 数字时代中国图书情报与档案学教育发展方向及行动纲要．图书情报知识，2007，(1)

科框架下发展，以信息资源作为对象和逻辑起点进行知识更新与范畴重建，并突出“管理”和“技术”的特点，已成为我国图书情报档案类学科理论研究和教学改革的新的使命和任务。毫无疑问，这将是中国图书情报档案类学科及其教育在新世纪所面临的一次方向性变革和结构性调整，不仅意味着理论形态及其知识体系的改变，也意味着实践模式的革新。《现代信息资源管理丛书》的出版就是出于对这一使命的认识和学术自觉。事实上，我国“图书馆、情报与档案管理”（或称“信息资源管理”）学科领域的教学和研究已经发生了深刻变革，其范围不断扩大，内容更加充实，应用面也在拓展。为了落实“宽口径、厚基础，培养通用型人才”的要求，很多学校的教学工作正在由按二级学科专业过渡到按一级学科来组织，而现已出版的信息管理类丛书仅针对“信息管理与信息系统”专业的需要，适用面较窄，不能满足一级学科的教学、科研和广大读者的迫切需要。因此，根据高等学校 IRM 类学科发展与专业教育改革的需要和图书市场的需求，为了建立结构合理、系统科学的学科体系和专业课程体系，创建符合 IRM 的学科发展和教学改革要求的著作体系，进一步推动本学科领域的教学和科研工作的全面、健康和可持续发展，武汉大学、华中师范大学、黑龙江大学、兰州大学、南京理工大学、中山大学、吉林大学、华东师范大学、湘潭大学、郑州大学、西安电子科技大学和郑州航空工业管理学院 12 所高校信息管理学院（系、中心）的多名专家、学者共同发起，在广泛协商的基础上决定联合编著一套《现代信息资源管理丛书》（以下简称《丛书》），由科学出版社正式出版。我们希望能集大家之智慧、博采众家之长写出一套有价值、有特色、高水平的信息资源管理领域的科学著作，既展示本学科领域的最新丰硕成果，推动科学研究的不断深入发展，又能满足教学工作和广大读者的迫切需要。

《丛书》的显著特点主要是：①定位高，创新性强。《丛书》中的每部著作都以著述为主、编写为辅。既融入自己的研究成果，形成明显的个性特色，又构成一个统一体系，能够用于教学；既是反映国内外学科前沿研究成果的创新性专著，又是适合高校本科生和研究生教学需要的新教材，同时还可以供相关学科领域和行业的广大读者学习参考。②范围广，综合性强。《丛书》涉及“图书馆、情报与档案管理”整个一级学科，包括图书馆学、情报学、档案学、信息管理与信息系统、编辑出版、电子商务以及信息资源管理的其他专业领域，体现出学科综合、方法集成、应用广泛的明显特点。③水平高，学术性强。《丛书》的著者都具有博士学位或副教授以上职称，都是教学、科研第一线的骨干教师或学术带头人，既具有较高的学术水平和雄厚的科研基础，又有撰写著作的经验，从而为打造高水平、高质量的系列著作提供了人才保障；同时，按照理论、方法、应用三结合的思路构建各著作的内容体系，体现内容上的前瞻性、科学性、系统性和实用性；在信息资源管理理论与信息技术结合的基础上，对信息技术和方法有所侧重；书中还列举了典型的、有代表性的案例，充分体现其实用性和可操作性；注重整套丛书的规范化建设，采用统一版式、统一风格，表现出较高的规范化水平。

《丛书》由武汉大学博士生导师邱均平教授全程策划、组织实施并担任主编，王伟军、马海群、沙勇忠、王学东、毕强、赵捧未、况能富、范并思、王新才、甘利人、刘永、夏立新、唐晓波、张美娟、赵蓉英、文庭孝、张洋、颜端武担任副主编。为了统一认识，落实分工合作任务，在《丛书》主编主持下，先后在武汉大学召开了两次编委会。第一次编委会（2005 年 11 月 27 日）主要讨论了选题计划，确定各分册负责人；然后分头进行前期研究、撰写大纲，并报给主编进行审订或请有关专家评审，提出修改意见。经过两年多的准备和研究，2007 年 12 月 23 日召开了第二次编委会，进一步审订了各分册的编写大纲、落实作者队伍、确定交稿时间和出版计划等，并商定在 2008～2010 年内将 18 本分册全部出版发行。会后各分册的撰著工作全面展开，进展顺利。在 IRM 大学科体系框架下，我们选择 18 个主题分头进行研究，其研究成果构成本套丛书著作。这些著作反映了 IRM 领域的重要分支或新的专业领域的创新性研究成果，基本上构成了一个较为全面、系统的现代信息资源管理的学科体系。参与撰著的作者来自30多所高校或科研院所，有着广泛的代表性。其中，已确定的18本分册的名称和负责人分别是：《信息资源管理学》（邱均平，沙勇忠），《数字资源建设与管理》（毕强），《信息获取与用户服务》（颜端武），《信息系统理论与实践》（刘永），《信息分析》（沙勇忠），《信息咨询与决策》（文庭孝），《政府信息资源管理》（王新才），《出版经济学》（张美娟），《电子商务信息管理》（王伟军），《信息资源管理政策与法规》（马海群），《网络计量学》（邱均平），《信息检索原理与技术》（夏立新），《信息资源管理技术》（赵捧未），《信息安全概论》（唐晓波），《数字信息组织》（甘利人），《企业信息战略》（王学东），《竞争情报学》（况能富），《网络信息资源开发与利用》（张洋）。《丛书》各分册的撰写除阐述各自学科领域相对成熟的知识积累和知识体系之外，还力图反映国内外学科的前沿理论和技术方法；既有编著者的独到见解和新的研究成果，又突出面向职业实践的应用。因此，《丛书》的另一个重要特色是兼具专著与教材的双重风格，既可作为高校信息管理与信息系统、工商管理、图书情报档案、电子商务以及经济学和管理学等相关专业的教材或教学参考书，又可供信息管理部门、信息产业部门、信息职业者以及广大师生阅读使用。

《丛书》的出版得到了科学出版社的大力支持；同时还得到了各分册负责人、各位著者和参编院校的鼎力帮助；在编写过程中，我们还参阅了大量的国内外文献。在此一并表示衷心的感谢！

由于面向IRM的图书情报档案类学科转型是一个艰巨和长期的任务，我们所做的工作只是一次初步的尝试，不足和偏颇之处在所难免，诚望同行专家及读者批评指正。

邱均平

于武汉大学珞珈山

2008年6月8日

前　言

对政府信息的管理，是与政府部门的产生相一致的。或者说，自从政府产生，分工治理国家，各部门就开始产生并管理信息。章学诚所谓“立官分守，而文字亦从而纪焉”。虽然章学诚联系政府职能谈论的是图书的起源，但我们不难发现，“有官斯有法，故法具于官；有法斯有书，故官守其书”，这里的法指的是法规条例，而书指的正是相关记录。早期“私门无著述文字”，因为文字掌握在少数人手中，他们通常都是政府部门人员，记录也就由他们职掌控制。那些想学习的人，通常得“以吏为师”（以上所引章学诚语见《校雠通义·原道第一》）。

政府信息是极其重要的资源。将政府记录编纂整理，就成为资料汇编性质的图书。即使到了孔子时代，孔子和弟子们整理的六经，也多属于这种档案编选性质。六经最初只是孔子教育弟子们的教材，但它们在随后的2000多年中所发生的影响是极其巨大的。也可以说，孔子从政府记录中所编选的资料对中华文明的塑造产生了重大影响。这也表明，政府掌握的信息需要流通。信息越流通，对社会的正面影响越大。而在专制社会里，政府总是想方设法控制信息的流通。“学掌于官”，政府信息的专控与政府专制相适应成为社会治理的一种重要手段。在孔子时代，由于社会动荡与现实中政府控制信息并不太严，孔子派弟子“求周史记”，还能“得百二十国宝书”（《春秋公羊传注疏》卷一疏引闵因叙）。而秦以后，极权形成，政府控制日趋严密，人们不仅政府信息获取成问题，连言论自由也受到限制。在国际上，直到1766年，瑞典政府颁布《出版自由法》，才有了世界第一部关于信息自由的立法。该法对于政府记录的公共属性进行了规定，并明确指出：“每个瑞典的公民都有权知晓政府文件”。而行政机关必须对民众查阅政府文件的要求立即做出响应。但在世界其他地方，政府信息仍是深藏天府，普通民众无缘得见。到了法国大革命时代，制宪会议通过《人权与公民权宣言》（The Declaration of Man and the Citizen），确立了人权、法制、公民自由和私有财产权等资本主义的基本原则，宣布人与人生来是而且始终是自由的，在权利方面是平等的。1790 年 9 月 12 日，法国国民议会通过《国家档案馆条例》。条例规定档案馆实行开放原则，每周向公众开放三天，设阅览室和展览厅供公众查阅、参观。这个条例所确立的开放原则因法国大革命这样一种激烈的方式而影响广布。法国档案开放原则是平等人权原则的一次充分体现，因此被称为档案界的人权宣言。秉承着这样一种开放精神，世界上的民主国家都想方设法促进信息的自由流通。美国"宪法之父"詹姆斯·麦迪逊 1822 年在一封信中写道："民治政府如不为大众洞开知情之门，或知情之途付诸阙如，终将以丑闻收场，或以悲剧告终，也可能两者兼而有之。知情将永远支配不知情；真正当家做主之民众必须以知情赋予的力量武装自己。"保障知情权，促进信息自由流通，实际上是为了对政府权力进行限制，因为只有这样，权力才能不肆意为恶。美国前总统小布什说："人类千万年的历史，最珍贵的不是令人炫目的科技，不是浩瀚的大师们的经典著作，也不是政客们天花乱坠的演讲，而是实现了对权力的约束，实现了把权力关进笼子的梦想"。美国在 1966 年颁布了《信息自由法》（Freedom of Information Act），旨在促进联邦政府信息公开化。林登？约翰逊总统在签署《信息自由法》的时候强调说，这一法律"根植于这样一条对我们来说至关重要的原则，这就是只有当人民能够获得在国家安全许可的范围内的一切（公务）信息的时候，民主制度才能保持最佳的运作状态"。我国在 2007 年通过了《政府信息公开条例》。虽然只是一个条例，但它的颁布实施仍然具有十分重要的意义。最重要的一点意义在于，它结束了我国几千年专制社会政府信息秘而不宣的历史，民众知情权有了一定的制度保障，有了逐渐把权力关进笼子的可能。

政府信息是政府在履行职能过程中形成的信息。在政府信息的产生过程中，必然关联到人事、设备、资金及技术等因素，所有这些共同形成政府信息资源。世界各国都非常注重政府信息资源的管理。美国行政管理与预算局（Office of Management and Budget，OMB）早在1985年12月就发布了一个《A－130号通告》来满足因1980年《文书削减法》（Paperwork Reduction Act（PRA）of 1980）的颁布而导致的政府信息资源管理需求。这个通告的颁行使政府信息资源的管理更加制度化与规范化。从此以后，政府信息资源管理研究也日渐受到关注。据研究，国外政府信息资源研究主要集中在以下几个方面：政府信息资源管理本身，政府信息公开，政府信息资源整合，政府信息资源共享，政府信息政策及法规，图书馆、档案馆在政府信息资源管理中的角色等。国内近年来关于该问题的研究也渐蔚为大国，专著日见增多。从理论上系统探讨政府信息资源管理日渐必要。本书立足于电子政务环境，在分析政府信息资源含义及其管理起源与发展的基础上，从学科集成和综合的角度，探讨了政府信息资源形成的主体、渠道与机制、采集的原则、程序与发展趋势、组织与整理的原理与方法、公开与利用服务的模式和机制，及政府信息安全保障管理等，进而分析了政府信息资源管理的绩效审计、管理政策、宏观调控体制等方面的内容。

本书主要由王新才负责大纲的拟定及撰写的组织与协调。具体分工如下：第1章由王新才、李海涛撰写，第2、3章由谭必勇、王新才撰写，第4章由李海涛、王新才撰写，第5章由张维华撰写，第6、7章由吕元智、王新才撰写，附录由王新才、吕元智收集整理。

本书是教育部人文社会科学重点研究基地重大项目“电子政务中政府信息资源开发及其技术实现研究”（项目批准号：05JJD870158）项目的后期成果。在该项目的研究过程中得到了武汉大学信息资源研究中心、武汉大学信息管理学院及各兄弟院校、研究所专家的大力支持，特此致谢。

本著书成众手，限于水平与能力，错误与纰漏在所难免，敬希各位专家、学者、读者不吝赐教。

王新才

2011年1月

目　　录

第1章　绪　　论

政府信息资源包括政策、法规、政府公告、民意调查等内容，涉及面广，表现形式多样。笼统地说，政府信息资源是相对于工商企业、社会团体、医院等政府以外其他社会组织的信息资源。政府是政府信息资源的最大拥有者，并亲自参与政府信息开发与管理活动。政府信息活动的效率和效益直接关系到政府职能机构的日常运转及社会公共利益的实现。因此，政府信息资源的研究与利用越来越引起研究者和政府的重视，特别是进入21世纪后，随着Web 2.0技术网络应用的全面展开，政府信息资源管理成为实施电子政务的重要研究及应用领域。

1.1　政府信息资源概述

1.1.1　政府信息资源定义

1. 国外关于政府信息资源的定义

政府信息资源的核心是政府信息。关于政府信息，美国行政管理与预算局（Office of Management and Budget，OMB）早在1985年12月就发布了一个《A-130号通告》来满足因1980年《文书削减法》（*Paperwork Reduction Act*（*PRA*）*of 1980*）的颁布而导致的政府信息资源管理需求。这个通告给OMB主管以责任促使其发展与维护一套全面的信息资源管理政策供美国联邦政府利用，同时也促进了信息技术的运用以改进联邦政府项目运转中信息的使用与传播。该通告分别在1994年、1996年和2000年做过修改（Wikipedia，2010）。

修改后的通告将政府信息定义为“由或为联邦政府而产生、收集、处理、传播或处置的信息”，而政府信息资源则不仅包括政府信息本身，还包括信息技术。信息管理与信息资源管理是很不相同的。信息管理着眼于信息生命周期，注重信息的计划、预算、操纵和控制。信息资源管理则除了管理信息本身，还需要管理与之相关的人事、设备、资金及技术等方面（OMB，2000）。因此，政府信息资源不仅包括由或为政府而产生、收集、处理、传播或处置的信息，还包括与之相关联的人事、设备、资金及技术等因素。

2. 国内关于政府信息资源的定义

关于政府信息，2005 年以后，随着政府信息公开的呼声越来越高，不少地方开始颁布相关条例。在这些条例中通常都对政府信息进行明确定义。例如，《武汉市政府信息公开暂行规定》认为，政府信息是指“本市各级人民政府及其职能部门以及依法行使行政职能的组织在履行行政管理职责或者提供公共服务过程中制作、获得或者掌握的依照本规定公开发布的文件、数据、图表等资料”（武汉市人民政府，2004）。《广东省政府信息公开规定》认为，政府信息是指政府机关在履行行政管理职责或提供公共服务过程中产生、掌握的文件、数据、图表、程序、条件、标准、要求等信息（广东省人民政府，2005）。《郑州市政府信息公开规定》认为，政府信息资源是指政府机关在其管理或提供公共服务过程中制作、获得或掌握的，与经济、社会管理和公共服务相关的档案、资料（郑州市人民政府，2005）。2008 年 5 月 1 日，国务院颁布实施的《政府信息公开条例》将政府信息的定义为“行政机关在履行职责过程中制作或者获取的，以一定形式记录、保存的信息”（中华人民共和国国务院，2008）。

关于政府信息资源，马费成（2004）认为，政府信息资源是“一切产生于政府内部或虽然产生于政府外部但却对政府各项业务活动有影响的信息的通称”。中国信息协会“政府信息资源的管理与立法研究”课题组则将政府信息资源定义为“政府活动所涉及的信息资源的集合，它包括信息内容资源以及收集、处理、传输、发布、使用、储存信息内容的技术、设备、网络和人力资源”。该定义显然受到美国联邦政府《A-130 号通告》的影响，但因加入了政府信息资源处理流程，使其内涵更为宽泛。苏新宁（2008）认为“在电子政务环境下，政府信息资源的概念扩大了”，以往不属于政府信息资源范畴的许多信息，“随着信息技术的发展、网络的普及、数据挖掘与信息分析工具性能的提高，往往可能从中发现有助于政府工作、计划和决策的信息”。因此“在电子政务中凡对政府工作、政府决策发挥作用或者潜在发挥作用的信息均可以纳入政府信息”的范畴。

综上所述，关于政府信息资源，可从两个层面理解，狭义的政府信息资源是指政府在履行职能过程中形成的信息，主要指政府职能履行中产生、收集、处理、传播或处置的信息内容本身；广义的政府信息资源不仅包括政府自身形成的信息，还包括与该信息形成相关的人与技术等要素，即政府信息资源是政府信息、政府信息生产者、资金、信息技术等政府信息活动要素的集合。目前来看，在政府信息资源定义上，国内外学者和政府机构多倾向于从广义上理解。本书也主要取其广义。

1.1.2 政府信息资源的类型

政府信息按照其来源可分为内部信息及外部信息。其中外部信息来源于各类新闻与学术媒体、网络信息资源、数据库资源、广告及面向公众及其他社会团体的政府调研信息，而内部信息则为与政府职能履行相关的政府产生、编辑、处理、收集和支配的信息。由于产生于政府内部及外部一切与政府活动有关的政府信息与公众的生产、生活的方方面面有着直接或间接的关联，因此，政府信息资源总量惊人。据统计，目前政府部门集中了全社会信息资源总量的80%，且关乎国民经济及社会发展状况和水平。因此，加强管理、综合开发和有效利用政府信息资源是当前政府工作的重点和难点，为实现该目标，应首先对政府信息资源进行分类细化，在细化各类政府信息资源来源、加工深度、功能、作用的基础上，提高政府信息业务处理的工作效率。

政府信息资源类型从不同的角度有不同的划分方式。苏新宁教授的划分具体如下。

1）按影响范围分，政府信息资源可划分为政府信息资源和政府部门信息资源。其中前者按应用范围又可分为国际事务信息资源和国内事务信息资源；而后者则指针对政府各部门发布的且只适用于本部门的信息资源。

2）按信息加工深度分，依据在政府工作中的作用及加工深度不同，政府信息资源包括原始政府信息资源、二次政府信息资源、三次政府信息资源以及专题政府信息资源。其中二次政府信息资源是对源信息加工处理得到的；三次政府信息资源则是对源文件的分析和综合得到的综述性信息资源；专题政务信息资源是政府为应对专门性问题或突发事件而采集的时效性较强的相关信息资源。

3）按功能分，政府信息资源可分为政策法规类、行政管理类、危机处理类、信访类、报告类、服务类、研究类、政府机构人事管理类。

4）按信息产生源与作用对象分，政府信息资源可分为政府与公众（G-C）间交流的、政府与企业（G-B）间联系的、政府部门（G-G）间互相联系、作用和协同工作的以及政府公务员在与政府（G-E）交流中涉及的政府信息资源。

5）按服务对象及信息职能分，政府信息资源可分为面向社会公众的、面向企业的、面向农村的、面向国防与军队的、面向教育的以及面向政府公务员的信息资源。

6）按信息公开程度和运行周期分，依前者政府信息资源可分为：向社会公开的、政府各部门间共享的、部门专有的、政府内部绝密的政府信息资源；依后者政府信息资源可分为：常规性、周期性、动态性、突发性政府信息资源。

7）按信息表现形式分，政府信息资源可分为：研究报告、统计数据、技术标准、政策法规、规章制度、政府工作日志等（苏新宁等，2008）。

卢泰宏等（1998）从信息流通方式的角度将政府信息资源进行如下划分：

1）按信源划分，可分为内生的和外生的政府信息资源；

2）按信息流通方式和传递范围划分，可分为公开的、内部的和保密的信息资源；

3）按信息种类划分，可分为政策法规、行业管理、统计信息、日常事务的信息资源；

4）按内容划分，可分为政治、军事、科技、经济、文化的信息资源等。

马费成（2004）结合信息资源开发与管理的特点和要求，将政府信息资源划分为 4 种类型：

1）可完全对社会公开的信息资源；

2）只在指定的系统或部门之间（含内部）共享的信息资源；

3）只在本系统或部门内部共享的信息资源；

4）只对某一或某些特定的个体开放的信息资源；并指出政府信息资源随着对外公开范围的缩小，其价值将逐步提高。

参照以上分类，本书结合政府信息资源管理的特点与要求，认为政府信息资源的类型包括：

1）从对政府信息资源管理的角度划分，可分为记录型政府信息资源、实物型政府信息资源、智力型政府信息资源、零次政府信息资源；

2）按信息资源的组成关系划分，可分为元政府信息资源、本政府信息资源和表政府信息资源；

3）按信息资源所处的空间区域划分，可分为国际政府信息资源、国家政府信息资源、地区政府信息资源和单位政府信息资源（陈能华，2008）。

需要指出的是，政府信息资源的类型划分的角度是动态的。由于其内容的复杂性，各种类型划分间存在一定的交集、重叠，甚至在一定条件下可以相互转化。

1.1.3 政府信息资源的特征

政府信息资源与物质资源同属经济资源的范畴，因而具有经济资源的一般特征，如需求性、稀缺性以及可选择性，也兼有信息资源的共享性、时效性、不可分性、不同一性、动态性、累积性、可驾驭性特征（黄长著等，2002）。除了上述特征外，政府信息资源从职能与作用上看，还具有以下特征。

（1）政治性

政府信息资源的政治性体现在两方面：首先，从内容上看多为政策法规、行业管理、统计、日常事务等信息，此类信息是政府决策、日常事务办理、为社会各界服务等政府职能正确履行的依据，具有一定的政治性。其次，政府各机关部门是政府信息资源主要的生产、所有与使用者，在日常政务活动中形成大量的如政府法令、法规、方针、政策、条例等行政文件，是政府行政职能的传递与实现，具有很强的政治性倾向。

（2）机密性

由于政府信息资源涉及国家战略规划、大政方针、军事部署、外交事务等内容，在传播中，此类信息只能控制在有限的范围内，不易扩散。需要说明的是政府信息资源的秘密等级随着时间推移呈现递减趋势，并将最终逐步公开。如《档案法》中有关机密档案的信息内容，在限制公开期限结束后，可对外公开。

（3）宏观性

政府管理范围及事务庞杂且多有交集，因此，在实际运行中，不可能事无巨细都由政府亲自完成，政府只需从宏观着眼，利用掌握的宏观性信息，进行总体指导和调控。政府信息资源的宏观性是相对的，不同层级的政府、部门所掌握的宏观信息资源是不同的，但当低层级的宏观信息资源被开发后，可向高层级的宏观信息资源转化。

（4）权威性

公民将公共权力让渡给政府，政府便成为公共权力的拥有者与执行者。作为公共权力执行机关的政府所产生的信息一般都要经过逐级审查、检验。因此，政府信息资源在事实上具有权威性。如从政府部门发布的有关信息、数据，在公众信息源中的信度较高。权威性是政府信息资源的首要和最基本特性。

（5）精确性

由于政府根据周围时态、环境不断挖掘、更新、实时提供信息，政府信息资源的精确性主要体现为信息的准确、全面。政府信息资源是政府日常运作、管理和决策的基础，与社会公众和企业在生活、生产中有着密切的联系。片面、错误甚至失实的政府信息资源可能会给政府的宏观决策、企业的管理带来不可估量的损失。例如，某地传染病疫情控制的数据失真，可能会使政府布置防抗疫情的工作产生决策上的误差，导致极其恶劣的后果。

（6）安全性

政府信息资源的安全性是指政府信息资源的完整、保密及可用性。随着电子政务的开展，政府信息资源的安全性更加突出。它涉及政府信息资源管理系统、数据库、网络的安全，涉及国家机密、商业秘密、个人隐私等信息的安全。例如，在政府网站的构建中，网站信息内容以及网站服务器和网络稳定性都被纳入政府信息资源安全保障的范畴。

1.2 政府信息资源管理概述

政府信息资源是一切产生于政府内部或虽然产生于政府外部但对政府各项业务活动有影响的信息及与之相关的人事、资金和技术等因素的总称。政府信息资源是相对于其他社会组织而言的，这些社会组织包括工商企业、社会团体、医院、学校、图书馆等。政府信息资源管理是与政府信息相关的计划、预算、组织、指挥、培训和控制。由于政府信息资源不仅包括信息本身，还包括围绕政府信息资源的管理中的人员、设备、技术等要素，因此，在政府信息资源管理中，必须将上述因素纳入管理范畴，统筹规划。

1.2.1 政府信息资源管理的起源

关于政府信息资源管理的起源，学术界有多种论述。归纳起来即两种学说，一种是以刘焕成为代表的自产说，一种是较多学者认同的海外引入说，具体如下。

（1）自产说

该学说认为，政府信息资源管理源自我国历史上自阶级产生、政权建立之时，随着国家机关“在各种行政管理活动中，政令的发布和采集各种信息，因而就产生了与之相适应的政令信息的发布、传达、管理、沟通、协调系统”。该说以公元前13世纪的殷商武丁时期的王朝甲骨档案的集中保管为例，认为当时政府已经具有较为完备的王朝“信息”发布、采集、整理、储存等信息处理流程及制度。并认为自秦之后2000多年的封建社会里，政府信息管理机构及传输机制逐步完善，形成了发达的文书、信件等传递体系。因此，在政府信息的“发布、传递、处理、管理和反馈上传”等方面，我国本身就已经形成了较为成熟的与当时管理相适应的政府信息资源管理制度。

（2）海外引入说

该观点认为，政府信息资源管理体系及制度源于美国联邦政府。持该观点的代表学者有马费成、柯平、查先进、黄霄羽等，他们的观点具体如下。

以马费成、柯平为代表的学者认为，记录管理是政府信息资源管理的起源，美国联邦政府的《文书削减法》、《A-130号通告》的发布标志着现代信息资源管理思想的形成。

首先，他们阐述了“记录”的内涵，认为“记录（record）是各种社会组织业务活动情况的记载，包括关于组织在过去一段时间里的职能、政策、决策、程序、运作和其他活动以及未来所做的安排和打算等信息”，随着记录从纸质载体如图纸、文件、图片等，到与磁带、磁盘、光盘、缩微胶片等新型介质并存，记录在组织内部的备忘和凭证作用逐步凸显。

其次，他们从历史的角度出发，认为最早系统地产生、保存和管理记录的是美国政府，并阐述了在整个记录管理发展中具有里程碑意义的事件："1889 年，为提高记录处理的效率，美国国会率先制定了《通用记录处置办法》；1921 年通过了《预算和会计法案》，该法案要求设立预算局，并授权联邦机构控制所生产的记录数量；1943 年，又通过了《记录处置法》，授权美国国家档案馆制订记录处置计划"；1887 ~ 1982 年，美国国会先后成立了 8 个专业委员会负责对联邦政府的记录管理情况进行调研并提出具体措施。

再次，通过与现代信息资源管理对比，他们指出了记录管理在管理内容及手段上的局限，包括"管理内容上，记录管理的内容产生于政府内部的业务工作中，一般不包括产生于政府外部但对政府日后的业务活动有影响的信息。记录管理的对象仅限于记录，而不包括记录生产者、录存设备、录存技术、费用等系统活动要素"；"管理手段上，记录管理的主要手段是行政和法律手段，并将该手段延伸到记录管理领域"，并列举了相关法案，如"美国联邦政府记录和处置连贯性计划就是当时在任的杜鲁门总统在一份总统手令中规定的；还有《洛奇—布朗法》、《联邦财产和行政服务法》、《联邦记录法》、《信息自由法》、《公平信用报告法》、《隐私权法》、《信息自由法修正案》、《联邦记录管理修正案》"。

最后，他们认为 1975 年美国国会成立的联邦文书委员会以及该委员会此后开展的工作，对于美国政府信息资源管理具有重大影响。具体表现为：其一，1980 年，美国国会通过了旨在为联邦政府信息搜集、维护、使用和传递服务的《文书削减法》，明确提出了"信息资源管理"概念，并将记录管理对象扩展到文件、报告、记录中的信息；其二，1985 年年底，美国联邦政府管理与预算局发布的《A-130 号通告》，首次从政府的角度将信息资源管理重新定义，并将信息资源的范围扩展到信息本身以及与信息相关的人员、设备、资金、技术等方面。

查先进、黄霄羽等学者的观点与上述观点较为相似，如查先进认为"从世界范围看，最早系统地生产、保存、管理记录的是美国联邦政府"，"美国 1980 年通过的《文书削减法》和 1985 年年底美国财政与预算管理局（OMB）发布的《A-130 号通告》标志着现代信息资源管理思想已经形成"，黄霄羽也持该观点，并从管理对象条件、组织机构条件与法规制度条件等方面阐述了政府信息资源管理在美国产生的必然性。

综合海外引入说的各派学者观点的共同之处，本书认为谈政府信息资源管理起源需基于信息资源管理这个上位学科背景。美国作为政府信息资源管理的起源之地，具有其不可回避的客观依据与实践基础。首先，现代管理科学与信息科学在美国起步，围绕着该领域，出现了大批优秀的管理学家和信息科技工作者，形成了大量管理学和信息科学论著。其次，丰富的理论成果为政府所接受，并在民众中力行推广，树立了从政府到民众中的强烈的信息资源观念。可以说，美国在政府信息管理理论创设到推广的系列过程中，所具有的扎实基础，是其他国家所不具备的。最后，美国信息科学技术的协同发展，为政府信息资源管理理论在政府部门应用、普及提供了强力技术支持。如以计算机科学技术为代表，美国是信息技术起步最早、发展最快、水平最高的国家，从计算机辅助管理到电子政府构建，美国凭借先进的计算机信息技术，不断实践政府信息资源管理中的各种新理念。综上所述，美国作为政府信息资源管理的起源是当之无愧的（王知津等，2008）。

1.2.2 政府信息资源管理的发展

以记录管理为起点的政府信息资源管理在社会信息化的推动下蓬勃发展。随着政府信息资源管理地位的确立，现代信息技术的发展，政府信息资源管理呈现出新的发展势头。本节旨在从基本理论、政策法规、开发利用等视角入手，重新梳理政府信息资源管理的发展脉络，把握现代信息技术背景下的政府信息资源管理发展的新动向。

1. 政府信息资源管理的起源——记录管理

受益于现代管理科学与信息科学、技术的协同发展，政府信息资源管理的发展应起始于美国政府的记录管理。

政府文件的爆炸式增长与文件利用及政府决策效率低的矛盾促使政府开始关注信息资源的有效管理和利用问题。1980 年 Louise Giovane Becker 在美国信息科学学会杂志（JASIS）的一篇名为《信息资源管理：发展中的变革》的文章中探讨了信息资源管理的起源，并强调信息资源管理与政府管理密不可分。随后可作为最早阐述政府信息资源管理的由 Robert V. Head 发表的题为《政府信息资源管理——从文书的丛林中找到发展之路》的论文，描述了美国政府信息系统管理中的错误、政府的无力以及设备、系统老化等弊端，指出政府信息资源管理改革势在必行。

记录管理阶段，美国政府首先定义了记录（record）的内涵及外延，认为记录是各种社会组织业务活动情况的记载，包括关于组织在过去一段时间里的职能、政策、决策、程序、运作和其他活动以及对未来所做的安排和打算等信息。其外延包含图书、图纸、文件、磁带、磁盘、光盘等类型记录。

美国政府注重配套管理机构以及法律制度的创建，有效地管理了政府内部信息资源，并为突破记录管理从内容到管理手段上的局限作了充分的准备。该阶段美国联邦政府创设了联邦文书委员会，并通过该委员会的努力，促使国会通过并出台了多项与记录管理相关的法律、法规以及业务处理办法。具体如表 1-1 所示。

表 1-1 记录管理阶段美国出台的相关法规

年份	名称	部门	目的或作用
1889	《通用记录处置法》	国会制定	提高记录处理的效率
1921	《预算和会计法案》	国会通过	设立预算局，并授权联邦机构控制所生产的记录数量
1943	《记录处置法》	国会通过	授权美国国家档案馆制订记录处置计划
1980	《文书削减法》	国会通过	为联邦政府的信息搜集、维护、使用和传递服务，该法案明确“信息管理概念”，并将管理对象从记录扩展到文件、报告或记录中的信息
1985	《A-130 号通告》	联邦政府管理与预算局	首次从政府的角度将信息资源管理定义为“与政府信息相关的规划、预算、组织、指挥、培训和控制”，并将信息资源的范围扩展到信息本身以及信息相关人员、设备、资金、技术等方面

注：《洛奇—布朗法》、《联邦财产和行政服务法》、《联邦记录法》、《信息自由法》、《公平信用报告法》、《隐私权法》、《信息自由修正法》、《联邦记录管理修正案》

其中，美国 1980 年通过的《文书削减法》和 1985 年年底联邦政府管理与预算局发布的《A-130 号通告》标志着现代信息资源管理思想已经形成，随着经济和法律逐步引入政府信息资源管理，以绩效为导向的政府信息资源管理遍及世界各国。

2. 政府信息资源管理发展的动力——社会信息化

作为政府信息资源管理的动力，关于社会信息化的发展，马费成教授有过精辟的论述，“社会信息化是人类社会发展过程中的一种特定现象，在这种现象出现时，人类对信息资源的依赖程度越来越高，而对物质资源和能源资源依赖程度则相对降低，社会信息化不是从来就有的，而是人类社会政治、经济、文化、生活发展到一定历史阶段后的必然产物”。进入 20 世纪 90 年代，随着信息利用的广度和深度逐步扩展，政府信息资源管理发展逐步转向国家信息基础设施的规划与管理。以美国为例，1992 年克林顿在竞选总统时首次提出了旨在实现社会信息化的“信息高速公路”计划，并于上任伊始成立了“信息基础设施特别小组”，其他各国如日本、加拿大、中国等也积极应对社会信息化浪潮，推行国家信息基础设施构建，设置专门负责机构推行该项工作，具体如表 1-2 所示。

表 1-2　社会信息化背景下各国政府信息资源管理举措

国家	年份	计划	目的或作用
美国	1993	国家信息基础设施（NII）行动计划	在 10～15 年由政府投入 2000 亿～4000 亿美元，以促进该计划的实现
	1995	全球信息基础设施（GII）计划	
	1998	数字地球计划	进一步推动了社会经济、文化生活向信息化转型
日本	1992	曼陀罗（Mandara）计划	与美国 NII 计划抗衡
中国	1997	国家信息化体系框架	从信息资源、网络、技术应用、产业、人才队伍、政策法规、标准规范方面设定国家信息化定义和框架

社会信息化使政府信息资源管理活动直接架设于各种新型信息系统和信息资源网络上，在受益的同时不断完善。以我国政府信息化建设为例，起步于 20 世纪 80 年代的我国政府信息化建设，在 20 世纪 90 年代后期进入了蓬勃的发展阶段。具体表现为：1993 年我国实施的金关工程、金卡工程、金税工程的丰硕成果表明了我国重点行业的信息化建设取得了显著的成就。其后续的金子系列工程——金财工程、金审工程、金盾工程、金水工程、金质工程也在良好的维护或运行中；政府网站普遍建立，政府网站体系初步形成，提高了政府工作效率，推动了政务公开和信息共享；目前在 Web 2.0 技术支持下，政府网路化服务内容日益丰富，功能不断增强，互动性能逐步提高。

3. 政府信息资源管理的未来发展方向——电子政府

电子政府是社会信息化和信息网络化发展的必然结果，为应对网络时代政府行政职能向公开化、民主化、现代化转变的趋势，许多国家政府将政府信息及其服务，通过政府门户网站，实现部门内部、部门之间以及与社会公众之间的沟通、交流以及互动。

美国是构建电子政府起步较早、发展最迅速的国家。从 1993 年 9 月克林顿政府提出建设“国家信息基础结构”开始，美国历任政府均在着力打造电子政府，并通过网络技术，克服美国政府在管理与服务上的不足，完善电子政务。为此，美国政府在政策法规、机构设置、基础设施以及职位设定等方面做出了卓有成效的工作，具体如表 1-3 所示。

表 1-3　美国电子政府发展中出台的政策法规

内容	年份	事件	目的或作用
政策法规	1995 年	再次修正《文书削减法》	政府各部门呈交的表格必须使用电子方式，2003 年 10 月以前实现无纸化办公
	1996 年	国会第三次通过《信息自由法》的修订	把电子信息置于与文件信息同等的地位，方便公众快捷获得政府信息
	1996 年	通过《政府印刷改革法案》	政府在提供文献信息的基础上，逐步过渡到提供全部电子文献
	1998 年	通过《政府文书工作消失法》	美国政府 5 年内实现无纸化工作，联邦政府所有工作和服务将以信息网络为基础

机构设置上，美国电子项目在美国总统管理委员会的领导下，由总统行政办公室与行政管理和预算办公室（OMB）两个部门联合执行，其中 OMB 专设一个副主任负责信息技术和电子政务日常事务的执行，为加强机构间信息、业务交流，OMB 组织了跨机构的电子政务特别工作组，该工作组在彻底分析联邦政府机构体系结构的基础上，建立了联邦电子政务体系架构（FEA），整合了部门间及各级政府间横向或纵向的信息资源。

基础设施方面，自 1996 年美国政府的“重塑政府计划”提出联邦机构最迟在 2003 年全部实现上网的要求以来，美国政府网站已形成了联邦、州、县三级层次分明的门户整合。每一级政府网站都明确分工，服务内容各有不同。如联邦级建立了“美国第一政府（www. firstgov. gov）”网站，该网站整合了联邦所有服务项目，并可链接到地方各级州、县任何政府网站。而各州、县也均建立了单一的政府门户网站，提供用户各种不同的服务。作为政府信息基础设施的重要组成部分，由美国联邦政府负责建立的政府信息定位服务（GILS），利用网络技术和国际标准搜索与标引信息，并提供自动链接功能，使公众方便地识别、获取整个联邦政府的公共信息资源。

职位上，美国在 1996 年颁布的《信息技术管理改革法》中，首次提出在联邦政府各部门设置政府首席官 CIO，专门负责各个组织的信息资源管理、开发和利用（王学东等，2008）。1997 年，国务院信息化工作领导小组拟定的《国家信息化“九五”规划和 2010 年远景目标（纲要）》推动了我国政府信息资源的开发利用工作。我国电子政府建设开始策划于 1998 年，1999 年我国正式启动了“政府上网工程”。政府上网工程有力推动了我国政府办公自动化与政府网上便民服务，其基本职能包括三个方面：政府部门内部电子化办公、政府部门之间业务通信及信息共享、政府部门与公众间的双向信息交流。同年 5 月，又开通了政府网站的导航和服务中心（http：//www. gov. cn），为我国各级政府部门上网提供全面宣传和服务，也为国内外企业和个人通过网络了解与接触中国政府各级部门提供了重要路径。2001 年，我国政府成立了新的信息化领导机构，随后电子政务在全国掀起高潮，数十家地方政府如北京、上海、广东制定了“数字化北京”、“数字化上海”、“数字化广东”计划。2002 年，国家信息化领导小组审议通过《中国电子政务建设指导意见》，提出了“十五”期间我国电子政务建设目标，标志着中国电子政务建设进入了全面规划、整体发展阶段。2004 年 12 月，中央发出的《关于加强信息资源开发利用的若干意见》是第一次针对信息资源开发利用提出的重要指导性文件。我国电子政府信息资源管理与美国等发达国家相比有一定差距，但进展较快。例如，信息公开和信息资源立法步伐加快；信息共享程度因电子政府数据库建设而有一定进展；各地逐渐建立统一网络平台，逐步实现信息资源的规范建设和信息共享。但电子政府信息资源建设尚缺乏统一性规划，电子政府信息共享程度低，缺乏专门机构和职位对电子政府信息资源进行管理（马费成，2004）。

1.2.3 国内外政府信息资源管理理论述评

在传统的官僚层级模式下，政府信息资源管理缺乏统一、常设的管理协调机构，政府机构间对信息资源缺乏流通和共享，信息收集、加工、存储、利用等过程的规范性差。在“官本位”思想的影响下，政府机关将信息资源管理视为其天然权力而加以垄断，公众的参与性不高。特别是在传统的官僚层级制下，政府信息资源的开发和利用都不充分。因此，随着后工业时代和信息时代的来临，以传统官僚层级制模式为代表的政府治理模式已经无法适应快节奏、高效率的社会发展。为此，在现代信息时代背景下，国内外学者均就当前的政府信息资源管理理论的重新架构做了有益的探索。

1. 国外政府信息资源管理理论

（1）重塑政府理论

为提高政府公共服务效率，美国学者提出了以企业精神改革政府部门的理念，要求政府像企业一样核算自己提供公共产品等的成本和效率，重塑政府业务流程。美国学者戴维奥斯本和特德盖布勒在《改革政府——企业家精神如何改革着公营部门》中详细阐述了重塑政府理论的核心，即官僚制作为工业时代的产物，已经不能适应信息社会的时代要求，新的政府治理模式将取代传统的官僚管理模式。为此，他们提出十大原则，设定政府在治理中体现的职能与充当的角色，可概括为“起催化作用的、社区的、竞争性的、有使命感的、结果导向的、顾客导向的、有预见的、分权的、以市场为导向的”政府。

在重塑政府理论的指导下，美国的克林顿政府发起了“重塑政府”运动，目的在于着手制定长远规划，使政府的重塑和创新变成一个内在的、可持续的、经常性机制（刘靖华，2002）。为此，他们提出积极吸取先进的信息技术手段，建设电子化政府。在整个“重塑政府”运动中，美国政府充分利用信息技术在经济和社会上的巨大潜力，提出了“信息高速公路计划”以及“电子化政府”的设想。利用信息技术手段在美国公民、企业和政府之间架设沟通和交流桥梁，运用信息技术驱动一个效率更高、成本更低的政府。在重塑政府理论指导下，美国政府运用信息技术，打破传统的政府信息资源管理模式，引导政府业务流程再造，创设了面向公众的政府信息资源管理模式。它所引发的“电子政府”以及政府网上开展的“电子政务”理念引领了政府信息资源管理变革的战略性方向转移，开创了政府创新的信息化道路（徐晓日，2008）。

（2）新公共管理理论

新公共管理理论以现代经济学和私营企业的管理理论与方法为理论基础，强调在政府管理中采纳企业化的管理方法来提高管理效率，在公共管理中引入竞争机制来提高服务的质量和水平，并以市场或顾客为导向来改善行政绩效（樊博，2006）。该理论源于英国、美国，并逐步拓展到世界，自20世纪70年代以来，新公共管理理论已成为管理领域的主流理论。

西方社会在政府信息资源管理中，特别是在政府信息资源服务中，大量借鉴新公共管理理论中的以顾客为导向的公共服务取向模式，强调政府作为公共权力所有者的公共服务使命。在该模式指导下，政府信息资源管理以实现公共服务使命为基础，主要关心信息服务的质量，强调政府信息资源的产出价值。反映公众利益的信息需求，必须给予反馈，鼓励公众参与对于日常的政府信息服务提供的全社会学习过程，强调公众参与政府信息资源的共建共享过程，并形成公共责任制（樊博，2006）。

（3）耗散理论

耗散理论由比利时布鲁塞尔学派学者普利高津于1969年在理论物理和生物学国际会议上提出。它是研究远离平衡态的开放系统从无序到有序的演化规律的一种理论。政府信息资源管理过程中的信息组织、信息检索流程，存在着与外界进行的信息交换。随着政府信息资源的增多，对其开发并有序化管理的要求也逐步增高。耗散理论在政府信息资源管理中的最大应用就是使政府信息资源组织从无序走向有序。

（4）控制理论

控制理论是20世纪40年代末的美国数学家维纳创造的，其核心是将动物和机械的某些控制机制加以类比，分析总结出一切通信和控制系统的共同特点。其研究对象是控制系统，以揭示不同系统的共同的控制规律为目的。因为政府信息资源管理整个过程就是一个自控制的信息流通过程，它包括信息的传输、转换、加工、处理，所以，将控制论引入政府信息资源管理可有效整合政府信息资源管理的业务和信息流程，形成面向用户需求的控制体系，并保持整个流程处于最优状态（苏新宁等，2008）。

2. 国内政府信息资源管理理论

（1）知识管理理论

知识管理是指以知识为核心的管理，通过知识共享与集体智慧的运用，提高管理中的应对和创新能力。该管理理论代表着一系列新的管理方法和管理思想。在政府信息资源开发中，很多国内学者将知识管理理念融入其中。例如，王新才等（2007）探讨了基于知识管理的政府信息资源开发实施策略，他们认为首先要树立政府信息资源开发的知识管理理念，其次是构建政府知识库，最后应建立包含政府知识管理机构、知识主管（CKO）、素质良好的政府知识管理人才队伍、知识管理相关的法律和制度在内的知识管理组织体系。

颜佳华等（2005）认为知识管理为政府信息资源开发提供了新的理念指导与技术架构，并搭建了基于知识管理的政府信息资源开发平台，利用构建的知识服务中心为公众提供实时的、有价值的政府信息资源。

（2）公共信息资源管理理论

公共信息资源管理理论是指借助来自社会不同主体及不同模式的参与和合作共同完成公开信息资源的开发建设和管理。该理论是在公众民主意识提高、市场经济不断发育、完善而政府对于公共信息资源管理有限的背景下提出的。国内学者在该理论指导下重新认识了信息资源管理。如夏义堃（2008）认为，从历史沿革的角度考察人类公共领域信息资源管理状态，可分为记录管理、政府信息资源管理和公共信息资源管理三个阶段，记录管理是政府统治体系内部信息管理职能简单，缺乏分工的产物；政府信息资源管理是政府职能扩张、文件迅猛增长、信息技术进步前提下，提高政府信息功能、降低管理成本的一种范式；公共信息资源管理则是政府信息资源管理的下一个发展阶段，目的是适应公共信息资源的复杂性以及公众个性化信息需求，充分实现公共信息资源的效用价值。

（3）本体理论

本体是某些共享概念模型的明确而形式化的规范说明，是一个规范的、得到认可的描述。本体（ontology）的概念起源于哲学，曾被引入人工智能领域。随着本体技术的深入，在信息科学、信息组织中发挥着越来越重要的作用。国内学者朱晓峰、苏新宁将本体概念引入政府信息资源组织中，创设了包括概念或类的划分、概念间和概念内部元素间的语义关系、推理语义关系的函数、表达信息单元的对象的政务信息组织本体，并在应用中，进一步系统阐述了政务信息组织本体的创建流程、描述语言、建设方法、建设工具。

（4）生命周期理论

所谓生命周期是指生物在形态或功能上所经历的系列连续性阶段或改变，包括生命的出生、成长、衰老到死亡的过程。生命周期理论运用生命周期的思想，从研究对象运动的整体性着手，探讨研究对象在不同阶段的价值表现特点，并根据此特点设定不同的管理方式及应对措施。国内学者朱晓峰、苏新宁在详细探讨生命周期理论内涵的基础上，提出了政府信息资源生命周期管理的理论，并构建了链状、环状和矩阵型三种政府信息资源的全生命周期管理模型。

1.3 电子政务环境下政府信息资源管理概述

1.3.1 国内外电子政务发展概况

从1993年，美国克林顿政府宣布利用信息技术“重塑政府”开始，电子政务（e-government）逐步兴起。作为信息技术发展的必然产物，电子政务被迅速列入了许多国家的政治日程，这其中包括许多工业化国家及发展中国家。根据联合国教科文组织的调查，截至2000年，已有89%的国家在不同程度地推动着电子政务的发展。尽管，各国对于电子政务的内涵有不同的理解，但是关于电子政务的实质，各国达成了比较一致的看法，即电子政务是建立在信息技术基础上的新的政府运作过程，该过程区别于传统的政府运作过程，以用户为中心，以他们的需求为出发点，对其进行管理和服务。随着信息技术的进步，电子政务将进一步变革政府的组织结构、决策以及信息管理方式，有利于重建公共组织体系，重建政府与公民的信息关系，在改进政府工作效率的基础上，实现政府公共行政的公开、透明化。本节对国内外电子政务近十年来的发展概况进行梳理，以期为我国未来电子政务的健康发展提供借鉴。

1. 国外电子政务发展概况

从全球的发展来看，电子政务在各国的发展起步时间大致相同，大都开始自20世纪90年代，且都处在深化本国电子政务发展的关键时期。许多国家将电子政务建设列为国家级政治日程与战略部署。各国电子政务发展目标基本上都是提高政府工作效率、树立政府形象，满足公民对社会经济、公共服务等方面的需求。近几年来，各国电子政务建设又掀起新的高潮，以美国、新加坡、加拿大等国家为代表的电子政务发达国家，其电子政务系统的复杂程度日渐增高、功能逐步完善、信息整合能力更加强大，服务公众的水平也日趋完善。同时，随着电子政务的深入开展，也促进了政府自身的变革。

（1）美国

作为电子政务的首倡国家以及全世界电子政务的发展模板，美国的电子政务取得了举世瞩目的成就。

1）政府推动，法律调控。美国政府较早认识到信息技术和网络技术在“重塑政府”中的作用，不遗余力地推动电子政务发展。从1993年克林顿政府首倡“电子政务”开始，1993～2001年，美国联邦政府已经发布了1300多项与电子政务相关的实施项目，在信息技术的投资上，2002年达到48亿美元，到2003年达到52亿美元。除了电子政务信息技术更新换代外，美国政府上述支出大部分用于电子政务的推广工作。在政府大力推动下，美国政府网站能够提供包括信息实时更新、发布以及在线咨询反馈、在线互动交流等功能在内的服务。为保障政府各项推动电子政务举措的实施与推广，美国政府构建了较为完备的法律体系，具体如表1-4所示。

表1-4　美国电子政务相关法规

法规名称	颁布时间	目的或作用
《文书削减法》修正案	1995年	要求政府各部门以电子方式呈交表格
《信息自由法》修订案	1996年	把电子信息置于与文件信息同等的地位
《政府印刷改革法案》	1996年	政府在提供文献信息的基础上，过渡到全部提供计算机电子文献
《政府文书工作消失法》	1998年	政府5年内实现无纸化工作，政府工作及服务以信息网络为基础
《2002年电子政府法案》	2001年	建立电子政府基金以及电子政府办公室管理基金

2）机构配套，职能细化。首先，为加强对政府信息化工作的领导，美国联邦政府成立了政府技术推动小组。该组织下辖政府信息化促进协会联盟、信息技术产业顾问协会、政府信息服务小组、州级信息主管联盟、国家电信信息管理办公室、国家政府官员协会、政府评估组及首席信息化小组等组织，主要负责全国信息化技术推进、法规政策建议、管理投资、服务改善及业绩评估等工作。其次，电子政务项目在总统管理委员会领导下，由总统行政办公室与行政管理和预算办公室（OMB）两部门联合执行。最后，为实现总统加强电子政务的倡议，OMB组织了跨机构的电子政务特别工作组。为集成联邦各政府部门间横向及纵向资源，特别工作组建立了联邦电子政务体系架构（FEA）。此外，美国政府还建立了信息主管制度，在联邦政府各部门及州政府均设立了首席信息官（CIO），国会也设立了一个信息委员会，监督政府的信息化执行情况。

3）门户整合，一站服务。美国政府采用了层次分明的门户整合。首先，建立一套统一的整合性政府运作程序，如针对前台的用户申请，采取跨部门事项，后台自动处理流程；其次，提供一套统一的信息技术工具、信息获取方法及服务举措，如增强政务信息系统的标准化和交互性，减少单一部门对信息技术独特性的需求；最后，从层次上将政府网站划分为联邦、州、市县三级，每级网站服务内容各有侧重，分工明确。如联邦级的“美国第一政府（www. firstgov. gov）”网站在整合联邦政府所有服务项目的同时，与州县链接。各州县也有单一独立的政府网站，提供地域性服务。

（2）新加坡

新加坡政府特别重视信息化和电子政务建设，从20世纪80年代起，新加坡政府就开始发展电子政务，成为世界上最早推行“政府信息化”且取得显著成效的国家之一。到目前为止，新加坡国家信息化建设已经随着科技和时代的发展五次更新了战略规划，如表1-5所示。

表1-5 新加坡国家信息化发展战略规划

规划名称	实施时间	目的或作用
国家计算机计划 （the national computerization plan）	1980～1985年	使每个政府部门的主要功能都计算机化；推进本地IT企业发展、增长
全国信息计划 （the national IT plan）	1986～1991年	通过跨部门的联系来提供“一站式”服务
智能岛计划 （IT 2000）	1992～1999年	以ATM交换技术为核心，向社会各领域提供信息技术应用和服务，将社区连接全球化
21世纪信息通信技术蓝图 （InfoComm 21）	2000～2003年	打造新加坡成为信息经济和社会的全球性信息通信之都
“连城”计划 （connected Singapore）	2003年	与世界大的国家、城市链接，发展成为亚太地区的电子商务枢纽

现阶段新加坡电子政务建设规划的主要目标是打造领先的电子政务，更好地为新的知识经济中的新加坡和新加坡人服务。为此，新加坡政府在信息通信技术部署上制定了“再造政府、提供一体化的电子服务、主动和负责的政府、通过信息通信技术来打造执行和接受能力、通过信息通信技术创新”的五大战略突破口，并形成了以顾客为中心的电子政府行动计划Ⅱ。该阶段的计划重点在于把公共服务转变为一个网络化政府，为公众提供可及的、一体化的、有附加值的电子服务。

目前，新加坡电子政务建设不但走在亚洲前列，很多方面在全球范围也处于领先水平。如新加坡已实现了全国行政和服务联网，建立了完备的管理体系，各政府部门已实现全国范围内的联网办公，新加坡公众在家就能了解所有公开信息并享受到政府和社区的网络服务。

（3）其他国家

加拿大电子政务建设一直处于世界领先水平，这与其电子政府信息资源管理密不可分。加拿大将信息资源作为战略资源管理，从政策、机构设置、标准规划、基础建设方面突出本国特色，充分理解和挖掘了电子政务的潜在性、现实性，在组织在线信息和服务时，从公众和企业的需求出发，淡化政府管理机构的职能。如为加强政府信息资源管理，加拿大政府采用“加拿大政府元数据框架”，将 Dublin Core 元数据标准与本国各领域使用的元数据标准结合，制定了符合本国的元数据应用指南。

目前，加拿大政府全面推行以“客户为中心”的网上服务，全面实现教育、医疗、就业、社会保险、企业服务等领域的政府电子服务，并根据不同群体公众的需求，加强各级政府和各部门电子政务协同发展。

英国从 1994 年开始本国电子政务建设，其电子政务发展的主要指导思想是建立“以公众为中心”的政府，先后制定了《政府现代化白皮书》、《信息时代公共服务战略框架》和《21 世纪政府电子服务》等系列规划。为更好地服务公众，满足他们的需求，英政府成立了由 5000 人组成的公众代表会，获取公众对电子政务建设的意见。目前，英国电子政务建设呈现出领导机构健全、知识管理系统功能强大、不断进步的电子民主等特点（樊博，2006；徐晓日，2008）。

2. 中国电子政务发展概况

我国电子政府的建设可以追溯到 20 世纪 80 年代中期的办公自动化建设。到目前为止，已历经准备、推进、发展、迅速发展四个阶段。

（1）准备阶段

20 世纪 80 年代，办公自动化（OA）的概念传入中国，开始应用于中央政府的办公自动化建设，政府部门利用计算机辅助技术完成一些基本的如文件电子化处理、数据电子化存储等政务活动。随后，一些部门设立小型的内部办公网络和专门的信息中心，辅助政府提高信息处理能力和决策水平。80 年代末期，中央及地方党政机关所开展的办公自动化工程，已建立了各种纵向和横向的内部信息办公网络。

（2）推进阶段

1993 年 12 月，我国启动的由中央政府主导的以信息化为特征的“三金工程”（金桥工程、金关工程和金卡工程），是以我国信息化的基础设施建设为重点，为重点行业部门传输数据、信息的系列化工程。“三金工程”的实施是国家信息基础设施建设的奠基部分，实质上也是我国电子政务发展的雏形，随后我国又相继启动了“金税”、“金审”、“金盾”、“金卫”等12项金字系列工程，直接推动了我国政府信息化建设和电子政务发展。

（3）发展阶段

1999年1月，由中国电信和国家经贸委经济信息中心联合40多个部委的信息主管部门共同发起的“政府上网工程”，标志着我国电子政务发展进入了实质性阶段。该阶段政府上网工程的主站点（www. gov. cninfo. net）和门户站点（www. gov. cn）正式开通，成为了中国网上政府的导航中心和服务中心。在该中心的指导下，各级政府部门积极响应，截至2004年2月，全国各级政府在CN下的注册域名为11 764个，建成的政府网站为10 051个。在“政府上网工程”的推动下，我国政府网站从数量、内容到功能都不断完善，政府内部的信息沟通效果以及办公效率都大为提高（娄枫，2008）。

（4）迅速发展阶段

随着国际互联网技术及世界电子政务的迅猛发展，2000年，电子政务被列为“‘十五’计划”重要内容。中国电子政务进入了迅猛发展阶段，主要表现有：国家巨资注入电子政务发展建设，政府网站的内容、功能及与公众的互动性都大为提高。随后随着电子商务理念的注入，政府信息资源开发采取多种市场方式，引入IT企业开发政府信息资源，政府网上业务办理进入了实用性阶段。在电子政务建设模式上，该阶段也进行了有益的探讨。如2001年11月，“电子政务试点示范工程”正式启动，通过统一的规划设计，为我国电子政务建设模式提供了可推广的安全应用支撑平台，避免了重复建设。

综上所述，我国电子政务建设框架体系趋于科学化，“政府上网工程”逐步走向以服务为导向的“一站式”门户网站建设，电子政务建设从技术主导转向服务主导。各种相关法规、标准逐步完善。目前，我国电子政务建设应用已进入实质性阶段，但与国际先进水平相比还有发展不平衡、整体水平不高、行政体制障碍、利用率不高、安全性较低等问题，为此在今后的电子政务发展中，我国仍需在深化电子政务应用的同时，推进信息资源共享和业务协同，加大整合统一的电子政务网络，深化政府门户网站建设，健全信息安全保障体系上的工作力度（徐晓日，2008）。

1.3.2　电子政务环境下政府信息资源管理特点

电子政务强调的是政府服务和管理的信息通过电子化的方式传递。在现代信息技术以及信息管理理论的支持下，电子政务的实施对于传统政府信息资源管理中的信息传递、决策以及共享等具有变革性作用。电子政务环境下的政府信息资源管理呈现出以下特点。

(1) 政府信息资源趋于整合

现代的信息技术为电子政务环境下的政府信息资源整合提供了技术支持。首先，政府信息资源元数据体系，有利于信息资源基于一个统一的标准进行收集、存储、传递和利用，政府的服务职能将能通过网络整合做到“一站式”实现；其次，发达的搜索和导航技术便于政府信息资源的统一搜索和定位，可以有效地实现信息资源的交换与共享；最后，电子政务环境下的政府信息资源的加工更趋于深化分析、分类以及整合，提供公众以高效的信息服务。

(2) 政府信息管理资源趋于共享

电子政务环境下的政府信息资源共享是指政府内部各部门之间，政府与其外部部门、公众之间共同使用政府信息资源的共享机制。它的形成来自于多方的合作。共享方以政府信息资源的开发为基点，创新性整合、聚集优势资源。同时为避免重复建设、节约成本，共享方要积极共享已有资源。如在电子政务环境下，政府等相关部门创新、构建的公共数据中心，即在统一的电子政务平台下协同办公，使不同政府部门在收集、处理、传递、沟通信息等方面以更为快捷的方式进行，提高政府的工作效率。

(3) 政府信息资源管理标准统一

电子政务环境下，政府信息网络、数据库、安全及应用系统的标准化体系及相关模型的建设，统一的政务信息应用和交换平台的建立，为政府部门间信息资源的集成管理和资源共建共享提供了基础条件。在政府信息共享机制推动下，为避免系统和信息资源因缺乏统一的标准，在政府信息共享中形成“信息孤岛”，政府信息资源管理趋向于建立统一的管理标准，即统一的技术标准和信息资源管理过程标准，减少给政府各部门以及其他部门、公众因技术、管理缺乏统一标准带来政府信息资源共享的障碍。

(4) 政府信息资源开发利用趋向外包

由于政府事务繁杂且对现有政府信息资源开发的技术、能力有限，为更好地实现政府信息资源价值，外包方式作为电子商务建设中的一种特殊形式，在电子政务环境下，被引入政府信息资源的开发利用中。外包方式强调政府、企业共同参与，共同承担电子政务建设中的收益和风险，将政府从复杂的信息管理事务中抽出，充分依靠社会力量，深层次开发政府信息资源。政府信息资源开发利用采用市场运作的外包形式，以商业化的方式提供政府信息资源的再利用，可以形成高效的政府信息资源的开发利用。

（5）政府信息资源提供趋于便民

开展电子政务的主旨就是以公众为中心，面向公众服务。因此，电子政务环境下的政府信息资源提供也趋向方便公众获取。随着网络的普及与信息技术的发展，公众对于政府服务的质量及获取政府服务的方式、程序的要求提高，对于信息需求的复杂程度也在逐渐提高。政府信息资源的提供更趋向以人为中心、多渠道、便捷性、个性化服务的特点。因此，政府与民众的互动能力是体现政府网站服务功能的重要方面。例如，将 Web2.0 的个性化服务理念运用到政府信息资源组织中，大大提升了面向公众的政府信息资源的个性化、交互性供给，方便公众利用。

（6）知识管理融入

为有效利用政府信息资源，知识管理理念逐步融入政府信息资源管理中。电子政务中的知识管理主要指对知识获取、共享及应用的管理，目的在于提高公共服务决策的制定效率、帮助公众参与决策制定、建构竞争能力性的社会治理资本能力。为充分开发和利用政府信息资源，知识管理中通过架构知识地图，透明化现有政府知识，允许对政府知识资源和信息资源进行处理、浏览和形象化，确保知识的收集和传递，在政府组织中合理配置知识管理团队。知识管理可对不同来源、不同层次、不同结构、不同内容的政府知识资源进行综合集成，实施再建构，使单一、零散、陈旧的知识资源经过整合提升为新的政府知识资源体系。

此外，电子政务环境下的政府信息资源管理更加注重包括相关法规、制度以及评估体系等保障性软环境的创建，强调消除数字鸿沟，促进社会信息资源平等共享。

1.3.3　电子政务环境下政府信息资源管理模式

模式（mode）是解决某一类问题的方法论，电子政务环境下的政府信息资源管理模式就是通过描述在电子政务环境中不断出现的问题，提供解决该类问题的方案。基于电子政务环境下政府信息资源管理趋向整合、共享、统一标准、便民的特点，在实施中有不同的管理模式。

1. CRM 模式

客户关系管理（customer relationship management）理论是 20 世纪 90 年代著名咨询公司 Gartner Group 提出的一种管理理念，其核心思想就是把客户视为企业最重要的资产，在与企业文化、流程结合的同时，形成以客户为中心的经营理念，通过完善的客户服务和深入的客户分析来满足他们的个性化需求，实现客户的终身价值。CRM 是一种以“客户关系一对一理论”为基础，旨在改善企业与客户关系的新型管理机制。其目标就是通过提供快速、周到、准确的服务，吸引和保持更多用户，在实现个性化服务的同时，通过对业务流程的全面管理来降低企业的成本，最终实现企业盈利最大化目标。

电子政务环境下的政府信息资源管理充分借鉴 CRM 核心机制，针对政府门户网站存在的信息发布率低下、信息发布及时性差、网站信息组织形式混乱、数字政府信息资源缺乏共享等问题，构建了基于 CRM 的电子政务信息资源管理模式。该模式认为不论政府内部或外部的业务，均应当作服务与客户关系，强调政府信息资源集中化采集和个性化供给。该模式下的政府信息资源管理包括如下内容。

（1）采集子模式

采集是为用户提供服务的首要步骤，该子模式必须提供给用户多种信息申请方式，如网络、电子邮件、移动电话、语音信箱等，保证与用户的双向沟通交流。

（2）处理子模式

该子模式用采集到的用户信息需求，激发模式派发机制，自动按具体事宜发送到各业务部门，并实时将受理信息反馈给用户。

（3）分析子模式

该子模式通过对各类数据的分类、聚集、分析、处理和辅助决策，提供给各具体管理部门决策信息支持。

（4）更新子模式

根据分析结果，结合实际环境，改进、更新供给信息，保证结果信息实时、准确反馈。基于 CRM 模式下的政府信息资源可集中到统一的数据仓库中，通过数据挖掘技术，抽取信息为“知识”，根据用户需求提供定制服务。

2. GRP 模式

2000 年，用友政务公司结合企业 EPR 的相关理论和实践，参照 ERP（enterprise resource planning）在企业信息化建设方面的经验，在政府信息化领域首次提出了政府资源规划（government resource planning，GRP）模式。GRP 可定义为：在特定的行政环境下，利用现代信息技术，整合政府环境、优化政府结构、规范政府行为的行政管理系统工程。该系统包括行政管理和公众服务、政府资源的管理规划、信息技术的支持与保障三方面内容。在电子政务环境下，GRP 模式在政府信息资源管理中的主要任务如下。

（1）行政管理和公众服务

GRP 的根本任务就是在政府信息资源明确的基础上，整合电子政务流程，在现有机构设置和人员分工的基础上不断优化，形成新的信息资源配置流程。在此过程中，GRP以信息技术为手段，规范政府行为，提升政府信息服务质量。

（2）政府信息资源规划

政府信息资源是GRP分析、规划和管理的对象。政府在电子政务环境下，利用GRP规划信息资源时，分析和整合政府信息资源管理流程，解决各类电子政务在空间上的关联和时间上的相对顺序。此外，在政府信息资源管理技术上，GRP从全面的角度入手，考虑政府信息资源管理中所需的技术支持（樊博，2006）。

3. 政府信息资源全生命周期管理模型

该模型根据信息在电子政务环境中不同运动阶段的特点，采用其各自适宜的管理方式和应对措施。具体应用中，政府信息资源全生命周期管理模型又可细分为链状、环状、矩阵三类子模型。

（1）链状模型

该模型将电子政务环境下的政府信息资源管理分为计划、组织、公布、控制四个前后继起的线性环节，每一环节都有具体任务及管理措施。计划环节主要负责数字信息资源的规划、采集，并提交组织环节；组织环节对前一环节的数字信息资源建立索引、目录检索和查询存储；经过前两个环节处理的数字信息资源，通过公布环节供给政府门户网站公布、交流、转换并不断更新使用；最后，控制环节对非现行价值的信息资源通过综合评估的方式分类归档、转让、再利用或者销毁。

（2）环状模型

该模型将计划、组织、公布、控制四个环节看作是一个环形运转周期。与链状模型不同的是控制环节结束后，计划环节仍将继起，并周而复始不断循环。其中，计划环节负责政府数字信息资源的收集，组织环节则对应收集信息的处理，在公布环节，政府信息资源强调转换，即政府内部机构之间、政府与外部之间的信息交流与互动，还包括信息资源自身格式、载体、类型的转换；一次循环的最后控制环节是转换后的信息资源的应用。该模型以人、技术和信息为核心，每一环节都强调它们的参与。

（3）矩阵模型

该模型通过二维坐标展现了电子政务环境下的政府信息资源的管理流程。其中横向坐标轴包括输入、输出两个阶段，而纵向坐标轴则按前后继起顺序细化为规划、收集、组织、使用、保存、处理、评价七个环节。每个环节都对应横向坐标的输入、输出两阶段。横、纵向环节在象限内的交集为各环节具体信息资源管理内容，如规划环节的输入阶段要求宏观上达成在信息管理趋势、目标上的共识，结合各政府部门的政策、认识、发展方向以及相关机构的评价反馈进行规划，并在最终的输出阶段形成信息战略、信息管理职责义务说明框架等内容。该模型强调在信息组织、保存环节的输入、输出控制，如保存环节的输入阶段，要求政府、部门提供相关的信息管理规划、信息安全管理及信息转换、处理、灾难恢复计划和信息模型。而其输出阶段则需保证信息长期的可用性和可获得性、隐私控制、信息安全管理等。

综上，电子政务环境下的政府信息管理模型大都以为公众服务为核心，强调管理过程的科学性、可控性以及可循环性。由于各种模式都有相应实施条件如人才、信息技术、信息基础设施的限制，因此在具体应用中应根据实际情况，因地制宜地选择（王知津等，2008）。

本章小结

本章主要对政府信息资源、政府信息资源管理以及电子政务环境下的政府信息资源管理的定义、类型、特征等方面进行了综述。首先介绍了国内外关于政府信息资源的定义、类型划分以及特征描述的相关观点，并结合上述综述，提出了本书的观点；其次介绍了政府信息资源管理的起源、发展，并在此基础上，对国内外政府信息资源管理理论进行了综合述评；最后在介绍国内外电子政务发展概况的基础上，重点探讨了电子政务环境下政府信息资源管理的特点及模式。

参考文献

陈能华．2008. 信息资源研究进展及前沿问题分析．//胡昌平，陈传夫，邱均平等．信息资源管理研究进展．武汉：武汉大学出版社．241

樊博．2006. 电子政务．上海：上海交通大学出版社．27，18～23，28～35

广东省人民政府．2009-08-15. 广东省政府信息公开规定．http：//www.80012315.com/fagui/8159212397.html

黄长著，周文骏，袁名敦．2002. 中国图书情报网络化研究．北京：北京图书馆出版社

刘靖华．2002. 政府创新．北京：中国社会科学出版社．154～156

娄枫．2008. 中国电子政务建设的现状和发展趋势．中国科技信息，(23)：88，89

卢泰宏，沙勇忠．1998. 信息资源管理．兰州：兰州大学出版社

马费成．2004. 信息资源开发与管理．北京：电子工业出版社．386，391～397

苏新宁，吴鹏．2008. 政府信息资源管理与政府决策．北京：科学出版社．17～23，80～81

王新才，陈凌寒．2007. 基于知识管理的政府信息资源开发初探．图书情报知识，(3)：92～94

王知津等．2008. 政府信息资源管理研究进展//胡昌平，陈传夫，邱均平等．信息资源管理研究进展，武汉：武汉大学出版社．414～416

武汉市人民政府 . 2009-08-17. 武汉市政府信息公开暂行规定 . http：//www. chinacourt. org/flwk/show1. php? file_ id =94554

夏义堃 . 2006. 政府信息资源管理与公共信息资源管理比较分析 . 情报科学，(4)：531 ~536

徐晓日 . 2008. 电子政务概论 . 天津：天津大学出版社 . 76 ~78，100 ~102

颜佳华，盛明科 . 2005. 基于知识管理的政府信息资源开发研究 . 档案学通讯，(1)：28 ~31

郑州市人民政府 . 2009-08-18. 郑州市政府信息公开规定 . http：//law. baidu. com/pages/chinalawinfo/1684/23/122309e75537b942ba04434f2dce6b43_ 0. html

中华人民共和国国务院 . 2009-07-25. 中华人民共和国政府信息公开条例 . http：//www. gov. cn/zwgk/2007 -04/24/Content_ 592937. htm

OMB. 2010-10-01. CIRCULAR NO. A -130 Revised. http：//www. whitehouse. gov/omb/Circulars_ a130_ a130trans4/#main -content

Wikipedia. 2010-10-01. OMB Circular A -130. http：//en. wikipedia. org/wiki/OMB_ Circular_ A -130

第 2 章　政府信息资源的形成

电子政府的有效运作依靠的是强大的政府信息系统及运行其间的海量政府信息资源。政府信息系统是一个规模庞大、结构复杂的系统，而政府信息资源内容多样、渠道各异，政府信息资源的形成涉及社会的各个领域，是多源流的汇总和组合，并集中地通过政府以多种媒介发布、传递和利用（周晓英等，2004）。因此，在政府信息资源管理活动中，有必要首先对政府信息资源的形成主体、获取渠道、采集途径与方法等基本问题进行梳理，为政府信息资源的组织、服务、管理等活动打下基础。

2.1　政府信息资源的形成主体

政府信息资源的来源比较广泛，从《A-130 号通告》提出的政府信息概念[①]来看，政府信息资源的来源主要有政府内部和政府外部两种：①政府机构在履行政府职能时生产、采集、加工、发布或处置信息；②政府机构之外的个人、组织、社团、社区等向政府免费或非免费提供信息（产品）。我国国务院信息化工作办公室“政府信息资源开发利用政策研究课题组”认为，政府信息资源包括政府部门为履行管理国家行政事务的职责而采集、加工、使用的信息资源；政府部门在业务过程中产生和生成的信息资源；由政府投资建设的信息资源以及政府部门直接管理的信息资源（国务院信息化工作办公室“政府信息资源开发利用政策研究课题组”，2003）。具体来说，其主要有三大来源：第一是政府根据相应的法律法规采集信息（企业工商登记、户口登记等）；第二是政府在履行行政职责的过程中产生大量信息（文件、工资、信函等）；第三是政府使用公共财政资金采购信息（王安耕，2005）。可见，政府信息资源的形成主体除了政府部门之外，还有企业、个人、其他非营利性组织。了解政府信息资源的形成主体，对于掌握政府信息资源的分布规律，提高政府信息资源管理效率有着重要的意义。

---

① 根据 1996 年修订的《A-130 号通告》，政府信息是指“由联邦政府或为联邦政府而生产、采集、加工、发布或处置的信息”（OMB，2009）。

2.1.1　政府部门

政府部门是信息资源管理思想最初的发源地之一（霍国庆等，2002），而政府信息资源这一名词的提出则源自政府对信息资源重要性认识的战略性提升。政府由于承担着公共与社会管理职能，它总是会以某种方式与人们工作、生活、学习的各方面发生着联系，由此而产生出巨量的信息资源。据统计，我国政府部门掌握着全体社会信息资源当中的80%（其中包括3000多个数据库）（张维迎等，2003）。因此，政府部门是国家信息资源的最大拥有者，也是最大的信息生产者、消费者和发布者。

政府活动与政府信息资源之间有着非常紧密的联系。从信息论的观点来理解，政府的工作实际上就是一个信息资源开发、利用与管理的过程。实际上，政府部门在处理政务的过程中就在不断地产生政府信息，如政策、文件、公告等，并且政府在做的工作中也大量涉及向公众发布信息和收集公众反馈信息之类的活动。在计算机及信息网络普及之前，我国政府部门就建立了较为系统的政府信息网络体系（李俊庆，1992）：①纵向信息网络。国务院办公厅及各个工作部门办公厅—省级行政机关办公部门—地市级行政机关部门—县级行政机关办公部门依序连通的信息渠道。②横向信息网络。如省与省、地市与地市、县与县的行政机关建立的信息网络渠道。③延伸信息渠道。如国务院在全国建立的地市级信息联系点。④内部信息渠道。如政府办公部门与人事、劳动、计划、财政、教育、经济等工作部门建立政府信息联系。⑤扩展信息渠道。如与报社、电台、电视台、杂志社等新闻宣传部门建立信息联系。随着计算机网络的应用和普及，特别是在世界各国电子政务蓬勃发展的情况下，政府部门生产、采集信息资源的能力更加突出。

2.1.2　企业

企业是一个国家经济运行的重要实体，也是政府信息资源形成的重要主体。企业在经营管理活动中所形成的各种经济信息，都会成为国家公共经济信息的重要组成部分。此外，有不少从事信息生产、加工、销售等活动的信息企业，直接为政府提供信息采集、加工、出版、传递等各项服务。如澳大利亚政府出版服务处（AGPS）在开展政府出版物的出版、销售工作20多年后，于1997年10月将主要产品和相关业务转让给了CanPrint通信控股有限责任公司①。1989年英国皇家文书局（Her Majesty's Stationery Office，HMSO）和Chadwyck-Healey数据库公

① 资料来源：http：//www.australia.gov.au/Publications.2007-11-12.

司联合开发了英国官方出版物目录数据库，目前已经成为英国最大的官方出版物数据库——UKOP（The United Kingdom official publications database），该数据库收录了英国议会和法定出版物（包括法案和制定法文件），2500多个英国官方机构（包括中央政府部门，下属管理部门、机构，半官方或非官方机构及其他机构）的出版物①。

2.1.3 非营利性组织

非营利性组织（non-profit organization），又称“第三部门”组织，是指那些非政府的、不以营利为目的、致力于社会公益事业的各种组织，广泛分布于艺术、慈善、教育、宗教、政治、环保、学术等领域，主要包括：向组织成员提供互益性公共信息服务的社会团体和行业组织，如各类行业协会、学会以及商会等；面向社会提供无偿公益信息服务的民间公益组织，如志愿者组织和慈善机构等；带有成本收费性质的民间社会组织，如各种社会、市场中介组织和非营利民办信息咨询机构。非营利性组织在公益性政府信息资源的形成、加工和提供服务等方面具有相当的优势。如中国纺织工业协会为加强行业公共信息服务建立的大型行业信息化工程——中国纺织产业网联盟于2009年完成了一期工程建设，既服务于广大纺织企业，也为政府部门的决策提供支持（冯国平，2009）。该联盟以“中国纺织经济信息网”为核心站点，侧重发布行业综合信息，更多地反映全行业发展、运行的信息内容，并提供行业搜索引擎、产业预警、纺织知识库等深度信息服务内容；而各联盟成员站点则利用联盟共享信息资源生成满足自身服务对象需求的信息内容，即侧重提供个性化的信息服务内容。

2.1.4 社会个人

社会个人是国家活动的基本单元。国家、企业、非营利性组织等开展各项公共活动、营利活动及公益活动的目的都是为社会个人提供多样化的服务。社会个人在公共及日常活动中会生成各种原始记录，主要是反馈信息，如居民向政府缴纳的各种税款和费用信息，居民参政、议政时提供的各种意见等。这些也是政府信息资源的重要组成部分。

2.2 政府信息资源的获取渠道

随着互联网、电子政务和信息数字化的发展，社会公众对获取政府信息资源

① 资料来源：http：//www. opsi. gov. uk/official-publications/publishing-guidance/bibliography-of-uk-official-publications. htm. 2007-11-15.

的要求越来越高。"促进政府信息的传播和公众获取……将公众与政府信息的产品、服务和信息联结起来，促进政府信息的可获取性，方便政府与公众之间的事务处理"（弗莱彻，2005）已经成为世界各国发展电子政务的重要任务之一。政府信息资源产生于政府活动的各个环节和各级部门，并由相关机构分权管理，存储地点分散，搜寻不易，单靠政府部门来完成政府信息资源的获取与公开任务，是不现实的。因此，政府部门可以引入企业、相关非营利性组织参与政府信息资源的获取与公开活动，从而构建多元化的政府信息资源获取渠道。

2.2.1　政府信息资源获取渠道的理论与现实依据

1. 有限政府理论

根据新公共管理理论，政府部门不是全能的，而是有限的，政府部门应当以市场制约权力，以"看不见的手"的理念为指导，最大限度地利用市场经济的作用，为市场机制的正常运转创造良好的条件，成为一个有限但有效的政府（周晓丽等，2008）。作为公共组织的政府，其运作虽然不可能完全与以营利为目标的企业一样，但在市场经济的大背景下，政府应以竞争为导向，引进公共服务的市场竞争机制，改变对公共服务的垄断甚至独占的做法，允许、鼓励民间参与和提供公共服务，使公共机构与民营机构之间、公共机构之间、民营机构与民营机构之间展开竞争，提供更为有效的公共服务（林登，2002）。政府信息资源作为国家宝贵的资源，也是一种公共产品，提供政府信息资源服务是公共服务的重要组成部分。因此，政府信息资源获取、公开的前景之一体现在组织机制创新方面，即政府信息资源管理组织机构的工作中心要从具体的政务信息管理工作中解放出来，投入更多的人力或资源来制定更好的信息资源政策和管理措施，为政府信息资源的获取与公开营造良好的外部环境。

2. 政府信息资源具有巨大的经济价值

由于不同类型的政府信息资源存在着明显的公共性程度差异，政府信息资源的获取与公开有多种类型。从经济属性上可以将政府信息资源分为两大部分：纯公共信息和准公共信息，准公共信息又可进一步细分为弱竞争性信息、强竞争性信息，其中，纯公共信息应当免费共享，弱竞争信息通过向消费者收取一定比例的成本费共享，强竞争信息由信息企业通过市场定价的方式向消费者提供有偿共享（刘强等，2004）。政府等公共部门形成的各种经济信息、环境信息、农业和渔业信息、社会信息、法律信息、科技信息、文化信息，除了在政府行使公共任务时使用外，也可以用于商业用途，使政府信息资源实现增值利用。许多政府信息资源，如空间地理信息、经济统计信息、企业注册信息、气象信息、法律信息、数字地图、专利信息、旅游信息、交通信息等，对社会其他成员具有重要的使用价值，尤其是强竞争性政府信息资源的外部效益突出，可在不同环节进行加工处理等形式各异的市场开发，具有一定的增值潜力并能带来可观的经济效益（夏义堃，2009）。欧洲委员会2000年的调查显示：欧洲公共信息服务行业已经与法律服务、印刷和纺织等传统行业对经济的贡献率相当（PIRA International Publishing Group，2009）。此外，2006年欧洲委员发布的一份名为《评估欧洲公共部门信息资源》的调研报告则指出：欧洲公共部门信息的整体市场规模在100亿～480亿欧元，平均价值为270亿欧元，约占整个欧盟GDP总量的0.25%（Dekkers et al.，2009）。美国、欧盟等国家和地区已经开展了对政府信息资源获取和公开服务的市场化开发，并取得了不错的效果。如英国政府每年从公共部门信息的销售、许可等活动中取得约3.4亿英镑的税收，而每年公共部门信息的市场总额则接近5.9亿英镑，随着相关改革措施的实施，市场总额还将增加一倍，即每年10亿英镑（Annexe，2009）。探索政府信息资源开发利用的多元化路径，不但可以充分挖掘政府信息资源的潜在经济价值，增加国家财政收入，而且将促进政府信息资源共享水平的提升。

3. 政府信息资源管理的现实困境

政府信息资源管理起源于20世纪中期美国政府记录文书管理的实践，主要是对政府内部业务中产生的信息内容进行管理，而随着现代信息技术应用于社会各个层面，知识、信息已经成为现代公共行政最重要的资本，传统由政府部门单一开展的政府信息资源管理体系已经不适应现代经济社会发展的需要。在市场经济条件下，尤其是随着因特网的应用和日益普及，人们对政府信息资源的需求是巨大的、多样化、多层次性的，单一的政府信息资源供给渠道（政府行政系统）容易造成信息供给的不畅，而多元化的政府信息资源供给渠道则有助于更多的信息被社会公众所吸取。我国政府部门掌握着全体社会信息资源的80%（其中包括3000多个数据库），这些信息资源又分别被不同的部门控制和利用，缺乏一个整体的信息资源归属、收集、管理、使用和费用预算的法律机制（张维迎等，2003）。而在近年来我国电子政务的大规模建设过程中，政府“囤积”了大量的信息资源，却不能有效地释放和共享，已经给政府公共服务活动造成了不利影响。截至2003年年底，我国信息内容的历史存量约为23 804T，政务、典藏、出版三大代表性领域11类信息内容的历史存量为4871.7T（约为目前互联网上所有中文信息资源总量的200多倍），其中文物和地图内容3720T，档案内容477T，工程图纸172T，报纸162T，公文66T，法规、标准分别约有16G和9G（“中国内容数字化产业发展”课题组，2009）。实际上，政府信息资源的生产、公开也是经济发展水平的体现，信息公开的路径越多元化、社会公众可获取的信息越多，私有市场的工作就越有效率，资源配置的效果就越好（Williams，2009）。引入多元化的政府信息资源获取与公开渠道，将利于解决目前我国政府信息资源管理领域存在的现实难题。

2.2.2　政府信息资源获取的三种基本模式

政府是开发利用政府信息资源的唯一责任主体，但不是唯一的实施主体。按照新公共管理理论，开发利用政府信息资源的实施主体可以有政府组织、市场组织和非营利组织（第三部门）（蒋永福，2008）。基于不同的政府信息资源供给主体，就分别形成政府信息资源的公共获取模式、市场获取模式及公益性获取模式。

1. 政府部门主导的政府信息资源公共获取模式

政府信息资源公共获取是指政府信息资源能够被便捷地、免费地或通过合理付费方式，被一般公众无障碍获取（陈传夫等，2004）。政府部门可以通过各级政府职能部门建立的政府信息资源服务系统，并借助政策导向工具、财政扶持工具以及税收优惠等行政手段、法律手段和经济手段向社会配置信息资源，以免费或信息加工成本价的方式向社会公众提供政府信息资源。政府部门主要通过直接投资或间接投资两种方式来推动政府信息资源的公共获取。

直接投资是指政府部门通过建立公共信息基础设施，以及在政府机构设置专门的信息管理机构，为社会公众获取政府信息资源提供直接的渠道。世界各国都将国家信息基础设施建设作为保障普通公众获取政府信息资源的基础性措施加以落实，通过制定电子政务发展战略，建立政府部门CIO制度等措施，促进了世界各国政府信息资源的公共获取。目前，欧美等发达国家已经建立了完备的政府网站，它们的各级政府公共网站和门户网站是高质量的政务信息传播工具，从而使得公众能够更好地获取政府信息资源和服务。如美国联邦政府管理与预算局（OMB）在2006年第2号备忘录（M-06-02）——《改善政府信息公共获取与传播和使用联邦企业架构数据参考模型》（*Improving Public Access to and Dissemination of Government Information and Using the Federal Enterprise Architecture Data Reference Model*）（OMB，2006）中提出了改进政府信息获取的方法，即要求联邦机构直接通过因特网发布所有的公共信息，并规定对政府信息进行组织、分类，从而使得公众能够通过政府部门自身的搜索工具检索所需的信息。M-06-02备忘录还要求联邦政府机构定期发布和更新本部门的“信息资源管理战略规划”，并在网上公布，包括本部门的信息产品目录、指南、清单、发布的先后次序和日程等。

这一系列措施极大提高了美国政府信息资源的公共获取水平。此外，近 20 年来，韩国政府在《信息化促进框架条例》下成立了“信息化促进委员会”、“政府创新和分权总统委员会”（基于电子政府的特别委员会）、“信息与通信部”等机构，并与中央管理机构、地方政府、国家信息社会局和其他机构互相协调、合作，打造了世界一流的国家信息基础设施（张沛，2009）。

间接投资是指政府部门以委托授权的形式，依托其所属公共文化信息机构如公共图书馆、公共档案馆、信息中心等向社会公众提供政府信息资源。在间接投资方面，最典型的例子当属 1895 年由美国政府出版局（GPO）创建的“联邦寄存图书馆计划”（FDLP）。联邦寄存图书馆计划的主要使命就是确保当前和未来政务信息的公共获取。很长一段时期内，政府出版局和图书馆之间的关系是非常清晰的：图书馆收集政府印刷出版物，而政府出版局作为政府出版物的主要生产者和发行者，则是提供图书馆这些出版物（Barnum，2002）。2008 年 5 月 1 日正式实施的《中华人民共和国政府信息公开条例》第三章第 16 条规定：“各级人民政府应当在国家档案馆、公共图书馆设置政府信息查阅场所，并配备相应的设施、设备，为公民、法人或者其他组织获取政府信息提供便利。”2009 年 4 月 30 日，依托国家图书馆建立的“中国政府公开信息整合服务平台”（http：//govinfo. nlc. gov. cn/）正式开通，成为国内首个政府公开信息整合服务门户（廖翊，2009）。而依托各级国家档案馆而成立的现行文件中心正成为人们获取政务文件的重要方式。

2. 企业为主体的政府信息资源市场获取模式

政府部门一方面要为社会公众提供高质量的政务信息服务，另一方面又要尽可能地降低成本，在这一过程中积极引入专业的信息企业则可以弥补政府公共获取模式的不足。事实上，政府信息资源市场具有巨大的增值空间，越来越多的信息技术企业参与政府信息资源的开发利用，并且取得了可观的社会效益和经济效益。企业主导的政府信息资源市场获取模式是指在确定政府信息服务责任的前提下，把私人部门的管理手段和市场激励结构引入政府信息资源服务领域，政府部门从无力涉入的领域主动撤出，或是引入市场主体而间接减少政府所占份额，也就是打破政府垄断政府信息资源供给的局面，将政府信息资源中具有商业开发价值的信息资源完全或部分交由私营部门开发供给，以竞争促进供给质量改进和效率的提高，从而提高政府信息资源获取的有效性。

政府信息资源市场获取模式可以采取多种形式。根据国外学者的阐释，政府信息资源管理体制的确定取决于两个方面：一是公民（信息经销商）是否享受获取公共信息的权利；二是政府是否拥有公共信息的版权（Perrit，1994）。不同的政府信息资源管理体系会形成不同的政府信息资源市场获取模式。根据政府是否拥有信息版权以及是否参与政府信息资源开发，可以将政府信息资源市场获取模式分为完全市场化方式、半市场方式、政府垄断方式、平等竞争方式等四种形式（丁波涛，2008）。所谓完全市场化方式，即政府部门不拥有信息的版权，也不参与信息的开发利用，而是将其拥有的信息推向社会，社会大众和企业可以免费获取这些政府信息资源并加以增值开发，从而达到政府信息资源的有效共享。美国联邦政府采取的就是这种模式，并取得了相当的成效。而半市场化方式，即政府拥有信息的版权和收益权，但在政府信息资源开发、服务的某些环节上引入企业部门的力量，以提高政府信息资源获取的效率。欧洲及发展中国家拥有政务信息的版权，主要通过合同外包、特许经营、建立公私合营机构等形式开展政府信息资源的获取利用工作。早在 1983 年，英国信息技术咨询小组（ITAP）就建议把政府拥有的部分可公开信息以交易的方式提供给私营信息部门开发利用（刘渊等，2005）。目前，英国政府依托英国国家档案馆成立了“公共部门信息办公室”（OPSI），负责协调政府信息资源开放利用的推进工作。OPSI 网站最新公布的数据显示：2008 年 5 月至 2009 年 4 月，英国每月颁发的公共部门信息再利用许可证的数量呈快速增长趋势，个人、出版者、教育培训组织、咨询公司、医疗机构、制造/零售行业、营销/传媒组织、IT 出版商等都参与了公共部门信息的开发再利用工作（OPSI，2009）。所谓政府垄断方式，即政府拥有信息的版权，且不对外提供信息，而是由政府部门或依附于政府部门的事业单位进行信息开发，实行垄断经营。而平等竞争方式，则是指政府部门不拥有信息版权，而且向社会免费提供信息资源，但政府部门参与信息资源的获取利用，与社会其他机构平等竞争，但这只是个理想的模式，在现实生活中并不存在。

3. 非营利性组织为主体的政府信息资源公益获取模式

非营利性组织（non-profit organization），又称“第三部门”组织，是指那些非政府的、不以营利为目的、致力于社会公益事业的各种组织，广泛分布于艺术、慈善、教育、宗教、政治、环保、学术等领域，主要包括基金会、社会团体和民办非营利组织。在社会管理与发展的一些空白领域和一些传统上由政府从事活动的领域，非营利性组织常常做得比政府更好；而对于那些无利可图、需要更多地投入个性化服务的公共产品，营利组织一般不会参与生产，而以志愿求公益的非营利性组织则正好发挥其特长。非营利性组织因此被“视为一支独立的第三方力量在公共物品提供上实现公平与效率的最优结合，同时也在防范政府与私营部门对公众利益的侵害方面具有重大意义”（倪明胜等，2009）。

非营利性组织在世界各国的电子政务建设及公共信息服务方面发挥着重要的

中介作用。20 世纪七八十年代以来，欧美国家的非营利性组织得到迅速发展并逐步参与政府信息资源服务领域。如瑞典政府推行电子政务的成功经验就在于各种委员会、联合会及行业协会等非营利性组织的积极介入。承担瑞典公共信息服务任务的瑞典政府门户网站（www. sweden. se）从 2003 年起外包给瑞典公共事务委员会管理、运营和维护，实行独立管理、独立核算。瑞典政府公务员只有 3000 多人，但是政府的外围组织却极为发达，仅国家级的各种委员会、联合会、行业协会就有 300 多个，平均每 10 个政府公务员就有 1 个中间组织为其服务（北京市信息化工作办公室，2009），从而有效地降低了政府信息资源服务的成本。而根据国内学者的调查，目前我国参与政府信息资源服务领域的非营利性组织数量少、参与度不够（闫慧，2008）。从政府信息资源公益性获取模式的合作框架来看，非营利性组织参与政府信息资源公益获取利用主要有三种途径：①与政府部门合作开发政府信息资源。某些政府部门，如农业部、商务部、劳动与社会保障部等掌握着大量关系民生的政府信息资源，社区公益性就业组织通过与相关政府部门建立合作关系，可以得到大量有价值的政府信息资源，并提供给社会公众。②与商业机构合作开发政府信息资源。通过商业赞助等方式，非营利性组织可以获取开发政府信息资源的相关资金、设备等必要条件。③独立进行专门性的政府信息资源开发利用。如通过建立专业网站，为特定人群提供公益性信息服务，如农业领域内的各行业协会网站、中国残联的信息无障碍网站等。

2. 2. 3　政府信息资源获取渠道的选择策略

从理论上看，政府信息资源的获取与公开模式主要存在公共获取、市场获取和公益获取三种，然而在具体的实践过程中，针对不同的政务信息服务产品，则需要找到最合适的生产者和提供者，从而选择最佳的运作模式。借鉴公共管理学理论（杨团，2009），我们可以建立一个政府信息资源获取与公开方式组合的理性模型。

如图 2-1 所示，我们将政府信息资源获取与公开活动设为社会版图中的坐标，横坐标表示政府信息资源获取与公开活动的生产者的选择，纵坐标表示供给者的选择。以公共性的程度，从 0 ~ 100，表示供给者的选择标度，以市场性的程度，也从 0 ~ 100，表示生产者的选择标度。其中，公共性的量度，是依供给者组织所提供的政务信息产品是否具有不可分割性，以及不可分割的程度确定的，0 表示不可分割的程度为 0，即完全可以分割，这就是私人物品的特征，100 表示不可分割的程度为最高，就是说，完全不能分割，这就是纯粹公共物品的特征。市场性的量度，是依市场体制下的生产者对于政务信息产品的生产可接受的程度确定的。市场体制最能接受的政务信息产品是可以直接分割到个人，生产者可以与每个消费者在市场上直接交换公共信息产品，这可以用100的量度来代表；市场体制最不能接受的政务信息产品，是完全不可能分割到个人的纯公共信息产品，这可以用0的量度来代表。我们再将纵横坐标各取中点连线，形成4个象限，并将其分别命名A、B、C、D四个象限（图2-1）。

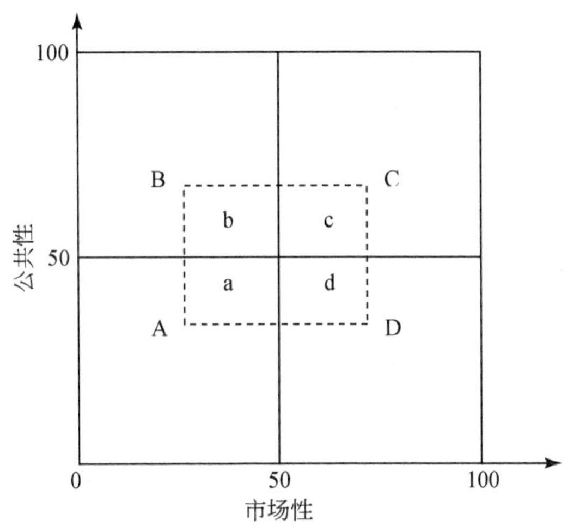

图2-1　政府信息资源获取与公开的理性选择模型示意图

从图2-1可知，四个象限所在的区域分别是：A象限——公共性和市场性都从0～50；B象限——公共性从50～100，市场性从0～50；C象限——公共性和市场性都是从50～100；D象限——公共性从0～50，市场性从50～100。根据公共性和市场性，也即供给者特征和生产者特征的相对强弱程度，我们可将A、B、C、D这四个象限所代表的区域分别抽象为四个差异性较大的公共性和市场性的组合，即弱—弱、强—弱、强—强、弱—强。同时，我们用a、b、c、d四个中心区域表示政府信息资源获取与公开活动的理性选择类型，即表示不同类型的供给者和生产者的差异性组合，分别称为“自治型”、“保护型”、“专业型”、“运营型”（杨团，2009），从而形成了一个基本理性模型。针对不同的政府信息资源产品和服务，在国家相关信息政策和整体信息市场机制的双重引导下，政府、企业、非营利性组织会做出理性的选择（表2-1），从而真正提高政府信息资源获取与公开的效率。

表2-1　政府信息资源获取的理性模型与实际运作方式

理性模型类型	政府信息资源属性	生产者	提供者	实际运作方式
自治型	准公共信息资源中的弱竞争信息资源	政府、非营利性组织	社区、非营利性组织	公益模式

续表

理性模型类型	政府信息资源属性	生产者	提供者	实际运作方式
保护型	纯公共信息资源（分散式）	政府、企业、非营利性组织	政府、非营利性组织	政府模式、公益模式
专业型	纯公共信息资源（规模型、专业型）	政府、企业、非营利性组织	政府、非营利性组织	政府模式、公益模式、市场模式
运营型	准公共信息资源中的强竞争信息资源	企业	企业	市场模式

现代公共行政是一个由政府组织、非政府组织、准政府组织、营利组织、非营利组织、起源组织等各种类型的公共组织纵横联结所构成的网络，它们广泛地参与公共事务的管理，从而形成多元化的公共服务提供体系。政府信息资源的获取与公开作为公共服务的类型之一，形成多元化的供给体系是必然趋势。政府信息资源获取与公开的主体呈多元化趋势，政府不再是公共物品唯一的供给者。但是，无论是政府的公共机制、企业的市场机制还是非营利性组织的公益机制，政府信息资源服务的多中心供给并不意味着政府可以放弃或者减少公共服务的供给责任，而是履行供给责任的方式发生了变化，由直接供给变为间接保证。三种机制基于分工和运行方式的不同，各有所长，政府要积极引导，积极发挥三种机制的整合作用，建立高效率和高质量的政府信息资源获取渠道。

2.3 政府信息资源形成的基本规律

从2.1、2.2节的分析我们可以看出，政府信息资源形成的主体和渠道都是多样化的，因此从中我们可以归纳和总结政府信息资源形成中的基本规律，从而为政府信息资源的正式采集提供参考。

2.3.1 政府信息资源形成主体的层次性

政府信息资源的形成主体是指直接产生政府信息的对象，包括政府、企业、社会团体、个人等，他们在公共活动中的职责、任务不同，因而具有明显的层次性。政府部门每天在处理各种政务的过程中会产生大量原始的政务信息；企业等营利性机构在经营销售活动中则会生成大量的经济信息和市场信息；公民在与政府、企业及非营利性组织打交道的过程中，也会留下大量的原始信息。当不同的主体通过相关的途径将其生成的各种信息聚集起来并为政府决策及公共活动服务，那么政府信息资源就真正发挥了它的价值。

2.3.2　政府信息资源形成路径的分散性

政府信息资源生成于社会各个领域，有不同的形成主体，不同的主体生产信息资源的能力又存在较大差异，因此政府信息资源分布是不均衡的，体现为政府信息资源形成路径的分散性。随着现代信息技术迅速发展，特别是网络环境的形成，信息的生产、存储和传递的方式发生了革命性的变化，数字信息资源以传统信息资源难以比拟的优势逐渐成为信息资源的主体，而以数字形式存在的政府数字信息资源（government digital information resources，或者 digital government information resources），在政府信息资源体系中占据越来越重要的地位。目前，许多政府部门都建有自己的网站和数据服务器，政府在网站上发布的信息更新频繁、内容多样，这种分散式存在的政府数字信息资源的大量增加，加剧了政府信息资源形成的分散性。

2.3.3　政府信息资源形成机制的多元化

由于政府部门与社会上的组织、个人都有着直接或间接的联系，政府信息资源的来源非常广泛，而政府信息资源的形成过程本身也是一个非常复杂的流程，因此生产（形成）政府信息资源的主体也应当由政府、企业、非营利性组织共同承担，以多元化的形成机制保障政府信息资源的有效共享。在政府信息资源形成过程中，政府、企业、非营利性组织是参与政府信息资源生产的三大主体，三者共同参与政府信息资源的形成，可以充分发挥各自的优势：政府部门在政府信息资源管理政策服务、制度安排、保障公平、合同监管等方面具有优势；企业拥有极强的运营能力、具备开拓性和创新力、生产服务效率高，适合完成技术性要求高、利润回报丰富的任务；非营利性组织善于处理公益性、慈善性事务，能够吸引其他的社会资本参与政府信息资源服务，在完成弱势群体的公共信息援助等微利或者无利可图的任务方面具有优势。三者相互合作、优势互补，建立高效的政府信息资源供给体系，从而满足社会各界对政府信息资源产品的不同需求。

2.4　政府信息资源的采集

政府信息资源采集是指根据不断变化的政府信息用户需求，从已确定的政府信息资源体系中连续性地选择、提取和搜索政府信息的过程（周晓英等，2004）。政府信息资源采集的目的就是为了更好地掌握和利用分散于各地、各部门的政府信息资源。具体地讲，就是按照一定原则，根据事先设计的程序，采用科学的方法，通过有关信息渠道，有计划、有步骤地汇集、提炼政府信息资源的工作过程

(陈红捷等，2006)。政府信息采集包括三个环节：政府信息资源用户需求分析、政府信息鉴别与选择、政府信息资源转换①。政府信息资源采集是政府信息资源管理的关键环节，是政府信息资源形成的重要标志，也是开展政府信息资源服务工作的基础。

2.4.1 政府信息资源采集的基本原则

政府信息资源采集是一项复杂的工作，它离不开科学原则的指导。在政府信息资源采集过程中，我们应当坚持科学性原则，根据政府信息资源的特点、公众的需求及信息社会的发展规律，有步骤、有计划地进行。具体来说，我们认为应该遵循以下几个原则。

1. 实用性原则

实用性原则，又称目的性原则或针对性原则，它是指从政府信息用户的实际使用需求出发，对政府信息资源进行规划、选择、收集和管理，从而最大限度地满足社会对政府信息资源的需求（刘兹恒，2008），它是政府信息资源采集最基本的原则。政府信息资源采集的目的是为了提供政府信息资源的交流和服务，因此政府信息服务机构要根据自身的任务和服务对象的需求来采集各种政府信息资源。

1）根据信息服务机构的任务进行针对性采集。一个国家或地区的政府信息服务系统，是由不同类型（公共信息服务机构、公益信息服务机构、市场型信息服务机构等）、不同级别的信息机构组成的有机体系，此外，在全球范围内，还有一些全球性信息机构（如国际图联）、区域性信息机构（如欧盟信息协会）等，它们在这个系统中处于不同的地位、承担不同的任务，它们对政府信息资源的选择、收集总有自己的特点和范围。因此，不同的政府信息服务机构应当根据自身的任务，去采集不同主题与类型的政府信息资源，建设实用的政府信息资源。

2）根据信息服务机构的服务对象进行针对性采集。不同类型的政府信息服务机构都有自己特定的服务对象和用户，不同的服务对象和用户由于职业、年龄、学习任务、兴趣爱好等不同而形成不同的信息需求。政府信息用户的信息需求是组织或个人在实际业务过程或生活过程中触发的信息需求，而政府信息服务机构应当调查政府信息用户的信息需求，掌握这些信息需求的特点及规律，将政

① 这里所指的转换是指对政府信息资源的格式、所有权、表示形式进行转换，以形成可利用的政府信息资源。政府信息资源转换是伴随着信息采集而产生的一种信息实践活动，是介于信息采集与信息组织的一项活动，常常与信息采集混为一体，难分彼此。

府信息资源采集与政府信息用户的信息需求有机地结合起来，从而提高政府信息资源采集的针对性、有效性。

2. 系统性原则

政府信息资源采集的系统性是指政府信息资源采集空间上的完整性和时间上的连续性。信息的连续性和系统性是信息发挥其效用的前提，因而政府信息资源必须经过长期采集、积累和不断发展才能逐渐完成一个科学的资源体系，成为高质量的政府信息资源宝库。坚持系统性原则是建设高质量政府信息资源体系的重要保证。从社会系统理论的观点看，政府信息资源管理活动不是孤立存在的，它实际是行政系统和行政活动乃至更大的社会系统及社会活动中的一个子系统，与社会外部信息环境息息相关。政府信息资源管理的目的之一就是要确保政府信息资源能够在公共部门、企业、公众之间自由、有序、有效地流动，从而最大程度地发挥政府信息资源的社会价值。政府信息资源采集的系统性包含两层含义：一是要保证重点政府信息资源的采集做到系统、完整、连贯；二是从国家政府信息资源的宏观布局出发，系统地规划政府信息资源的采集工作，妥善处理各级政府信息服务机构采集计划间的关系，不但使地区性政府信息资源采集具有组织性、计划性和前瞻性，而且尽可能使其与国家政府信息资源建设与服务的大方向保持一致，从而使得政府信息资源在各个“系统”层面内集中、有序、有效地流动。因此，政府信息资源的采集必须要系统、连续，能够客观地、系统地反映政治、经济、社会等各方面的情况，做到时时收集记录，使处于零散状态的政府信息形成系统的政府信息资源，使其具有衔接性和连续性，从而充分发挥政府信息资源的潜在价值。

3. 协调性原则

政府信息来源多样，必须实施跨部门采集，涉及政府部门、公共信息服务机构、信息服务商、信息用户等多个组织实体和个人，要认真处理好这些机构之间的权利、义务等权益关系，以推动政府信息资源采集机制的创新。政府信息资源是政府各种政务活动的产物，会随着政府活动的开展而不断产生、变化，是一种随政务活动变化的动态信息流。然而，传统的政府信息资源管理一般是根据政府机构自身的要求将不断变化的政府信息资源静态地、固定地捆绑在一起①。这种静态的信息整合方式常常导致多头采集、重复建设。坚持协调性原则，应当正确

① 如公民出生登记信息在公安部门，受教育信息在教育部门，婚姻信息在民政部门，就业或失业信息在社会保障部门，这些信息分别存在不同部门的数据库中，如果要想查找某一公民的完整信息，就需要检索多个不同部门的数据库。

处理政府信息资源采集多元实施主体之间的关系，明确主体内部之间的竞争、合作与分工的领域界限。电子政务要求实现信息资源的共享，力争实现“一次录入、多次使用”，但在现实中，政务信息提供者却经常要向不同的政府部门提供同一信息，造成了严重的资源浪费，也影响到了政府服务的水平（刘家真等，2007）。多头采集、重复建设不仅浪费巨大，使信息的采集与利用成本升高，还阻碍了部门间的信息共享，加重了信息负担，造成不良的政治影响，为此政府部门应当制定合理的政府信息资源采集框架，明确不同政府信息资源的采集主体及范围，使不同的政府信息资源提供者在统一框架下合理分工、协调合作，推动政府信息采集工作。此外，政府管理内容比较复杂，覆盖范围广泛，信息采集涉及各种不同的部门和层次，而业务的复杂性和层次的多样性，使得信息采集过程将不可避免地遇到各种阻力，也需要政府多方协调（贺军，2007）。总之，在协调性原则的基础上，政府部门要通过统筹规划，规定不同政府信息服务机构采集的责任与范围，使得不同主题、不同类型的政府信息资源由不同实施主体分工承担，避免政府信息资源采集的重复和浪费，以最少的成本建设起最充实的政府信息资源体系。

4. 发展性原则

政府信息资源体系是一个不断发展的体系，只有不断地补充新的政府信息资源，整个政府信息资源体系才具有持续的生命力；只有不断地剔除陈旧无用的政府信息，才能使政府信息资源体系始终保持强大的活力。在网络飞速发展的现代社会，政府信息资源尤其是政府数字信息资源的增长非常迅速。以全球网站数量增长为例，美国因特网监测公司“网器”（Netcraft）公司公布的数据显示：1995年8月全球网站数量仅为1.8万家，1999年以后全球网站数量增长速率加快，2006年首次突破1亿家，到2008年1月，这一数字则达到了155 583 825家，其中约半数网站频繁更新网上信息（图2-2）。政府信息资源的大量增长，必然带来政府信息资源老化速度的加快，从而要求政府信息资源体系加快“新陈代谢”。坚持发展性原则，要求政府信息服务机构在信息采集中，一方面要保持政府信息资源总量的稳定和持续发展，另一方面也要根据政府信息资源利用的实际需求，不断调整政府信息资源的内容和数量结构，使之形成一个结构合理的政府信息资源良性循环系统。

发展性原则同时还要求政府信息资源的采集规划要留有充分余地，保持政府信息资源采集的动态性。这就要求政府信息服务机构在采集过程中应当密切注意科学技术和经济的发展水平、动向和趋势，随时留意新的政府信息来源和政府信息资源获取渠道，预测政府信息资源的集中与分散、增长与老化趋势，充分估计

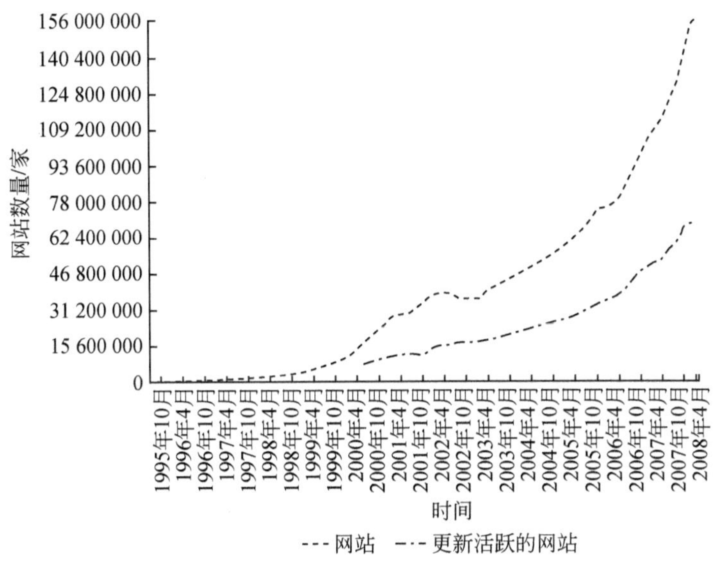

图 2-2　全球网站数量增长情况（1995 ~ 2008 年）

资料来源：Netcraft（2008）

政府信息用户的信息需求，有预见性地采集相关政府信息，从而提高政府信息资源服务的主动性。

2.4.2　政府信息资源的书目控制

书目控制（bibliographic control，BC）是以文献（信息）作为控制对象，以书目和书目系统作为控制手段，对社会上文献（信息）的流动进行控制的活动。政府信息也是书目控制的对象之一，政府信息资源的书目控制是指利用政府信息资源目录来控制一切政府信息资源的流动，从而达到有效地存储、传递和利用政府信息资源的目的。掌握并熟练地使用世界各国在开展政府信息资源书目控制活动中形成的政府信息资源书目工具，是进行政府信息资源采集工作的重要基础。

1. 政府信息资源目录

政府信息资源目录属于目录的一种，是政府信息资源目录控制的基本工具。“政务信息资源目录体系”工作组指出，政府信息资源目录实际是一批相关政府信息资源的集合，是按照政府信息资源分类或其他方式对政府信息资源核心元数据和交换服务元数据的排列（“政务信息资源目录体系”工作组，2007）。政府信息资源目录是政府信息资源目录控制工作的最小单元。从政府信息资源目录的功能看，可以分为三大类：管理型目录、检索型目录和报道型目录。

管理型目录是政府部门对本部门所拥有的政府信息资源进行登记而形成的馆藏目录，主要反映政府部门信息资源的资产总量，是政府部门开展信息资产清单式管理的基本工具。

检索型目录主要是根据信息用户的需求，从不同方面揭示政府信息资源的内容，从而对政府信息资源实行智能控制，为社会各界提供多方面的检索途径。检索型的政府信息资源目录主要包括分类目录、主题目录、专题目录、联合目录等。其中，专题目录和联合目录是两类非常重要的检索型目录。专题目录主要是揭示、介绍有关某一专题政府信息资源内容的检索工具，它不受政府机构的限制，有利于按专题查找所需政府信息，对于解决科学研究中的某些专门问题很有帮助，是政府部门进行信息资源定题、定向服务的有效工具。联合目录是汇总若干政府部门、政府寄存在图书馆或其他收藏单位的馆藏政府信息而综合编成的一种检索工具，它以反映政府信息的收藏处所为特征，有利于实现资源共享，推动馆际间的交流与合作，扩大政府信息资源利用的范围。专题目录和联合目录是政府信息资源目录控制的重要工具。

报道型政府信息资源目录的基本职能是通过揭示、报道、交流和传播政府信息，向利用者和社会各界介绍政府信息资源的价值、内容和开发方法，介绍政府信息资源收藏的基本情况和查找线索。报道型目录主要包括政府机构名录、专题政府信息资源介绍等。报道型目录是政府信息公开、提高政府信息资源利用率的重要手段，特别是随着世界各国政府信息公开立法活动的深入，报道型政府信息资源目录的重要性将越来越突出。

2. 国内外政府信息资源书目工具

美国、英国、加拿大、澳大利亚等西方发达国家由于具有悠久的政府信息公开传统，因此它们也较早地形成了较为系统的政府信息资源的书目控制工具体系，包括政府出版物目录、索引、网络目录数据库等。近年来我国政府部门和相关的信息服务机构也开展了相应的工作，形成了一些有价值的政府信息资源书目控制工具。

（1）传统政府出版物的目录、索引

1）美国《政府出版物目录》（*Catalog of U. S. Government Publications*，*CGP*）、《出版物参考文档》（*Publications Reference File*，*PRF*）。*CGP* 是一种提供查询、检索美国联邦政府出版物的记录系统，其最早可以追溯到 1895 年开始出版的《政府出版物月目录》（*Monthly Catalog of United States Government Publications*，*MO-CAT*）。1895 年《联邦印刷法案》（*the Federal Printing Act*）要求将政府出版物集中出版发行以避免浪费，规定联邦寄存图书馆的所有政府出版物要免费让公众查阅（GPO，2007）。同年，美国政府出版局（GPO）首次出版《政府出版物月目录》（GPO，2007），定期向社会公众发布各政府出版物的出版及收藏信息，方便公众获取。1976年，随着MOCAT主要版本和功能的变化，GPO的编目人员开始生产机读目录记录，逐渐加强了对单一印刷品的编目和索引，使得政府信息书目数据的质量不断提高，从而增强了对政府记录的控制能力（杨秀丹，2007）。PRF则是以缩微胶片格式存在的GPO综合销售目录，起着GPO在版目录的作用，用以识别GPO文献销售情况、当前价格和订购号码，也可以用以发现特定主题的政府出版物出版情况和确定文件在哪个联邦寄存图书馆（杨秀丹，2007）。

2）《加拿大政府出版物目录周刊》（*Weekly Checklist of Canadian Government Publications*）。主要收录加拿大国会、各联邦政府机构和加拿大统计局出版的文献和连续出版物。该目录周刊每周出版一次，向各寄存图书馆免费寄送。自1995年起，《加拿大政府出版物目录周刊》开始通过网络向社会发布。

3）澳大利亚政府出版物目录系统。传统的政府出版物目录体系主要由《联邦政府出版物目录》（*Commonwealth Publications Official List*）、《澳大利亚政府出版物指南》（*Australian Government Publications Guide*，*GovPubs*）、《澳大利亚政府出版物索引》（*Australian Government Index of Publications*，*AGIP*）三个重要的目录系统构成。《联邦政府出版物目录》定期发表澳大利亚政府信息书店销售的政府出版物，每周出版一次；GovPubs则收录了在澳大利亚各级图书馆收藏或能够通过网络获取的法案、议会议事录、政府公报、议会文件等政府出版物的馆藏信息，每月更新一次；AGIP是一个大型的书目数据库，已并入澳大利亚国家图书馆的国家书目数据库（NBD），目前由澳大利亚国家图书馆负责维护（The University of Sydney，2009）。

（2）政府出版物目录数据库

在世界各国加强电子政务建设的大背景下，不少国家建立了一批大型政府出版物目录数据库。如为了规范政府信息资源的整理、加强政府各部门之间信息资源的互联互通，加拿大政府在DSP主题词表的基础上开发了加拿大政府核心主题词表（Government of Canada Core Subject Thesaurus，GOC），并在国际上率先实现了网络版应用，实现了每一个检索词与加拿大政府出版物目录库（Government of Canada Publications Catalogue）、加拿大政府网上信息库（Canada Government Information on the Internet Catalogue）、搜索引擎（Canada Site Search Engine）的链接查询（倪静等，2003）。目前，加拿大政府出版物网站（www. publications. gc. ca）已经整合了这些目录资源，并建立了一个政府出版物检索和订购服务的“单一窗口”。在这个网站上，可以通过主题、政府部门、题名等多途径检索所需政府文献的相关信息，也可以浏览最新的政府出版物信息。此外，加拿大国家图书档案馆（Library and Archives of Canada，LAC）还针对网络政府信息资源数量日益增多的情况，从2005年开始收集加拿大联邦政府网站的资源，其建立的加拿大政府网站档案馆（Government of Canada Web Archive，GCWA）于2007年11月正式开通，可以提供1亿数字对象、400万兆字节的政府网站资源，公众可以通过关键词、政府部门名称、URL地址进行检索获取所需信息资源。近年来，我国也开展了政府信息资源的整合和服务工作，2009年4月30日，依托国家图书馆建立的“中国政府公开信息整合服务平台”（http：//govinfo. nlc. gov. cn/）正式开通，成为国内首个政府公开信息整合服务门户（廖翊，2009）。

此外，一些专业协会、学术机构等非营利性组织出于学术研究的目的，积极收集和整理网上政府信息资源，建立了网络政府信息资源指南，也成为引导公众获取政府信息资源的重要方式。如1994年起源于加州大学河滨分校（University of California，Riverside）的INFOMINE项目就是一个包含政府信息资源的综合性学术资源指南。目前，INFOMINE包含超过10万条学术性资源网站的链接，其中有关政府信息的链接有7121条，政府信息资源的内容涵盖了加州政府、联邦政府、研究中心和其他国家重要的网上信息资源，其检索界面（http：//infomine. ucr. edu/cgi-bin/search？govpub）还可以提供多途径的检索（图2-3）。

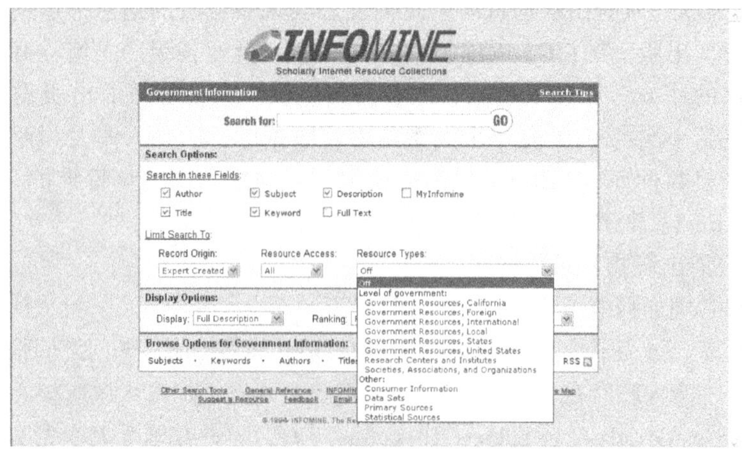

图2-3 INFOMINE政府信息检索界面

（3）政府信息资产登记系统

政府信息资源作为一种重要的战略资源，不仅是国家宝贵的资产，也是公众借以了解政府、社会和经济等各种状况的重要资源。为了防止政府工作人员和其他人员遗失、隐匿、损毁政府信息资源，一些国家和地区的政府建立了较为完整的政府信息资产登记制度（赖茂生，2005）。加拿大《政府信息资产管理政策

(MGIH)》(1989)[①]、俄罗斯《联邦信息、信息化和信息保护法》(1995)[②]、美国 OMB 的《A-130 号通告》(1996)(OMB, 2007) 都提出了基本的政府信息资产登记管理制度的思想。英国公共部门信息管理办公室 (Office of Public Sector Information, OPSI) 专门设置了信息资产登记体系 (information asset register, IAR) 对未出版的政府信息资源进行登记管理[③]。英国政府将未出版的政府信息资源也看做国家资产的重要组成部分，而 IAR 则是关于英国政府部门中没有出版或正式出版的政府信息资源的目录集合，其目标是覆盖英国所有政府部门和机构的信息资源，包括数据库、旧档案集、近期电子档案、统计数据集、研究项目等。为妥善管理这些可能存在的“灰色文献”，每个政府部门都有责任在自己的网站上维护本部门拥有的 IAR，中央政府在此基础上再对各个政府部门的 IAR 做完整的主题索引与超级链接整合工作，由皇家文书局负责制定 IAR 的格式、标准 (邱炯友, 2007)。1999 年 3 月，英国政府建立了政府信息网站 “Inforoute” (http://www.opsi.gov.uk/iar/search.aspx) (图 2-4)。英国联邦政府机构和地方政府部门可以使用统一的模块生产自己内部的目录并在自己的网站上进行维护，这

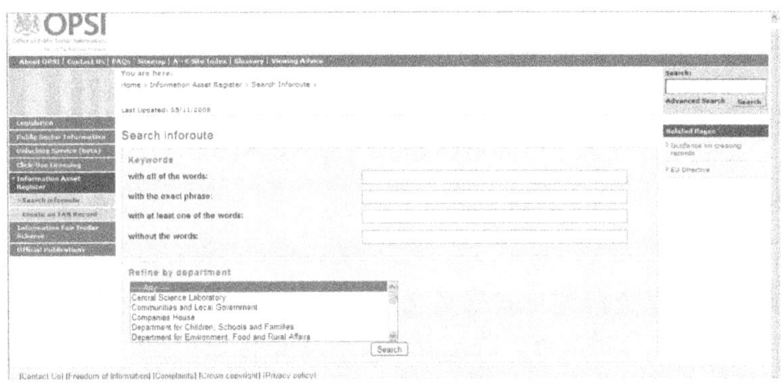

图 2-4　Inforoute 搜索界面

① 1978 年加拿大根据《加拿大公民人权法案》第 56 条规定建立了加拿大政府信息资产目录 (inventory of government information)，以避免信息的重复收集，减少公众获取信息的成本负担。1989 年的《政府信息资产管理政策》进一步提高了政府部门及公众对政府信息资源及其管理活动重要性的认识，明确了政府信息资产及其管理的必要性和可行性方案 (treasury board secretariat, 2007)。

② 《联邦信息、信息化和信息保护法》第 2 章第 6 条明确指出：“属各机构所有的信息资源，依照俄罗斯联邦民法，列为其财产的组成部分。属国家所有的信息资源，依照管辖权限，处于各该国家政权机关和机构的管理之下，应作为国有财产的组成部分予以清点登记和保护。” 这一法律要求国家保证国有信息资源及其产品的完整性、安全性，并建立有效的机制防止国有信息资源免遭非法利用和破坏 (Russia State Duma, 2007)。

③ 具体参见：http://www.opsi.gov.uk/iar/index.htm.

些分离的目录一起构成了政府信息资产注册目录系统，任何人通过 Inforoute 界面都可以检索到英国未出版政府信息资源的目录信息以及获取途径。

2.4.3 政府信息资源采集的基本程序

政府信息资源采集是一项复杂、严肃、技术性较强的工作，应该遵循科学的工作流程，以保证政府信息采集的效率和质量。从理论上讲，政府信息资源采集可以分为五个步骤：采集需求分析、采集信息源分析、采集途径分析、采集的实施和采集结果的评价（图 2-5）（张润荣等，2007）。

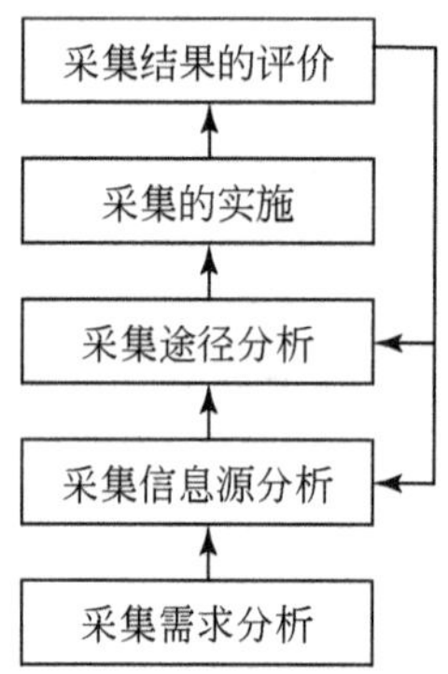

图 2-5 政府信息资源采集的基本流程

1. 采集需求分析

在进行政府信息资源的正式采集之前，应该进行需求分析，明确采集的目标，这是整个采集工作的起点，决定着政府信息采集工作的效率及成败，因此它也是整个采集工作的关键所在。政府信息资源采集的需求分析至少包括以下几个部分：第一，明确采集工作所服务的对象与目的；第二，明确采集的具体内容；第三，确定采集的范围。此外，对政府信息采集的其他因素，如信息资源的语种、格式等相关要求等，也应当进行分析说明。

2. 采集信息源分析

政府信息资源来源广泛、形式多样，主要存在个人信息源、机构信息源、文献信息源、新闻媒体信息源、数据库信息源、网络信息源、实物信息源等（苏新宁等，2008）。不同的信息，其作用、特点也不尽相同，因此，要根据采集需求分析，选择合适的政府信息源。政府信息采集机构可以利用各种政府信息资源书目工具，掌握政府信息的分布和出版情况，并深入了解书目工具所报道的政府信息源的数量、质量等情况，为正式的采集工作提供基础。

个人信息源是指个人所拥有的信息和知识，它具有及时性、新颖性、强化感知性、主观随意性和瞬息性等特点（苏新宁等，2003）。机构信息源是指各级各类组织机构（包括政府组织和非政府组织两大类）所拥有的反映组织机构的功能、政策、程序、操作和其他活动等方面的信息和知识，具有权威性和垄断性。文献信息源是指存储于纸张、胶片、磁带等物质载体中的信息和知识，其中最重要的文献信息源是政府记录，包括政府文件、报告、信函、备忘录等。新闻媒体信息源是指新闻传播机构及其工具所拥有的信息和知识，它具有更新快、内容范围广等特点。数据库信息源是指在一定的计算机软、硬件技术支持下，按照一定方式和机构组织起来的，具有最小冗余度和较高独立性的大量相关数据的集合，具有存储容量大、数据结构化程度高、更新及时等特点。网络信息源是存储于计算机网络中的信息和知识，具有数量庞大、半结构化、动态性和技术依赖性等特点。实物信息源是指存在于物质实体或事件发生的现场的信息和知识，具有真实性、直观性、隐蔽性和零散性等特点。

目前，对信息源的评价一般采取两种方法：直接评价法和间接评价法（马费成等，2002）。直接评价法，是指信息工作者据对信息源的一般要求对信息源进行评分评价，即从信息源的及时性、综合性、经济性、准确性、易获取性五个方面，采用十分制对各种信息源的价值进行评分评价。间接评价法，是指通过信息用户来评价信息源，即调查信息利用者对各自信息源的利用情况，或者由信息利用者根据自己的实践来评价信息源。

3. 采集途径分析

采集途径和策略是政府信息资源采集的重要环节。根据采集需求分析，应当确定相应的采集途径和策略。不同类型、不同载体、不同内容的政府信息资源往往具有不同的流通渠道和分布范围，因此政府信息资源采集也具有不同的途径和策略。

如对于个人信息源，可以采取个人交往、接触、聚会、闲聊等途径进行采集，从而获取不曾公开发表的信息，适合采集社会基层的真实情况和建议。随着Internet的出现和普及，个人信息源的采集途径已突破了时空限制，网络聊天室的主题聊天、政府电子邮箱的设立等，都是新的采集形式。采集途径和策略分析将制订可行的政府信息资源采集方案，从而为政府信息资源的正式采集提供指南。其他政府信息源的采集途径如表2-2所示。

表 2-2　不同政府信息源的特点及采集途径

政府信息源	主要特点	采集途径与方法
个人信息源	及时性、新颖性、瞬息性、主观随意性	现场调查、问卷调查、访问调研
机构信息源	权威性、垄断性	采购、定点收集、访问调研、建立内部专家库、公共部门信息系统检索
文献信息源	系统性、易用性、可控性、稳定性、时滞性	文献采购与交换
新闻媒体信息源	内容性、范围广、重复性大	利用大众传媒（报纸、杂志、电视、广播等）定时、定向、定题采集信息
数据库信息源	内容丰富、冗余度小、独立性高	自建政府信息数据库、商业数据库
网络信息源	数量庞大、规范性差、动态性、技术依赖性、交互性强	浏览网站、利用搜索引擎获取信息、Web 数据挖掘
实物信息源	真实性、直观性、隐蔽性、零散性	展览、观摩、参观，利用多媒体分析

4. 采集的实施

在掌握真实需求的前提下，明确了政府信息源、采集途径，就可以开始政府信息资源的正式采集。采集实施过程中需要及时监控，根据出现的新问题或者根据采集的初步结果进行及时的调整，以保证采集工作的效率和质量。

5. 采集结果的评价

在采集工作结束后，应该依据一定的标准对采集结果进行客观评价。这些评价可以作为以后采集信息源分析、采集途径分析的依据或参考。只有不断地对采集工作进行评价，才能保证采集到满意的结果。

对于政府信息资源采集过程及其结果，一般可以采用采全率、采准率、及时率、费用率和劳动耗费率五个指标来衡量和评价，这些指标一般通过信息内容与信息需求的相关程度（即切题性或相关性）来确定（马费成，2004）。

（1）采全率

采全率用来衡量切题政府信息采集的完整程度，即某一政府信息系统（政府信息库）所含的全部切题性信息（对该系统全体用户而言）在当时系统内外所有切题信息中所占的比例。如果用 P 表示采全率，r 表示该政府信息系统中切题的政府信息，R 表示当时系统内外全部切题的政府信息，那么政府信息资源采全率可以表示为

$$P = r/R \tag{2-1}$$

这一指标可以从政府信息资源采集过程与政府信息资源流通的外部渠道相关的角度，也可以从政府信息资源集中分散规律的角度来评价采集过程的功能与作用。

（2）采准率

采准率用于衡量政府信息资源采集的针对性，即某一政府信息系统（政府信息库）所含的全部切题性信息（对该系统全体用户而言）在当时系统所有信息中所占的比例。如果用 E 表示采准率，r 表示该政府信息系统中切题的政府信息，Q 表示当时系统内所有的政府信息，那么政府信息资源采准率可以表示为

$$E = r/Q \tag{2-2}$$

这一指标可以评估政府信息资源采集过程的内部状况，即这一过程在何种程度上能够满足各种信息需求。

（3）及时率

及时率用来衡量政府信息资源采集的速度，即在最短时间内完成政府信息资源采集过程的能力。它由采集过程的每一个环节（从信息的产生到被输入数据库）所花费的总时间来计算，即

$$T = \sum_{i=1}^{n} t \tag{2-3}$$

式中，$i=1, 2, \cdots, n$，表示采集过程的环节数。为了提高该过程的及时率，人们不但要设法缩短二次信息的加工时间，而且要设法缩短一次信息的时滞。

（4）费用率

费用率用来衡量政府信息资源采集的资金效率，即指用于政府信息库中单位信息的费用的最低能力。费用率取决于采集过程中的组织、各环节的技术装备及其他因素。事实上，单位信息很难确定，不同单位的信息不能任意分解，而且各单位信息之间的价格差异比较大。因此，我们可以用信息的件数来大致表示信息的单元，那么，如果用 C 表示单位信息的费用率，F 表示年度采集信息的费用率，G 表示年搜集到的信息量（总件数），费用率则可表示为

$$C = F/G \tag{2-4}$$

（5）劳动耗费率

政府信息资源采集的劳动耗费率是指政府信息系统采集到的单位信息所耗费的最低劳动量，可以用采集过程所有环节的劳动消耗总数来计算。如果用 L 表示采集信息的工作量，l_i（$i=1, 2, \cdots, n$）表示单位（件）信息在每一环节中的劳动耗费（可用人、时等单位表示），那么劳动耗费率可表示为

$$L = \sum_{i=1}^{n} l_i \tag{2-5}$$

该指标取决于政府信息资源采集过程的难度、条件、效率等因素。在实践中，一

般按照采集过程每道工序的劳动耗费定额来确定劳动耗费率和工作量。

2.4.4 政府信息资源采集的发展趋势

现代信息技术的不断更新与政府信息资源采集工作紧密结合，促进了政府信息资源采集系统日趋成熟，政府信息资源采集工作呈现出新的发展趋势。

1. 政府信息资源采集对象的扩大化

政府信息资源采集的对象是政府信息资源，而在数字环境下，政府信息资源的来源、种类、数量都发生了巨大的变化。表现为：

1）政府信息资源来源的分散化。政府部门仍然是政府信息资源的主要来源，但在网络环境中，网站上政府信息资源的范围非常模糊，难以确定。政府网站信息资源并不一定都在以“. gov”结尾的网站中，而且，以“. gov”结尾的网站中的信息资源也并不一定属于政府网站信息资源（朱晓峰，2006）。因为，第一，很多政府网站并不以“. gov”结尾；第二，“. gov”结尾的网站往往还提供链接直接指向商业性网站和其他非政府类网站。这些网站的内容大多都不属于政府网站信息资源的范围，甚至有些内容可能会不符合政府的某些规定。

2）政府信息资源种类的多样化。政府信息资源不仅包括传统的印刷型、缩微型出版物，也包括网页、数据库、电子邮件、电子期刊等多种出版物。数字环境下，各种格式的数字信息资源层出不穷。如加州数字图书馆（CDL）项目组在进行政府数字信息资源收割时发现，它们收集的数字信息中有 335 种不同的文档格式，其中以 HTML（60%）、GIF（15%）、JPEG（10%）、PDF（10%）四种文档格式存在的信息就占据了总量的 95%（Cruse，2004）。

3）政府信息资源增长的快速化。随着政府职能的扩大和深化、国际交往的频繁，以及各国电子政务建设的迅速发展，信息的生产和流动的速度都大大加快，网络已经成为信息资源增长的“超级引擎”，推动着政府数字信息资源的快速增长。

数量激增并在政府信息资源中占据越来越大比重的政府数字信息资源极大扩展了政府信息资源采集对象的范围和实施的难度①。20 世纪 90 年代中期以来，国内外的政府机构、大学图书馆、公共图书馆、档案馆、研究协会等相关组织开

① 这里给出两份数据。第一，根据英国国家档案馆网站介绍，英国政府 95% 的公共记录是以电子形式提供的，这些原生公共电子记录保存在英国国家档案馆（参见：http：//www. nationalarchives. gov. uk/ero/）。第二，2003 年，时任美国公共出版物总管的 Bruce James 先生在参加美国寄存图书馆理事会议时候透露：2003 年，“联邦寄存图书馆计划”（FDLP）提供的政府信息中有近 2/3 是纯电子版格式的，而 2004 ~ 2008 年，美国政府约 95% 的信息资源也将以纯电子版格式提供（Adler，2008）。

展了一系列的政府数字信息资源的采集、归档和提供利用工作。美国、加拿大、英国、澳大利亚等都将政府数字信息纳入国家政府信息资产管理的范围并加以管理。

从传统信息资源扩大到数字化信息资源是数字时代政府信息资源采集对象扩展的一种必然趋势。与传统政府信息资源相比，政府数字信息资源在选择、鉴别、提供利用等方面都有很大的不同，政府信息资源采集工作面临的是一个更加动态多变的环境，因此如何在未来进一步提高政府数字信息资源的采集能力是值得研究的课题。

2. 政府信息资源采集流程的网络化

网络的出现和应用，使政府信息资源采集进入了一个崭新的阶段。

海量的政府数字信息资源决定了政府信息管理部门只能搜集、筛选、鉴别和收录有回溯价值的信息单元，而不是将无意义的信息碎片堆积在一起（吴江，2007）。由于政府数字信息生命周期很短[①]，而且政府部门大多缺乏恢复和保留回溯性信息的努力，政府数字信息也经常出现在非政府部门网站上，数字信息收集和选择的法律基础薄弱，这些因素都给政府数字信息资源的选择和采集带来了极大的挑战。

政府信息资源采集对象的数字化趋势日益明显，而信息采集工具的自动化、智能化和信息采集平台的网络化，使得政府信息资源采集的绝大部分工作都能在网络上完成，从而促进了政府信息资源采集流程的网络化。政府信息服务机构可以在网络上建立自己的站点，设计出特色主页，明确自己的信息采集范围，一方面可以利用其主动采集所需的信息资源，另一方面也可以查阅相关信息媒体发送的政府信息资源目录清单，从中订购所需的信息资源。

3. 政府信息资源采集方式的合作化

政府信息资源采集是一项巨大的系统工程，任何政府信息资源管理（服务）机构都难以单独处理这一事务。从目前世界各国来看，政府信息资源采集的合作化趋势越来越明显。如在20世纪初期之前，美国政府出版局（GPO）一直在政府信息资源的生产、采集、加工、传递等领域占据着垄断地位，但这种地位在第二次世界大战后迅速终结。事实上，随着社会分工越来越细，政府信息资源采集工作的分工也越来越细，其他信息机构也可以参与政府信息资源采集的某些环节，为政府部门提供信息采集服务。

---

① 2000年，美国斯坦福大学计算机系的两位学者通过调查发现，政府网站上网络文档的平均存在周期为4个月（Cho et al.，2000）。

在网络环境下，政府部门与图书情报机构、信息公司、非营利性组织、档案馆之间的合作越来越多，越来越多的政府信息资源采集活动在政府机构外得到了开展，并取得了不错的效果，为人们获取政府信息资源带来了更多的便利。美国的“社区信息组织创始计划”（community information organization initiative）就是由政府机关、社区图书馆与学术图书馆合作组织、开发社区信息的一个项目（黄如花，2003）。

总之，政府信息资源采集是政府信息资源管理活动的重要环节。尤其是在电子政务环境下，为了推动政府信息资源的共享，一定要实现“一次录入、多次使用”，避免重复采集和建设带来的浪费（刘家真等，2007）。就我国而言，目前情况尚不尽如人意。由于我国信息资源采集机构的结构不合理，现有大多数信息机构（统计部门、信息中心）主要负责经济信息的搜集和处理，搜集和处理社会以及其他方面信息的机构较少；长期以来，我国政府部门采集信息往往依靠层层填写、汇总统计报表的方式，在缺乏有效监督的情况下，难以保证信息的真实性、完整性；信息机构缺乏主动搜集信息的动力机制，往往只是根据上级下达的任务搜集有关信息（王满船，2003）。因此，为了打破一些政府部门由于垂直化管理和缺乏横向沟通而形成条块分割的“信息烟囱”，应当建立层次多、范围广的政府信息资源采集机制。

1）实施积极主动的采集策略。指通过相应的激励机制，促使各政府部门主动地采集信息资源，尤其是政府数字信息资源。随着网络的日益普及，信息的生成更加快速、分布更为广泛，而原生政府数字信息资源由于技术、制度等方面的原因具有更易“挥发”的性质，如果不加以主动地采集，很大一部分政府数字信息资源就将永远地消失在数字空间中，成为人类社会中无法恢复的记忆。如在电子政务和数字信息资源管理非常发达的美国，每年通过政府出版局（GPO）发行的政府出版物中，有65%将没有印刷版目录（California Digital Library，2007）。这就给信息采集工作带来了挑战，也要求相关部门应采取更为积极的行动去采集政府信息资源。

2）实施联合式的采集模式。政府信息资源来源广泛、数量庞大，单靠政府部门难以完成高质量、高效率的采集任务。政府信息资源管理机构可以与图书馆、档案馆等公共信息机构甚至信息公司建立合作关系，通过一定的科学分工，分别形成对特定类型政府信息资源的完整采集。如美国康奈尔大学农业图书馆与美国农业部就开展了农业信息资源采集、整理和加工方面的合作。当然，联合式的采集模式只适用于可公开的那部分政府信息资源，属于国家机密等不可公开的政府信息资源，一般只能由政府部门独立进行采集。

3）实施以用户需求为基点的采集方法。用户需求是政府信息资源管理的目的，以需求为基点的政府信息资源采集可以真正满足不同用户的需求，提高政府信息资源采集的效率。这就需要改变传统政府部门围绕上级任务被动采集的方法，实施以业务流程和公共服务的有效运转为出发点的信息采集方式，将信息采集与用户需求有机地结合起来，提高信息采集的针对性、有效性。

本章小结

政府信息资源产生于政府活动的各个环节和各级部门，其形成主体包括政府、企业、非营利性组织、社会个人等，这些不同的主体使得政府信息资源的形成方式呈现多元、复杂的特征。

按照新公共管理理论，开发利用政府信息资源的实施主体是政府组织、市场组织和非营利组织（第三部门），因此它们是政府信息资源形成过程的三大主体，三者共同参与政府信息资源的获取，从而形成多元化的政府信息资源获取渠道：政府公共获取模式、市场获取模式及公益性获取模式。

政府信息资源形成的基本规律包括：政府信息资源形成主体的层次性、形成路径的分散性和形成机制的多元化。认识这些基本规律，有助于理解政府信息资源的生产过程和机理，进一步掌握政府信息资源形成的本质特征。

政府信息资源采集是以信息选择为核心的过程，是一个科学、客观的过程，它是政府信息资源形成的最后一环，也是政府信息资源形成的标志。在实际的政府信息资源采集活动中，应当熟悉政府信息资源采集的原则、书目控制工具和基本程序，并针对不同的问题机动灵活地调整政府信息资源采集策略，才能顺利完成政府信息资源采集任务。在信息网络环境下，政府信息资源采集工作表现出采集对象扩大化、采集流程网络化、采集方式合作化等趋势。

参考文献

北京市信息化工作办公室 . 2009-09-03. 赴芬兰、瑞典电子政务考察报告 . http：//www. beijingit. gov. cn/xxhqy/gjjl/t20061120_ 153266. htm

陈传夫，姚维保 . 2004. 我国信息资源公共获取的差距、障碍与政府策略建议 . 图书馆论坛，（6）：54 ~ 57

陈红捷，刘西林 . 2006. 政府信息资源采集研究 . 情报杂志，（1）：134 ~ 138

丁波涛 . 2008. 政府信息资源商业化的研究 . 图书情报工作，（9）：74 ~ 77.

冯国平 . 2009-08-05. 整合信息资源，推进纺织行业公共信息服务 . 中国工业报，第 B03 版

弗莱彻 PD. 2005. 《文书削减法案（1995）》与政府信息资源管理战略//加森 GD 等 . 公共部门信息技术：政策与管理 . 刘五一译 . 北京：清华大学出版社 . 69

国务院信息化工作办公室“政府信息资源开发利用政策研究课题组” . 2003. 中国信息化趋势

报告（五）：加强我国政府信息资源开发利用的若干问题．中国信息界，(14)：10，11
贺军．2007-07-23. 从目录体系建设突破政务信息共享．中国计算机报，第 B21 版
黄如花．2003. 网络信息组织：模式与评价．北京：北京图书馆出版社
霍国庆，孟广均，王进孝等．2002. 信息资源管理思想的升华．图书情报工作，(4)：26～39
蒋永福．2008. 政府信息资源开发利用若干重大问题研究．图书与情报，(2)：6～15
赖茂生．2005. 如何认识和设计政务信息资源目录体系和交换体系．数字图书馆论坛，(9)：8～13
李俊庆．1992. 政务信息教程．沈阳：辽宁大学出版社
廖翊．2009-05-31. 国家图书馆建立我国首个“政府信息整合服务平台”．http：//www. gov. cn/jrzg/2009-04/30/content_ 1301142. htm
林登．2002. 无缝隙政府：公共部门再造指南．汪大海，吴群芳等译．北京：中国人民大学出版社
刘家真，许洁．2007. 建立基于共享的政务信息采集机制的对策建议．信息化建设，(7)：16～18
刘强，吴江．2004. 政府信息资源分类共享的机制研究．中国信息界，(21)：10～15
刘渊，张涛．2005. 政府公共信息资源开发利用市场化战略选择．信息化建设，(9)：38，39
刘兹恒．2008. 信息媒体及其采集（第二版）．北京：北京大学出版社．130～134
柳国炎．2001. 强化政府信息采集管理 发挥决策支持系统作用——比利时政府信息收集和管理体制及启示．信息化建设，(7)：32～34
马费成．2004. 信息资源开发与管理．北京：电子工业出版社．93～95
马费成，胡翠华，陈亮．2002. 信息管理学基础．武汉：武汉大学出版社．110～116
倪静，赵新力，钱起霖．2003. 国外电子政务主题词表编制及网络应用的比较分析．情报学报，(5)：565～571
倪明胜，李昱．2009. 论公共信息资源管理——概念、基本特征及管理模式创新．湖湘论坛，(3)：121～125
邱炯友．2007-11-15. 政府电子出版品暨信息之开发与应用：英国著作权观点之省思．http：//www. lib. ntu. edu. tw/pub/univj/uj3-4/uj3-4_ 7. html
苏新宁，孔敏，俞华等．2003. 电子政务理论．北京：国防工业出版社．91
苏新宁，朱晓峰，吴鹏等．2008. 政务信息资源管理与政府决策．北京：科学出版社．36，37
王安耕．2005. 如何更好地开发利用政府信息资源．电子商务，(7)：25，26
王满船．2003. 健全公共信息系统，完善政府危机决策．北京行政学院学报，(4)
吴江．2007. FRBR 在网络书目控制的实现构想．数字图书馆论坛，(4)：37～40
夏义堃．2008. 西方国家公共信息资源管理的组织结构特色及启示．情报学报，(2)：278～284
夏义堃．2009. 政府商业性信息资源获取与利用的市场化模式探讨．图书情报工作，(7)：121～124
闫慧．2008. 信息无障碍理念在我国公益性信息服务业种的应用现状调查．图书情报工作，(2)：91，124～128
杨团．2009-09-05. 政府体制创新的有益尝试——对一个街道实行政事分开改革试点的思考．

http://www. sociology. cass. cn/shxw/shzc/P020040428567061716435. pdf
杨秀丹 . 2007. 政府信息资源组织工具集成研究 . 北京：北京大学博士学位论文 . 86 ~ 89
张沛 . 2009-08-31. 政府主导产业变革解读韩国的信息化模式 . http：//www. echinagov. com/gov/zxzx/2009/4/7/64711. shtml
张润荣，朱晓峰 . 2007. 政府信息资源采集模型研究 . 情报杂志，(4)：36 ~ 38
张维迎，刘鹤 . 2003. 中国地级市电子政务研究报告 . 北京：经济科学出版社 . 112
"政务信息资源目录体系" 工作组 . 2007-12-30. 政务信息资源目录体系　第 1 部分：总体框架（征求意见稿）. http：//www. egs. org. cn/upload/psgs_ draft/1135830975453192. pdf
"中国内容数字化产业发展" 课题组 . 2009-08-28. 中国内容数字化产业现状与政策建议 . http://www. cia. org. cn/subject/subject_ 02_ xxhzt_ 10. htm
周晓丽，毛寿龙 . 2008. 有限政府：多维阐释及其实现 . 四川行政学院学报，(4)：121 ~ 125
周晓英，王英玮 . 2004. 政务信息管理 . 北京：中国人民大学出版社 . 100，103
朱晓峰 . 2006. 政府网站信息资源采集行为模型研究 . 情报理论与实践，(1)：82 ~ 86
Adler P S. 2008-01-14. Rethinking the federal depository library program. http：//www. arl. org/resources/pubs/br/br229/br229fdlp. shtml
Annexe G. 2009-08-27. Economic value and detriment analysis. http：//www. oft. gov. uk/shared_ oft/reports/consumer_ protec tion/oft861g. pdf
Barnum G. 2002. Availability，access，authenticity，and persistence：creating the environment for permanent public access to electronic governmen tinformation. Government Information Quarterly，19 (1)：37 ~ 43
California Digital Library. 2007-11-20. Web-based government information：evaluating solutions for capture，curation，and preservation. http：//www. cdlib. org/programs/Web-based_ archiving_ mellon_ Final. pdf
Cho J，Garcia-Molina H. 2008-01-05. The evolution of the web and implication for an incremental crawler. Proceedings of the 26th International Conference on the Very Large Database. San Francisco：Morgan Kaufmann. 200 ~ 209. http：//oak. cs. ucla. edu/ ~ cho/papers/cho-evol. pdf
Cruse P. 2004. Web-based government information：a critical at-risk resource. DTTP，Documents to the People，32 (2)：16 ~ 20
Dawes S S，Pardo T A，Cresswell A M. 2004. Designing electronic government information access programs：a holistic approach. Government Information Quarterly，21 (1)：3 ~ 23
Dekkers M，Polman F，Velde R，et al. 2009-08-27. Measuring European public sector information resources (final report of study on exploitation of public sector information-benchmarking of EU framework conditions). http：//www. epsiplus. net/reports/mepsir_ measuring_ european_ public_ sector_ resources_ report
GPO. 2007-12-09. Keeping America informed federal depository library program：a program of the superintendent of documents U. S. government printing office (GPO). http：//www. gpo. gov/su_ docs/fdlp/pr/keepam. html
Netcraft. 2008-02-03. January 2008 web server survey. http：//news. netcraft. com/. archives/2008/

01/28/January2008-web-server-survey. html

OMB. 2007-11-04. Circular a-130: management of federal Information resources, 1996. http: //www. whitehouse. gov/omb/circulars/a130/a130. html

OMB. 2009-05-24. Improving public access to and dissemination of government information and using the federal enterprise architecture data reference model. http: //www. whitehouse. gov/omb/assets/omb/memoranda/fy2006/m06-02. pdf

OMB. 2009-08-24. Circular a-130: management of federal information resources, 1996. http: //www. whitehouse. gov/omb/circulars/a130/a130. html

OPSI. 2009-09-02. Licensing activity statistics. http: //www. opsi. gov. uk/about/website-statistics/licensing-statistics. htm

Perrit H H Jr. 1994. Commercialization of government information: comparisons between the european union and the united states. Internet Research, 4 (2): 7

PIR A International Publishing Group. 2009-08-26. Commercial exploitation of Europe's public sector information (final report) . ftp: //ftp. cordis. europa. eu/pub/econtent/docs/commercial_ final_ report. pdf

Russia State Duma. 2007-11-15. Federal act no. 24-f z of the Russian federation on information, informatization and protection of information. http: //www. medialaw. ru/e_ pages/laws/russian/iipi-en. htm

The University of Sydney. 2009-09-20. Government internet guide: australia-official government sites. http: //www. library. usyd. edu. au/subjects/government/austofficial. html

Treasury Board Secretariat. 2007-12-10. Review of the management of government information holdings (MGIH) policy. http: //www. imforumgi. gc. ca/new_ docs/mgih_ e. pdf

Williams A. 2009. On the release of information by governments: causes and consequences. Journal of Development Economics, 89 (1): 123 ~ 138

第3章　政府信息资源的组织

政府信息资源形成之后，必须对其进行加工整理，使之有序化，并存储到相应的系统或介质上，才能提供利用，这一环节便是政府信息资源的组织。政府信息资源组织活动是伴随着政府信息（文献）量的不断增长和人类有意识地采集、积累和利用（文献）的活动产生和发展起来的，在信息网络时代的今天，它已经成为一种集针对性、灵活性、科学性、综合性、系统性、创造性和服务性于一体的高智力活动（安忻，2008）。政府信息资源组织是连接政府信息资源形成和政府信息资源服务的关键一环，它承上启下，是政府信息资源管理活动的基本环节，也是政府信息资源管理研究的核心内容。

3.1　政府信息资源组织概述

信息时代，政府拥有的信息资源飞速增长，其无序性也急剧增加，这就需要进行政府信息资源组织。一方面可以解决海量信息和政府有限的人力、时间之间的矛盾；另一方面可以解决信息无序化与政府信息选择之间的对立。研究政府信息资源组织的内涵、基本原则、主要步骤、方法体系和理论基础，有助于掌握政府信息资源组织的基本知识和基本原理，为顺利开展相关工作提供理论依据。

3.1.1　政府信息资源组织的内涵

1. 政府信息资源组织的背景与含义

信息组织的实践历史悠久，但是在过去信息量少、社会信息流未成为巨量的条件下，人们关心的是如何获得更多信息的问题，信息组织只是图书馆和专门的信息机构所关心的问题。在漫长的古代社会中，政府机构生成的记录增长比较缓慢，记录管理或者说档案管理（即古代的政府信息资源管理）并没有成为一个严重的问题；近代社会的到来使政府职能得以迅速扩展，政府部门产生的信息资源呈现加速增长态势；进入现代社会，政府职能的进一步扩张导致了政府记录的爆炸式增长，而战争与信息技术的发展更加剧了这一趋势（霍国庆等，2002）。

在当今信息数量激增的环境下，信息的来源渠道多种多样，信息的载体形式丰富多彩，信息的内涵层次复杂，今天信息的传递速度和传递数量已经与过去不可同日而语了。20 世纪 80 年代初期，美国著名未来学家约翰·奈斯比特（John Naisbitt，1984）在探讨工业社会向信息社会转变问题时指出："我们的经济社会首次建立在一种可再生和自生的重要资源上，再也不会发生资源枯竭问题。与之相反，这种资源太多，造成泛滥却是个大问题。……到 1985 年，信息的数量将比几年之前增加四倍到七倍。……我们被信息淹没，但却渴求知识。如此大量的信息，采用目前的手段显然无法处理。失去控制和无组织的信息在信息社会里不再构成资源，相反，它会成为信息工作者的敌人。"2005 年由意大利和美国两位学者共同撰写的一份研究报告指出：截至 2005 年 1 月份，全球网页数量已逾 115 亿之多（Gulli et al.，2008）。

面对信息爆炸的环境，人们已经认识到，信息再也不是越多越好，过多的信息不仅于事无补，还会妨碍人们获得正确的认识。人们进一步认识到，只有经过组织、加工、整理和过滤的信息，才能为社会所利用，才能为社会创造财富。尤其是随着网络通信技术的发展，产生了大量的电子型、数字型信息，人们普遍感受到网络信息混乱无序、检索困难，对网络信息的有效组织和控制的要求日益迫切，因此，信息的整序与组织不仅在过去一直是人类知识获取的必经之路，在今后也会成为社会交流过程的一个极为重要的环节和研究课题。事实上，对数量巨大的政府信息资源如何进行有效的管理已经引起了政府部门和学术界的重视。美国首先开发出政府信息定位服务（government information locator service，GILS）元数据，并在许多国家得到推广和应用，成为发现、定位和查询数字化政府信息资源的重要工具。

政府信息资源组织有广义和狭义之分。狭义的政府信息资源组织是指信息序化或信息整序的加工过程。广义的政府信息资源组织还包括政府信息资源存储的过程。本书取广义上的概念，将政府信息资源的加工与存储定义为政府信息资源组织。因此，政府信息资源组织是指对采集的政府信息资源进行有序化处理的过程，即将处于无序状态的政府信息资源，根据一定的原则和方法，通过一定的工具和方法，对政府信息资源的外部特征和内容特征进行揭示和描述，按给定的参数和序列排列，并保存到一定存储媒介上，使政府信息从无序集合转换为有序集合的过程，以方便政府信息资源在政府、社会和个人之间的有效传递与利用，从而提高政府信息资源的有用性、可获取性。

2. 政府信息资源组织的内容

总体而言，信息组织是根据检索的需要和信息资源的特点，将信息资源组织成有序的系统的过程；就个体而言，信息组织则是根据信息组织的整体要求和规范，对信息资源进行描述和处理，并将处理结果纳入系统的过程。信息组织活动包括两个方面的内容：一是信息组织的操作，即指根据信息资源的内容和特征，对信息资源进行描述、标引，并将其组织进相应系统的过程。这一操作一般是依据一定的信息资源描述处理的规范，对信息资源的特征和内容进行分析、归纳、选择、记录，并在此基础上将其组织进信息资源集合和检索工具。二是信息资源组织规范，是根据信息组织的需要和信息资源的特点预先确定的包括一系列规则和方法的系统，是进行信息组织操作的依据。主要包括信息资源描述规范和检索语言等。

从信息资源组织领域包括的基本内容可以看出，政府信息资源组织的研究领域总体上包括三个层次，依次为理论层面、规范层面、方法层面（马张华，2008）。

理论层面主要研究政府信息资源组织的基本规律和理论基础，为规范层面和方法层面提供理论依据，指导信息组织的操作和实施。理论层次研究是针对政府信息资源组织涉及的基本原理的研究，通过理论层次的研究，可以丰富政务信息资源组织的理论基础，明确其涉及的理论问题和发展方向，确保政务信息资源组织的研究与实践沿着科学的轨道开展。

规范层面主要通过描述规范、检索语言的建立，为政府信息资源组织的操作提供实施的规范和依据。使用它，可以按照规定的方式，一致、有效地进行描述和标引，是进行政府信息资源组织必须共同遵守的规范。

方法层面包括操作的技术方法、政府信息资源组织的管理、标引规则、描述规则等，是实现信息资源组织的具体技术方法，其作用是按照信息资源组织的要求进行操作、实现信息资源系统的组织。方法层面的研究要求不断根据信息环境和信息技术的变化，对传统政府信息资源组织方法进行创新，以应对复杂多变的政府信息资源管理活动。

三个层面之间是相互联系、相互作用的，应在对信息组织了解的过程中有意识地加强对三个方面的把握和结合。

目前，政府信息资源组织研究重点集中在以下几个方面：

1）政府信息资源组织的规范与标准化研究。其研究内容包括政府信息资源组织的标准与规范的制定，即根据政务信息组织的需要和政务信息资源的特征，确定一系列规则和标准。国内外政府部门、学术机构、网络信息服务机构都在做这方面的工作，并制定了一些可广泛应用的标准和规范成果。

2）政府信息资源组织的技术与方法研究。重点是研究传统信息组织方法（主题法、分类法等）与现代信息技术结合的问题，如政府信息资源的知识组织、政府信息资源的可视化、政府信息资源库构建等。

3）政府数字信息资源组织问题，即根据网络环境的变化，政府信息资源组织如何解决海量信息的定位、识别、组织、建库等问题。

3. 政府信息资源组织的类型和特点

依照不同的划分标准，可以将政府信息资源组织划分为不同的类型。从信息表现形式划分，可以将政府信息资源组织分为文字信息组织、图像信息组织、声音信息组织和视频信息组织；按信息加工程度划分，可以将政府信息资源组织分为一次政府信息资源组织、二次政府信息资源组织、三次政府信息资源组织；按照政府信息的传播载体划分，政府信息资源组织则包括文献型（如印刷型、缩微型、计算机阅读型、视听资料）政府信息资源组织和非文献型（如口头信息、实物信息等）政府信息资源组织。

无论是哪一种类型的政府信息资源组织，它都是一种信息控制活动，作为政府信息资源生命周期管理的重要环节，它与政府信息资源规划、政府信息资源采集、政府信息资源转换密切相关。一方面，它们具有共性，即具有共同的目标，都是为了促进政府信息资源利用而进行的有意识有目的的信息控制活动；另一方面，彼此又存在差异，相互区别、互为补充。具体来说，政府信息资源组织具有以下特征：

1）政府信息资源组织的依附性。政府信息资源组织的依附性是指政府信息资源组织无法独立存在，它以政府信息的识别、揭示等活动为前提，贯穿于政府信息资源揭示、传播、检索等过程，而且无法与各种政府信息记录和信息实体相互分离。政府信息资源组织仅仅是方法和形式，它要有内容、对象和可操作性，才会充分发挥政府信息资源的价值。

2）政府信息资源组织的增效性。政府信息资源组织的增效性是指政府信息资源组织可以增加政府信息传播、检索、利用的速度和效率，是政府信息资源开发与服务的重要保障。通过政府信息资源组织，可以保证政府、企业和个人对政府信息资源的有效获取和利用、有效流通和组合，提高政府信息资源管理的效率，改善政府信息资源管理的效果。虽然政府信息资源组织没有增加或者减少特定的信息量，但是由于政府信息资源的有序化，增加了信息资源的信息含量和潜在作用，加快了政府信息资源的流通速度，提升了政府信息资源的效用，为进行以后的信息分析、知识发现等活动打下了良好的基础。

3.1.2 政府信息资源组织的基本原则

由于政府信息资源组织的目的是方便信息的查找和利用，而政府信息资源组织的对象、方法、机构和过程都不是简单划一的，因此，政府信息资源组织必须考虑政府信息资源查找利用的效果，建立一个具有较高查全率和查准率、检索速度快、对用户友好、简单易用的政府信息检索系统。因此，政府信息资源组织必须在一定的科学原则的指导下进行，切实避免政府信息资源组织工作的随意性、无计划性和盲目性等现象的出现，使政府信息资源组织能够真正发挥整序信息、科学分流、促进选择、保证利用的功能和作用，形成健全完善的政府信息资源组织体系和顺畅通达的政府信息资源组织流程（党跃武，1997）。政府信息资源组织的原则需要按照此要求来制定，具体说来，政府信息资源组织的原则包括如下原则。

1. 客观性原则

客观性原则主要指政府信息资源组织过程中对政府信息进行描述和揭示时，应该遵循科学、客观、准确的原则，全面、完整、精确地反映政府信息的内在和外在特征，尊重信息责任者，根据政府信息本身所反映的各种特征加以科学地反映和序化，不能对政府信息人为地添加一些内容或没有根据地进行主观臆断，有意或无意地对信息内容进行歪曲或断章取义，从而损害政府信息的本来效用，也不能遗漏掉重要的信息特征。坚持客观性原则，一方面要求我们不能损害政府信息资源的本来效用，不歪曲信息资源本身；另一方面要求我们不断跟踪政府信息源和政府信息资源组织技术的发展变化，使政府信息资源组织与技术条件、信息环境变化保持基本一致。

2. 用户保证原则

用户保证原则主要指根据用户的需要进行政府信息资源的描述和控制。信息组织好是让用户查找利用的，信息组织形成的信息系统应该考虑用户的检索要求和信息使用习惯，根据用户的需求和利用特点，采取相应的措施，保证满足用户的检索需求。政府信息资源组织在一般情况下并不直接与政府信息资源用户联系，处于一般政府信息资源管理流程的中间位置，但政府信息资源管理的一切环节都必须以“用户第一”为宗旨，政府信息传播、服务及其效果如何在很大程度上是由政府信息资源组织的水平所决定的。坚持用户保证原则，一方面要求政府信息资源组织要根据政府信息资源用户的实际需求采取不同的组织方法和手段，以满足政府信息资源用户的个性化需求；另一方面也要求政府信息资源组织的成果简捷易用，真正符合政府信息资源用户的使用习惯。

3. 系统性原则

系统性原则是指用系统的观点和方法来进行政府信息资源组织工作的协调管

理，以发挥政府信息资源组织的整体优势，实现政府信息资源组织的整体功能。没有系统性的政府信息资源组织工作就难以实现其整体目标，为此政府信息资源组织工作必须处理好宏观政府信息资源组织与微观政府信息资源组织的关系、政府信息资源组织部门与其他政府部门及相关信息服务机构的关系、政府信息资源组织各环节之间的关系、不同政府信息资源组织方法之间的关系。坚持系统性原则，政府信息资源组织不仅要在微观上达到区分和识别政府信息的目的，还要在宏观上达到综合和系统化的目的，这样在政府信息资源服务时，用户不仅能准确找到所需要的政府信息资源，而且能了解政府信息资源的整体概貌，能在海量存储的信息中达到浏览、观望和触类旁通的效果（周晓英等，2004）。

4. 发展性原则

发展性原则是指政府信息资源组织要随着政府信息资源管理的时代环境和技术背景的发展而不断调整其思想观念和组织方式，以保持政府信息资源组织思想观念的现代化和政府信息资源组织技术的先进性，使政府信息资源组织工作符合时代发展的步伐，从而为不断发展的政府公共信息服务活动提供高质量的政府信息资源服务。政府信息资源组织思想观念的现代化集中体现在政府信息资源组织的标准化上，而政府信息资源组织的标准化则又体现在政府信息资源组织工作的统一性、政府信息资源组织方法的规范性、政府信息资源组织系统的兼容性和政府信息资源组织成果的通用性等上。政府信息资源组织的标准是政府信息资源组织标准化的前提和基础。为此，政府信息资源领域的若干国际性和国家性标准组织已经制定和实施了一系列有关信息组织的工作标准，为促进政府信息资源组织的整体化、科学化发展创造了良好的条件①。政府信息资源组织技术的先进性则表现为现代信息技术在政府信息资源组织中的推广应用，现代政府信息资源组织实践也表明先进的技术应用已经促成了政府信息资源组织的自动化、网络化趋势，而以 XML、RDF 和本体为核心的语义网的探索和最终形成，必然会对未来政府信息资源组织理论与实践产生深远的影响。总之，技术环境的变化、设备条件的变化、信息种类的变化、信息特征的变化、信息界面的变化等都会给政府信息资源组织提出新的要求，政府信息资源组织思想观念和技术方法必须适应外在条件的各种变化才能有效地组织政府信息资源。

---

① 政府信息资源组织标准化建设是电子政务标准化建设的重要组成部分。随着电子政务在世界各国的发展，结构化信息标准促进组织（Organization for the Advancement of Structured Information Standards，OASIS）于 2002 年 10 月成立了电子政务标准化技术委员会，向各国推广基于 XML 的电子政务标准与规范。2002 年 1 月，国家标准化管理委员会和国务院信息化工作办公室联合组建了“国家电子政务标准化总体组”，积极研究跟进国内外与电子政务有关的标准的发展动态，及时调整工作思路及方向，与国内各政府部门、技术专家及开发商一起研究制定中国电子政务标准，推动我国电子政务健康、有序地建设。

3.1.3　政府信息资源组织的主要步骤

政府信息资源组织需要分析政府信息的内在和外在的特点，从而全面揭示和再现这些特征，并根据政府信息的特征将政府信息进行聚合和归并，使相关的政府信息集中起来，相异的政府信息区别开来，最终形成有序化的政府信息资源体系，以消除或减少政府信息之间的干扰，方便人们有针对性地选择政府信息。因此，从微观的角度看，政府信息资源组织的基本步骤就是：政府信息资源选择—政府信息资源分析—政府信息资源描述与揭示—政府信息资源存储。其中，前三个环节可归为政府信息资源加工，最后一个环节是将政府信息资源加工的成果按一定方式存储到相应的信息载体上。

1. 政府信息资源加工

所谓政府信息加工，是指政府信息工作人员利用各种科学方法，按照一定的程序，针对政府信息的外部特征和内容进行有序化和综合处理，并形成特定加工成果（如目录、索引、文摘、综述等）的活动。政府信息加工有利于克服无序化的海量信息与特定利用者的特定需要之间的矛盾，提高政府信息的准备和真实程度，降低政府信息的冗余度，提高其利用价值。政府信息加工可以进一步细分为以下几个内容。

（1）政府信息资源选择

信息组织是信息活动的必然要求，其起源在于信息本身的自然无序状态（党跃武，1997）。政府信息选择就是从采集到的、处于无序状态的政府信息流中筛选出有价值的信息，剔除无用的信息，是整个政府信息资源组织过程的第一步。

（2）政府信息资源分析

政府信息分析是指按照一定的逻辑关系从语义、语用、语法上对选择过的政府信息的内、外表特征进行细化、挖掘、加工整理并归类的信息活动。它的主要目标是对零散、孤立的原始政府信息进行分类、排序，而这也是政府信息描述与揭示的前提和基础，直接影响着政府信息资源组织的质量。

（3）政府信息资源描述与揭示

政府信息描述，是指根据政府信息组织和检索的需要，对政府信息的主题内容、形式特征、物质形态等进行分析、选择、记录的活动。政府信息描述主要分为两种类型：一是著录，即对政府信息外部特征，如题名、责任者、出处和出版时间等要素的描述；二是标引，即对政府信息的内容特征（如学科、主题等）进行揭示。其中，从学科属性揭示政府信息内容就是分类标引，从主题特征揭示政府信息内容就是主题标引。

2. 政府信息资源存储

将整理加工后的政府信息资源（如文件、图像、数据、报表、档案等）按照一定的格式和顺序存储于特定载体的信息活动，即是政府信息资源存储。政府信息资源存储的目的是使政府信息管理者和政府信息用户快速、准确地识别、定位和查询政府信息资源，因此在进行政府信息资源存储时应当保证政府信息资源存储形式的统一、规范，以方便用户利益为原则，并不断保持存储技术和设备的先进性。从政府信息资源存储介质的形式看，主要包括纸张印刷存储、缩微（胶片）存储、声像存储、磁盘存储、光盘存储等。

政府信息资源存储必须注意两个问题：一是存储介质的容量问题，二是存储信息的利用问题。因此，充分利用有限的存储空间，将序化后的政府信息资源最高效率地提供给政府部门、企业和社会个人，是这一环节的重要任务。

3.1.4 政府信息资源组织的基本原理

信息组织在其漫长的发展过程中，不断从相关学科的理论和方法中汲取养分，使自身逐步得到充实和完善。尽管随着现代信息技术的广泛应用，越来越多的理论方法被引入信息组织领域，但信息组织最常用的理论还是语言学原理、知识分类原理、概念逻辑原理（戴维民，2004）。这些原理，与耗散结构理论、协同论、自组织理论，分别构成了政府信息资源组织的理论基础、方法基础和技术基础（尚可聪，1998；周宁，2001；马费成等，2002；周晓英等，2004）。

1. 政府信息资源组织的理论基础

（1）系统论

系统，是由彼此联系、相互作用的诸要素组成的具有特定功能的有机整体，是宇宙中普遍存在的客观事物的一种结构组成模式。将这种结构组成模式抽象出来作为指导人们认识事物的一种世界观，这就是系统论。

系统论是研究系统的一般模式、结构和规律的学问，它研究各种系统的共同特征，用数学方法定量地描述其功能，寻求并确立适用于一切系统的原理、原则和数学模型，是具有逻辑和数学性质的一门新兴的科学。

系统思想源远流长，但作为一门科学的系统论，人们公认其是美籍奥地利人、理论生物学家贝塔朗菲（L. Von. Bertalanffy）创立的。他在1952年发表“抗体系统论”，提出了系统论的思想。1973年提出了一般系统论原理，奠定了这门科学的理论基础。

系统具有整体性、相关性、结构性、层次性、动态性、目的性、环境适应性等基本属性（曾广容等，1988）。这些，既是系统所具有的基本思想观点，也是系统方法的基本原则，表现了系统论不仅是反映客观规律的科学理论，还具有科学方法论的含义，这正是系统论这门科学的特点。其中，整体性是系统最基本的属性，整体大于部分之和是系统论的基本原理。

政府信息资源组织通过将大量、分散、杂乱的政府信息资源进行组织，构成一个具有内在联系、彼此关联的集合，将使政府信息资源整体效能大于各个信息单元的效能之和，从而更加充分地发挥政府信息资源的价值和作用。这就是政府信息资源组织的系统论基础。

（2）耗散结构埋论

耗散结构理论（theory of dissipative structures）是系统论的分支之一。该理论于20世纪60年代末由比利时物理学家伊里亚·普里高津（Ilya Prigogine）创立，他在一次理论物现学和生物学的国际会议上正式提出，并在此后的研究中进一步完善（申维，2008）。耗散结构理论的核心观点认为：一个远离平衡的开放物理化学系统（力学的、物理的、化学的、生物的等）具有发生自组织过程的能力，当外界条件达到某一阈值向，量变可能引起质变，系统通过不断地与外界交换能量和物质，会自动出现一种自组织现象，组成系统的各子系统会产生一种互相协调的作用，借助于外界的能流和物质流而维持一种空间、时间和功能上的有序结构。这就是适于一切开放系统的耗散结构理论。伊里亚·普里高津找到了非平衡、开放系统是有序之源。这一原理给政府信息资源组织的启迪是：我们所要建立的政府信息系统应该是一个开放系统，它包括政府信息资源组织和政府信息资源检索两大部分，与外界进行着信息的交换，既采集信息也输出信息。政府信息资源形成和积累得越多，信息资源开发越深入，对信息有序化的要求就越高，政府信息资源组织就是使政府信息从无序走向有序的过程。

（3）协同论

协同论（synergetics）又称之为协同学，是研究各种复杂的非平衡系统的共同本质特征和共同演化规律的综合性学科，即研究非平衡系统中子系统之间的协同合作，形成宏观有序结构的机理和规范。协同论这门学科的创始人是德国著名理论物理学家哈肯，他于1977年出版了《协同学导论》这部科学著作，标志着这门学科正式诞生（郭治安等，1991）。协同论认为：尽管各种类型系统的子系统（如物理化学中的原子或分子、生物系统中的细胞、生态系统中的人等）是那样的千差万别，但它们之间的合作导致系统产生的相变规律则是相同的。协同论的要点在于系统内各子系统之间通过非线性协同效应，使系统从混乱走向有序、从低级有序走向高级有序（刘植惠，1989）。从宏观上看，政府信息资源组织之后形成的政府信息资源系统是由多个子系统构成的，各子系统之间相互作用、协同一致，反映了协同论的基本思想：无论什么系统从无序向有序的演化，都是大量子系统之间相互作用而又协同一致的结果。政府信息资源组织必须考虑各个信息资源之间的协同作用，促使它们从无序转为有序。

(4) 自组织理论

自组织理论（self-organizing theory）是20世纪60年代末期开始建立并发展起来的一种系统理论，是贝塔朗菲一般系统论的新发展。它的研究对象主要是复杂自组织系统（生命系统、社会系统）的形成和发展机制问题，即在一定条件下，系统是如何自动地由无序走向有序、由低级有序走向高级有序的。协同论创始人哈肯（1988）指出："如果系统在获得空间的、时间的和功能的结构过程中，没有外界的特定干预，我们便说系统是自组织的。这里的'特定'一词是指，那种结构和功能并非外界强加给系统的，而且外界是以非特定的方式作用于系统的。"由此可见，自组织与系统是密不可分的，自组织是指系统无需外界指令而能够自行组织、自行创生、自行演化，即自主地从无序走向有序。在自组织理论研究方面，自组织理论从一开始就在自然和社会科学领域得到应用。自组织作为系统新的结构模式创生的一般机制、模式，本质上是一种关系、构架，是一种组织的方式、序的结构，这些都只能用信息活动来解释。2000年，李宏轩提出信息自组织的概念。他认为：信息自组织是指作为信息系统组成要素的信息，由于人与人之间、人与系统其他要素之间存在的相关性、协同性或默契性而形成特定结构与功能的过程，也就是信息系统无需外界指令而能自行组织信息，自我走向有序化和优化的过程（李宏轩，2000）。从这个定义我们可以看出，信息自组织理论实际上也是基于系统论、耗散结构理论、协同论的，此外，突变理论、混沌理论等也在其中起了作用。总之，20世纪下半叶兴起的耗散结构论、协同论、突变论、超循环理论以及广义进化理论等，强调了一种有序生成、维持和增长的自组织科学纲领（邬焜，2004），可以改进政府信息系统的生产率，增值政府知识资本，拓展政府信息资源内容，从而为政府信息资源组织领域提供了全新的理论视角，尤其是对网络环境下政府数字信息资源组织具有重要的理论与现实意义。

2. 政府信息资源组织的方法基础

(1) 语言学原理

语言是人类最重要的交流系统，是信息的载体。语言是不依赖于其他任何交流工具独立存在的交流工具，它的服务范围非常广泛。语言不但是交流工具，也是思维工具。语言研究不仅是对信息及其相互沟通的研究，同时也是对思维及其对象的探索（严怡民，1994）。一般来说，进行信息组织必须依赖某种检索语言或信息组织规则。有了检索语言，信息系统的有序特征才能体现，信息单元的个体特征才能被揭示出来，各种信息单元才能对号入座，纳入这种符号系统的框架之中，形成一个便于检索的序化信息集合（马费成等，2002）。尽管各种信息组织符号系统的形式不同，但都和自然语言一样，有着共同的特征：有词语、有词汇、有语法。现代语言学经历了历史比较语言学、结构主义语言学和转换生成语言学三个发展阶段，已形成庞大的学科体系，为我们借用语言学理论提供了必要的前提。语言学的一些分支学科，如普通语言学、计算语言学、工程语言学、数理语言学、应用语言学和检索语言有着许多直接或间接的联系（戴维民，2004）。这就是信息组织的语言学基础。

检索语言，又被称为情报检索语言或信息检索语言，张琪玉系统建立了情报检索语言及其相关概念的体系，使其规范化，统一了概念名称和使用习惯。他对情报检索语言的定义是："根据情报检索的需要而创制的，专门用于各种手工的和计算机化的文献情报存储检索系统，能够唯一地表达各种概括文献情报内容的概念（主题概念），能够显示概念之间的相互关系，并便于进行系统排列，便于将标引用语和检索用语进行相符性比较的人工语言。"（张琪玉，2000）这一概念包含如下几层含义：①检索语言的目的是用于标引和检索，而根本的目的是满足检索的需要；②它是一个规范化的概念体系，能准确表达信息主题并显示其相互关系；③它是有序的，可用于系统排序；④它是一种人工语言。理想的检索语言自身必须具有词汇和语法手段，能准确有效地用于信息标引和检索，真正起到信息检索的语言保证作用。

世界各国在开展电子政务建设的过程中，为了推进政府信息资源的共建共享，创建了诸多适用于政府信息资源管理领域的分类法、主题词表，从而推动了政府信息资源组织的深入发展。

（2）逻辑学原理

逻辑学是研究思维的逻辑形式、逻辑规律及其简单的逻辑方法的科学（姜全吉等，2004）。思维有形象思维和抽象思维两种形式。人们的认识发展过程是由形象思维到抽象思维，由感性认识到理性认识的过程。感觉、知觉和表象是形象思维形式，属于感性认识的阶段；概念、判断与推理是抽象思维形式，属于理性认识阶段。信息组织属于抽象思维的范围，是在各种概念的基础上进行的，因而，它必须遵循科学的思维方法。也就是说，进行信息组织工作必然用到形式逻辑的一些方法，如演绎推理和归纳推理、比较、分析与综合等。信息组织的行为只有符合逻辑思维规律，才能保证信息组织的优化、序化。

概念的逻辑方法是编制信息分类法的基本方法。考察各个知识领域的要素及其属性，从众多的知识领域依据它们共同的属性概括出分类法的基本大类，这就是分析与综合的方法。对每一个类目通过选取适当的分类标准进行逐级划分，一层层展开就构成一个等级关系分明、概念内涵外延清晰的类目体系，这个过程始终是概念逻辑方法的运用。在这个严密的类目体系中，各种知识、各个学科、各种事物都依据其内在的联系排列并固定位置。只有对大量收集到的信息，运用比较、分类、分析与综合等逻辑方法进行处理，对信息内容和形式特征之间业已存在的诸如同一关系、属种关系、交叉关系以及并列关系、矛盾关系和对立关系等种种关系进行解析，才能建立科学、可靠、有序的信息体系，所以信息组织必然要使用科学的思维方法，以逻辑学理论为基础（周晓英等，2004）。

（3）知识分类原理

知识分类是一门研究知识体系结构的学问。信息的主体是知识，信息组织活动必须建立在人们对知识体系认识的基础之上。客观世界是一个有结构、有层次、条理分明的整体，人们对它加以认识也可以分门别类地去进行，科学知识分类就是人们根据各个学科的特殊矛盾性质和运动规律来对知识进行类别划分的。科学分类作为一门研究科学体系结构的学问，根据各门学科进行区分和组织，确定每门科学在学科总体系中的地位，揭示整个科学的内部结构，建立符合科学发展规律的分类体系。因此，信息组织可以以科学知识分类为依据，把信息分类建立在科学知识分类的基础之上。

信息组织的直接目的是建立信息检索语言，各种信息检索语言都建立在概念逻辑和科学分类基础之上。体系分类法是应用概念划分与分类的典型。将事物概念纳入知识分类体系（事物和学科的分类体系），是对千差万别的事物作系统研究的重要方法，是对各种事物之间的区别和联系从本质上、原理上进行揭示的重要手段，对信息的系统化具有重大价值（张琪玉，1997）。检索语言是信息组织和知识组织的工具，因此，检索语言都包括了一个反映时代要求的知识体系。从影响性角度分析，其来源包括哲学家知识分类体系、大百科全书知识分类体系、大学教学知识分类体系、科学学的知识分类体系（戴维民，2004）。

3. 政府信息资源组织的技术基础

信息组织的最终成果是建立不同类型的信息系统。以计算机技术为主导的信息技术学科群，不仅为信息组织提供了技术工具和技术手段，信息组织的形式和内容也随着信息技术环境的变化而变化。信息组织的主要内容经历了从关注纸质文献的整序和规范，到主要关注计算机存储信息的整序和规范，再到关注网络信息的组织和规范的过程，整个过程的发展都是与信息技术的发展及其在信息组织中的应用直接相关的。因此，以计算机科学为主导的信息技术学科群是信息组织的技术基础。

总之，信息组织的目的是建立有效的信息系统，从而便于信息的检索和利用。信息组织研究的主体内容是检索语言，它是信息组织的语言工具，与其密切相关的还有检索工具、检索系统和检索技术。检索语言、检索工具、检索系统以及检索技术都是建立在科学原理的基础上的。系统论、耗散结构理论、协同学理论和自组织理论构成了政府信息资源组织的理论基础，而语言学原理、知识分类原理和概念逻辑原理则是政府信息资源组织的方法基础（周宁，2001），现代信息技术学科群的兴起和发展则为政府信息资源组织提供了有力的技术基础。依据这些原理创制的检索语言和建立的检索工具及检索系统就能达到较好的信息检索与利用的目的。

3.2　政府信息资源描述与揭示

政府信息资源组织首先是实现政府信息的规范控制，包括对政府信息资源形式特征的描述和对其主题内容特征的揭示，对政府信息资源的描述和揭示以及序化是政府信息资源组织的中心内容（戴维民，2004）。政府信息资源组织的深度和质量取决于对政府信息资源描述和揭示的深度和水平，为此，人们创造了多种技术、方法、规则和标准对信息进行描述和揭示。

3.2.1　政府信息资源著录与标引

1. 政府信息资源著录

政府信息资源著录，是按照一定的方法规则，对政府信息资源的内容特征和形式特征进行分析、选择和记录的过程。政府信息资源的内容特征，是政府信息资源所载的主题内容；政府信息资源的形式特征，是指政府信息资源生成的时间、数量、创建者、语种、载体等相关记载。用以揭示政府信息资源内容特征和形式特征的记录事项称著录项目；政府信息资源著录的结果，称为条目，它是反映政府信息资源内容特征和形式特征的著录项目的组合；按照一定次序编排而成的条目组合，就称作政府信息资源目录。

著录工作首先要确定政府信息资源的著录项目。所谓著录项目，是指揭示政府信息资源形式和内容特征的项目。不同类型文献和不同形式目录的著录项目不尽相同。国际图联（IFLA）制定的ISBD（G）《国际标准书目著录（总则）》（2004年版）规定了文献著录的八个项目：①题名与责任者说明项（title and statement of responsibility area）；②版本说明项（edition area）；③资料（或出版物类型）专用项［material（or type of resource）specific area］；④出版发行等项

(publication, distribution, etc, area); ⑤载体形态项 (physical description area); ⑥丛编项 (series area); ⑦附注项 (note area); ⑧标准编号与获得方式项 [standard number (or alternative) and terms of availability area] (IFLA, 2008)。根据这一总则，国际图联先后制定了针对专著出版物、连续出版物、地图资料、非书资料、乐谱、古籍、分析著录、计算机文档、电子资料的著录规则。政府信息资源中，既包括由专著、连续出版物等具有出版物特征的文献，即政府出版物 (government publication 或 official publication)，也包括缩微复制品、计算机文档、电子资料等各种载体的文献资源，因此政府信息资源著录工作中最核心的内容就是确定统一、规范、科学的著录规则与指南。

2. 政府信息资源标引

政府信息资源标引，是指分析政府信息资源的内容属性（特征）及相关外部属性，并用特定语言表达分析出的属性或特征，从而赋予政府信息资源检索标识的过程。政府信息资源标引一般包括两个环节：一是主题分析，即在了解和确定政府信息资源的内容属性及能够帮助揭示内容的某些外部属性（如信息资源类型）之后，将这些属性概括为主题并用自然语言表述，同时分析主题概念之间或主题概念因素之间的结构关系，为下一环节做准备；二是转换标识，即用专门的标引语言（检索语言）中的标识（词语）表达概括政府信息资源内容的主题概念或概念因素，构成一定形式的检索标识。由于用来表达政府信息资源内容的标引语言有不同的种类，相应的政府信息资源标引也有不同的种类。对政府信息资源进行主题分析，用分类语言表达分析出的主题，赋予政府信息资源分类检索标识（分类号）的过程就是分类标引；而以主题语言（主题法）表达分析出的主题，赋予政府信息资源主题检索标识（标题、叙词等）的过程则是主题标引（曹树金等，2000）。

政府信息资源主题分析是政府信息资源标引的首要步骤，正确的标引必须以正确的主题分析为前提。主题分析的质量直接影响着标引的效果。因此，必须掌握政府信息资源主题分析的基本方法，在充分掌握政府信息资源主题结构及类型的基础上，按照政府信息资源查询与检索的具体要求，对具有检索价值的档案主题概念进行提炼和取舍，既不遗漏应该分析出的主题概念，也不过度析出主题概念，从而使主题概念与它所概括的内容较为准确地相符。

(1) 政府信息资源的分类标引

进行政府信息资源主题分析后，应当查明哪些主题应当予以标引，并根据相应的政府信息资源分类法（表）判定主题的类别，然后在政府信息资源分类表中将判定的类别赋予分类标识。这一过程就是政府信息资源的分类标引。政府信息资源标引必须针对政府信息资源的主题类型和主题数量，依据相应的标引规则，将判定的类别分入最切合政府信息资源内容的类目。当政府信息资源涉及多个主题，或多因素主题时，应当再分析多个主题或多个因素之间的关系，确定给予相应数量的分类标识①。因此，制定一个科学、合理、可扩展的政府信息资源分类表，对开展政府信息资源分类标引工作就显得非常重要。

从国内外政府信息资源分类标引实践看，主要存在两大政府信息资源分类体系：一是从政府信息资源的来源和提供部门的角度进行分类，以政府信息资源内容所反映的社会职能分工作为类目划分的主要标准；二是从政府信息资源的内容知识特征的角度进行分类，以政府信息资源所反映的学科属性作为类目划分的主要基础。前者实际上与档案分类法基本相同，比较有代表性的就是美国公文管理分类系统（superintendent of documents classification system，SuDocs），它一直是分布在美国联邦寄存图书馆（FDLP）和政府出版物月目录（MOCAT）中的政府出版物的分类依据（杨秀丹，2007）；后者实际以通用的图书分类法为参照，利用图书馆分类法成熟的分类体系按资源内容特征和主题特征对政府信息资源进行标引，如“加拿大主题信息资源”（Canadian information by subject）就是采用杜威十进制分类法（DDC）建立的以“主题树”形式显示的综合性加拿大政府信息资源目录②。我国政务信息资源目录体系工作小组制定的《政务信息资源目录体系——第4部分：政务信息资源分类》（“政务信息资源目录体系”工作组，2007）（征求意见稿）在参考国内外政府信息资源分类相关资源的基础上，分析并依据国内政府信息资源的特点，结合汉语的特点，综合运用体系分类和分面分类的原理，将分类对象逐次按等级细分，再按选定的属性或特征将分类对象化为一组独立的类目，每一组类目构成一个分面，各个分面按照一定顺序平行排列。在分面层次上，将政府信息资源分为四个面：基础面（政府信息资源本身具有的特定主题）、行业面（政府信息资源生成的部门或行业）、服务面（为使用者提供的特定服务）、物理面（资源的载体形式）。根据以上四个面对政府信息资源进行分类，就相应地形成了主题分类、行业分类、服务分类和资源形态分类四种分类。其中，主题分类是核心，是基础性分类，行业分类、服务分类和资源形态分类为辅助性分类。四种分类体系相对独立，当政府信息资源的某个面的属性发生变化时，不会影响其他面的属性，从而可以最大程度地保证目录体系的稳定性。如规定每个面在元数据中至少有一个相应字段，且主题分类和资源形态分类对应的字段内容不空。该征求意见稿中主题分类参考了《电子政务主题词表》

---

① 如当一份政府文件涉及三个以下的并列主题时，应当分别给予分类号。如果并列主题超过三个以上，又属于同一上位类，则归入其所属上位类。

② 资料来源：Canadian infornetion by subject. http：//www. Collectionscanada. gc. ca/caninfo/ecaninfo. htm. 2007-12-18.

（GB/T 19486—2004），行业划分标准依据的则是《国民经济行业分类》（GB/T 4754—2002）。此外，将服务分类划分为四大部分：为公众服务、服务提交方式、服务提交的支撑、政府资源管理；将资源形态化分为电子化资源和非电子化资源两大类。它根据不同的参考标准，构建了细化至第三级类目的政府信息资源分类类目表。以主题分类类目表的一个截面为例，如下所示：

01　综合政务

01K　重大事件

01KA　军事重大事件

……

我国政府信息资源编目人员和政府信息资源管理人员可以根据这一标准，通过人工或计算机辅助的方式进行分类标引。

（2）政府信息资源的主题标引

在主题分析的基础上，运用政府信息资源主题词表，对分析出的主题概念赋予主题词标识的过程就是政府信息资源的主题标引。主题是信息资源的一个重要特征，政府信息资源本身又具有丰富的主题描述信息（Hotto，1996）。政府信息资源的主题标引是通过制定科学合理的政府信息资源主题词表，选择主题词表中最专指、最恰当的正式主题词对政府信息资源所反映的主题概念进行标引；当主题词表中没有专指词时，应选择最直接、最关联的两个以上的主题词进行组配标引；当组配标引不能准确地表达主题概念时，可选用最邻近的上位词或相关词进行标引；当上位词、相关词标引也不合适时，可采用自由词标引或增词标引。需要指出的是，标引用词应当是主题词表中的正式主题词，主题词表中的非正式主题词只是入口词，不能用作标引词。

政府信息资源主题标引的基础性工具就是主题词表。相关的政府信息资源管理部门在长期的政府信息资源管理实践中，尤其是在政府文件档案管理领域、政府出版物管理领域形成了不同类型的政府信息资源主题词表。英国国家数字档案库采用的 UNESCO 主题词表①、澳大利亚电子档案主题词表（Keyword AAA）②、

---

① 该主题词表包括六个知识领域的主题术语，即教育、科学、文化、社会和人文科学、信息和通信、政治、法律与经济。还包含了国家和国家团体的名称。参见：2008-02-25. UNESCO Thesaurus：hierarchical list. http：//www2. ulcc. ac. uk/unesco/thesaurus. htm.

② Key AAA 是澳大利亚新南威尔士档案规范委员会 1995 年 11 月发布的政府公文档案管理主题词表，1998 年发布了第二版。KeyAAA 从通用的政府机构业务和职能中抽取出来词汇和相关术语，将主题词分为关键词、活动叙词（activity descriptors）、主题叙词（subject descriptors）三大类，在澳大利亚国家档案馆和公共事业部门范围内得到了使用。目前，KeyAAA 已经成为“澳大利亚记录管理标准”（Australian standard for records management，AS 4390）。参见：2008-02-25. http：//www. naa. gov. au/Images/Keyword%20AAA_ tcm2－5245. pdf.

我国的《国务院公文主题词表（1997年版）》[①] 都属于应用于政府文件档案管理领域的主题词表。美国、加拿大等联邦寄存图书馆为有效管理馆藏的政府出版物而制定了相关的主题词表，这些主题词表则是在原有的主题词表（如LSCH、MeSH等）的基础上编制而成，如加拿大寄存图书馆主题词表（Subject thesaurus of the depositary services program）[②]。随着电子政务的兴起和发展，世界各国都在探索具备网络应用价值的通用政府信息资源主题词表。英国、澳大利亚等国为此做出了许多努力。如英国已经形成了包括政府范畴类目表（government category list，GCL）、地方政府范畴类目表（local government category list，LGCL）、无缝英国概念分类表（the seamless UK taxonomy）的完整体系，并且在这三者基础上建立了公共部门集成词表（integrated public sector vocabulary，IPSV）（杨秀丹，2007）。我国于2005年编制了《综合电子政务主题词表（试用本）》。该主题词表遵循国家标准GB/T 13486—2004《电子政务主题词表编制规则》，共收录主题词20 252条，其中正式主题词17 421条、非正式主题词2831条，基本涵盖了我国电子政务各领域及相关知识范畴，包括党派团体活动、理论研究、思想政治工作、理论宣传等（盛苏平等，2006）。深圳市国土资源和房产管理局参考《综合电子政务主题词表（试用本）》制定了第一部针对国土资源和房产领域的专题电子政务主题词表（成建国等，2007）。

无论是政府信息资源的分类标引还是主题标引，都可以根据具体需要和条件采用相应的标引方式。依据标引内容单元选择方式的不同，可以分为整体标引、全面标引、补充标引、重点标引等（曹树金等，2000）。此外，为了推动政府信息资源著录、标引工作的规范化，还应当建立相应的政府信息资源规范文档（authority file），维护政府信息资源目录文档中标目的唯一性，便于政府信息资源使用者进行查询。如GPO就加入了美国国会图书馆的NACO计划（the name authority program component），通过国会图书馆高质量的规范文档来提升政府出版物的编目水平。因此，对于我国而言，政府信息资源管理部门应当与图书馆等传统信息服务合作，并借鉴国外规范文档的编制方法、格式等，以及作为建立政府信息资源规范文档的重要来源。

最后，应当对政府信息资源著录、标引工作进行审核。审核是对前述政府信

---

① 该词表主要用于标引国务院、国务院办公厅印发的文件和各地区、各部门上报国务院及其办公厅的文件。词表共由15类1049个主题词组成，分为主表和附表两大部分。词表分为三个层次。第一层是对主题词区域的分类，如“综合经济”、“财政、金融”类等。第二层是类别词，即对主题词的具体分类，如“工交、能源、邮电”类中的“工业”、“交通”、“能源”和“邮电”等。第三层是类属词。如“体制”、“职能”、“编制”等。第二层和第三层统称为主题词，用于文件的标引。

② 该主题词表已经融入到加拿大政府核心主题词表（The government of Canada core subject thesaurus，CST）之中，并由加拿大国家图书档案馆负责维护、更新。

息资源著录、标引步骤各环节的考察和把关。审核的主要内容包括：著录标引的内容是否准确，著录标引的格式是否规范等。这是保证政府信息资源描述与揭示质量的主要步骤。

案例一：加州政府数字信息资源共享编目计划①

背景信息：由美国加利福尼亚州政府委托加州大学开展的加州政府数字信息资源共享编目计划（shared cataloging program，SCP）是加州大学数字图书馆项目（California digital library，CDL）的重要组成部分。参与的主要政府部门包括：加州财政部人口研究小组、立法分析办公室、参议院研究办公室、加州研究局、加州审计局、加州能源委员会、加州环保局农药监管部等。2000 年，该项目正式启动，由加州大学圣地亚哥分校数字图书馆负责实施。

基本框架：①编目的范围。即确定哪些需要编目、哪些不需要编目。SCP 编目的主要对象是以数字化格式存在、并能够在因特网上获取的加州政府出版物。这里所指的政府数字信息要具有传统印刷型出版物的一些显著特征（作者、题目、内容、完整的格式等）。因此，SCP 主要选择连续性资源（serials）、专著（monographs）、数据库（database）三种政府信息资源进行编目。②编目的数量。即确定有多少条记录将会参与到 SCP 项目中来。③编目的标准和程序。对于连续性资源，按照现行的标准程序，为其提供具有印刷记录的电子信息；对于在线数据库资源，则仅以电子化的格式编目；对于专著，则根据 SCP 督导委员会提供的编目指南进行编目。④确定项目所需的其他资源：系统平台、工作场地、计算机、项目记录等。⑤通过加州大学政府信息馆员的帮助，建立一套确定数字政府信息资源优先编目的程序。确定哪些部门的信息资源需要优先“开发”（哪些部门以及访问这些部门网址的频率）；选择好部门以后，该部门将会被列入该项目的网站当中。⑥政府机构网站上新资源的整合。半年更新一次，或者由政府信息图书馆员决定更新频率。

实现目标：第一步，为政府在线信息资源提供目录获取途径，并对已经迁移为数字化格式的政府信息进行目录控制。第二步，这些政府信息的目录记录将成为加州大学图书馆馆藏目录、地方高校目录、加州数字图书馆目录（CDL）甚至加州大学图书馆学术网络资源馆藏（Infomine）的重要组成部分，为社会各界提供多用途的服务。

具体步骤：

前期工作：1）调查加州大学政府出版物馆藏的数量、质量；

2）选择各分校特色馆藏，剔除重复馆藏。

---

① 资料来源：Digital special Collections Projects. http：//www. cdlib. org/inside/projects/Counting California. 2007-11-20.

正式项目：1）获取加州政府各机构的数字信息；

2）建立加州数据库；

3）创建基于网络的界面，为社会提供查询重要光盘的资源；

4）对加州政府数字信息资源进行编目（建立对加州政府数字信息资源进行合作编目的机制）；

5）创建一个加州大学政府信息网站，为社会提供高质量的政府信息产品。

重要成果：加州政府数字信息资源编目的重要成果之一就是建立了名为Counting California的加州地方政府信息资源门户网站（http://countingcalifornia.cdlib.org/）。该网站旨在提高加州公民获取政府机构产生的快速增长的社会科学及经济数据。通过该网站可以访问到联邦政府、州政府和地方政府机构编纂的公共利用数据，而且用户可以通过主题、区域、题名和提供者等不同途径检索到所需数据。其中，主题分为16大类，包括农业和自然资源，银行、金融和保险，商业和工业，教育，选举，能源和公用事业，健康和生命统计，住房特点和成本，收入、贫困和生活费用，土地、水和气候，人口和人口统计，公共财政、政府与税收，社会服务和公共援助，交通运输，工作和就业。Counting California提供了加州健康服务部、财政部和联邦人口普查局三个机构的集成信息。

3.2.2　政府信息资源元数据标准

元数据（metadata）是关于数据的数据（data about data），是专门用来描述数据的特征和属性，也是描述和组织信息资源、发现信息资源的语言和工具。元数据是组织数据、各种数据域以及它们之间的相互关系的信息。元数据是随着Internet的发展而产生的，因此早期的元数据主要指网络资源的描述数据，用于网络信息资源的组织；其后，逐步扩大到指各种以电子形式存在的信息资源的描述数据。由于传统的书目数据与数字信息资源的描述数据本质上并无不同，因此，目前元数据这一术语实际上适用于各种类型信息资源的描述记录。在信息资源组织的实践中，网络信息资源的描述数据是元数据，电子文本的描述数据是元数据，传统出版形式的编目数据也是元数据。从目前使用的情况看，元数据的含义实际上与传统文献领域中的著录款目性质相同，是一种电子环境中使用的著录数据。信息资源描述的目的，就是以元数据为中介，对信息资源进行识别、定位、检索、选择等各种操作（马张华，2008）。

元数据可以有效描述政府信息资源，实现政府信息资源的高效发现和交流。而在电子政务建设中，统一的元数据描述框架可用来完成真正意义上的政府信息资源整合，面向公众提供统一的政府信息查询，提高检索的精确率，促进信息资源的共享和利用。为了有效辨识和描述行政部门的信息，并向用户提供获得信息方式的支持，电子政务建设领先的国家纷纷制定了基于元数据的政府信息资源描述框架。政府信息资源元数据的形成、发展和应用，主要有两种方式：一是对图书馆机读目录格式加以改造，以适应政府信息资源组织与管理的特定需要；二是结合电子政务业务和技术环境的发展，创建全新的元数据标准。

1. MARC 标准的改造

20 世纪 90 年代以来，世界图书情报界、计算机界、网络界的专业人士进行了不懈的努力，通过完善图书馆机读编目格式，将 MARC 应用扩展到政府信息资源领域。具体方法就是以传统的编目规则，即机读目录格式（machine-readable cataloging，MARC）和英美编目规则（第二版）（Anglo-American cataloguing rules，AACR2）为主要标准，对政府信息资源进行编目。1993 年以后，随着 MARC 引入 856 字段（electronic location and access，电子定位与获取），MARC 编目的范围从印刷型文献扩展到了包含因特网资源。此后，许多政府信息资源管理领域的专家和实践工作者开始探讨如何用 MARC 格式对政府信息资源（尤其是政府数字信息资源）进行编目的问题。MARC 格式本身的益处（标准的信息交换格式，适用于各种著录级别的简洁的记录结构，灵活的显示格式，多种检索点，完整的书目著录，各类信息资源在图书馆目录中的集成），信息资源的集中和公共检索的保证（刘嘉，2002），成为许多政府信息管理学者和实践人员主张采用 MARC 著录政府信息资源的主要原因。随着政府数字信息资源的日益增多，20 世纪 90 年代以后，一些长期从事编目工作的文献机构开始将传统的 MARC 格式进行改造，以适应频繁变化的政府数字信息资源的著录问题。为此，有学者针对政府信息资源的编目与获取问题，提出应当开展相关的关键性标准建设，包括：①集成 MARC 格式，可以为任何实体格式的材料创建目录记录；②Z39. 44 馆藏数据标准；③Z39. 50 标准，可以使不同数据库之间实现联通（Hotto，1996）。这些关键性标准建设的实施，将政府信息资源编目的范围扩展到了政府数字信息资源。美国政府出版局（GPO）制定的编目指南就是参照传统的文献编目规则，以 MARC 格式为核心，对其局部进行修订从而适应政府信息资源编目的需要。例如，2002 年 GPO 编目部（cataloguing branch）制定的第四版《政府出版局编目指南》（GPO et al.，2008）中，采用 086 字段（SuDocs Class①）著录“政府公

---

① SuDocs Class（superintendent of documents classification）是指“公文管理分类系统”，是美国政府出版局图书馆在 1895 ~ 1903 年编制出来的分类表。SuDocs 不是根据政府信息资源的内容特征而是根据信息来源或出处分类的，每个分类号对应着联邦政府部门下属的一个分支机构。这一分类体系与以来源原则为核心的档案分类法基本相似。

文管理分类号”；采用074字段（GPO item number）著录“政府出版局文献号”，GPO考虑强制性给每份政府文件分配文献号；采用100、110、111字段（main entry）著录“主要款目”，规定利用AACR2英美编目规则（第二版）进行著录，而所有的标题（headings）应当遵循NACO①规范文档。此外，该编目指南还对原始记录、现存记录（在OCLC数据库中有相同记录）的不同著录规则和格式进行了说明。

表3-1　美国GPO编目指南（缩略版）②

字段	字段名	状态	GPO实践（惯例）
006	附加资料特征	R	添加到电子资源的原始记录中；如须按要求使用，则在所有现有记录或复制记录中予以保留
007	载体形态定长字段	R	OCLC没有在缩写记录中为名为文本“type：a”的纸质文件提供007字段的规定；GPO也没有在缩写记录中为名为“type：a”或“m”的电子资源规定007字段；但是GPO在缩写记录“type：g”、“type：i”、“type：j”中对007字段作了规定。无论微缩格式如何，GPO也在缩写记录中就名为“type：a”的微缩原件和微缩副本提供了007字段的规定。如果依据MARC21的要求进行使用，GPO也保留了007字段所有的现存记录，包括改编后或复制的记录
010	国会图书馆控制号	R	可获取时必须包含
020	国际标准书号（ISBN）	R	必要时使用子字段“a”、“c”、“z”
027	标准技术报告号（STRN）	O	即使在一份文件的其他地方能够发现此信息，也须包括技术报告页
037	库存号	O	如有需要，则使用“a”、“b”、“c”、“f”等子字段；美国教育资源信息中心（ERIC）和美国航天航空局（NASA）识别代码通过“a”子字段进行记录
043	地理区域代码	O	在原始记录中略去；在现有记录或复制记录中予以保留

① NACO（the name authority program component）是美国国会图书馆联合编目计划（program for cooperative cataloging，PCC）的重要组成部分。它收录了包括人名、统一题名、丛编的规范记录（authoritrecords）。参见：2008-02-22. NACO-The name authority program Component of the poc. http：//www. loc. gov/catdir/pcc/naco/nacopara. html.

② 本指南译自美国政府出版局2007年4月份公布的《简明编目指南（修订版）》（GPO Cataloguing Guidelines：Abridged Cataloguing Guideline Revision），对其涉及的主要字段进行了解释（U. S. A Government Printing Office，2008）。U. S. A Government Printing Office. 2008. GPO Cataloguing Guidelines：Abridged Cataloguing Guideline Revision. 见：谭必勇．政府信息资源的目录控制研究．武汉：武汉大学博士学位论文．148～152.

续表

字段	字段名	状态	GPO 实践（惯例）
052	地理分类代码	O	在原始记录中略去；在现有记录或复制记录中予以保留
074	GPO 文献号	O	GPO 考虑（建议）给政府文件强制性分配文献号
086	SuDocs① 分类号		GPO 考虑给政府文件强制性分配 SuDocs 分类号。SuDocs 分类号分配不当，包括分类号出现在微缩胶片标题位置，用子字段“Z”表示
088	报告号	O	在原始记录中略去；如果根据 GPO-cGS 使用全字段，则在现有或复制的记录予以保留；即使在技术报告页以外有报告号，也将 STRNs 放在 027 字段
100 110 111	主要款目	R	必要时利用英美编目规则（第二版，AACR2）；所有的标题应当遵循 NACO 规范文档；还没有建立的人名以 AACR2 格式进行著录，不必遵循已建立的人名著录规范；必须为规范文件中尚未命名的社团实体和会议建立标题；文件的完成者必须著录在 AACR2 的 100 字段；如果主要责任者明显是该文献的作者，可将其姓名著录在 AACR2 的 100 字段；项目的指导者不必著录在 100 字段，除非有明确的证据表明其是该文献的主要作者
130	统一题名主要款目	O	在原始记录中略去；如果用于改编后的记录，则予以保留
240	统一题名	O	在原始记录中略去；如果用于改编后的记录，则予以保留
245	题名说明及责任者项	M	必要时使用“a”、“b”、“c”、“h”、“n”、“p”等子字段；GPO 记载了“最终报告”、“初步报告”及诸如此类短语的标题信息，除非其在语法上与标题的其他部分相连，如“关于……最终报告”，拟制的语句不要附加或记录在新的、现有的记录中，但是应保留在现有记录中
246	变异题名		用来记录更正题名、封面题名、附加扉页题名及其他排印方式突出的题名，或以其他方式出现，但有理由认为其会影响出版物的认知度或一些人可能认为其是主题的题名。GPO 不将标题附加项添加到其原始缩略记录上，但是在 LCR 21. 30 J. 中有规定，则标题的相应改变是适当的
250	版本说明	R	在原始记录中只使用子字段“a”；为 ERIC 和 NASA 的文件提供版本说明以区别于其他版本，如 250 [ERIC ed.]、250 [NASA ed.]
255	数学数据项	R	仅用于描述地图（atlases）

① SuDocs（superintendent of documents）是指“公文管理分类系统”。

续表

字段	字段名	状态	GPO 实践（惯例）
260	出版发行项	M	在原始记录中使用“a”、“b”、“c”、“g”等子字段 ①如果其不包含在文献中，则提供出版地点时不用问号，如华盛顿；②如果出版者是联邦机构，只记录第一个出版者；③如果非联邦机构是出现在起始位置，则只记录第一个非联邦出版者，并将其放在第一个联邦出版者后面；④如果涉及第一、第二出版者，则须记录 ERIC 信息交换信息；⑤新记录中出版者的数量限制为2个 如果其已适当包含在现有记录中，则保留所有260子字段。①如果现有记录中出版者的数量在3个左右，则保留所有出版者；②如果现有记录中有3个以上的出版者，则只保留第一个出版者，除非第一个出版者是非联邦机构且其他的一个或多个出版者是联邦机构；③如果联邦机构发布的文献没有题名，则基于如下的 SuDocs 登记提供联邦出版者：a）如果已经包含了一个或两个出版者，则将其放在260字段下的子字段“b”，并加以括号；b）如果260字段已经包括三个非联邦机构，则将其放在500字段；c）将复制微缩胶片放在530字段
300	载体形态	M	在原始记录中只用“a”、“e”子字段；在新记录中即在分页情况，如300第36页，第六部分或300表一，300折叠式表一；在现有记录或复制记录的“a”、“b”、“c”、“e”子字段保留清晰的分页记录
		M	如果电子文件是 PDF 文档，则用给定的分页记录对文献进行著录，如“viz，300 vi，36 p.：≠b digital，PDF 文件”；如果页面不是数字，则使用 PDF 页数，如“viz，300 42 p. ≠b digital，PDF 文件”；如果电子文件是 HTML 格式，则记录为“300 ≠a 1 electronic text：≠b，HTML 文件”
440	丛编说明，题名（可追溯）	O	只用于记录追溯已建立的相同内容的丛编
490	丛编说明，不可追溯或不同追溯路径	R	记录已建立的不同追溯路径的丛编，使用4901字段或800字段；丛编的规范著作部要求进行 K 层级的记录；如果是尚未建立的丛编，则记录“4900，无法追溯”；记录那些不包括其规范著作的不同形式的丛编，也可记录为“4900，无法追溯”；已改换标题且不能重建的丛编和那些不再适合遵循 LCRI25. 5B、有着统一标题的丛编，不必考虑重建

续表

字段	字段名	状态	GPO 实践（惯例）
5XX	附注字段	O	几乎所有的附注字段都是 K 层级的可选项。在原始记录中略去大部分附注字段，包括基于多部式记录中附注字段著录，但下列情形除外： ①与存销状态相关的附注，如船运清单号码和发行附注；②显示“替代本”或“重印本”信息的附注，通常包括国防部技术手册记录；③包含必备的识别信息的附注，如洪水保险研究的“社区号码”，国防部技术手册的“替代本”和“重印附注”；④如果使用正确，则保留现有记录中的附注，添加与存销因缺少相关信息需要识别的附注，保留在现有记录或复制记录中；⑤如有必要，与在线获取和系统要求有关的附注；⑥包含标题、标示独立发行的丛编期号和另行单独印行的文章的附注，如“《教育学期刊》，第 25 卷第 4 号”；⑦发行日期，如“2007 年 7 月 4 日”
505	内容附注	O	如有要求，GPO 将多部式作品包含在集体记录中
506	获取限定	O	如有要求，GPO 包含所有记录
513	报告类型及日期范围	O	在新记录中略去；如果正确使用，则保留现有记录
530	其他可获取的载体	R	用于记载可获得版本的信息，包括遵循 GPO-CG：链接领域指令的在线版本
533	照片——复制品附注	R	用于原来不是以微缩胶片形式出版的项目，如微缩胶片复制品。包括微缩胶片的出版和发行信息（533 子字段“b”、“c”、“d”）、载体形式（533 e）、微缩胶片丛编说明（533 f）、微缩胶片复制品附注（533 n）、丛编标示信息（533 m）。如果微缩胶片号已知，则将“微缩胶片”一词放在 533 字段的“e”子字段；在新记录中不必在“微缩胶片”一词后标以“底片”一词，如果适当使用现有记录，则予以保留
536	资助信息附注	O	在新记录中略去；如要正确地使用现有记录，则予以保留
538	获取模式的系统细节	R	只用于电子资源记录以记录电子文献和在线文件获取信息的系统要求
539	复制的定长日期元素	O	在原始记录和复制记录中略去；如要正确地使用，则在现有记录中予以保留
650	主题附加款目	O	原始记录：至少增加一个国会图书馆主题标题分类法的附加款目，但 NASA 文件除外［新的 LCSH 还没有为缩略记录（K 层级）建立规范］ 现有记录及复制记录（包括 NASA 记录）：如有必要，且已适当建立则予以保留与修正所有 LCSH 附加款目 从 NASA CASI 记录中添加 NASA 词典术语到 NASA 新记录或现有记录中，而不是 LCSH 附加款目

续表

字段	字段名	状态	GPO 实践（惯例）
700 710 711	附加款目	O	在规范文件中应确定所有标题。 ①人名按没有 NACO 要求的 AACR2 格式进行著录；②文件中如无社团和会议标题，则为其建立标题；③出版发行信息中有非联邦机构，则在新记录中不必保持可追溯性；④如果非联邦机构在此前记录尚未建立，则在复制或现有记录中不必保持其可追溯性；⑤始终为发行的联邦机构著录附加款目，除非其用作主要款目；⑥如果其没有下级单位可追溯，则在 NASA 的出版物记录中著录附加款目；⑦如果没有信息交换信息或其他次级信息可追溯，则在 ERIC 出版物记录中著录附加款目；⑧如果此前记录中没有建立，则出现在“为……准备”这一说明中的社团机构，在新记录或现有记录中不必保持可追溯性
730	附加款目，统一题名	R	在原始记录中略去；如要正确地使用，则在现有记录及复制记录中予以保留
740	附加款目，非受控资料/分析题名	R	只有 MARC21 指令及“单一记录”在线文件指令有要求时使用
810	从编附加款目，社团名称	R	用于记录已列入社团机构名下的已建立的丛编形式
830	从编附加款目，统一题名	R	用于记录已列入统一标题下的已建立的丛编形式
856	电子定位与获取	R	用子字段“u”记录 GPO PURL；用子字段“3”记录载体具体信息；用子字段“z”记录其他标题信息

注：状态一栏中，M（mandatory）代表“必备”字段；R（required if applicable or readily available）代表“有则必备”字段；O（optional）代表“可选”字段。

2. GILS 与 DC-Government

由上可知，MARC 格式比较复杂，而运用 MARC 格式编目的工作属于劳动密集型和高度专业化的工作，国外的 MARC 编目员必须经过严格的培养后才能上岗。因此，20 世纪 90 年代以后，第二种政府信息资源的著录方式，即通过构建政府信息资源元数据从而对包括政务记录在内的各种政府信息资源进行描述、发现、定位的新型政府信息资源描述方式，就逐步出现了。元数据可处理各种形式的信息，包括还未电子化及已电子化的信息，它还能够较好地解决网络信息的发现、控制和管理问题，因此已经在政府信息资源管理领域得到了广泛应用。政府信息资源元数据用于描述、定位政府信息资源，是由若干复杂或简单的元数据项与元数据记录构成的集合。其中，对政府信息资源某一特征（如题名、创建者、生成时间等）的描述，称为一个元数据项；某一政府信息资源的所有元数据项，就构成了一个元数据记录。因此，从元数据的本义和功能看，它实际上就是揭示和描述政府信息资源的著录数据，也可以说是电子目录（彭斐章，2004）。目前政府信息资源的元数据格式主要有两种：GILS（government information locator services）和DC-Government（王欣，2002）。

GILS是20世纪90年代发源于美国的政府信息定位服务，它是由美国联邦政府应用元数据的理念设计的一种支持公众搜寻、获取和使用政府公开信息资源的分布式信息资源及利用体系，是国家信息基础设施的重要组成部分。GILS实际上是一种支持公众检索、获取和使用政府公开信息资源的分布式目录管理及利用体系，各政府机构可以利用GILS标准描述自己拥有的信息资源（包括数字资源和非数字资源），建立相应的信息资源目录和检索系统，并且可以在数字资源目录和数字资源全文之间建立链接，公众可以利用互联网直接获取这些目录数据，并通过链接直接获得有关数字资源全文（谭必勇等，2008）。由于美国政府的大力推动，GILS已成为美国政府信息资源的描述标准，并且在日本、俄罗斯等国得到了广泛应用。

都柏林核心元数据（Dublin core，DC）自问世以来，由于其简单易用，并且在揭示不同学科领域的信息内容上都能够发挥作用，很快得到了广泛的应用。从最初的15个元数据到后来的堪培拉修饰词，DC的内涵越来越丰富，能够表达的语义含义越来越多，应用的范围也越来越广，并且被寄予了作为各类元数据方案进行互操作的中介的厚望（王兰成等，2008）。2001年10月，"都柏林核心首创计划"（Dublin core metadata initiative，DCMI）政府工作组（government working group）在DC的基础上推出了专门针对政府信息资源管理的应用扩展集DC-Government，其具体做法是：直接将DC元数据集的15个元素及其修饰词复用到DC-GOV命名域上，并在DC-GOV命名域内补充一个新元素——audience（受众），并增加了5个DC元素的限制属性。英国的e-GMS、澳大利亚的AGIS等都是以Dublin Core元数据集为基础的政府信息资源元数据标准。由英国公共部门信息管理办公室（OPSI）推出的"政府信息资产登记系统"（the information asset registers，IAR），其元数据格式也基于DC的政府信息资源描述标准（表3-2）。新西兰、丹麦、爱尔兰等国也都是在DC的基础上建立了符合本国需求的元数据规范。

表 3-2　英国 IAR 元数据的基本元素①

基本元素	说明
题名（title）	作者或出版者所给资源的名称；可提供副标题
信息资产登记号码（IARN）	标识每个记录的特殊号码，其第一部分显示记录的组织来源
标识符（identifier）	在特定范围给予资源的明确的标识（或缩写）
描述（description）	说明资源包含的信息，如摘要；可视化及其他资源的内容描述
主题（subject）	表达资源主题内容的关键词、词组等
覆盖范围（coverage）	资源中信息所涵盖的地理区域
日期（date）	资源被创建或出版的日期
更新频率（updating frequency）	对于数据库等信息而言，可以看出当前的资源状态
修改日期（date modified）	数据库或其他资源最后更新的日期
来源（source）	资源的原始来源
格式（format）	资源的物理格式，如图书、光盘、数据库（Access 97）等
语种（language）	资源内容的语言
创建者（author）	对资源的知识内容负责的个人、团体或组织
出版者（publisher）	有关获取资源相关信息的办公室或组织
权限（rights）	有关用户阅览、复印、重新分发或重新出版数据库中全部或部分信息权限的基本指标
类别（category）	《政务范畴类目》（GCL）的类目；用户可以搜索 GCL 每一类目包含的所有记录

从目前看，GILS 较之以 DC 为基础的政府信息资源元数据在专业元素设置、应用实施成熟度方面占有优势，但从长远发展的角度看，由于 DC 作为资源描述格式在全球应用是大势所趋，采用 DC 核心集的扩展应用有利于资源共建共享，加上 DC 的可扩展性、互操作性和资源发现功能，将使得以 DC 为基础的政府信息资源元数据标准占据未来政府信息资源描述领域的主流地位（曹树金等，2004）。

近年来我国政府和相关研究机构也开始重视政府信息资源元数据标准建设，在建设政府信息资源目录体系的过程中，开始参照国外相关经验构建适合我国国情的政府信息资源元数据体系，如我国《政务信息资源目录体系——第 3 部分：核心元数据》（征求意见稿）就参考了国内外重要的元数据标准，如都柏林核心（Dublin core）、地理信息—元数据（ISO19115 geographic information-metadata）、

① 资料来源：2007-11-15. Informotion Asset Register. http：//www. opsi. gov. uk/iar/index. htm.

美国政府信息定位服务（GILS）、英国电子政务元数据标准（e-government metadata standard）、《NREDIS 空间元数据内容标准》、《国家空间信息基础设施元数据内容标准（草案）》、《地质调查元数据内容与格式标准》等。它将政府信息资源核心元数据分为“公共资源核心元数据”和“交换服务核心元数据”（表 3-3）。

表 3-3　我国政务信息资源目录体系核心元数据集

公共资源核心元数据		交换服务核心元数据	
元数据元素	备注	元数据元素	备注
资源名称	必选项	政务部门	必选项
资源出版日期	必选项	部门标识	必选项
资源摘要	必选项	政务部门的名称	必选项
资源负责方	必选项	部门描述	可选项
资源负责单位	必选项	部门描述语言	可选项
资源负责方地址	可选项	联系信息	可选项
资源负责方电子邮件地址	可选项	联系地址	可选项
		邮政编码	可选项
		电话号码	可选项
		传真号码	可选项
		电子邮件	可选项
资源格式信息	必选项	部门服务	可选项
资源格式名称	必选项	交换服务标识	必选项
资源格式版本	必选项	交换服务名称	必选项
关键字说明	必选项	服务描述	可选项
关键字	必选项	服务描述语言	可选项
词典名称	可选项	交换服务使用限制	可选项
空间范围	可选项	交换服务安全限制分级	必选项
时间范围	可选项	交换服务元数据安全限制分级	必选项
起始时间	必选项	服务绑定结构	必选项
结束时间	必选项	服务访问地址	必选项
资源使用限制	可选项	服务类型	必选项
资源安全限制分级	必选项	服务共享数据结构信息	可选项
资源语种	必选项	服务共享特征	可选项
资源字符集	可选项	服务共享元素名称	必选项

续表

公共资源核心元数据		交换服务核心元数据	
元数据元素	备注	元数据元素	备注
资源分类	必选项	服务共享元素类型	必选项
类目名称	必选项	服务共享元素长度	可选项
类目编目	必选项	服务类别信息	必选项
分类标准	必选项	服务类别	必选项
数据志说明	可选项	类目名称	必选项
在线资源链接地址	可选项	类目编码	必选项
资源类型	可选项	分类标准	必选项
资源标识符	必选项	服务模型	可选项
元数据标识符	必选项	服务模型标识	必选项
元数据语种	必选项	服务模型名称	必选项
元数据联系方	可选项	服务模型描述	可选项
元数据联系单位	必选项	服务模型描述语言	可选项
元数据联系方地址	可选项	服务模型描述文档	可选项
元数据联系方电子邮件地址	可选项	服务模型描述文档地址	必选项
元数据安全限制分级	必选项		
元数据创建日期	可选项		

资料来源：“政务信息资源目录体系”工作组（2007）

由上可知，这个征求意见稿实际上是以GILS和“数字地理空间元数据内容标准”（content standards for digital geospatial metadata，CSDGM，FGDC元数据标准）两种元数据标准框架为基础的（杨秀丹，2007）。尽管这一标准还存在一些不足，如“元数据联系方”的定义比较模糊等，然而随着这一标准的逐步实施和完善，它应当能够不断提升我国政府信息资源著录工作的标准化水平。

由于MARC和元数据在著录格式、著录详略程度、应用范围等方面存在一定差异（庄蕾波等，2000），使得MARC和元数据在政府信息资源著录工作中可以互相补充。MARC是发展相当成熟的机读著录格式，在全球图书馆和相关的信息服务机构应用广泛，适合具有实体特征的政府信息资源的著录。然而，相比只有专业人士才能使用的MARC，政府信息资源元数据的著录规则和格式比较简单，尤其适合网络政府信息资源的著录。

3.3 政府信息资源组织的模式

3.3.1 政府信息资源组织的基本方法

1. 信息组织方法体系

信息组织最本质的依据是事物的属性，而一切事物都具有形式、内容和效用三方面的特征或属性。相应的，所有的信息组织方法都可以归纳为语法信息组织（形式组织法）、语义信息组织（内容组织法）和语用信息组织（效用组织法）（霍国庆，1997）。

语法信息组织是指以信息的形式特征为依据序化信息的方法，它需要遵循方便性、多向成族性和标准化等原则，其最重要的特征是标准化，因为语法信息一般不涉及信息的含义与用途，我们必须用标准加以约束，而标准形成和应用的过程，也就是语法信息的优化过程。语义信息组织是指以信息的内容或本质特征为依据序化信息的方法，需要遵循客观性原则、逻辑性原则和发展性原则，其最重要的特征是能够反映事物的本质属性以及事物之间的联系与区别，不仅具有序化的功能，还兼具引导和认识的功能。语用信息组织是以信息的效用特征为依据序化信息的方法。语用信息组织的主要特征是能够反映和满足用户的信息需求，它属于一种应用性信息组织方法，在实际工作中运用极为广泛和多样。

总之，语义信息组织是信息组织的核心，语法信息组织是其补充，语用信息组织是其延伸与发展，因此形成了三种不同层次及相互组合的信息组织方法体系（表3-4）。

表3-4 不同层次的信息组织方法列表

信息组织层次	信息组织方法
语法信息组织层次	字序组织法
	代码组织法
	时序组织法
	地序组织法
	其他组织法（颜色组织法、形状组织法、重量组织法和速度组织法等）
语义信息组织层次	元素结构组织法
	逻辑组织法
	分类组织法
	主题组织法

续表

信息组织层次	信息组织方法
语用信息组织层次	权值组织法 概率组织法 特色组织法 重要性递减组织法

需要注意的是，在实际的信息组织工作中，人们很少单独使用某一层次的信息组织方法，需要将不同层次、不同类型的信息组织方法组合起来，以放大它们的优点，克服它们各自的不足。

2. 政府信息资源组织的常用方法

(1) 政府信息资源的分类组织法

1) 信息资源分类法。分类是指依据事物的属性或特征进行区分和类聚，并将区分的结果按照一定的次序予以组织的活动（马张华，2008）。分类是人类思维的基本形式，也是认识世界的基本方法，不仅涉及日常生活的各个方面，还应用于科学研究和知识信息的各种领域。

一般认为，一个完整的分类应包括两个方面：其一，依据事物的属性区分或分组，把具有相同属性或特征的对象集中在一起，与不具有这些属性或特征的对象分开；其二，按照区分出来的对象集合的关系排列次序，并在这些类中进一步按照其相同点和相异点进行区分和组织。例如，将经济部门按照其不同对象，分为农业、工业、交通运输、邮政电信、商业、金融、服务旅游等基本门类，并按照一定的顺序加以排列，同时还可以按其特点，对这些门类进一步加以区分。信息资源分类组织法的特点在于：①按照内容特征的相互关系进行组织。信息资源分类不仅根据政府信息资源的内容属性进行区分和类聚，还将各种门类的资源按照类目之间的关系加以揭示，使信息资源成为一个根据其远近亲疏组织而成的具有等级性、次第性的系统。②从一定角度出发组织和揭示信息资源。信息主题内容之间的联系是多维的。信息资源分类组织法作为一种从内容角度揭示资源的方法，一般只能有选择地揭示其主要联系。③采用一定的标记符号作为排序工具。现代文献分类体系一般均以一定的标记系统表示类目的相对位置或相互关系。这一标记系统通常由有序的符号如数字或字母组成，不受语言、国别的影响，可以超越国界使用。信息资源分类组织法建立了信息的层级和关联体系，便于浏览检索。④通过类目索引提供从字序角度查找类目的途径（马张华，2008）。

2) 政府信息资源分类组织法的内涵与意义。分类同样也是政府信息资源组织的常用手段。政府信息资源分类组织法就是分类方法在政府信息资源组织领域的一种应用。所谓政府信息资源分类组织法，就是根据某一特定的分类体系和逻辑结构组织政府信息资源的方法。一般来说，政府信息资源的分类组织包括三个要素：类、分类法（表）、分类。类就是政府信息资源的类别，是用来区别各种信息资源对象的特征集合，它可以表现为信息资源对象的性质、用途或其他特征。政府信息资源分类法（表）是采用等级结构和号码体系来组织各种不同政府信息资源的工具，是用来揭示政府信息资源对象的类型以及对象之间的关系、通常呈等级结构状的知识体系。分类就是根据上述分类体系对政府信息资源进行序化和系统组织，从而实现政府信息资源的描述、主题检索、分类实现和对政府特定资料处理等基本功能的过程（杨秀丹，2007）。

政府信息资源分类组织法是政府信息资源采集、加工、存储、保护和使用的必要手段，是政府信息资源库库内信息资源组织与管理以及库际资源交换的基础，是沟通信息孤岛的桥梁。通过对政府信息资源统一分类可以有效地对政府信息资源进行识别、导航和定位，支持政务部门间政府信息资源的交换与共享（李文生，2007）。

3）分类组织法在政府信息资源组织中的具体应用。从理论上看，政府信息资源分类组织法按照其编制方式，通常可以分为等级列举式、分面组配式和列举—组配式三种类型（李绪蓉等，2005）。而从国内外政府信息资源管理部门的具体实践看，政府信息资源分类组织主要通过三种方式进行（杨秀丹，2007）。

第一种类型是从传统公文管理系统演变而来的政府信息资源分类组织法。这种类型的分类组织法一般适用于政府公文等正式政府出版物，尚未拓展到一般的政府数字信息资源组织领域。美国政府出版局（GPO）图书馆在1895～1903年编制出的“公文管理分类系统”（the superintendent of documents classification system）就是其中最有代表性的分类系统（GPO，2009）。该分类法与普通图书分类法的不同之处在于，它不是根据信息资源的内容特性而是根据信息资源的来源或出处（政府机构）来分类的。这实际与以职能为分类标准的《中国档案分类法》有很大的相通之处。目前，美国一些州政府也根据实际需求制定了政务文档分类法（朱礼军等，2007）。

第二种类型则是将通用分类系统扩展到政府信息资源组织领域。通用分类系统历史悠久、使用广泛，随着信息资源类型的变化不断修改、扩充，能够最大限度地包容现有的知识体系，准确描述具体信息的主题内容，并在网络时代表现出了新的生命力。对通用分类系统进行适当的功能扩展，使之能够用于Web信息资源，按内容特征和主题来标识印刷型文献、互联网信息资源以及两者的结合体，可以解决不同政府信息系统之间的互操作问题。由于政府所产生的信息资源包含着各个知识领域的特征，所以可以用传统知识分类体系来表现。目前，通用分类系统在政府信息资源管理中的功能以显示和浏览为主，分类系统的层次结构、标记符号系统等都作了改变。

案例二："加拿大政府主题信息资源"的分类体系①

加拿大图书档案馆（Library and Archives Canada）创建的"加拿大主题信息资源"（Canadian information by subject）是提供有关加拿大信息资源的 Internet 链接的综合性政府网络信息目录，它以"主题树"的形式显示，根据杜威十进制分类法（Dewey dccimal classification system，DDC）建立浏览和检索结构，有分类号。这一分类体系在大类上的设定基本上是稳定的，各级子类目则会随着信息资源的增减而发生变化，并定期更新和扩展，以保持所提供链接的准确性、及时性、新颖性和可获取性。

（1）大类

0 computer science，information and general works；

1 philosophy，parapsychology and occultism，psychology；

2 religion；

3 social sciences；

4 language；

5 natural sciences and mathematics；

6 technology（applied sciences）；

7 arts. Fine and decorative arts；

8 literature（Belles－lettres）and rhetoric；

9 history，geography，and auxiliary disciplines。

（2）二级类目

以 social science 下的二级类目为例：

30 social sciences；

31 collections of general statistics；

32 political science（politics and government）；

33 economics；

34 law；

35 public administration and military science；

36 social problems and services；associations；

① 资料来源：http：//www. collectionscanada. gc. ca/caninfo/ecaninfo. htm. 2009-07-31.

37　education;

38　commerce, communications & transportation;

39　customs, etiquette, folklore。

(3) 三级类目

以 social science > education 下的三级类目为例:

370　education;

371　schools and their activities; special education;

372　elementary education;

373　secondary education;

374　adult education;

375　curricula;

378　higher education;

379　public policy issues in education。

(4) 四级类目

以 social science > education > elementary education 下的四级类目为例:

372.21　preschool education and kindergarten;

372.87　music。

“加拿大主题信息资源”分类目录的类目一般是四级左右，最后一级类目下即是该类目下所收录网站的链接列表。

第三种类型则是创建应用于政府门户网站的信息分类规范。政府门户作为电子政务的载体，承担着政府与民众交互的桥梁作用，因此，要提高电子政务的效率就需要加强政府门户网站的资源组织与整合，关键是将分散在各个政府部门、各个电子政务系统中的信息、服务等进行科学的组织，形成一个完整、全面的用户视图，使用户能够更方便、更快捷地得到所需的信息与服务（丁波涛，2005）。从国内外实践来看，解决政府电子信息资源和服务分类问题的办法主要有两种：一是根据政府信息的功能来进行分类，如荷兰和日本等；二是美国、英国和澳大利亚等国家开始采用主题词表中的范畴表作为政府信息资源分类的一种参考标准（杨秀丹，2007）。美国政府门户网站 USA. gov 就采用多种标准对政务信息资源进行分类（高文飞，2008）。按服务方式分为在线服务和信息资源提供；按政府机构分为：联邦政府、州政府、地方政府和部族政府；按服务对象分为面向公民、面向企业和非营利性组织、面向政府人员和面向外国游客。在按服务对象划分的分类下，又采用了混合分类法。例如，在面向公民服务类下，按政府信息主题内容分为 14 个大类，同时又按照服务对象的身份分为儿童、家长、中学生、军人、旅居国外的美国人等多个分面。新加坡政府的门户网站——电子公民中心

(eCitizen) 则按人生历程进行政府信息资源与服务的分类与整合[①]。它打破了政府机构的界限，集成了各项政府职能、流程与组织，以人生之旅为逻辑顺序，把每个人从出生到死亡整个生命过程中需要与政府打交道的事情都列举出来，然后进行细分、归类，把若干电子服务集成为七大模块，即①文化、娱乐和体育；②国防与安全；③教育、学习与就业；④家庭及社区发展；⑤健康与环境；⑥住房；⑦交通和旅行，几乎涵盖了公民一生中所有与政府打交道的事情。

此外，联合国、世界银行等国际组织在与世界各国开展业务的过程中，为了方便业务对接和交流，也制定了相关的信息资源分类方案。如联合国就建立了基于职能的分类体系（田景熙等，2005）。

联合国是全球最重要的国际组织，包括范围极广的一系列组织机构和近 200 个成员国，每个机构既要独立地与各国开展业务，又要与联合国总部及各相关机构协调运作，这就需要有规范化程度极高的信息系统的支持。

联合国在政治、经济、军事、文化、教育、卫生、环保等领域协调国家间关系的活动也是各国政务活动的重要部分，因此为了对联合国系统内部各机构和与各国政府往来的所有业务进行管理和统计分析，联合国统计司分类处（UNSD）编制了一套适用于电子政务和电子商务的分类体系，包括政府职能分类（classification of the functions of government，COFOG）、基于个人消费目的的分类（classification of individual consumption according to purpose，COICOP）、非营利性组织住房服务项目分类（classification of the purpose of non-profit institutions serving household，COPNI）、生产经营支出项目分类（classification of the outlays producers according to purpose，COPP）。这四套分类标准既可分别用于 G2G、G2C、G2P 和 G2B 系统，又在结构和数据上一致，彼此间是全兼容的（United Nations Statistics Division，2009）。

COFOG（classification of the functions of government）既是联合国内部用于统计的分类目录，也是其与各国政府机构之间的业务接口。它综合考虑了当今世界各国政府最基本、最一般的行政职能，因而是一套具有广泛适应性的政府职能分类标准。该标准在建立时，充分考虑到了与其他相关国际标准的兼容问题，以最大限度保证依据该标准所组织的政府信息的稳定性和实用性。例如，COFOG 与 ISIC（international standard industry classification，国际标准工业分类体系）之间建立了对照表，通过该对照表，使“政府职能”体系与“工业分类”体系之间建立关联，便于电子政务对国民经济的调控。

该分类体系按照服务内容，将政府应该提供的服务项目分为 10 个大类：公

① 资料来源：http：//www. ecitizen. gov. sg/. 2009-11-2.

共服务，国防，公共秩序与安全，经济事务，环境保护，住房和社区设施，医疗保健，娱乐、文化与宗教，教育，社会保障。这 10 个大类为政府职能的顶级目录，再据此设立二级、三级类目（表 3-5，表 3-6）。

表 3-5　COFOG 一级类目表

代码	类目名称	
01	general public service	公共服务
02	defence	国防
03	public order and safety	公共秩序与安全
04	economic affairs	经济事务
05	environmental protection	环境保护
06	housing and community amenities	住房和社区设施
07	health	医疗保健
08	recreation，culture and religion	娱乐、文化与宗教
09	education	教育
10	social protection	社会保障

表 3-6　COFOG 二、三级类目表部分样例（04 经济事务类　09 教育类）

代码	类目名称	
04	economic affairs	经济事务
04. 1	general economic，commercial and labour affairs	综合经济、商业与劳工事务
04. 1. 1	general economic and commercial affairs（CS）	综合经济、商业事务
04. 1. 2	general labour affairs（CS）	综合劳工事务
04. 2	agriculture，forestry，fishing and hunting	农业，林业，渔业和狩猎业
04. 2. 1	agriculture（CS）	农业
04. 2. 2	forestry（CS）	林业
04. 2. 3	fishing and hunting（CS）	渔业和狩猎业
……	……	……
09	education	教育
09. 1	pre-primary and primary education	学前教育和小学教育
09. 1. 1	pre-primary education（IS）	学前教育
09. 1. 2	primary education（IS）	小学教育
09. 2	secondary education	中学教育
09. 2. 1	lower-secondary education（IS）	初级中学教育
09. 2. 2	upper-secondary education（IS）	高级中学教育
……	……	……

注：（CS）—collective services 集体服务；（IS）—individual services 个体服务

COFOG目录体系采用不定长分层型代码结构，最多划分至三级类目。第一层级为主题类，2位数代码；第二层为分组类，3位数代码；第三层为细目类，为4位数代码。由于各层可再分且代码不定长，这就使其在结构上能无限扩展下去，直至满足政务作业中最细致的业务描述要求（高文飞，2008）。

COFOG将类目描述对象分为三种形态，不加后缀的为一般描述对象，加"CS"后缀的表示提供的范围为"集体服务"（collective services），而加"IS"后缀的表示提供服务的范围是"个体服务"（individual services）。对类目名称相同但应用范围不同的对象用加"0"代码和字母后缀来区别（田景熙等，2005）。

综合来看，目前的政府信息资源分类组织实践都存在一定的缺陷。政府公文分类系统主要应用于政府公文和档案文件，但这些信息资源只占政府信息资源较小的比例；通用分类系统目前尚未应用于信息服务能力更强的政府门户网站，且其类分的对象是政府网站，而不是网站中具体的政府信息资源，因而未能对深层次的政府信息资源内容进行揭示和组织，使用的范围和领域也比较小；面向政府门户网站的信息分类规范则由于缺乏科学的分类方法作为依据，呈现出一定的主观性和随意性，随着网站更新变化的加大，各政府门户网站之间的信息分类规范差异也较大，很难起到政府信息资源内容管理的作用。此外，联合国的政府职能分类组织法也在国际政府信息资源交换方面具有较强的适应性，但能否适应更广范围的政府信息资源分类组织实践还有待验证。

从政府信息资源用户的角度看，政府信息资源分类系统应该符合用户的知识习惯，浏览结构清晰方便，检索层级不宜过多，对信息资源的分类应该进入内容层面而不是仅仅停留在网站层次。显然现有的政府信息资源分类系统不能很好地解决上述问题。美国联邦政府管理与预算局（Office of Management and Budget, OMB）2008年发布的报告显示：公众越来越多地通过商业搜索引擎而不是通过联邦政府机构的官方主页进入联邦政府公共网站来获取信息（Office of Management and Budget, 2009）。各国政府和学术界也正在积极研究解决办法。美国政府实施联邦企业架构（federal enterprise architecture, FEA），通过FEA的数据参考模型（data reference model, DRM）对政府信息资源进行分类、定位和识别，实现政府信息资源互联互通的努力（OMB, 2009），以及北京市在探索政府信息资源分级分类方面的努力（穆勇等，2008）都表明：从政府信息资源分类系统与政府业务流程整合相结合的角度，建立面向公共服务的政府信息资源分类系统是国内外政府信息资源分类组织法的重要趋势。

（2）政府信息资源的主题组织法

1）主题法的内涵与类型。主题法是分类法之外的另一种从内容角度标引和检索信息资源的方法，又称词汇控制组织法，是以语言为基础，用表达概念的词或词组来解释信息资源内容的一种方法（马六炎，1992）。这种方法一般是指直接以表达信息资源主题的词语作为标识，并以字顺排列标识和参照系统等方法来间接表达各种概念之间的相互关系。由此可见，主题法的基本特征在于：第一，直接以词语作为检索标识；第二，以字顺作为主要检索途径；第三，以特定的事物、问题、现象，即主题为中心集中信息资源；第四，通过参照系统等方式揭示主题词之间的关系（马张华，2008）。

主题法的类型可以有许多不同的分法。按照主题法的选词原则，可以分为标题法、元词法、叙词法、关键词法。标题法是以标题词作为主题标识，以词表预先确定的组配方式标引和检索的主题法。元词法是以元词（概念上最小的词语单位）作为主题标识，通过字面组配方式表达信息资源主题的主题法。叙词法是以从自然语言中精选出来的、经过严格处理的语词作为文献主题标识，通过概念组配方式表达文献主题的主题法。关键词法是将描述信息资源主题的关键词抽出，不加或加以少量规范处理，按字顺排列提供检索的主题法。

按照其组配方式，可以分为先组式定组式主题法、先组散组式主题法、后组式主题法等。先组定组式主题法是指复杂主题的标识，在词表中就已经组配好了的，使用时，可以直接从词表的标识中选取。标题法属于这一类型。先组散组式主题法是指复杂主题的标识，在词表中并未组配，而是在标引阶段根据标引文献资源的主题需要进行组配。例如，采用叙词表在标引阶段建立标题，就属于这一类型。后组式主题法是指读者检索前，主题检索系统中的主题词是中立的，读者实施检索后，才根据检索需要进行组配。元词法、叙词法就属于这一类型。

按照其规范程度，可以分为受控主题法与非控主题法。受控主题法指依据特定词表或类表揭示文献信息的整序方法。各种标题法、叙词法属于这一类型。它们的共同特点是，标引和检索均依据预先确定的检索词表对主题概念进行转换，从而可以通过词表对文献内容的规范表达和相互关系的揭示来改进检索效果。非控主题法，即自然语言主题法，是直接使用文献或用户检索使用的自然语言语词进行的整序方法，如关键词法。这种方法不需要使用受控词表，但一般仍需遵守一定的文献标引规则或检索措施，以改进使用效果。

2）主题法在政府信息资源组织中的应用。主题是信息资源的一个重要特征，政府信息资源本身又具有丰富的主题描述信息（Hotto，1996），主题法对政府信息资源组织同样具有很强的适应性。政府信息资源数量庞大、类型多样，需要有良好的规范化工具对其加以管理，首选工具之一就是主题词表。借助主题词表，根据政务类主题词严格的语义内涵和位属关联，可以对政府信息进行科学标引、概念描述与定位、分类等，实现政府信息资源的加工规范化、标识有序化以及政府信息资源的广泛共享（赵新力等，2004）。

政府信息资源主题组织法的基础工作是建立和开发政府主题词表。建立政府主题词系统时需要考虑的因素主要有三个：一是机构层级，即本系统是国家级、区域级还是部门级的；二是本系统是专业性还是综合性的；三是适用性、规范性与开放性（田景熙，2003）。在国家公文档案管理和电子政务活动中，世界各国开发和制定了类型各样的适用于政府信息资源管理的主题词表（表3-7）。

表3-7 国内外应用于政府信息资源管理的主题词表

国别	政府主题词表
爱尔兰	public service thesaurus
澳大利亚	FAGS（thesaurus of Australian government subject）
	AGIFT（ Australian governments' interactive functions thesaurus）
丹麦	OIO subject system
加拿大	core subject thesaurus
美国	GILS（global information locator system） topic tree
新西兰	SONZ（subjects of New Zealand） thesaurus
	FONZ（functions of New Zealand） thesaurus
英国	GCL（government category list）+LGCL（local government category list）+seamless UK
中国	《公文主题词表》、《国务院公文主题词表》、《综合电子政务主题词表》

资料来源：杨秀丹（2007）

国外的政府主题词表在编制时也都严格遵循相关的国家或国际标准，并与有关的其他政府词表相对应，最大限度地实现兼容和共享。其中，加拿大、澳大利亚、新西兰和英国等国家政府主题词表遵循的是ISO 2788标准，美国遵循的是ANSI/NISO Z39.19标准，我国的《综合电子政务主题词表》遵循的是ISO 2788—1986标准和GB 13190—91标准。

规范的主题词表是建设政府信息资源库和实现信息资源交换的基础。性能良好的政府主题词表的应用，可以减少政府部门生成主题元数据时的混乱，通过将控制词表与元数据元素连接起来可以提高政府信息的检索和发现，从而进一步提高政府信息资源管理效率。衡量一部主题词表的性能，可以从标准选择、选词原则、入口率、关联比和参照度、检索组配等指标对主题词表进行比较分析。

国内外政府主题词表的应用情况也不尽相同。国外一些政府主题词表已经应用于政府网站，用于处理政府信息资源的主题组织，并提供相关的政府信息资源的主题浏览和服务。例如，加拿大核心主题词表（core subject thesaurus）已经实现了网络版存储和应用，政府信息资源用户可以通过使用该词表浏览和检索加拿大政府的信息资源。英国的政府范畴类目表（government category list，GCL）应用于英国“直通政府”的门户网站（UK Directgov），用于政府门户的信息和服务的主题组织，提供主题浏览和导航服务；地方政府范畴类目表（local government category list，LGCL）在地方政府的网站上应用，组织地方政府信息和服务。新西兰政府主题词表则是对政府和信息进行主题描述，并在政府门户网站中将其作为政府搜索引擎的主题资源库，通过自然语言与受控语言的一体化提高政府信息的查准率。目前，我国的《综合电子政务主题词表》还主要应用于政府内部的政务办公系统，但已在逐步应用于政府部门的信息资源库建设（杨秀丹，2007）。

从政府主题词表的应用来看，它主要还是为政府信息资源元数据体系的“主题”项提供控制术语的选择，其发展方向则是要为整个电子政务系统服务，为政府门户网站提供高效的政府信息组织服务。

（3）政府信息资源分类主题一体化发展趋势

分类法和主题法作为两种不同的信息组织工具，虽然存在诸多差异，但存在着原理上的相互渗透现象，它们在各自的修改和完善中相互取长补短并有机结合，发展成了结构上的分类主题一体化。随着计算机在图书情报领域的广泛应用和信息检索语言理论与实践的逐步完善，分类主题一体化真正成为现实。分类主题一体化将分类法系统和主题法系统有机地融合成为一个系统，形成兼具两种标引功能和检索功能的一体化检索语言（尚可聪，1994），从而发挥最佳的整体效益。20 世纪 80 年代以来，人们一直在试图创制一种能够兼容分类法与主题法二者所长，集分类、主题为一体的标引和检索工具，并取得了丰硕的研究成果。其中一体化词表的研究为分类主题一体化检索系统的构建奠定了基础。其模式大致分为四种：分面叙词表模式、叙词表索引模式、分类表—叙词表对照索引模式和集成词表模式（司莉，1998）。

在政府信息资源组织理论与实践的过程中，分类主题一体化同样也是重要的发展动向。政府信息资源内涵丰富而复杂，既相互包含又互相交叉，且呈多维式发展，要想提高主题概念精确度、提升政府信息资源标引和检索的效率，走分类主题一体化道路是一种必然的选择。

为此，国内外政府部门已经开始了相关的探索和实践。英国政府建立了非常完整的政府主题词表体系（马胜男等，2008），其中公共部门集成词表（integrated public sector vocabulary，IPSV）就是一个通用的主题词表，它汇总了 GCL、LGCL 和无缝分类表（seamless UK）三个词汇表或分类表，以便在政府部门间推广标准的主题元数据、索引和分类信息。澳大利亚的政府交互功能主题词表（Australian governments' interactive functions thesaurus，AGIFT）将其收录的五百多个主题词根据其描述的政府职能分别划归在 25 个大类下，从而使得该词表在结构上形成了一部简单的分类主题一体化词表：既是一部政府主题词表，又是一套以政府职能和服务内容为主的分类目录（高文飞，2008）。国内学者尝试在我国《综合电子政务主题词表》范畴表的基础上建立分面分类表，将其改造成一部分面叙词表，以实现政府信息资源分类主题一体化（高文飞等，2008）。

总之，政府信息资源组织是一个多层次的方法体系，当我们进行理论研究时，可以将它分解为简单的、原子式的、分层次的信息组织方法，以便迅速掌握其规律和应用技巧；当我们进行实践操作时，则需要将不同层次、不同类型的信息组织方法组合起来，以放大它们的优点，克服它们各自的不足。这是信息组织研究的方法论，也是掌握和活用各种信息组织方法的秘诀（周晓英等，2004）。

3.3.2　政府信息资源组织的主要方式

网络环境，政府信息资源所具有的数量庞大、增长迅速、动态性强等特点使得政府信息组织方式发生了深刻的变革。传统的主题法、分类法在网络环境下以新的方式在政府信息资源组织领域发挥作用，而元数据、数据库、主题树、超媒体、主题地图、本体等新型组织方式也开始应用于政府信息资源组织活动。

在电子政务环境下，政府信息资源的组织方式可以分为：报道型组织方式、指引型组织方式、仓储型组织方式、描述型组织方式（元数据）、整合型组织方式、集成型组织方式（杨薇薇，2006）。

1. 政府信息资源的报道型组织方式

电子政务建设过程中需要将丰富的政府信息资源数字化，投入网上，形成网上的各种文件。文件包括程序、文本、图形、图像、图表、音频、视频等非结构化信息，是计算机保存处理结果的基本单位，也是存储非结构化信息的天然单位。文件是保存和组织政府数字信息资源的最简便方式，政府网站大量存在以文件方式组织的一次、三次文献。

用文件方式组织政府数字信息资源具有简单便捷等优点，但是文件只涉及信息的简单逻辑结构，对结构化信息的组织管理不太理想。随着网络信息资源的不断增多，文件的大小和数量不断增加，以文件为单位共享和传输信息使网络负载越来越大，当信息结构较为复杂时，文件方式便难以实现有效的控制，从而降低了政府数字信息资源组织的效率，故文件方式只能是政府信息资源组织的基础方式和辅助方式。

2. 政府信息资源的指引型组织方式

（1）超文本、超媒体

超文本是指以超链接方式将不同空间的文本信息组织在一起的网状文本，它是一种在信息之间非线性地存储、组织、管理和浏览信息的计算机技术。超文本既是一种新型的文本信息组织方式，也是一种有别于传统检索技术的新型信息获取方式，它可以使用户浏览信息内容时，不必像阅读文本文件那样按序浏览，而是根据需要点击链接，有选择地阅读感兴趣的部分。超媒体是超文本的多媒体扩充，它既可以处理文本、图像、图形等静态信息，又可以处理声音、视频、动画等动态信息，是一种以全新的方式组织信息并对相关信息提供关联的技术集合（李淑华等，1997）。

超媒体组织信息的优势表现为信息的非线性编排、信息表达形式的多样性、伸缩性强（互相链接的文件可多可少，可随时增删）、能体现文献间的引用与被引用关系（黄如花，2004）。不足之处在于，用超文本超媒体组织信息会引起信息迷航、偏离主题、侵犯知识产权和增加信息资源的有序化整理与组织的难度等问题，而且，单纯基于超文本的导引浏览式检索只能靠浏览发现相关主题、扩大检索范围或调整检索主题，不能直接对所需信息进行查找。

（2）主题网关

主题网关是支持系统的资源发现的因特网服务，主要提供通过因特网获取的资源（文献、对象、网站或服务）连接，它建立在对资源描述的基础上，能够通过主题结构方式浏览访问资源（王玮，2004）。主题网关主要针对学术和教育科研用户服务，是指那些具有严格质量控制的服务于特定领域的研究或教育需要的网络资源目录服务系统（张晓林，2001）。

随着主题网关概念的推广和发展，国外政府也开始重视面向公共服务的政府网关的建设。2000 年年初，英国内阁办公室决定开发政府网关（government gateway），这是一个中央网络中心，计划于 2005 年用它来将政府的所有服务领域和公众连接起来，目前这一网关已经投入使用①。美国政府的门户网站（USA. gov）提供了四个网关：公众网关（citizens gateways）、商业和非营利网关（businesses and nonprofits gateways）、联邦雇员网关（federal employees gateways）、政府间网关（government-to-government gateways）。此外，美国政府还建立了食品安全网关（www. foodsafety. gov）、学生网关（www. students. gov）、商业网关（www. business. gov）等专门性主题网关，向公众提供相关信息资源的网络指引服务。

利用主题网关对政府信息资源进行有序组织，一方面有利于政府信息的共享，另一方面可以大大减少信息采集和加工的重复工作量，降低开发利用总成本。同时，大量相关主题的信息有序组织在一起，有益于促进信息的增值（张学福等，2005）。这种信息组织方式适于建立小型或专业性的政府网络信息资源系

① Government goteway. [2009-11-04]. http://www. goteway. gov. uk/.

统，但倘若要建立综合性大型政府网络信息资源系统，就需要依靠数据库、数据仓库等信息组织方式。

3. 政府信息资源的仓储型组织方式

（1）数据库

数据库技术是在计算机系统中文件系统的基础上发展起来的对大量规范化数据进行管理的一种技术。常见的数据库类型有关系数据库、网络数据库、事务数据库、面向对象数据库、多媒体数据库等。

数据库组织可以将所有已获得的政府信息资源以固定的记录格式存储，用户通过关键词及其主配查询，就可以找到所需要的信息线索（即相关站点链接），并通过信息线索直接连接到相应的政府信息资源（董慧等，2001）。这种组织方式利用数据模型对信息进行规范化处理，利用关系代数理论进行数据查询的优化，从而大大提高了数据操作的灵活性，因而成为广泛的网络信息资源组织方式。这对于处理海量的政府信息资源具有相当重要的作用。

2002年，《国家信息化领导小组关于电子政务的指导意见》（中发办2002［17］号文件）决定启动人口基础信息库、法人单位基础信息库、自然资源和空间地理基础信息库、宏观经济数据库的建设，此后我国政府数据库建设进入了较快发展时期。我国一些政府机构、行业协会、高校和科研机构为推动相关工作的开展，建立了诸多有特色的网上政府信息资源数据库，如国家统计局国家统计数据库（http：//www. stats. gov. cn/tjsj/）、中国经济信息网（http：//www. cei. gov. cn/）、北大法律信息网（http：//www. chinalawinfo. com/）等。从这些政府数据库收录的信息内容来看，主要包括文件型政府数据库、数值型政府数据库和事实型政府数据库。

数据库对网络上大量存在的非结构化信息的处理难度较大，无法处理日益复杂的信息单元，缺乏直观性和人机交互性。数据模型的扩充更新、知识发现技术的应用以及数据库技术与超媒体技术的结合，将是数据库用于政府信息资源组织与开发的重要趋势。

（2）数据仓库

数据仓库（data warehouse，DW）是一种结构化整合、存储、管理海量数据并提供高效查询及分析功能的技术，它是一个支持管理决策过程、面向主题、集成的、相对稳定的、反映历史变化的数据集合（吴永臻，1999）。电子政务的发展要求用户能够从大规模的数据集合中高效率地检索、提取数据用于决策，而这些数据的历史积累量一般很大，往往同时涉及众多的相关部门。传统的数据库只能进行简单的管理和处理，无法满足更高决策分析的要求。数据仓库正是针对这些问题提出的技术性业务解决方案，它侧重于存储和管理面向决策主题的数据。

数据仓库一般包括以下几个组成部分：数据源、数据抽取与转换、数据建模工具、元数据仓储、数据仓库监控与管理工具、数据仓库的目标数据与数据分析工具。数据仓库在创建以后，首先要从政府信息资源库和电子文档库中抽取所需的数据到数据准备区，根据政府数据仓库元数据，进行数据抽取、清洗、综合等净化处理，然后再将其加载到数据仓库数据库中，最后再根据用户的需求将数据发布到数据集成区中。当用户使用数据仓库时，可以根据政府决策模式，通过智能检索工具、联机分析处理（OLAP）工具、数据挖掘工具等政府数据仓库进行决策查询分析或数据挖掘（万接喜等，2009）。

建立政府数据仓库并不是要取代原有的电子政务数据库系统。与政府数据库相比，政府数据仓库面向政府决策主题，是政府信息资源的集成，其数据更新一般是以批量方式加载和访问的，具有相对稳定性。数据库和数据仓库相辅相成，可以更好地支持政府辅助决策。

4. 政府信息资源的描述型组织方式

元数据是一种用来描述数字化信息资源，特别是网络信息资源的基本特征及其相互关系，从而确保这些数字化信息资源能够被计算机及其网络系统自动辨析、分解、提取和分析归纳（即所谓机器可理解性）的一整套编码体系（叶鹰等，2004）。在网络环境下，元数据构成了政府信息资源描述型组织的重要方式。基于元数据的政府信息资源组织主要用于实现两个功能：一是较为准确地描述政府信息资源的原始数据或主题内容；二是实现网络信息资源的发现，即实现计算机网络定位、自动辨析、分解、提取等功能，将政府信息资源的无序状态变为有序状态。

综前所述（具体参见本章 3. 2. 2 部分），目前政府信息资源元数据标准主要有两种，即美国的政府信息资源定位服务（GILS）和 DC-Government。元数据组织方式的优点有：DC 和 GILS 元数据具有易识别、易创建的特点，元数据的可扩展性和语义互操作性使得它能根据实际情况作出调整，适应不断发生的变化并与其他系统很好地兼容，是一种标准化、精确的实现政府信息查询和管理的工具，符合信息组织标准化原则。

5. 政府信息资源的整合型组织方式

政府网站是政府信息资源的重要组成部分，它是一种利用标记语言（描述性语言）将信息组织好，再经过相应的解释器或浏览器翻译出的包括文字、图像、声音、动画等多种信息的组织方式。政府网站是政府信息资源在互联网上的主要汇聚点，而互联网提供的政府信息服务在很大程度上也是依靠政府网站来实现的，因而网站集信息提供、信息组织和信息服务于一体（黄如花，2004），是整合型政府信息组织方式。

政府网站是展示政府形象的窗口，是对内整合电子政务资源的重要平台和对外提供公共服务的重要渠道。因此，政府网站作为公共服务接入渠道的主要方式，其网站信息资源组织的质量对政府电子服务的开展具有很大的影响。从政府网站信息资源自身功能来看，政府网站信息资源可以分为发布性政府信息和服务性政府信息（杨薇薇，2005）；根据政府网站建设的宗旨和目标，可以将政府网站信息资源分为主体信息内容和辅助性信息内容（谢晓专，2008）。政府网站的普及率越来越高，对政府网站信息资源组织也提出了更高的要求。一方面政府网站信息资源组织既要遵循规范、简洁等要求，主页信息栏目要尽可能简单，结构清晰，信息分类与分组要尽可能符合使用者逻辑；另一方面又要体现不同类型政府网站的特色，积极挖掘自身特色资源，从而将政府信息资源以更有表现力的方式传递给用户。

政府网站组织信息资源最突出的问题是政府信息资源的保存与信息质量问题。政府网站数量日益增长，使得网上政府信息资源更加分散、异构，对其进行有效组织的难度也日渐增加，于是一种更加强大的政府信息资源组织方式——政府门户网站就出现了。

6. 政府信息资源的集成型组织方式

随着电子政务的深入发展，互联网上的政府信息资源激增，海量的政府信息资源与林立的政府网站，构成了网络的政府网络迷宫，往往导致公众在众多的政府网站面前“迷航”。因此，人们迫切需要一种“简单、实用、重点突出”的单一政务处理入门网站。从 2000 年开始，在一些信息基础设施条件比较完善、电子政务较为发达的国家，电子政务开始走出相互独立、各自为“政”的旧制：它们在一个统一的政府网站下，将比较分散的各类政府网站综合到一个协调一致的目录下，根据特定用户群的需求开发一系列集成的政府服务项目。政府门户网站由此诞生。

政府门户网站是指一级政府在各部门的信息化建设基础之上，建立起跨部门的、综合的业务应用系统，使公民、企业与政府工作人员都能快速便捷地接入所有相关政府部门的政务信息与业务应用，并获得个性化的服务，使合适的人能够在恰当的时间获得恰当的服务（李广乾，2003）。因此，政府门户网站要以整合资源尤其是跨部门、跨区域资源为重点，通过门户网站建设，促进地区跨部门、跨区域的电子政务应用，切实发挥“门户”功能，为社会公众提供一站式信息和服务。

政府门户网站不仅是政府信息发布平台和业务处理平台，也是知识加工、知识决策、知识获取平台的集成，从而为公共服务和行政决策提供充分的信息和知识支持。作为一种集成型政府信息资源组织方式，政府门户网站整合了各级政府服务项目和各级政府网站的资源，用户通过它即可直接进入业务办理程序，而无需与具体的政府机构（政府网站）打交道。

美国、新加坡等国家的政府门户网站资源组织与建设已经取得了相当的成效，且呈现不同的特色（丁波涛，2005）。面对巨大的政府信息集合，加拿大政府门户网站对信息划分的细致周全、多元化、立体化的展示信息的方式是很多国家政府网站所不能及的（周晓英，2008）。我国政府网站已经基本形成了涵盖中央政府、省级政府、地市级政府和县级政府的政府网站体系。

总之，数字信息环境的变化与现代信息组织方法的不断发展，使得政府信息资源组织模式也呈现多元化发展态势。随着信息可视化技术、语义网、知识地图等先进信息组织方法被逐步应用到政府信息资源组织活动中，政府信息资源组织将不断向政府信息资源的知识组织前行。

本章小结

政府信息资源组织是连接政府信息资源形成和政府信息资源服务的关键一链，它承上启下，是政府信息资源管理活动的基本环节，也是政府信息资源管理研究的核心内容。

政府信息资源组织包括政府信息资源的加工与存储两大部分。进行政府信息资源组织工作，应当坚持客观性原则、用户保证原则、系统性原则和发展性原则。从微观的角度看，政府信息资源组织的基本步骤就是：政府信息资源选择—政府信息资源分析—政府信息资源描述与揭示—政府信息资源存储。其中，前三个环节可归为政府信息资源加工，最后一个环节即是将政府信息资源加工的成果按一定方式存储到相应的信息载体上。政府信息资源组织的理论基础主要是系统论、耗散结构理论、协同论、自组织理论，方法基础包括语言学原理、逻辑学原理、知识分类原理，以计算机科学为主导的信息技术学科群则构成了政府信息资源组织的技术基础。

政府信息资源组织的深度和质量取决于对政府信息资源描述和揭示的深度和水平，为此，人们创造了多种技术、方法、规则和标准对信息进行描述和揭示，其中包括适用于网上政府信息资源描述的元数据。政府信息资源元数据的形成、发展和应用，主要有两种方式：一是对图书馆机读目录格式加以改造，以适应政府信息资源组织与管理的特定需要；二是结合电子政务业务和技术环境的发展，创建全新的元数据标准。

政府信息资源组织方法包括语法信息组织、语义信息组织和语用信息组织，其中分类法、主题法在政府信息资源组织领域得到广泛应用，并呈现出分类主题一体化发展趋势。在电子政务环境下，政府信息资源的组织方式可以分为报道型组织方式、指引型组织方式、仓储型组织方式、描述型组织方式（元数据）、整合型组织方式、集成型组织方式。

参考文献

安忻．2008. 政务信息加工的原理与方法．北京：中国人民大学出版社．1
曹树金，罗春荣．2000. 信息组织的分类法与主题法．北京：北京图书馆出版社．73～75
曹树金，司徒俊峰，马利霞等．2004. 论政府信息资源的元数据标准．情报学报，（6）：715～722
成建国，彭子凤，郑新燕等．2007. 专题电子政务主题词表体系的编制．电子政务，（8）：71～77
戴维民．2004. 信息组织．北京：高等教育出版社．6，7，13～46，18～20，39，40
党跃武．1997. 信息组织论．图书情报工作，（3）：12～16
丁波涛．2005. 政府门户网站的资源组织与整合．图书情报工作，（6）：116～118，121
董慧，余传明．2001. 基于 Internet 的信息组织研究．情报学报，（1）：54～60
高文飞，赵新力．2008. 我国政务信息资源主题分类研究．情报科学，（9）：1340～1343
高文飞．2008. 政府信息组织一体化研究．北京：中国科学技术信息研究所
郭治安，沈小峰．1991. 协同论．太原：山西经济出版社．79～82
哈肯．1988. 信息与自组织：复杂系统的宏观方法．郭治安等译．成都：四川教育出版社．29
黄如花．2004. 网络信息组织的模式．中国图书馆学报，（1）：27～31
霍国庆．1997. 论信息组织．情报资料工作，（6）：9～12
霍国庆，孟广均，王进孝．2002. 信息资源管理思想的升华．图书情报工作，（4）：28～39
姜全吉，迟维东．2004. 逻辑学．北京：高等教育出版社．3～10
李广乾．2003. 建设门户网站，促进电子政务发展．信息化建设，（8）：4～6
李宏轩．2000. 信息自组织理论探讨．情报科学，（2）：108～110
李淑华，朱颜军．1997. 超媒体系统．软件工程师，（1）：24，25
李文生．2007. 政务信息资源分类体系的有关问题探讨．电子政务，（5）：14～17
李绪蓉，徐焕良．2005. 政府信息资源开发与管理．北京：北京大学出版社．93～95
刘嘉．2002. 元数据导论．北京：华艺出版社．191～193
刘植惠．1989. 情报学基础理论讲座——第九讲：耗散结构论、协同论、突变论概述及其在情报学研究中的应用（二）．情报理论与实践，（2）
马费成，胡翠华，陈亮．2002. 信息管理学基础．武汉：武汉大学出版社．140～143
马胜男，孙翊，田桂勇，等．2008. 国外电子政务与社区信息化标准化进展研究综述（中）．信息技术与标准化，（9）：24～26，34
马张华．2008. 信息组织．第三版．北京：清华大学出版社．7～11，29，30，78，79，

184，185
穆勇，刘守华，吴晓敏，等．2008-01-10. 面向公共服务的政务信息资源分类体系探讨（上、中、下）．http：//www. beijingit. gov. cn/xxzy/xxzygl/default. htm
彭斐章．2004. 目录学教程．北京：高等教育出版社．127
尚克聪．1994. 对分类主题一体化讨论中几个基本问题的认识．中国图书馆学报，（4）
尚克聪．1998. 信息组织论要．图书情报工作，（11）：1～4
申维．2008. 耗散结构、自组织、突发理论与地球科学．北京：地质出版社．1
盛苏平，刘春燕，赵新力．2006.《电子政务主题词表》编制及应用系统开发．中国信息导报，（3）：37～39
司莉．1998. 五部分类主题一体化词表的比较研究．图书馆，（5）：32～35
谭必勇，王新才．2008. 国外政府信息资源目录体系建设及其启示．//王新才．电子政务信息资源管理及其技术实现研究——2007 信息化与信息资源管理学术研讨会论文集．武汉：湖北人民出版社．3～5
田景熙．2003. 电子政务信息资源系统的规划与建设（二）：政务信息资源的主题范围．软件工程师，（11）：59，60
田景熙，洪琢．2005. 电子政务系统规划与设计．北京：人民邮电出版社．17～25
万接喜，董为东，吴鹏．2009. 面向政府决策的政务信息资源组织．电子政务，（2－3）：56～64
王兰成，敖毅，曾琼．2008. 国外知识组织技术研究的现状、实践与热点．中国图书馆学报，（2）
王玮．2004. 网络信息资源组织的新模式——主题网关．大学图书馆学报，（2）：66～70，86
王欣．2002. 美国政府信息指引服务及其对我国的启示．情报杂志，（3）：90～92
邬焜．2004. 信息科学纲领与自组织演化的复杂性．中国人民大学学报．（5）：10～15
吴永臻．1999. 大规模数据集成环境——信息资源开发利用的技术支撑．情报理论与实践，（5）：328～330
谢晓专．2008. 我国省级政府门户网站信息内容建设的调查与分析．电子政务，（9）：92～101
严怡民．1994. 情报学概论（修订版）．武汉：武汉大学出版社．160，161
杨薇薇．2005. 电子政务环境下政务信息资源的组织方式研究．电子政务，（14）：71～76
杨薇薇．2006. 基于网站的政务信息资源组织方式及优化研究．武汉：武汉大学
杨秀丹．2007. 政府信息资源组织工具集成研究．北京：北京大学博士学位论文．63，64～84
叶鹰，金更达．2004. 基于元数据的信息组织与基于本体的知识组织．大学图书馆学报，（4）：43～47
约翰·奈斯比特．1984. 大趋势——改变我们生活的十个新方向．梅艳译．北京：中国社会科学出版社，22～23
曾广容，易可君，欧阳绪清，等．1988. 系统论、控制论、信息论与哲学．长沙：中南工业大学出版社．38～61
张琪玉．1997. 情报检索语言（增订二版）．武汉：武汉大学出版社．20～25
张琪玉．2000. 情报语言学词典．北京：北京图书馆出版社．191

张晓林. 2001. 数字化信息组织的结构与技术（二）. 大学图书馆学报，（5）：19～24
张学福，韩双梅. 2005. 主题网关及其在政府信息公开网站中的应用. 情报资料工作，（6）：38～40
赵新力，刘春燕，盛苏平. 2004. 主题词表在电子政务中的作用及其编制规则. 信息技术与标准化，（10）：21～23
“政务信息资源目录体系”工作组. 2007-12-30. 政务信息资源目录体系第4部分：政务信息资源分类（征求意见稿）http：//www. egs. org. cn/upload/psgs_ draft/1135732949078302. pdf
周六炎. 1992. 科技文献管理（修订版）. 武汉：武汉大学出版社. 118
周宁. 2001. 信息组织. 第二版. 武汉：武汉大学出版社. 5～7
周晓英，王英玮. 2004. 政务信息管理. 北京：中国人民大学出版社. 132，138，143
周晓英. 2008. 政府网站信息构建的特点：加拿大政府网站案例研究. 情报理论与实践，（1）：51～54
朱礼军，赵新力，孙钦山. 2007. 美国政务信息资源分类探析. 电子政务，（1－2）：142～147
庄蕾波，纪陆恩. 2000. Dublin Core 与 USMARC 的差异浅析. 图书馆杂志，（10）：17，18
Antonio G，Alessio S. 2008-02-03. The indexable web is more than 11.5 billion pages. http：//www. cs. uiowa. edu/～asignori/web-size
Dena H H. 1996. Old solutions in a new age：cataloguing and the future of access to government information. Journal of Government Information，23（3）：339，340
GPO. 2009-08-31. An explanation of the superintendent of documents classification system. http：//www. access. gpo. gov/su_ docs/fdlp/pubs/explain. html.
GPO，Library Programs Service，Cataloguing Branch. 2008-02-19. GPO cataloging guidelines（updated March25，2002）. http：//www. gpo. gov/su_ docs/fdlp/cip/gpocatgu. pdf
Hotto D H. 1996. Old solutions in a new age：cataloguing and the future of access to government information. Journal of Government Information，23（3）：339
IFLA. 2008-02-17. ISBD（G）：general international standard bibliographic description（2004 revision）. http：//www. ifla. org/VII/s13/pubs/isbdg2004. pdf
OMB. 2009-05-24. FY 2008 report to congress on implementation of the e-government act of 2002. http：//www. whitehouse. gov/omb/assets/reports/2008_ egov_ report. pdf
OMB. 2009-05-24. Improving public access to and dissemination of government information and using the federal enterprise architecture data reference model. http：//www. whitehouse. gov/omb/assets/omb/memoranda/fy2006/m06-02. pdf
United Nations Statistics Division. 2009-11-02. Classification of the functions of government，（COFOG）. http：//unstats. un. org/unsd/class/family/family2. asp？Cl＝4

第 4 章　政府信息资源服务

政府信息资源服务是政府信息资源价值的核心体现。政府信息资源的公开为政府信息资源服务提供了准确而充实的内容；而开发则提升了政府信息资源价值并为政府信息资源服务提供了多元渠道与模式；检索则从面向公众的角度，阐述政府信息资源多样化查询工具及途径、策略。本章将就政府信息资源服务中涉及的公开、开发、检索等环节展开讨论，使读者了解政府信息资源服务的概貌。

4.1　政府信息资源的公开

政府信息资源的公开是指政府机关与法律、法规授权行使行政管理职能或提供公共服务的其他组织主动或应自然人、法人、其他组织的申请，向社会或申请人公开其在管理或提供公共服务中制作、获得或拥有与政府事务有关的信息的制度（李孟等，2008）。政府信息资源公开是政府信息资源共享的基础，政府信息资源为政府生产、编辑和维护，其所有权为公众所信赖的政府所有，但同时也属于公众，因此政府有义务在法律允许范围内公开政府信息，与公众共享。本节探讨了政府信息资源共享的理论、制度等方面内容，并结合实际案例，开展政府信息资源的公开研究。

4.1.1　政府信息资源公开的理论研究

政府信息资源为什么必须公开？其公开有理论基础和依据吗？政府信息资源公开与行政公开等相关概念的区别又在何处？带着上述问题，本节将在区分政府信息资源公开理论与相关概念的基础上，主要探讨支撑政府信息公开的理论基础。

1. 政府信息公开理论辨析

(1) 相对于“情报公开”理论

情报公开，即信息公开，但是在中文中“情报”常被理解为“带有机密性质的消息或报告”，容易使人对信息公开的理解产生局限。实质上政府信息公开或政府情报公开，在公开义务主体以及公开法适用范围上应当是等同的，即公开的义务主体及适用范围均为行政、立法及司法机关，日本即对信息公开的称法等同于情报公开。

（2）相对于“政务公开”理论

政务公开是指国家行政机关依法将行政信息和行政活动过程公开于众的过程，其实质是行政机关对自己与公民关系性质的认知和定位。具体包括行政议事活动过程、结果的公开。而政府信息公开的实质则是行政机关通过行政相对人便于接受的方式，公开有利于行政相对人实现其权利的信息资源。从广义上看，政务公开包括政府信息公开，政府信息公开是政务公开的重要内容。

2. 政府信息公开的理论基础

（1）自然公正价值取向

政府信息公开的理论基础是“自然公正”的价值取向。约翰·罗尔斯在其正义理论中指出“社会和经济的不平等将被安排得使人们能够合理地期望它们对每个人都有利，并使它们所依附的地位与公职对所有人都开放”。政府职能应当从单一管理转向对公众利益的追求与维护，但是如果缺乏公众的监督与参与，政府的这种“追求与维护”便会因缺乏必须的约束流为空转，从而导致原本政府与公众间的“自然公正”原则失衡。因此，基于“自然公正”的价值取向，政府行政活动包括政府信息的公开赋予公众有效监督政府的权力，体现了“自然公正”的程序，尽管政府信息公开理论本身存有瑕疵，但对减少与防范政府与公众间的不公正因素，是一种有效的保障。

（2）公民知情权理论

知情权是指公民对于国家的重要决策、政府的重要事务以及社会上发生的与普通公民密切相关的重大事件，有了解和获悉的权利（徐晓日，2006）。理论上，知情权应赋予公众享有知晓除法律规定不能公开信息外的其他公众欲知的所有信息的权利。因此，作为知情权权利主体的公众，也应当是政府信息公开的权利主体。由于政府是信息资源的最大拥有者，如缺乏对公众知情权的确认及维护，无法律约束的政府机关往往会从有利于自身管理的角度隐匿所掌握的信息并妨碍公民对政府信息的获取与利用。如果政府机关不承担其信息公开的义务，普通公民显然无法真正享有与充分利用这个由全体公民共同创造且属于他们的信息资源。因此，确认与保障公民的知情权是政府信息公开的动力，为政府信息公开奠定了理论基础。在保证政府信息公开法制完善的同时，确认知情权赋予公众监督政府信息公开的权利，推动了政府信息公开。在知情权与政府信息公开相结合的过程中，美国政府作出了重大贡献，如美国图书馆和信息科学全国委员会在《公共信息准则》中提出的 8 条公共信息准则，明确了公众的信息获取权利，政府信息公开的义务及保障措施（刘渊等，2005）。

（3）人民主权论

人民主权是近代启蒙思想家顺应市民阶级反对专制时，基于天赋人权和社会契约的逻辑、假设推导出来的民主政治理念。其核心是国家最高权力属于人民，当掌权人滥用职权时，人民就有资格行使最高权力，停止他的职权，并将该权力回归社会。卢梭将人民主权论作了系统解析，他认为“社会契约赋予了政治共同体以超乎其各个成员的绝对权力”（刘恒，2004），这种绝对的权力受到公意指导时，就是主权。公意则为全体人民在订立社会契约时表达的共同意志，因此公意支配下的主权自然归于人民。政府享有的一切权力均因来自人民的民意代表机构制定的宪法授权，才具有正当性和合法性的基础，人民必须通过一定途径了解、监督政府是否执行了人民的授权，所以政府信息公开是人民有效监控政府的有力工具（李红心，2006）。

（4）言论自由论

作为人权理论重要组成部分的言论自由是指把所见所闻所思以某种方式或形式表现于外的自由。具体实施中，言论自由还包括“搜集、获取、了解各种事实和意见的自由以及传播某种事实和意见的自由”（李红心，2006）。由于自由地交流，接受合法的思想、观点、信息对于个人的自我价值实现有着重要意义，所以在近代以来世界各国的宪法中，言论自由通常被当作公民的基本权利，“言论自由既是目的、又是手段，言论自由不仅是政府不可剥夺的公众的基本权利，同时也是实现其他基本权利的手段”（斯蒂格利茨，2002）。政府机关在国家中的地位决定了其所有信息的权威性，因此，从言论自由对个人的自我价值实现的意义来看，政府机构应承担积极义务，为公众提供权威信息，保障公众自我价值的实现。

（5）平衡论

平衡论亦称兼顾论，即兼顾与平衡国家、公共、个人利益。平衡论最基本的主张就是政府机关与相对方权利义务应保持平衡。政府机关作为公共事务的管理者，与单个的公民或者组织相比具有绝对的信息资源优势。但政府信息公开中，由于人作为理性人的存在，使得各利益群体以信息为资本，依据市场法则寻求本群体利益的最大值。政府信息寻租行为激励了政府机关对所持信息保密，从而增加了信息成本，使得公民在不涉及自身特殊利益的情况下，不再积极参与民主进程，同时也加剧了政府行政的暗箱操作。因此，平衡政府与公众的权利与义务，制定政府信息公开制度，让公民获取政府机关掌握的信息，并确保其真实、准确性，是保障公众参政议政的积极性，遏制政府寻租行为的有效保障（罗豪才等，1997）。

综上所述，要求获取政府信息是积极的、可诉求的权利。而研究政府信息公开的理论，是探究公众获取该权利的理论来源，推动政府信息公开的一种动力。在“自然公平”价值取向下的公民“知情权”的维护，为政府信息公开提供了必要的理论支持，同时也在一定程度上，加强了公众对政府信息公开的监督，促进了公众参政议政的实现以及社会主义民主政治的完善（李孟等，2008；徐晓日，2006）。

4.1.2　政府信息资源公开的制度研究

设置政府信息公开制度在世界范围内已成为一种普遍现象。由于立法目的、国情不同，各国的政府信息公开制度内容也各不相同。但是在公开制度的设定中大都涉及制度设定目的、请求权人的资格、公开信息及豁免公开信息的范围、公开方式及程序、救济方式及保障等内容，具体制度如下。

（1）请求人权利平等制度

请求人权利平等是指对行政机关所掌握的依申请才能公开的信息，任何人都享有平等的信息请求权。申请人不论其与文件信息有无关联均可提出申请，且无申请人主体资格、主观动机限制。其中，关于请求人又分为开放式、有条件开放式限定。其中开放式限定中的“请求人”不仅包括本国公民，还包括不在本国境内的外国公民，如美国《信息自由法》、日本的《信息公开法》对请求人资格限定采取开放式限定法。而有条件开放式限定中的“请求人”仅为本国公民，外国公民申请公开资格则受条件限制，如韩国《公共机关信息公开法》第6条规定“全体国民有权请求公开情报，外国人的情报公开需请求总统特定”。

（2）依职权公开制度

依职权公开制度是指法律规定公开为行政机关的职责，行政机关必须通过适当的信息发布渠道主动向公众公开。政府机关依职权主动公开的信息内容一般包括行政机关的机构、职能、工作范围、业务流程以及日常工作中与公众有关的法律、法规、政策、行政规章等。例如，1966年的美国《信息自由法》要求政府机关在《联邦登记簿》上公布的信息包括机关组织与办公地点、机关职能与运作方法、程序规则与格式、实体规则与一般政策说明。我国《政府信息公开条例》中关于政府信息主动公开方式也做了明确的规定，如“政府信息通过政府公报、政府网站、新闻发布会以及报刊、广播、电视等便于公众知晓的方式公开”。

（3）豁免公开例外制度

依据人民主权理论，政府所掌握的公共信息原则上都应该向公众开放，但一些涉及国家利益、商业机密或个人隐私的信息公开的特殊情况，各国根据本国实际，在信息公开立法中均设立了豁免公开例外制度。但实践中，各国均将信息公开作为原则，而豁免公开作为例外，采取“排除法”，即首先明确列举哪些事项不能公开，然后说明排除不能公开的事项都属于公开的范围。在结合本国国情的基础上，各国对于豁免公开信息范围的划定有所不同。例如，美国《信息自由法》中对于申请人申请的材料属于其规定的九类例外中的政府文件可拒绝公开，该九类例外包括“保密文件、机关内部人事规则与制度、根据其他法律作为例外的信息、商业秘密、政府的内部联系、个人隐私、执法文件、金融制度、地质信息”。英国的《信息公开法》中也对例外信息种类做了明确规定，包括“可以通过其他方式获得的将要公开的信息或已经公开的信息、与国家安全有关的信息、损害国防的信息、损害国际关系的信息、损害大不列颠联合王国内部关系的信息、损害经济利益的信息”等十八类信息。

(4) 救济制度

救济制度是各国政府信息公开立法中，保证公众作为政府信息公开权利主体的关键性制度安排。如果没有该制度的创设，公众申请公开政府信息的权利遭遇政府不作为时，将得不到行政和司法救济，政府信息公开立法中有关公众知情权保障的主旨将沦为空转。救济制度主要适用于依申请的信息公开，当公众要求公开的信息不属豁免例外，政府拒绝公开或公众要求不予公开的信息属于豁免例外，但政府予以公开时，公众可启动救济程序，通过行政复议或行政诉讼方式维护自己的权利。在救济途径上，各国的规定各不相同。例如，日本的《信息公开法》针对公开请求人对拒绝公开决定请求的救济设定了行政复议与行政诉讼方式；对公开决定的救济则设定了自愿的意见听取程序、强制的意见听取程序、获取救济机会的保障等内容；英国2000年《信息公开法》设定的救济制度包括信息专员的行政决定救济，信息裁判所的行政裁判救济和法院的司法裁判救济等内容。

(5) 依申请公开制度

该制度是指政府机关在法律许可的范围内，依照申请人的申请，被动地将有关信息向特定人公开的制度。许多国家，如美国、日本、韩国都将依申请公开作为最主要的公开方式。其中关于依申请公开的内容及其公开载体各国也有明确界定，如美国《信息自由法》规定“申请者只能申请政府机关保存的现有材料或文件”，政府没有义务为申请者收集它不具有的信息，也无义务为申请者研究或分析数据，限定了申请者只能申请材料而非信息。英国《信息公开法》对于依申请公开的“信息”，指定为以任何形式记录的信息（information in any form），规定范围较为宽泛（李红心，2006；徐晓日，2006）。

4.1.3 政府信息资源公开的实证研究

政府信息资源源于政府、企业、社会公众、各类媒体等多个方面，其公开的对象也是社会公众，不同的公众群体所关注的信息有所差别，按照公开的政府信息类型可将其分为教育、医疗、行政、危机类政府信息，按照政府信息的服务对象又可将其分为面向企业、农村、国防、公务员等信息。本书开展的实证研究从公开的政府信息类型入手，以武汉市公众为样本，通过问卷等方式调查政府教育信息公开的现状及公众主要的信息需求，通过比对需求与公开现状，探寻我国政府教育信息公开中存在的问题，并提出对策。

1. 调查准备

（1）样本选取

受调查主题限制，在样本选取上考虑到高校、中小学及科研院所教师、学生及科研人员是政府教育信息资源的主要使用者，并可通过学生家长扩大调查范围，所以笔者以武汉大学为中心，辐射至周边科研院所、中小学及部分居民生活区，发放调查问卷 200 份，并辅以面谈及电话等调查方法，从学历、性别、年龄、职业、专业五个方面入手，确保调查对象人数在各方面正态分布。

（2）问卷设置

围绕主题，笔者通过在线调查系统软件（online question survey system，OQSS）编制了《政府教育信息资源需求调查问卷》。问卷主要包括 3 部分：其一，已公开政府教育信息的公众需求主体调查；其二，公众要求加大公开的政府教育信息调查；其三，政府教育信息资源公开中的问题调查。问卷主要设置多项选择和开放性问答两种题型，共设 21 个问题。

2. 调查结果统计

本次调查共发放调查问卷 200 份，回收有效问卷 162 份。调查结果统计如下：

（1）问卷对象信息统计

统计从调查对象的学历、性别、年龄、职业、专业展开。具体分布如图 4-1、图 4-2、图 4-3 所示。

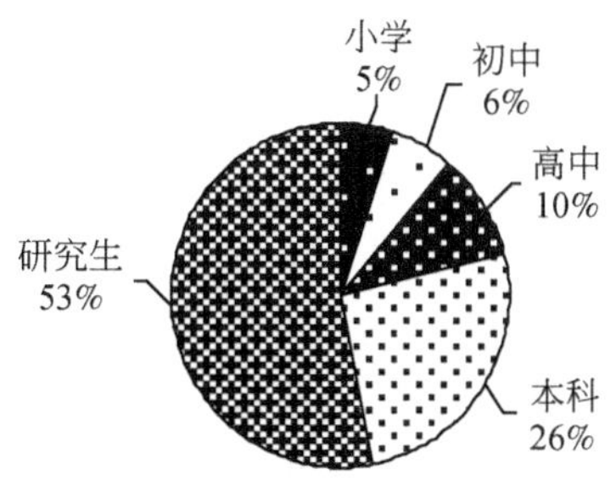

图 4-1　调查对象学历分布

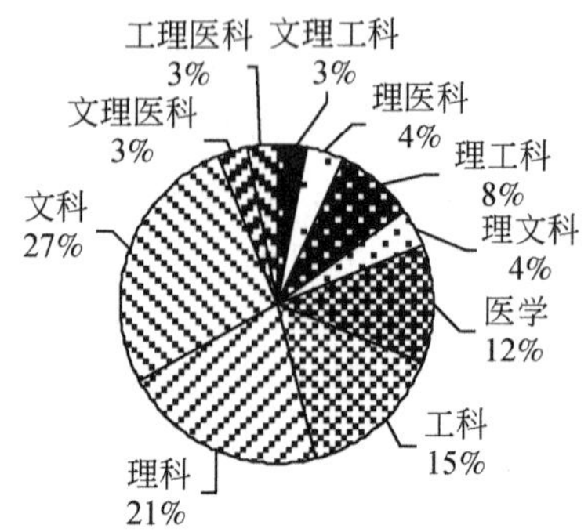

图 4-2 调查对象专业分布

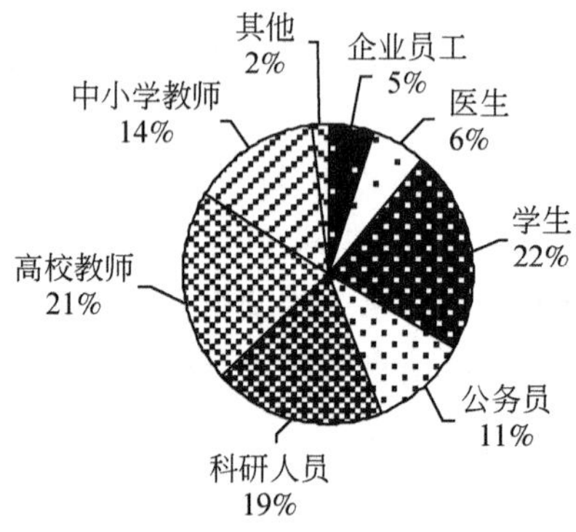

图 4-3 调查对象职业分布

(2)调查结果分析

1)已公开政府教育信息的需求主体。根据问卷对象的信息统计及各参考因素，目前已公开政府教育信息的需求主体是学生、教师及家长。问卷对象由于学历不同，在教育信息需求、获取方式及使用目的上呈不同特点，如大学生偏重于利用政府教育共享信息，通过网络课程或教育软件，独立完成学习。而中小学生则乐于利用教育信息，求解学习难题。总之受知识及信息技能限制，学生群体获取政府公开的教育信息主要借助网络，属被动信息服务接受人群。教师作为政府教育公开信息需求的另一主体，不但利用而且参与创造、共享政府教育信息，是政府教育信息重要的生产、共享及利用群体。在获取方式上，他们掌握多种获取途径，能较为轻松地获取所需教育信息资源。因此，教师尤其是高校教师在政府教育信息公开中，充当创造、评估及使用者三重角色。此外，家长也是政府教育公开信息的需求主体。该群体主要关注与政府教育方针、政策、招生就业等内容相关的教育信息。在教育信息资源获取方式、开发利用、反馈程度上，由于学历层次不同，差别较大。另外，随着信息技术普及与知识传播方式的改变，特殊人群，如残障人士对于政府教育信息的需求也呈不断上升趋势。

2）公众主要要求政府加大公开的教育信息。政府所公开的教育信息包括教育方针、政策发布，教育信息查询、教学资源共享等内容。根据调查反馈，笔者发现公众主要要求政府加大公开力度的教育信息如表4-1所示。

表4-1　公众主要要求政府公开的教育信息

信息名称	需求	权值
高等教育信息	就业	9.47
	考研	9.44
	招生	9.46
教育信息资源共享	职业技能培训	9.32
	在职人员继续教育	9.44
继续教育信息	教育资源库服务	9.21
	数字图书、档案馆服务	9.16
其他教育信息	教师服务	9.27

（1）高等教育信息。近年来高校扩招，就业市场趋于饱和的现状，加大了学生就业难度。考研成为大学生的主要选择。随着我国教育制度的改革，地方教育体制也作出了相应调整。公众跟进式把握和解读政府教育部门招生、考研及就业等相关政策信息，拉动了要求政府加大此类信息公开力度的需求。

（2）教育信息资源共享。中国教育和科研计算机网（cernet）与中国教育卫星宽带传输网（cebsat）包括下一代网络（cernet2）的开通运行，中国教育科研网格（China grid）的重大进展，为政府教育信息资源共享提供了立体交叉的教育传输网络（国务院信息化工作办公室政策规划组，2007）。调查中，82%的教师表示了解且使用过，并对政府教育信息资源共享模式、资源库功能整合、数据兼容，辅助服务及信息更新等方面提出过许多建设性的意见和建议。

（3）继续教育信息。我国正处在社会转型期，迅速发展变化的社会环境要求公众突破学校这一传统、单一的学习组织及学龄限制，通过不断增强自身信息素质适应不断变换的挑战。同时，信息技术的进步使公众接受教育不再受时空的限制，使时时处处学习成为可能。上述因素有力推动并加快了我国继续教育的发展。“继续教育信息”也成为公众要求政府公开的另一热点。

（4）其他教育信息。此外，“其他教育信息”中的“教师服务信息”提供包括教师招聘及资格认证服务的公开信息，公众加大其公开力度的需求较大。随着我国教育体制改革的深入，教师队伍建设与人才流动机制不断完善。为提高教学质量，保证教师竞聘、规范上岗，教师招聘及资格认证制度应运而生。“教师服务信息”中“招聘信息”及“教师资格认证服务信息”为推动教师人才流动，优化教师队伍提供了有力的信息支持。

3. 问题分析及对策

（1）问题

1）政府教育信息公开尚存“盲点”。调查结果表明，政府教育信息公开主要集中在义务教育、高等教育、继续教育等范畴，这与多年来我国推行普及义务教育、提高高等教育质量、扩大职业、成人和继续教育规模的政策及各级教育部门协调发展密切相关。

虽然受调查取样的影响，调查结果仍反映了政府教育部门在信息公开服务的范围上尚存“盲点”，如对问卷中“你认为哪方面政府教育信息的公开最为匮乏”的调查结果统计显示，29%及25%的调查对象分别认为是政府社区“外来务工人员子女教育”及“公众社区教育”信息。其原因有两个方面：其一，政府未能细化面向公众的教育信息公开类目体系；其二，政府教育信息公开服务引导不足。例如，对外来务工人群等信息弱势群体，未能深入其实际需求，有针对性地开展相关信息公开服务。

2）政府教育信息公开功能匮乏。对“政府教育信息公开功能如何”问题的结果进行综合分析，有59%的调查对象反映政府公开的教育信息，资源少，时效、互动性差。其中47人认为政府公开教育信息量少，时效性差，满足不了公众信息需求；51人认为政府及教育部门网站所公开的教育信息类目简单、缺乏互动和反馈功能，其中50%的调查对象还认为其所公开的多媒体课件、PPT资料等教学资源下载慢，甚至无法链接。66人认为政府教育信息公开途径较为单一，除网络、图书馆外，缺乏以大众传媒如电视、报纸等方式公开。其原因是多方面的：首先，由于政府教育信息资源库功能不能兼容，客观上削弱了教育信息资源共享，形成了教育信息资源不足的局面。其次，政府教育信息公布平台建设重复且较薄弱，政府及教育部门网站受限于网络技术趋同及网络宽带化发展，所提供的信息公开服务并未真正融合（欧洲委员会，1997）。

3）已公开的政府教育信息利用率不高。尽管政府教育信息公开服务取得了一定成效，但受信息符合程度及公众信息素养等因素影响，已公开的教育信息利用率不高。数字鸿沟是提高已公开的政府教育信息利用率的主要障碍。调查结果显示，占调查对象43%的家庭无法上网，年龄在60岁以上的人群上网比率只占28%，未上网人群中有31%的人对互联网不感兴趣，70%的人缺乏信息技能。此外，政府信息基础设施缺乏统筹规划与管理，导致各自为政现象存在；公众信息素质不高，也是导致已公开的政府教育信息利用率不高的主要因素。

（2）完善策略

1）完善政府教育信息内容。针对政府教育信息公开中的“盲点”，笔者认为应从完善政府教育信息内容，加强政府信息公开服务两方面入手。调查显示政府教育信息公开分类已呈现出按公众需求细分的趋势。完善政府教育信息公开内容的首要任务就是优化政府教育信息资源目录体系。政府教育信息资源公开目录体系是指对政府教育信息按其属性或范围分类，在区别于其他的类的基础上形成不同层次的针对不同公众群体的政府教育信息资源公开体系。因此在该体系设置中，应当遵循全面、实用及个性化原则，即在全面涵盖政府教育公开信息的基础上，注重上下级类目间的关系。结合表 4-1 及上海市政府网站“教育信息”平台类目体系设置（上海市政府网站，2008），政府教育信息资源公开目录体系设置推荐如表 4-2 所示。

表 4-2　政府教育信息资源公开目录体系

一级类目	二级类目	三级类目
初等教育信息	学前教育	教育机构分布及推介
	义务教育	教育机构分布及推介
		入、升、转学政策
	高中教育	教育机构分布及推介
		高考相关政策
高等教育信息	政策信息	招生
		考研
		就业
	服务信息	查询服务
		助学服务
继续教育信息	远程教育	政策
		技术支持
	职业培训	在职人员职业培训
		下岗人员职业培训
		转岗人员职业培训

续表

一级类目	二级类目	三级类目
教育信息资源共享信息	教育资源库共享	公共数字图书馆服务
		网络课程共享
	教育软件共享	软件服务
民办教育信息	政策服务	学历政策
	教育机构	教育机构分布推介
特殊教育信息	政策服务	支持政策
	教育机构	机构类型及推介

另外，政府深入公众实际需求，通过制度、政策优先引导、支持与完善与公众密切相关的教育信息公开服务是解决政府教育信息公开服务“盲点”的有力手段。例如，以“外来务工人员子女教育”要求公开的政府教育信息为引导，针对该群体流动性大、学历层次参差不齐等特征，政府应加大在外来务工人员子女教育机构信息公开推介等方面的服务，而对于经济贫困的外来务工人员，还应做好政府补贴等相关政策信息公开服务。

2）优化政府教育信息资源配置。优化政府教育信息资源是完善政府教育信息公开服务的基础。针对政府教育信息公开服务功能匮乏的问题，结合调查分析，笔者认为可从两个方面入手。

其一，针对政府教育信息资源库共享性差的问题，制定国家教育信息资源统一规划及服务标准，实现各级各层次教育协调发展，如不同城市的教育部门基于电子数据交换标准，以满足实际应用的互操作为需要，建立政府教育信息资源元数据体系，实现教育信息资源的共建共享。

其二，整合来自包括政府网站、教育资源库、公共图书、档案馆等的教育信息资源，实现各部门之间互联互通、无缝连接及相关服务形式的融合。例如，政府门户网站可开设专门教育信息资源公开服务功能模块，将教育方针、政策、教育资源共享、教学机构等教育信息整合，并通过电话、电子邮件、在线咨询等多样化渠道，提供“一站式”公开服务。

3）提升政府教育信息利用率。针对已公开的政府教育信息利用率不高的问题，可从以下两个方面完善：

其一，缩小数字鸿沟。基于数字鸿沟导致已公开的政府教育信息利用率不高的现状，可从普及计算机应用，提高公众的信息技能入手。例如，可针对经济条件不同的家庭，考虑以社区为基础，创设公共互联网服务中心，由专人负责解答咨询，指导上网，并为社区中小学优先提供信息技能指导咨询服务。以政府政策引导企业参与开发低端信息终端产品，推广家庭计算机普及。

其二，创新公开服务方式。政府教育信息公开服务方式的创新主要针对不同层次的公众教育信息需求及获取途径，在公开信息的内容、手段上各有侧重。例如，对于学生群体，可通过教育网站设置公开信息推送功能，引导他们准确、高效地获取所需公开信息；教育部门通过在线积分与教师绩效考评结合等政策，激励教师创造、公开、共享其所有的教育信息资源；对于家长群体，政府应在教育信息公开方式、信息更新速度等方面加大改进力度，除网站外，还应拓展广播、电视等大众传媒途径，推送教育方针、政策等公开信息。此外，对于有关残障人士的教育信息的公开，政府可通过替代格式出版物，如盲文版，音像磁带等形式提供。

4.2　政府信息资源开发

4.2.1　政府信息资源开发概述

政府信息资源是国家信息资源的重要组成部分，它的开发利用是政府科学决策的基础，是改善政府公共服务的重要条件，也是政府信息能力的集中体现，对推动我国电子政务乃至整个信息化建设具有重要的战略意义。信息需要针对需求进行开发和提供服务才能成为资源，政府信息开发就是针对政府需求的信息内容的表达、传递和加值的活动（马费成等，2004）。作为一项经济活动，政府信息资源的开发一直随着技术的进步而不断发生着革命性变化。本节主要就国内外政府信息资源开发标准、目标、策略等内容进行综合概述。

1. 开发管理标准——GILS

国外关于政府信息资源开发研究大都集中在GILS上。作为国家信息基础设施，美国联邦政府最早建立了政府信息定位服务。所谓GILS（government information locator service，政府信息定位服务）是一种支持公众检索、获取和使用政府公开信息资源的分布式目录管理及利用体系。从信息组织的角度看，GILS体系是一组分布式信息资源目录的集合，其基本构建要素是目录中对具体资源进行描述的元数据，即GILS定位记录（GILS locator record），它是一组相关数据元素的集合，用来描述信息资源的内容、位置、服务方式、存取方法等。各政府机构利用GILS标准描述自己的数字化或非数字化资源，建立相应的信息资源目录和检索系统。尤其是数字化信息资源，可通过资源目录与实际资源的链接，在网上提供公众检索及获取该信息资源的途径（吴晓敏，2005）。

国外研究主要集中于GILS的定义、作用等方面。例如，美国GILS研究专家

Clifford Lynch 认为，GILS 是“人类对信息资源进行聚集描述的一种方式，这些资源多数重要、丰富而又错综复杂，并不是简单地通过网络搜索引擎查询得到的静态的网页集合”。而 William Moen 将 GILS 的作用概括为：“构想集中于网络技术、元数据以及标准的使用，使分散的基于机构的定位器服务检索成为可能，并通过使用标准的信息检索协议帮助用户获得政府信息资源。”美国科技政策办公室的 Lytle 对 GILS“数据与信息的集合体，它指明了获取数据与信息途径”的作用也做了精辟概述。

国内相关研究重点仍在 GILS 的定义及作用等理论层面探讨。例如，王欣认为，“GILS 是一个描述和辨识政府信息资源，并提供获得该资源方式的系统”(王欣，2002)；赵志荣等认为，“GILS 是一种支持公众搜寻、获取和使用政府公开信息资源（包括电子信息资源）的开放环境下的分布式信息资源利用体系”(赵志荣等，2000)；王新才等（2006）则将其定义为“GILS 是一种利用元数据概念和技术，依据 Z39.50 信息检索标准建立的，允许公众对政府公开信息资源(包括传统载体形式和电子形式）进行检索和利用的‘政务信息处理标准’或政务信息资源利用体系。”应用中，罗昊（2003）依信息检索的过程将 GILS 核心元数据分为“为检索者提供概览性信息，以确认是否进一步查看详细信息或是删除的元素、提供所描述资源的细节信息的元素、描述数据存在理由的元素、描述资源间关系的元素、提供书目控制信息的元素”5 类；曹树金等（2004）提到美国政府信息定位服务由技术、信息组织、控制词表 3 种标准构成，其大部分规定包括在 GILS 应用纲要中，并指出“按描述对象，可将 GILS 核心元素分为信息的拥有者、信息建设的建设者、表示方式以及管理信息 4 类”。

2. 开发的目标

美国政府《信息资源管理政策》对政府信息资源开发目标的界定为“政府和公众之间的信息自由流动对一个民主社会至关重要，对实现公众的文书负担最小化、政府机构的信息活动成本最小化、政府信息有用的最大化是必不可少的”(科恩，2005)。在此总体目标的框架内，美国各州在本州的政府信息资源开发目标上，也有不同的细化。例如，犹他州政府将“提高政府信息资源开发利用能力，方便公众利用政府信息资源”作为本州政府信息资源开发目标。华盛顿州则将政府信息资源开发目标定位于“探索和利用现有的技术，为公众提供快速、简单地获取全州信息的途径”。而纽约州在整合州政府、议会、法院信息系统的基础上，以单一入口的为公众提供便捷的信息服务的方式，阐述该州“在降低政府信息开发成本，整合信息资源基础上，便捷式服务”的政府信息资源开发目标。加拿大的政府信息资源开发目标更多是从技术层面入手，强调“政府信息资源开发规范化、统一化、信息价值最大化与开发投入的最小化”。

结合中国实际，我国学者也提出了政府信息资源的开发目标，蒋永福在分析美国政府信息资源开发目标的技术意义的基础上，提出我国政府信息资源开发需以“保障公民的信息权利”为核心目标（蒋永福，2008）。陈秀珍认为，政府信息资源的开发必须与国民经济和社会各领域发展的需求紧密结合，以需求的紧迫性、重要性和效益作为确定重点任务和优先发展次序的依据，以资源共享、服务政府于公众、促进经济发展为目标（陈秀珍，2002）。甘利人等认为，应将“增强信息意识；提高政府信息资源开发利用的能力；最大限度地降低政府信息活动的经费；保障国家信息安全”作为我国政府信息资源开发目标。他们特别强调了要从国家层面上构建权威机构，统一规划、审批、监督国家信息化项目（甘利人等，2004）。

3. 开发策略

在政府信息资源开发策略上，国外大都围绕着 GILS 展开。例如，美国、加拿大以及政府间组织（如 7 国集团环境与自然资源管理项目）从 20 世纪 90 年代起开始利用市场化、社会化方式来建立或推动 GILS，构建政府信息的广泛利用和共享服务体系。

加拿大在开发 GILS 的过程中，规定 GILS 记录使用英语和法语同时描述元素，且只使用 GILS 核心元素及其子元素，不使用自定义元素，并以指南形式对各种元素数据描述方式进行了具体的规定。为了帮助各机构迅速建立和使用 GILS，加拿大提供了本地化的和基于 Web 的 GILS 记录创建工具，各部门可直接在核心站点数据库中输入和存放 GILS 记录，也可制作记录后利用 SGML 格式将其传送到核心数据库。

王新才等（2007）从知识管理的视角探讨基于知识管理的政府信息资源开发实施策略。他们认为，应先将知识管理理念嵌入政府信息资源开发中，在该理念指导下构建政府知识库，然后形成包含政府知识管理机构、知识主管（CKO）、政府知识管理人才队伍和知识管理法律系统的知识管理组织体系。在市场化、社会化的背景下，我国学者探讨了政府信息资源开发利用方式。为提高开发效率，降低成本及改善服务，他们认为政府不应再直接开发和提供政府信息资源，而是将可公开开发利用的信息资源以合同外包、委托开发等形式交由市场组织或非营利组织开发利用。具体包括“将那些具有商业开发价值的政府信息资源以公私合资合作制方式开发；在所有权不变的情况下将部分政府信息资源开发利用权以投标方式委托市场组织或非营利部分开发利用；将某种政府需要的重要信息资源的生产或制作任务以合同方式交由非公共部门进行，再由政府购买其产品”等制度。

蒋永福（2008）则从新垄断风险、政府—市场合谋风险、自律缺失风险的视角阐述市场化、社会化在政府信息资源开发中并非具有普适作用。他认为，“在政府信息资源开发利用中，非公共组织一旦得到政府的委托、授权和支持，就有可能复制政府的垄断模式，排斥其他组织的平等进入，实施垄断经营，获取垄断利润”，“市场主体一旦获得开发利用政府信息资源的授权，必将想尽办法在招投标和监督管理环节中开辟寻租的途径，从中获取市场运作之外的垄断利益，使市场处于平等竞争缺失的扭曲状态”，以及非政府组织的自律缺失风险，都可能造成市场化、社会化开发的失灵。

4.2.2 政府信息资源开发技术

现有的信息技术大都可以用于政府信息资源开发管理领域中。政府通过宏观调控手段可有力地推动信息技术在政府信息资源管理领域中的应用，在此过程中，政府也是先进的信息技术的推动者以及最直接的受益者。每一次信息技术的进步，都最先应用于政府信息资源管理领域，从最初的办公自动化（office automation，OA）技术在政府文档管理、文本数据处理、声像信息处理、通信等方面的应用，到局域网、广域网、因特网技术对政府信息资源开发管理的支撑以及网格技术将因特网上全部信息资源互联共享，信息技术的发展将更高效地促进政府信息资源的开发。本节主要结合国内外政府信息资源管理的现状，对政府信息资源开发中几种常见的技术发展及应用作简要概述。

1. 国外研究

（1）FILS

国外政府较为注重政府信息资源开发管理技术的研究，其中尤以美国的联邦信息定位系统（FILS）及政府信息定位服务（GILS）研发应用为代表。

1977 年联邦文书委员会发现联邦政府信息缺乏有效的采集、传播和管理。为了促使政府以最有效的方式管理政府信息资源，美国联邦文书委员会在《联邦信息定位器系统：联邦文书工作委员会的一份报告》中首次提出了构建 FILS 的设想，并阐明了 FILS 的目的。为此，美国行政管理预算局成立了专门任务组，负责开发记录管理系统基本模型。在文书委员会对 FILS 概念进行描述后，美国国会认为，FILS 技术可以用于阻止重复的信息请求，同时为公众提供所需的信息。在里根（Reagan）政府鼓励机构出售自身的信息产品，减少免费信息提供的行政指导下，美国行政管理预算局在实施文书削减上应用 FILS 关注于这两项行政决议上的信息开发、管理任务。

1983 年 FILS 处于实验阶段，在 14 个机构成员组成的操作小组的开发下，FILS 逐步开始在线应用。1984 年，FILS 处于完全运营状态，美国行政管理预算局要求联邦所有主要机构利用 FILS 搜索重复的文书业务。

在 FILS 全面应用的过程中，以 McClure 为首的研究人员在调查 FILS 应用的基础上，提出了修订 FILS 的报告，他们认为，不同 FILS 系统的使用者均感到现有的 FILS 就访问政府信息而言效率偏低，因此，该报告开始修订 FILS 并将其重命名为政府信息定位器系统。

美国行政管理预算局下属 GILS 兴趣小组的 Gary Bass 与 David Plocher 合作，探讨 FILS 的发展历程。他们认为，FILS 从没有得到完全应用，是一种彻底的失败，并从技术角度提出可用系列相互关联的计算机系统维持联邦机构，以提高信息资源管理效率，方便公众获取政府信息（Bass et al. , 1991）。

（2）GILS

1991 ~ 1993 年，基于公共访问的跨机构工作组的所罗门岛定位器小组（The Solomon's Island Locator Subgroup of the Interagency Working Group）的研究人员合作开发了联邦定位器系统基本模式。1992 年，以 McClure 为首的研究人员发表了关于政府定位器系统框架研究报告，概括了政府定位器所具有的特征，制订了开发定位器系统的计划。随后美国环保署（Environmental Protection Agency，EPA）开发出一种面向机构的定位器系统，提供描述不同信息资源的记录服务。

此时，克林顿政府宣布要使联邦政府信息能通过因特网而获得，并赋予该计划优先发展权。为此，Shill 与 Hernon 着手重新设计联邦信息定位器系统，在融合各政府机构的政府信息定位器系统的基础上，服务更广泛的用户。他们与美国行政管理预算局以及信息基础设施任务组（the information infrastructure task force，IITF）合作，初步构造了未来政府定位器系统的发展前景。同时美国档案与记录管理局（the National Archives and Records Administration，NARA）制订了联邦 GILS 工程指南，使得 GILS 研究取得重大进展。表现如下：信息基础设施任务组公布了统一形式的第一版 GILS 应用规格说明书（*Application Profile*）；美国行政管理预算局颁布了公告 95-01（bulletin 95-01），设定了 GILS 可适用的定义、规格、实施计划、机构责任及联系信息；美国标准技术研究所颁布了关于 GILS 的联邦信息处理标准 192（FIPS192），为 GILS 设置了技术框架。

1996 年，GILS 研究第二阶段启动，此阶段美国行政管理预算局颁布了通知 A-130（circular No1 A-130），该法案提出要制订安全措施，保护连接到因特网的政府信息资源的安全。GILS 应用软件层出不穷，如 fulcrum technologies，blue angel technologies 及销售商合作提供的一系列封装应用软件，用于开发与管理 GILS 系列系统。在这阶段，美国标准技术研究所颁布了联邦信息处理标准的修正版

FIPS192-1。美国行政管理预算局颁布了公告 98-03，要求机构呈递包含其 GILS 实施情况在内的信息发布管理系统的相关信息。1997 年年底，美国行政管理预算局公告 95-01 终止，随后签署了备忘录 98-05，提醒机构主要信息官员继续开发 GILS，使其能够跨越多机构工作站，实现一站式访问，美国 GILS 研究开始向纵深发展。

此外，美国政府很注重增加信息技术的规划。以美国佛罗里达州为例，由于各机构在管辖范围、环境复杂性、环境变化及其他相关属性上的不同，该州每个机构都遵守由信息资源委员会（IRC）制定的通常周期为 2 年的信息技术规划（Byrd et al. ，1992）。

2. 国内研究

国内关于政府信息资源开发技术的研究内容偏少。

（1）面向政务智能的支持技术

《政务智能——政府主动服务模式的决策支持技术》一书以当前政府部门决策分析的科学化和信息化为应用背景，从决策分析的视角提出了政务智能的技术体系。通过将电子政务系统中的空间属性数据和非空间属性数据集成起来，提出了一种新的决策支持机制 J 空间数据挖掘系统，设计出一个以人决策为核心的、主动的、灵活的、在线的、深入空间的具有数据挖掘功能的政务智能系统。在阐述了政务职能的基本内容、主动服务模式和使能技术的现状的基础上，作者重点推介了实现该智能系统并通过实例验证有效的两种数据挖掘工具的支撑技术，即面向政务智能的空间 OLAP 和空间 OLAM 技术。其中通过 OLAP 技术支撑，可实现政务信息的上卷、下钻、切片、切块等多角度的查询计算和可视化功能。而根据空间 OLAM 技术，可实现政务信息服务群体的发现、服务全体的选择、服务群体的提高等决策支持功能。该技术支撑下所派生出的新的决策分析功能，在政府管理和决策中体现了新公共管理和客户关系管理理论的精髓，为政府信息资源开发提供了主动服务模式的支持理路和实现技术，为我国政府信息资源开发策略优化，打造服务型政府提供了参考（樊博，2006）。

（2）政府绩效信息共享技术

国内有学者提出在借鉴美国 GILS 技术理念的基础上，结合我国实际构建政府绩效信息共享技术平台。具体实施步骤为：首先，利用电子政务技术对政务绩效信息资源进行分解与析出，具体包括著录、标行、分解政务信息，最大程度提取政务信息资源库中的有用信息；其次，利用电子政务技术对政务绩效信息资源进行浓缩与提炼，用简要的语言提炼信息的主要内容，并提供给公众和相关客体；再次，利用电子政务技术对信息资源进行综合与归纳，对分散在不同门类的信息资源进行总结评价；最后，利用 GILS 技术和国际标准（Z39.50 的信息检索标准）来搜集与标引信息，建立一套指引记录，方便用户多途径检索信息。融合 GILS 的自动链接功能，建立政府信息检索机制，方便联机信息产品和服务以电子形式在网络中传递，最大限度地跨越政府、组织障碍，搜寻、判断、获取符合需求的政府信息（颜佳华等，2006）。

（3）GRP

GRP（government information resource management service platform）是以个性化的方式对各种信息资源进行统一管理和发布、提供信息服务的软件平台。该平台管理资源类型丰富，包括文字、图片、视频、音频、文档等，并提供资源共享和交互服务；具有普适性，应用于政府、企业、教育、服务性行业等领域的信息资源的一体化管理。该平台还可满足政府信息化需求，分析政府信息资源的激增和信息内容的多样化，快速搭建政府门户平台，面向公众提供信息服务，实现信息资源的动态采集、编辑、发布、开发、组织和利用，及时、准确地更新或发布最新政府信息。

4.2.3　政府信息资源开发模式

政府信息资源综合了社会各个方面的信息源，与人们的工作、生活有着直接或间接的联系，且较之一般的信息资源更具有价值，质量与可信度也更高。如果大量可公开的政府信息资源不能从政府手中转移到市场上，信息资源的社会和经济效益便根本无法充分发挥。因此，采用何种开发管理模式可以有效开发和利用各级政府所拥有的信息资源，满足社会对政府信息资源的多样化需求是本节探讨的重点。

新公共管理理论的形成与实践为政府信息资源开发提供了理论基础，在“强调政府履行公共服务职能，应当转变政府角色，发挥促进、合作与管理者的作用以及公共服务并非单纯只有政府提供”的指导下，西方国家纷纷对政府治理范式作出调整，尤其在政府信息资源的开发中，更是积极探索，深刻挖掘政府所拥有资源的社会及经济效益，并形成了多种成功模式。

1. 信息文化政策引导模式

信息文化政策引导模式认为在现代公共行政环境下，政府的角色已从公共产品、服务的生产者转变为实际从事公共服务的代理人的监督者。政府没有必要对所有信息资源进行开发，而应当将政府信息资源中可向社会公开、共享的部分，通过公开、透明、公正的方式让与个人或法人组织，通过市场化运作方式，开展政府信息资源的增值服务。而信息文化、政策是政府信息资源开发实施的基础。

因此，该模式的核心就是通过创设良性的信息文化氛围，加之合理、完善的信息政策引导，促进政府信息资源的商业化开发利用。欧美一些国家的实践值得借鉴。以美国为例，美国信息文化传统非常注重政府信息尤其是公共信息的公开、共享，通过制定相应的信息政策、法规（表4-3），引导个人和私营部门积极参与政府信息资源的开发利用。在此过程中，美国政府把握的原则是：保证所有民众都可获取所有政府公开信息，允许、鼓励任何个人或私人组织对原始政府信息进行再利用活动，但排斥对政府信息开发的独占权。从而吸引了大量私营部门从事政府信息资源开发工作。

表4-3　美国政府信息资源开发相关法规

时间	法规名称	目的或作用
20世纪50年代	《国家基金会（NSF）法》	使得美国20世纪60年代前在信息产业领域保持世界第一地位
20世纪60～80年代	《信息自由法》、《隐私权法》、《阳光下的政府法》、《文书削减法》、《美国联邦信息资源管理政策》	极大地推动了美国政府信息资源的公开、共享与开发利用
20世纪90年代	《电子信息自由法》	使公众有效地获取电子化的政府信息资源
2002年	《电子政府法案》	推动电子政务信息资源的开发利用

在良好的信息文化推动下，美国联邦政府建立了一整套推动信息资源开发利用的法律体系，推动了政府信息资源开发利用商业化运作模式的开展。欧盟的政府信息资源开发始于20世纪80年代，虽稍晚于美国，但采取了在欧盟层面上制定较完善的信息公开政策以及积极推动欧盟范围内政府信息资源开发、建立等更为积极主动的政府信息资源开发的推进政策，确保在其成员国的允许下对政府公共信息资源进行开发，以推动私营部门积极参与政府信息开发。例如，根据欧盟指令，英国于2005年7月正式实施了《公共部门信息再利用条例》，并依托英国国家档案馆成立“公共部门信息办公室”（OPS），负责协调政府信息资源开发的推进工作（谭必勇，2007）。

2. 政府信息资源开发外包模式

由于占有大量的信息资源，且资金、政府运行机制以及信息孤岛、割据的现状，客观上限制了政府直接参与信息资源开发，因此，政府必须与其他部门协作，在专注政府自身核心业务能力的同时，将其中需长期业务积累和技术积累的专业化业务承包给外部专业高效的服务商，整合利用其专业化资源，降低政府信息资源开发的成本，提高开发效率。

政府信息资源开发外包需按照市场竞争机制，通过招标投标、合同承包、特许经营、项目融资等运作方式开展；在管理制度上，政府还应逐步放开信息公开领域，打破行政垄断，通过实行工程项目法人责任制、合同管理制、稽查制等加强规范和监管。在实践中，美国的实践值得借鉴。美国政府信息资源开发外包服务采用以企业为主体的多元化开发模式，政府的主要责任在于提供丰富的信息资源，引导企业的合理经营，确保良好的信息市场环境。在整个开发中，从政府信息处理（如大部分信息的采集、统计工作）到技术应用上（如从系统设计开发、运行维护到网络建设），政府全部采用外包方式，购买企业的信息服务。我国在政府信息资源开发实践中也有较成功的外包案例，如 2004 年北京市政府以“统筹负责制”的方式，将建设首都公共平台网络的运营工作及一些应用系统开发任务交给首都信息发展股份有限公司负责，政府只负责宏观调控、提出需求，并支付系统交付后每年的使用费用，工程的设计、建设、运行、维护、培训工作则全由公司负责。政府由此减少了一次投资的负担以及自我开发的运营风险，将更多的精力集中于公共服务中，而公司则在丰富业务水平、经验的同时，获取了更多利润（王晓琳，2008）。

3. 产业化模式

政府信息资源开发的目的在于挖掘政府信息资源的社会、经济价值，充分再利用政府信息资源，满足公众的需求。然而由于政府部门、企业或个人等不同的需求主体对于政府信息资源的需求目的、需求用途、需求程度各不相同，或同一需求主体在不同时期也可能有不同的需求目的、用途，因此，有针对性地对政府信息资源进行产业化开发，可有效解决政府在信息资源开发上投入分散、力不从心的问题，提高开发效率，满足社会不同需求主体的多样化需要。

产业化模式的具体实施可采取以下步骤：首先，为达到各种政府信息资源的需求与供给的均衡，对政府信息资源要从经济学角度进行分类（其依据为经济学中的公共物品理论）。作为公共产品的政府信息资源具有一定的非竞争和非排他性。按照政府信息资源的非排他性和非竞争性的程度，可将其分为纯公共信息和准公共信息资源。对于部分信息资源，政府在组织开发中必须体现公正原则，为公众提供无偿的公共信息产品和服务。为避免政府行政垄断公共信息的开发，政府可选择间接产业化的模式，由企业作为开发主体进行开发。其次，在政府信息资源开发上，政府可选择两种产业化模式：其一，政府全额出资，私人生产开发模式。该模式较适合政府提供效率不高的纯公共信息资源。具体可由企业外包生产，政府采购后向社会免费提供，也可由政府部门出资，由企业生产并对外提供共享和服务，政府负责监督、评估、奖惩该企业。该模式以提供社会公共产品和服务为目的，产业化作为手段，费用上根据实际情况只做成本回收，因此，政府可在保证纯公共信息提供的基础上，从烦琐的生产中解脱出来，企业也因成本效益透明度高，有更大的自主权。其二，政府许可，私营机构全额投资的模式。该模式适合准公共信息资源的开发。由于准公共产品是满足特定用户的需求的，对于其的开发，政府可不予直接投资，而通过商业化方式特许给企业进行市场化运作，企业加工则通过高附加值信息的市场化运作从社会的信息用户中获得利润。该模式使得准公共信息产品通过商品化和市场化运作、企业的专业化分工及规模效益，提高了政府信息资源的生产效率，有力挖掘了潜在的信息资源。

产业化模式通过建立信息公开、政府信息资源开发等级、开发企业资质监督的评估机制有效规避企业在开发政府信息资源中的垄断行为，保证政府信息资源开发的公平、有效、及时（冯昭，2006）。

4.3 政府信息资源的检索

政府信息资源检索是一种重要的政府信息资源采集方法，在以网络化、数字化为典型特征的现代政府中，政府信息资源的外延也扩展到网络环境。目前，政府信息资源检索正在向多样化、个性化、可视化和智能化方向发展，随着政府信息资源的爆炸式增长以及政府信息资源服务的改进，人们更加重视对政府信息资源的检索。读者可从本节中了解政府信息资源检索路径、检索工具、检索技术等内容。

4.3.1 政府信息资源检索概述

1. 政府信息资源检索的概念

根据信息检索在学术界的两种概念，政府信息资源检索有广义与狭义之分。广义的政府信息资源检索是指政府将信息资源按照一定方式存储和组织起来，用户根据特定的需求，选择检索工具，按照一定的检索路径、方法，从各种各样的政府信息资源中，查询所需信息的过程。狭义的政府信息资源检索仅包含用户借助检索工具，从政府信息资源中查找所需信息的过程。相比之下，前者比后者多出了信息存储的过程。综上，政府信息资源检索是指政府工作人员、社会公众对政府发布的政策、法规文件、工作规程、事件处理等信息的检索，也包括政府为处理事务、进行决策针对政府外部信息的检索与搜索（苏新宁，2008）。无论广义还是狭义的概念，政府信息资源检索的实质是指潜性的政府信息资源显性化的过程，即描述特定用户所需政府信息的提问特征并与政府信息存储的检索标识进行比较，从中找出与提问特征一致或基本一致的过程（马费城，2004）。

2. 政府信息资源检索的类型和特征

政府信息资源检索的类型可依据不同角度进行划分，具体如下：

1）按照检索的政府信息资源类型可分为政府公开信息检索、办公类型检索、调查类信息检索、统计分析类信息检索。

2）按照检索的技术可分为全文检索、超文本检索、智能检索、语义检索、可视化信息检索、一站式检索等。

3）按照信息检索的对象和目的可分为书目检索、全文检索、多媒体检索、数据检索、事实检索等。

除了具有一般信息资源检索的相关性、不确定性、逻辑性的特征外，政府信息资源检索还具有如下特征。

（1）以人为本

该特点针对政府信息资源检索的服务而言。政府信息资源检索过程中，以解决用户的问题为前提，在提供给用户所需信息资源的同时，解决他们所面对的问题。此外，该特点在突出政府信息资源检索工具与用户的交互方式、交互能力、交互质量外，更突出人性化帮助，即在检索过程中的各个阶段，具有交互性以人为本的特点。

（2）多样性

政府信息资源检索服务内容与手段都呈现多样性特点，如在内容上除了传统的门户网站信息搜寻外，还提供如课题服务、导航服务、参考咨询、用户培训等服务。而服务手段上，以知识挖掘、智能技术等为基础的多种现代信息技术的应用更突出了政府信息资源检索的多样性特点。

（3）专业性

政府信息资源涉及面广，公众的信息需求内容以及需求程度各不相同。因此，政府信息资源检索的专业性要求政府信息的提供中，不仅包含传统的基础信息，还要从专业角度对不同信息资源进行分类、加工、知识挖掘创新，以针对不同用户的专业性信息需求。

3. 政府信息资源检索的意义

（1）辅助决策

政府科学的决策源于对信息的充分占有，政府信息资源检索是政府机关、企业及个人等决策者获取信息的重要途径。在多种智能化的知识获取、表达、组织方法的支持下，政府信息检索将提供给用户更为准确、全面、专业的信息资源，辅助他们作出正确、及时的决策。

（2）提高工作效率

政府信息资源检索系统功能的不断完善，如智能检索系统的构建，使得人们获取政府信息的速度大幅提高，随着政府网站信息检索标准的构建，以及先进的信息检索技术的支持，人们获取单位信息的时间大大缩短，有力提高了工作效率。

（3）充分挖掘信息资源

随着政府信息资源检索系统功能的完善，政府更加注重主要知识服务和信息整合在信息检索服务中的应用，政府引入先进的知识管理和 Internet 技术，基于政府门户网站，构建面向决策服务的智能检索系统，有利于深入挖掘信息资源，促进政府信息资源增值（苏新宁，2008；马费城，2004）。

4.3.2 政府信息资源检索路径

由于记录载体不同，政府信息资源检索路径也各不相同。按照载体划分，政府信息资源可分为记录型、网络型两种，其具体检索路径如下。

1. 记录型政府信息资源检索路径

按照马费成对信息资源检索途径的分类，记录型政府信息资源检索路径包括主要反映内容特征的分类和主题的两个途径以及反映外表特征的题名、著者、编号等途径。

（1）内部特征路径

1）分类路径。由于政府信息资源采用逻辑分类原理，依照其所属专业（学科）类别，进行系统化组织并形成类目。检索工具的分类表为用户提供了从分类视角进行检索的路径。

运用分类路径检索政府记录型信息资源关键在于正确理解并应用检索工具的分类表，在理清分类表中大纲、简表、主表、辅助表的逻辑层次关系的基础上，将待查的信息划到相应的类目中。此外，用户还可充分利用检索工具的分类表附有的辅助表，查找主表中相关类目进一步细分的信息资源。

2）主题路径。通过政府信息资源内容主题进行检索的路径。该主题索引主要依据的是各种主题索引或关键词索引的方法。它按主题类名及类目相关概念名称的字顺排列，用户只需根据所所查的信息确定检索词，依照字顺在相应类号的分类表中查找所需政府信息资源的线索。其优势在于将检索分类表中被分散的同一事物不同方面的类目集中，使分类法在一定程度上具有主题法的性能。

用户在使用该检索路径时，关键在于提取所查信息的关键词，通过规范表达，匹配主题词表相关概念。

（2）外部特征路径

1）题名路径。根据政府信息资源的题名查找记录文献的路径，它依据的题名标引标识就是政府出版物、文件名本身，用户可依据标识的字顺排列，在政府文献资料等信息资源中，检索出特定的信息资源。常见的检索工具有《政府信息公开指南》、图书馆《馆藏期刊目录》等。

2）作者路径。根据已知政府信息资源的形成者或发布者来查找政府信息资源的路径。用户可依据现有的个人著者索引或机关团体索引，获取在某一专业或某一事项处理范围内较为相关的政府信息资源。

3）其他检索路径。文献编号检索路径提供了以信息资源的编号为索引的检索路径，但其局限性较大，其他检索工具还附有特殊索引，如专用名词索引（地名等）提供了查找所需政府信息资源的特殊路径。

2. 网络型政府信息资源检索路径

正如有学者所提出的那样，在以网络化、数字化为典型特征的现代政府中，政府信息资源也由传统意义的记录型向网络环境扩展，其信息检索的对象也转向了网络。在网络下政府信息资源的检索路径更依赖一定的检索技术和网上检索工具。

（1）全文检索路径

全文检索就是以信息资源的文字、声音、图像为处理对象，提供用户以自然语言检索的，具有布尔逻辑以及文本检索功能的直接反馈原文的章节或段名的检索。在传统的索引和提供查询功能的基础上，现代的全文检索系统还具有方便用户的、面向万维网（www）的及二次应用开发的接口。用户在接口处的检索指令，通过其索引、查询、文本分析引擎提供以字或以词检索方法的信息反馈。该检索路径能较好保证检索的查全率，但是查准率偏低。

（2）超文本检索路径

超文本检索是以节点为信息的基本单元，节点间可以链接。检索时，节点间的各链接关系可动态选择性激发，实现跳跃式链接。

超本文检索提供基于导引浏览和基于提问的检索模式。其中，基于导引浏览模式的检索过程是通过多级的分类的网站信息层层导引，获取所需信息的过程。该模式的检索结果查全率较高，但检索过程较为烦琐。而基于提问的检索模式则通过网站或数据库的检索词输入框键入检索词，直接获取检索信息或相关信息的URL。该模式的检索结果查准率较高，检索速度较快，但查全率较低。

（3）智能检索路径

智能检索是人工智能与检索技术的高度融合，在模拟人脑思维的基础上，通过建立的用户检索模型，分析用户以自然语言表达的检索请求，自动形成检索策略，进行智能、快速、高效的信息检索（苏新宁等，2008）。该检索的具体路径是：用户以自然语言在智能搜索引擎（intelligent search engine）中输入检索词，该引擎利用语义分析模块自动智能分词，匹配用户需求与知识库“数据”的语义理解，并将匹配的信息筛选、整理后提供给用户。

（4）语义检索路径

语义检索（semantic retrieval）是基于概念理解层面及联想检索的智能检索。它的检索原理是建立在知识、语义层次上的语义推理和知识理解，是与人工智能结合起来的检索。对于语义理解中的同一概念的多种词汇表示或同一词汇有多种概念的问题，语义检索中语义层次上的统一由本体（ontology）对“概念的严格定义和概念之间的关系确定概念的精确含义”解决。政府信息资源检索中，用户通过语义搜索引擎，输入检索需求，语义搜索引擎对语义用户请求进行语义理解和基于本体实体通过语义相关性推理，最后输出满足用户需求和隐藏在信息中的知识（吕翔，2008）。

（5）可视化信息检索路径

可视化信息检索（visualization retrieval）是把文献信息、用户提问、各类信息检索模型及检索模型进行信息检索的过程中不可见的内部语义关系转换为模型，展示在一个低维的可视化空间中，并向用户提供信息检索服务。政府信息资源可视化检索路径具体为，用户直接输入检索需求，可视化信息检索系统帮助用户构造需求表达式，并与政府知识仓库中的信息模式进行匹配计算，最后通过二维或三维的图像、图形将检索过程及结果以透明化方式帮助用户分析、判断、改进检索结果（苏新宁等，2008）。

4.3.3 政府信息检索工具的应用（政府信息检索策略）

用户要方便、高效地使用政府提供的信息资源检索工具，除检索工具的人性化设计、功能健全外，还需拟定合理的检索策略。通常合理的检索策略是保证用户获取信息资源的有效手段之一。因此，选择合适的检索词，并灵活根据检索结果采取扩检或缩检等措施，调整检索式是保证政府信息资源较高检索效率的必要前提。检索策略具体表述为检索式，其中，手工检索式为单个检索词，但其设定、调整、选择过程只存在于用户脑中。而计算机检索式则是通过将各检索概念间的逻辑、位置等关系用组配符连接起来，并为计算机所识别、执行的命令形式。本节重点谈网络检索式的构造原理及在政府信息资源检索中的具体应用策略。

1. 各检索工具的具体应用

(1) 布尔逻辑检索

由布尔逻辑算符来组配检索词并用以确定检索信息命中与否的布尔逻辑检索，有效地改进、提高了多个关键词检索效率。常见的布尔逻辑检索关系词包括逻辑与（and）、逻辑非（not）、逻辑或（or），其具体组配方式及作用于 5.3.4 详述。其中逻辑与可用于限定检索词，逐步缩小检索范围，减少命中信息范畴，提高检准率。例如，提问表达式 Wuhan and university，要求检索结果中必须同时包含 Wuhan 和 university。而逻辑或（or）则用于检出记录中至少有两个检索词中的一个，其作用为扩大检索范围，防止漏检，增加检索结果的检全率，此外逻辑或（or）还具有去重功能，实际应用中，同一组面含有相同的词间都用了逻辑或（or）运算符。如提问表达式 Wuhan or university，要求检索结果中可以只有 Wuhan 或只有 university，或同时包含 Wuhan 和 university。逻辑非（not）则表示连接的两个检索词中，从第一个概念中排除第二个概念。如飞机 not 直升飞机的检索结果有“飞机”但不包含“直升飞机”。布尔逻辑检索在政府信息资源检索应用中的功能是多方面的，其中逻辑与和逻辑非缩小了检索范围，提高了检索专指度，而逻辑或则扩大了检索范围，提高了检全率。但该检索也不可避免地有其缺陷，如逻辑与和逻辑非会影响检全率，而逻辑或则影响检准率。因此在应用中，用户应灵活选择优先运算符“(　　)”及其运算顺序，合理组建检索关系式，如检索“工商税务报表”信息，其布尔逻辑检索表达式可为（工商 or 税务）and 报表或为工商 and 报表 or 税务 and 报表。

(2) 邻近检索

由于实际检索中，检索词在不同位置或字段中出现，或检索词间距离不同，如果只是使用某一种检索技术，则很可能无法准确获取所需的检索结果。例如，检索“教育信息”，若使用检索式“教育 and 教育”，则会将“信息教育”等不相关的信息检索出来。邻近检索通过检索式中的专门符号来规定检索词在结果中的相对位置，为处理此类问题提供了灵活保障。邻近检索又称位置检索，作为调整检索策略的一种重要手段，适用于两个检索词需指定间隔或指定出现顺序的场合。常见的位置算符包括（W）、（nW）、（N），（nN）、（S）、（F）。在实际检索中，各算符运用如下：

1）（W）算符。（W）是 with（word）的缩写，表示此算符两侧的检索词必须按此前后顺序相邻排列，词序不可变，且两词之间不许有其他的词或字母，但允许有一空格或标点符号，如 education（W）policy 检索结果的检索词排列顺序为：education policy。而（nW）表示此算符两侧的检索词之间允许插入最多 n 个词，且词序不可变。例如，medicine（1W）information 相当于检索 medicine information、medicine of information 等。

2）（N）算符。（N）是 near 的缩写，表示此算符两侧的检索词必须紧密相连，词序可变，词间不允许插入其他词或字母，但允许有一空格或标点符号。例如，information（N）government 可检出：information government 及 government information。而（nN）算符表示两词间可插入最多 n 个词，词序可变。例如，检索式 environment（2N）protection 就可检索出包含“environment protection”、“environment of the protection ”、“environment of water protection”、“protection of forest environment”等结果。

3）其他邻近算符。（S）是 sentence 的缩写，表示两个检索词需同时出现在文献记录的同一子字段中，两词的词序不限，两词间插入词的数量不限。

（F）算符：在联机检索中还有对同字段进行检索的（F）算符。（F）表示此算符两侧的检索词必须同时出现在信息记录的同一个字段内，两词的词序不限，两词间插入词的数量不限。用此算符时需指定所要查找的字段，如题名字段、文摘字段、叙词字段等。例如，digital（F）computer/TI 表示在题名字段（TI）中同时出现这两个检索词的才算命中信息。

（3）截词检索

截词检索是指检索式中用专门的符号（截词符号）表示检索词的某一部分允许有一定的词形变化。在检索中，由检索词不变部分加上截词符号代表的任何变化式所构成的词汇，在匹配过程中只要包含其中一个就满足检索要求。由于截词检索有字面成族的作用，而字面成族的词中大部分又是概念成族的，所以截词检索在政府信息资源检索中有提高检全率的作用。该检索按截词位置可分为前截词、后截词、前后截词和中间截词；按截断字符数的不同，可分为有限截断和无限截断。如右截词，又称后截词、前方一致。允许检索词尾有若干变化。例如，comput * 将检索出 computer、computing、computerised、computerized、computerization 等结果。中间截词，又称前后方一致。允许检索词中间有若干变化。例如，wom * n，检索到 woman、women 的结果。运用截词检索获取政府信息资源时，需注意在不同的数据库和联机检索系统中，所使用的截词符号没有统一的标准，有的用“?”，有的用“ * ”，有的用“#”，有的用“ $ ”等。即便常用的“?”和“ * ”在不同的数据库中其用法也不一定是相同的。在允许截词的检索工具中，一般是指右截词，部分支持中间截词，左截词比较少见。

（4）字段检索

邻近检索与截词检索在检索词位置及逻辑简化上一定程度完善了布尔逻辑检索，但是在使用自由词进行全文检索时，上述检索方法都无法完全确定检索词在数据库记录中出现的字段位置。字段检索则弥补了这部分缺失功能。该技术能限定检索词在记录中出现的字段范围，检索时，计算机只对限定字段进行查找。数据库中常见的字段如下：TI（题名）、AB（摘要）、ID（标识词）、SU（主题词）、KW（关键词）、AU（著者）、ISBN（国际标准书号）、ISSN（国际标准刊号）、CC（分类类目）、CS（机构）、DT（文献类型）或 PT（出版物类型）、JN（刊名）或 JA（刊号）、LA（语种）、PY（出版年）、SO（来源出版物）等。例如，TI：government education reformation 为检索题名为“政府教育改革”的信息。需注意的是由于各字段限制符在不同系统中的表达式和规则各不同，用户使用时应参照具体政府信息资源数据库，避免产生误差。

2. 制定检索策略

在掌握上述检索工具特点及作用的基础上，用户在政府信息资源的检索中，应制定合理的检索策略，综合应用各种检索工具开展信息检索活动。通常政府信息检索策略制定包括以下步骤。

（1）检索信息需求分析

要求用户在检索前，分析自己的需求特点，具体包括：

1）分析检索目的，制定检索目标；

2）分析所需政府信息资源涉及的专业，确定检索的专业范围；

3）分析所需政府信息资源的类型、年代，确定检索的信息类型和年代范围。

（2）选择政府信息来源

根据检索信息需求分析，选择政府信息资源提供的路径，如政府信息资源数据库的选择、专业范围的选择、时间范围的选择。

（3）选定检索词

该步骤具体如下：

1）分析主题，找出所要检索信息包含的显性概念和隐含概念；

2）找出核心概念，排除无关概念和重复概念；

3）从待检政府信息资源数据库和检索工具的词表中选取规范化的词或词组；

4）选用上位词、近义词或下位词作为检索词。

（4）构造检索表达式

准确、合理地运用位置、逻辑算符、截词符、字段符等算符将步骤（3）分析中所得的检索词组合，构造合理的检索表达式。

（5）确定检索途径

选择哪种方式检索，可根据用户自身需求具体选择，政府信息资源通常可通过以下检索路径获取：

1）表示主题概念的检索词——主题词，包括标题词、单元词、叙词、关键词；

2）表示学科分类的检索词，如分类号；

3）表示作者的检索词，如作者姓名、机构名称等；

4）表示特殊意义的检索词，如专利号、国际标准书号、分子式等（马费城，2004）。

4.3.4 政府信息资源检索技术

根据信息检索技术发展阶段，政府信息检索技术也经历了手工检索、计算机检索、网络化检索、智能化检索等多个发展阶段。本节探讨的政府信息资源检索技术主要指网络政府信息资源的检索，并从广义政府信息资源概念入手，既包括信息存储和组织技术，又包括信息检索技术。

1. 布尔逻辑检索

布尔逻辑检索（Boolean logical retrieval）指通过标准的布尔逻辑关系算符来表达检索词与检索词间的逻辑关系的检索方式。它作为一种常用的信息检索技术，是其他检索方式的基础。常见的布尔逻辑关系算符有“逻辑与（and）”、“逻辑或（or）”、“逻辑非（not）”。其具体描述如图4-4所示。

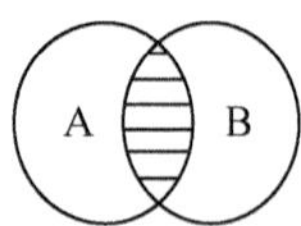

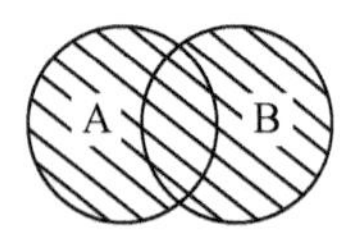

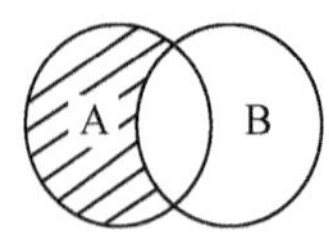

图4-4　布尔逻辑运算示意图

1）逻辑与：运算符为“and”或“＊”，其组配方式为A＊B或者A and B，用于表示两个概念的交叉和限定关系，只有同时含有这两个概念的记录才算命中信息，逻辑与增加限制条件，即增加检索的专指性，以缩小提问范围，减少文献输出量，提高查准率。

2）逻辑或：又称逻辑和，运算符为“or”或“＋”，组配方式为A or B或者A＋B，表示检索含有A词，或含有B词，或同时包含A、B两词的信息资源。逻辑或用于放宽用户检索提问范围，增加检索结果，起扩检作用，提高查全率。

3）逻辑非：又称逻辑差，运算符为“not”或“－”。常见的组配方式为A－B或者A not B，表示检索出含有A词而不含有B词的信息资源。逻辑非用于排除不希望出现的检索词，它和“＊”的作用相似，能够缩小命中文献范围，增强检索的准确性。

布尔逻辑检索技术将逻辑运算符，配合括号把提问词连接起来，显示出清晰结构的提问式。且将用户查询与信息内容进行逻辑的、非数值的比较，获得检索结果。由于该技术表达提问方式与人们的思维方式相近，许多政府网站大都向公众提供该检索模式，但具体应用中，公众需注意，一些政府数据库使用的逻辑符号可能不同，或者一些检索工具完全省略任何符号和关系，直接将布尔逻辑关系隐藏在菜单中。

2. 全文检索技术

20 世纪 50 年代末，美国匹兹堡大学卫生法律中心在研制法律情报检索系统时，构建了一种全新的信息检索技术——全文检索（full-text retrieval）技术。该技术以各类数据为对象，提供数据资料内容的信息检索手段。在传统的布尔逻辑检索功能的基础上，该技术还具有文本检索功能，在用户以自然语言提问的基础上，提供信息内容片段的反馈结果。全文检索方法主要分为按字和按词检索。在该技术支持下，全文检索系统具有建立索引、提供查询、增加索引等功能。该系统的具体结构包括由查询引擎、文本分析引擎、索引引擎组成的核心结构，以及与用户交流的用户接口、面向网络的开发接口。

3. 超文本检索技术

超文本检索（hypertext retrieval）是以计算机为支持的协助思维活动和交流的信息检索技术，它以节点为信息的基本单元，节点间的链接可通过检索时动态激发，实现以非线性方式记录和反映知识单元及其关系的非线性、联想式、链路的网络层次关系。超文本检索技术在应用中，提供给用户在不同信息链接中跳跃的可能。在该技术支持下，超文本检索提供基于导引浏览及基于提问的检索模式。其中基于导引浏览模式的内核为，政府信息资源按其逻辑层次细化，形成多级类目。在政府网站中，通过层层类目导引，帮助用户检索所需信息。该模式检索结果查全率较高，但检索过程偏繁。基于提问的检索模式，则是通过检索词输入框的用户需求的键入，令全文检索系统按用户的检索词搜索网站数据库，并将匹配结果以信息本身或指引信息的 URL 反馈给用户。该模式检索结果的查准率较高。

4. 智能检索技术

智能检索（intelligent retrieval）技术是人工智能技术与检索技术的融合。它在模拟人脑思维方式的基础上，建立供用户选择的检索智能模型，分析用户以自然语言表达的检索请求，快速、自动生成供用户参考、选择的信息检索策略。该检索技术的核心主要是用户需求的语义理解、知识挖掘和知识检索三方面。其中，苏新宁就智能检索的形式框架具体描述如下：该模型由用户子模型、领域子模型、文档子模型组成，用户子模型用于获取用户的信息需求，预测用户的进一步需求行为，并以形式化明确表示；领域子模型用于规范和扩展用户查询，减除用户查询表达的不完整性和不确定性，并在文档建模中用于信息源知识内容的抽取和表达；文档子模型与用户子模型的相关性运算和推理构成智能检索算法。三个子模型相互配合，实现知识内容的精确检索（苏新宁等，2008）。

5. 语义检索技术

语义检索（semantic retrieval）是把信息检索与人工智能和自然语言技术相结合的检索。该检索要求被检索的数据源本身具有概念空间，概念之间及概念内部建立了语义关系，并符合语义理解和推理要求的一种智能检索技术。通常 web 语义信息由 XML、RDF、ontology 表示，在处理同一概念多种词汇表示或同一词汇多种概念的问题上，本体（ontology）通过精确确定概念定义及概念之间关系，表示共同认可、可共享的知识，是语义检索的前提条件。基于本体的语义检索模型包括用户检索平台、语义检索引擎、领域本体库、资源描述库。其中语义检索引擎在理解用户需求的基础上，基于本体实体通过语义相关性推理，借助解析推理工具进行概念分析和扩展，并对已标注的信息资源进行检索，将结果返给用户（陈谷川等，2006）。

6. 可视化信息检索技术

作为信息可视化技术之一的可视化信息检索（visualization retrieval）可通过对检索过程和结果的透明化，帮助用户直接观察到信息。通常可视化内容包括文献信息、用户提问、各类信息检索模型以及检索中不可见的内部语义关系。可视化检索技术方便用户直观了解信息资源分布概况，并帮助他们分析、判断检索词的价值，检索结果间的关系，从而更好地选择检索结果。

政府信息资源可视化检索对象包括检索过程和检索结果。前者可视化是指将获取检索结果前的各步骤及交互互动作可视化处理，而后者则将命中的信息集合及将其中用户感兴趣的规律、关系用预先定义的视图形式向用户展现（隆捷，2006）。在政府可视化信息检索中，通常包括文献信息可视化、时间序列信息可视化、多维信息可视化、网状信息可视化四种，一些技术成果，在政府信息资源可视化检索中可以使用，如基于距离—距离的可视化工具 GUIDO；二维检索参考点系统 VIBE；用于 web 的 3D 双曲线浏览器 XML3D 等（曹锦丹，2005；苏新宁等，2008）。

4.4　政府信息资源服务的社会化机制

政府信息资源服务的社会化机制是政府信息资源服务职能的保障，它包括政府信息资源服务的制度、组织、业务及人才机制等内容。随着信息技术的进步，电子政务的发展，政府信息资源服务的社会化机制呈现出新的内容。

4.4.1　政府信息资源服务的制度机制

首先，政府信息资源服务政策是政府信息资源服务的宏观指导思想，其内容不仅包括竞争、规制政策，还应当包括数据安全、个人隐私等问题的规定和政策性指导。如美国在指导政府信息资源管理、服务立法上坚持的档案信息的自由流动及信息市场的自由竞争，其出发点就是建立方便的公共信息服务渠道；其次，政府信息公开制度是政府信息资源服务的基础性制度保障。它是政府机构为履行职责将信息在符合法律的前提下向公众开放的制度，它的构建有利于推动政府信息公开化，增加政府信息服务的透明度，有利于构建一个公开、透明的服务型政府（王知津等，2008）。

4.4.2　政府信息资源服务的组织机制

传统政府组织形式是在马克斯·韦伯提出的官僚制组织理论基础上建立的科层制，在该组织结构下，政府信息资源服务从一个层级、部门向另一个层级、部门传递，组织人员和职能关系受到严格的规制，压抑了政府信息资源服务的职能。信息技术的进步打破了不同政府组织间的严格界限，形成了互动开放模式，政府与公众的交流不再需要等级制度安排，上传下达的中间信息传递、服务层大大缩减。随着政府组织机构由金字塔向扁平化发展，政府信息资源服务的组织机构规模将逐渐缩小，并呈现出建立网上虚拟政府，使公众登陆政府门户网站，享受政府提供的所有网上服务项目的趋势。但是，需要注意的是层级制在当前信息社会中作为最稳定、最有效率的组织形式之一，仍有其现实意义。因此，结合层级制和扁平化政府信息资源服务的组织机制的优点，建立新的政府信息资源服务的组织机制，集中政府各部门对外业务信息，为公众提供一站式的管理和信息服务是当前政府信息资源服务组织机制需要积极探讨的。

4.4.3　政府信息资源服务的业务机制

政府信息资源服务的业务流程是指政府为满足客户要求，对组织内部及组织之间的信息流程设计和组织，并优化人力和设备等资源的过程。传统的信息资源服务流程中过细的分工导致成本增加、效率低下；同时服务部门权力分割，整体协调缺乏保障；服务人员的技能也较单一，适应性较差。为此，在信息技术的推动下，政府信息资源服务的业务流程的机制改造应分为精简、重建、改进三个环节，从组织的目标出发，去除服务中僵化、脱节、冲突的环节，简化业务流程，并利用现代的技术手段重新设计信息服务业务流程，在流程运转中根据实际情况，逐渐完善流程的设计。政府信息资源服务的业务流程在运转及不断改造中，应以公众需求为导向，提高服务绩效为目标，信息技术为手段，合理选择流程再造项目，系统整合政府信息资源服务的业务流程，促进政府信息资源服务流程的优化。

4.4.4 政府信息资源服务的人才机制

信息技术的进步，电子政务的发展改善了公务员与公众的沟通方式，使得公务员的管理、决策等能力得到提高。随着信息技术在政府的渗透与运用，公务员从从事繁重的事务性工作转向从事政府政策研究、制定，政府信息资源服务的组织、规划等方面，因此，对公务员的素质提出了更高要求。电子政务发展加大了政府部门特别是信息资源服务部门对信息人才的需求，促使政府信息资源服务人才从管理型向知识智能型转变。政府信息资源服务的业务流程重组促进了公务员从单一型向复合型转变，鼓励公务员在政府信息资源服务中发挥积极性和创造性，并通过不断学习，改善知识结构，增加知识存量，其中，信息服务技术的应用将成为公务员不断学习与培训的直接动力，促使他们提高信息服务能力，即信息识别、采集、加工、应用、发布能力，并以此作为评估信息时代公务员能力的主要标志。

参考文献

曹锦丹.2005. 可视化技术在网络信息检索中的应用. 情报杂志，112～117

曹树金，司马俊峰，马利霞.2004. 论政府信息资源的元数据标准. 情报学报，(12)：715～722

陈谷川，陈豫.2006. 语义网知识组织系统的研究与构架. 现代图书情报技术，(4)：24～29

陈秀珍.2002. 政府信息资源管理与开发利用. 学会，(4)：59～60

樊博.2006. 政务智能—政府主动服务模式的决策支持技术. 北京：清华大学出版社.

冯昭.2006. 政府信息资源开发的产业化模式. 湖北档案，(11)：25～26

甘利人，朱宪辰.2004. 中国信息化趋势报告（十九）——我国政府信息资源开发管理的目标与任务. 中国信息界，(14)：59～60

国务院信息化工作办公室政策规划组.2007. 国家信息化发展战略学习读本. 北京：电子工业出版社. 148

蒋永福 . 2008. 政府信息资源开发利用若干重大问题研究 . 图书与情报，(2)：9
卡尔・科恩. 2005. 论民主. 北京：商务印书馆 . 10
李红心 . 2006. 行政信息公开制度研究 . 长春：吉林大学
李孟，马岩 . 2008. 行政信息公开的理论基础及现实意义 . 法制与社会，(2)：261
刘恒 . 2004. 政府信息公开制度 . 北京：中国社会科学出版社
刘渊，张涛 . 2005. 政府公共信息资源开发利用的市场化战略选择 . 信息化建设，(9)：38，39
隆捷 . 2006. 信息检索可视化研究 . 情报学报，25 (10)：365 ~ 369
吕翔 . 2008. 基于 Ontology 的政府信息资源检索系统分析与设计 . 南京：南京航空航天大学
罗豪才，袁曙宏，李文栋，等 . 1998. 现代行政法的理论基础——论行政机关与相对一方的权利义务平衡//罗豪才 . 现代行政法的平衡理论 . 北京：北京大学出版社 . 14
罗昊 . 2003. 两种政府信息资源元数据的分析与比较及其对我国的启示 . 新世纪图书馆，(2)：17 ~ 20
马费成 . 2004. 信息资源开发与管理 . 北京：电子工业出版社 . 168，183 ~ 185，388
苏新宁，朱晓峰，吴鹏，等 . 2008. 政府信息资源管理与政府决策 . 北京：科学出版社 . 134 ~ 141，144，163
谭必勇 . 2007. 政府信息资源再利用问题初探 . 档案学研究，(4)：24
王晓琳 . 2008. 我国政府信息增值服务外包模式初探 . 浙江档案，(11)：22，23
王欣 . 2002. 美国政府信息指引服务及其对我国的启示 . 情报杂志，(3)：90 ~ 92
王新才，陈凌寒 . 2007. 基于知识管理的政府信息资源开发初探 . 图书情报知识，(3)：92 ~ 94
王新才，杨薇薇 . 2006. 美国 GILS 服务体系研究 . 图书馆理论与实践，(2)：93
王知津 . 2008. 政府信息资源管理研究进展 . //胡昌平，陈传夫，邱均平，等 . 信息资源管理研究进展 . 武汉：武汉大学出版社 . 419
吴晓敏 . 2005. 政府信息资源目录体系与交换体系建设再探 . 信息化建设，(1)：40 ~ 42
徐晓日 . 2006. 电子政务概论 . 天津：天津大学出版社 . 61 ~ 63，70 ~ 74，232
颜佳华，盛明科 . 2006. 基于网络技术的政府绩效信息资源开发与共享研究 . 电子政务，(6)：80
约瑟夫・尤金・斯蒂格利茨 . 2002. 自由、知情权和公共话语——透明化在公共生活中的作用. 宋华琳译 . 环球法律评论，(3)：263
赵志荣 . 2000. GILS：结构、元数据、应用 . 情报科学，(9)：816 ~ 819
Bass G D, Plocher D. 1991. Finding government information：the federal information locator system (FILS). Government Information Quarterly, (1)：11 ~ 32
Byrd T A, Sambamurthy V, Zmud W R, et al. 1992. Experiences with information technology planning in state government：a multiple-site based assessment. Government Information Quarterly, (2)：135 ~ 150

第5章　政府信息安全保障管理

5.1　政府信息安全分析

5.1.1　政府信息安全基本问题分析

1. 政府信息安全的概念

随着信息技术的广泛应用和日益融入人们的社会生活，信息安全问题便产生了。目前我们经常看到的情形是，人们将计算机安全、网络安全和信息安全等同使用，实际上它们应该是不同的概念。信息保障是由信息安全的概念演进而来的，要对政府信息安全保障进行研究，首先应对信息安全的概念有所认识。关于信息安全（information security）的概念，国内外有着多种不同的表述。并且，信息安全不是一个孤立静止的概念，而是一个多层面、多因素、动态的概念，其内涵也随着人类信息技术的发展而不断更新。在国内学者的观点中，有关信息安全的概念表述，有代表性的有：

（1）沈昌祥（2002）：信息安全是指保护信息和信息系统不被未经授权访问、使用、泄露、中断、修改和破坏，为信息和信息系统提供保密性、完整性、可用性、可控性和不可否认性。

（2）楮峻和苏震（2004）：指保障信息的机密性、完整性、可用性、可控性和不可否认性等几个方面。

（3）闵京华和胡道元（2004）：广义的信息安全概念涵盖了信息自身、信息载体和信息环境的安全，其中，信息载体包括物理平台、系统平台、通信平台、网络平台和应用平台，信息环境涉及硬环境和软环境。信息自身、信息载体和信息环境是信息安全的三大类保护对象。

时至今日，国际上也没有一个权威的、公认的有关信息安全的标准定义。代表性的表述有：

（1）国际标准化组织（ISO）对信息安全的定义：为数据处理系统建立和采取的技术和管理的安全保护，保护计算机硬件、软件和数据不因偶然和恶意的原因而遭到破坏、更改和显露（冯长根，刘振翼，2003）。

（2）欧盟对信息安全的定义：在既定的密级条件下，网络与信息系统抵御意外事件或恶意行为的能力。这些事件和行为将危及所存储或传输的数据以及经由这些网络和系统所提供的服务的可用性、真实性、完整性和机密性（HMSO，2010）。

纵观以上各种表述，可以归纳为两种角度：一种是从信息安全所涉及的层面进行描述，主要涉及物理安全、数据安全和运行安全等；另一种是从信息安全的属性出发进行描述，主要涉及机密性、完整性、可用性等。实际情况是，一般与技术联系较紧密的人员，多以技术体系和结构为基础，偏重于从第一种角度去进行描述。而我们认为，从安全属性的角度理解更能全面把握信息安全的本质。

综合上述有关信息安全的定义，结合政府信息管理中信息安全的特点，我们认为政府信息安全是指政府信息技术体系及系统状态不受外来威胁与侵害，政府信息系统可有效运行。长期以来，人们把政府信息安全理解为对政府信息的机密性、完整性和可控性的保护，而进入互联网时代后，每个用户都可以极为方便地联结、使用乃至控制散布在世界上各个角落的上网计算机，因而政府信息安全问题更加强调面向链接和面向用户，人、网和环境共同构成了一个复杂而巨大的系统。

2. 政府信息安全内容描述

政府信息安全从其内容来看，一般认为，主要包括物理安全、数据安全、运行安全和内容安全四个方面（Noel and Jajodia，2004）。具体如下：

（1）物理安全。物理安全主要是对政府信息系统物理设备的保护，即防止系统硬件设备遭到自然或人为破坏，确保系统硬件的稳定运行，包括通信线路、物理设备和机房安全等。其目标是要保证通信线路的可靠性（线路备份、网管软件、传输介质）、硬件设备的安全性（替换设备、拆卸设备、增加设备、备份设备、防灾害能力和防干扰能力）和设备运行环境的适应性（温度、湿度、烟尘、不间断电源保障）等。主要保护方式有加扰处理、电磁屏蔽、数据校验、容错、冗余和系统备份等。

（2）数据安全。数据安全是指防止政府信息在收集、处理、存储、检索、传输和交换等过程中被非法泄露、篡改、窃取、仿冒或抵赖，确保政府信息的保密性、完整性、可用性、可控性和抗抵赖性。其主要保护方式有加密、认证、非对称密钥、完整性验证、鉴别、数字签名和秘密共享等。其安全保密主要是指为保证政府计算机系统的数据库、数据文件和所有数据信息免遭破坏、修改、泄露和窃取这些威胁和攻击而采取的一切技术、方法和措施。

（3）运行安全。运行安全是指对政府信息系统运行过程和状态的保护，防止非法使用资源、安全漏洞利用、网络阻塞、网络病毒、越权访问、非法控制系统、黑客攻击、拒绝服务攻击、软件质量差和系统崩溃等。其主要目标是保护政府信息免受毁坏、替换、盗窃和丢失，核心是操作系统安全。主要保护方式有防火墙与物理隔离、风险分析与漏洞扫描、应急响应、病毒防治、访问控制、安全审计、入侵检测、源路由过滤、降级使用和数据备份等。以上措施的目的在于及时发现运行中的异常情况，及时报警和及时提示用户采取措施或进行随机故障的测试与维修，或进行安全控制与审计。

（4）内容安全。内容安全是指对政府信息在系统内流动的选择性阻断，以保证信息流动的可控性，防止有害政府信息利用系统提供的自由流动环境肆意扩散，即对有害政府信息的流动进行限制，如对指定的数据进行选择性阻断、修改和转发等。其主要措施有密文解析或形态解析、流动政府信息裁剪、政府信息阻断、政府信息替换、政府信息过滤和系统控制等（张焕国等，2006）。

值得注意的是，对政府信息安全的内容有一个明确的认识，有利于找准对电子政务背景下政府信息安全的分析角度，以利于从系统的观点分析政府信息安全问题。关于安全威胁的来源分析、安全保障体系建立等，都离不开对政府信息安全内容的准确理解。

3. 政府信息安全属性剖析

属性是对事物总体特性的系统描述。一般来说，国外关于政府信息安全的属性观点主要包括：

（1）保密性（confidentiality）。广义的保密性是指保守机密，或是未经政府许可，不得非法泄露该保密政府信息给非授权人员；而狭义保密性则是指利用密码技术对政府信息进行加密处理，以防止政府信息泄露。其主要措施是对政府信息存储、传输进行加密保护，所采用的加密算法要有足够的保密强度，并具有有效的密钥管理措施，在密钥的产生、存储、分配、更换、保管、使用和销毁等方面进行严格的管理，此外还要防止因电磁泄露而造成失密。常用的保密技术有防侦收、防辐射、政府信息加密、物理保密和信息隐藏等。

（2）完整性（integrality）。完整性是指政府信息未经授权不能进行更改的特性，即政府信息在存储或传输过程中保持不被偶然或者蓄意地删除、修改、伪造、乱序、重放和插入等，完整性包括软件完整性和数据完整性两个方面。影响完整性的主要因素有设备故障、误码、人为篡改和计算机病毒等。

（3）可用性（availability）。可用性是政府信息系统可被授权实体访问并能够按需求提供政府信息服务的特性，即政府信息及相关政府信息资产，在授权人需要时可立即获得。可用性的实质是能为符合权限的实体提供优质服务，它是适用性、可靠性、及时性和安全性的综合表现。

而我国学术界，对于政府信息安全的属性认识，除借鉴以上几点外，还增加了以下两点：

（1）可控性（controllability）。可控性是指能够控制使用政府信息资源的人或主体的使用方式。对访问政府信息资源的人或主体的使用方式进行有效地控制，是政府信息安全的必然要求。政府信息接受方应能证实它所收到的信息内容和顺序都是真实的，应能检验收到的政府信息是否过时或为重播的信息。政府信息交换的双方应能对对方的身份进行鉴别，以保证收到的信息是由确认方发送过来的。

（2）不可否认性（non-repudiation）。也称抗抵赖性或不可抵赖性。政府信息的不可否认性主要是防止实体否认其已经发生的行为，分为原发不可否认（也称原发抗抵赖）和接收不可否认（接收抗抵赖）。前者用于防止发送者否认自己已发送的数据和数据内容，后者防止接收者否认已接收过的数据和数据内容。政府信息传输中信息的发送方可以要求提供回执，但是不能否认从未发过任何信息并声称该信息是接收方伪造的。政府信息的接收方不能对收到的信息进行任何修改和伪造，也不能否认收到的信息。在政府信息交换过程中，每项操作都由相应实体承担一切后果和责任，如果一方否认事实，将根据抗否认证据予以裁决。而每项操作都应留有记录，内容包括该项操作的各种属性，并且需保留必要的时限以备审查，防止操作者推卸责任。实现不可否认性的技术手段一般有数字证书和数字签名等。

我们的理解是，政府信息安全的属性主要有以下五种：保密性（confidentiality）、完整性（integrity）、可用性（availability）、可控性（controllability）和不可否认性（non-repudiation）。保密性的核心要求是保证政府信息不泄露，政府信息只能给经过授权的实体使用，而不能泄露给非授权者，且保密性有等级要求。保密性要求在政府信息存储、传输过程中实现安全保密性要求，主要是对一些核心秘密政府信息，在其处理过程中，特别是在信息交换过程中，要进行数据加密传输和存储；完整性则主要要求政府信息未经授权不能被修改。一般来说，对政府信息完整性的破坏主要来自三个方面：未经授权、非预期和非故意；可用性是指要保证用户在需要的时候，经过授权的用户可以方便地使用政府信息，以致在政府信息系统部分受损或需要降级使用时，仍能为授权用户提供有效服务；可控性主要是指对政府信息的传播及内容要具有控制能力；不可否认性是指保证接收到的政府信息确实是发送方发出而不是假冒的，并且发送方不能否认他确实发给收到方的信息内容。要实现事务处理过程可管理、效率可审计和行为可审计等，需要行为的不可抵赖性。政府信息安全的最根本属性是防御性，主要目的是防止政府信息的保密性、完整性和可用性等遭到破坏。

4. 政府信息安全的产生原因

社会信息化程度越高，政府信息系统中有价值的信息也就越多，政府信息安全问题的产生也就成为必然，并且政府信息安全问题的重要性也随着社会信息化程度的不断加强而日益突出。早期政府信息安全问题的产生，主要是由于其政府信息系统和标准设计中没有考虑安全措施，在早期信息化程度非常低的情况下，人们主要关注政府信息的存储和传输等基本问题，参与的人员也非常有限，所以政府信息安全问题根本不会受到重视。随着社会信息化程度不断提高，政府信息安全问题的严重性日益显现出来。政府信息安全需求已经从原来的系统安全和网络边界安全深入到系统内部体系安全和数据本身安全上，并且已经开始对管理制度造成影响（袁皓和杨晓懿，2007）。随着信息技术的发展，任何政府信息系统都可能面临病毒、非法入侵、欺诈、刺探、破坏、火灾和水灾等安全威胁。

美国学者 Micheal E. W. 认为，信息安全问题主要来自两个层面。一是技术层面。其中，在物理层主要是物理通路损坏、物理通路窃听和对物理通路的攻击等，在链路层是通过网络链路传送的数据被窃听，在网络层是非法用户与非授权客户的突发使用造成网络路由错误和政府信息被拦截或监听，操作系统安全要求保证客户资料和操作系统访问控制的安全，应用层安全包括规范化操作、合法性使用、避免系统本身安全漏洞和政府信息泄露等。二是管理层面。这是整个政府信息安全问题的关键。实际上政府信息安全问题的 80% 是由于管理问题造成的，通常存在的管理问题包括管理组织不完善、管理规范未建立、技术管理不到位和日常管理几乎空白等（Micheal，2003）。上述信息安全问题也是政府信息安全中亟待处理的关键性问题。

从技术层面具体分析，政府信息安全问题产生的原因包括：

1）网络把计算机变成了网络的一个组成部分。信息技术的发展把计算机变成了网络的一部分，政府信息交换扩大到了整个网络范围。由于 Internet 缺少足够的安全设计，于是置于网络中的政府信息的安全问题出现也就是必然的了。

2）网络的开放性与“无中心结构”。互联网具有开放性、交互性和分散性等特征，为政府信息共享、交流和服务创造了条件。然而，正是由于互联网的上述特性，产生了许多安全问题。

3）操作系统存在安全缺陷。操作系统是最主要的系统软件，是政府信息安全的基础之一。由于操作系统太庞大，致使它不可能做到完全正确。如果操作系统的缺陷被攻击者利用，则必然造成严重的安全后果。

4）信息基础设施使边界模糊化。信息技术的迅速发展和广泛应用，为人类社会的进步提供了巨大推动力，使网络边界从人们的视线中逐步消失，而通信协议及其应用在让人们克服交流障碍的同时，也为各种政府信息安全威胁提供了机会。

5）技术本身的脆弱性。计算机系统自身的脆弱和不足，是造成计算机安全问题的内部根源。政府信息化程度不断提高导致了各种依赖性增强，依赖性必然产生脆弱性，包括技术的脆弱性、社会的脆弱性、人的脆弱性。安全设计本身不完备可能构成新的安全风险，新的漏洞被发现、新的攻击技术手段被利用等安全问题会随时出现。

6）安全规划不到位，造成网络结构的不合理。由于信息技术发展的历史原因和建设资金问题，政府信息网络建设在规划上经常缺少前瞻性的安全规划，导致安全问题不断出现（沈昌祥等，2007）。

尽管目前对我国政府信息安全所面临问题的分析很多，但大多流于泛泛的描述，而且大多仅仅指出了问题在什么地方，在拿出切实的解决问题的办法方面，则明显不足。安全问题多种多样，表现形式各不相同，但总体不外乎来自系统环境、硬件设备、软件系统和系统管理等方面。

5. 政府信息安全发展历程

人们对政府信息安全的认识是一个动态的过程。大体来讲，政府信息安全经历了以下主要发展阶段（Feng Dengguo and Wang Xiaoyun，2006）：

1）通信保密阶段（COMSEC）。20 世纪 60 年代以前，计算机应用范围很小，安全问题并不突出，当时的保密重点是通信和电子信号的保密。其要解决的问题主要是在远程通信中拒绝非授权用户的访问以及确保通信的真实性。这个阶段所面临的主要安全威胁是搭线窃听和密码分析，多采用加密、传输保密、发射保密以及通信设备物理安全等技术手段来保护数据的机密性和可靠性。其标志是 1949 年香农发表的《保密系统的通信理论》。这一阶段，人们普遍认为政府信息安全就是通信保密，采用的保障措施主要有加密和基于计算机规则的访问控制。

2）信息安全阶段（INFOSEC）。本阶段的典型标志是 1983 年美国国防部正式发布的橘皮书（*TCSEC*），之后发布了一系列丛书，统称为彩虹系列。这些研究影响了一代产品的研制和生产，至今仍具有权威性。相应地，欧洲四国制定了 ITSEC。TCSEC 以信息安全的机密性为主，ITSEC 则强调保障信息的机密性、完整性、可用性（即著名的信息安全三原则 CIA）。之后，随着信息技术的发展和互联网的兴起，政府信息安全的概念逐步扩大到政府信息的保密性、完整性和可用性。

3）信息保障阶段（IA）。20 世纪 80 年代中期开始，CEC（commission of European communications）以合作共享成果的方式，进行了一系列工作，探讨和研究了适应开放计算机系统环境和集成的安全系统。随着技术的发展，实现了异构计算机系统的互连互通，给政府信息安全带来了新的挑战，安全不再局限于对政府信息的静态保护，而需要对整个政府信息系统进行保护和防御（深层防御），于是出现了信息保障（IA）的概念。政府信息保障是政府信息安全发展的最新阶段，美国国家安全局制定的《信息保障技术框架》（IATF）则是这个时代的典型标志。

总体来说，早期的政府信息安全研究主要侧重于通信的安全与保密，随着计算机和网络在社会各个领域的广泛应用，人们逐渐开始考虑整个政府信息系统的安全体系。目前，安全体系研究主要侧重于安全体系的设计方法、多域安全和保护模型等方面的研究，政府信息安全由此发展到“政府信息保障”阶段（宋宇波和胡爱群，2003）。

5.1.2 政府信息系统安全分析

政府信息系统安全就是要保证在一定的外部条件下，系统能够正常、安全地工作。也就是说，它是为保证政府信息系统的安全性、完整性、可靠性、保密性、有效性和合法性，为维护政府信息活动，以及与应用发展相适应的社会公德和权利而建立的组织技术措施和方法总和。具体来说，为保证政府信息系统能够有效使用且产生应有的效益，主要应达到如下要求：抗毁性（survivality），即政府信息系统在遇到人为破坏的情况下，能够保障系统安全有效地运行；生存性（vitality），指政府信息系统在遭受到随机破坏的环境下，仍能保障系统安全有效地运行；有效性（residuality），指政府信息系统在被破坏后，能够保障系统信息安全业务需求的能力。

一个国家政府信息系统的安全涉及这样几个方面：国防安全、政治安全、经济安全、金融安全和网络安全。网络关系着国家的经济命脉，是支撑一个国家经济行为的重要平台。对政府信息系统来说，应当在前期电子政务建设过程中，已经考虑到政府信息安全的问题。主要从网络实体的边界保护和链路安全保护等方面开展工作，如建设防火墙、入侵检测、漏洞扫描、防病毒等一些信息安全防御系统来抵御来自网络外部的攻击；在一些涉密业务专网中部署链路层密码系统，解决政府信息远程传输的机密性问题；对重要的应用实施信源加密等。

随着电子政务的发展，以上这些安全措施难以从整体上进一步解决政府信息安全的机密性、完整性、不可抵赖性以及授权管理等关键问题。此外，有的政府业务部门分别建立自己的内部安全机制，采用独立的安全策略。在一些部门和机构建设了证书认证系统（CA），为局部领域的业务和用户提供信任服务。由于这些 CA 往往只在一定应用范围内作为可信任的第三方，可提供的信任服务是局部的、特定的，即 CA 本身是属于用户应用层的一个应用，这种解决方式容易导致各自为政。各个政府业务部门的安全各自独立，会导致难以互通，不能为整个政府信息系统（从用户、应用、业务控制到网络层面）提供全面的安全保障服务。类似地，各个业务部门分别实现自己的授权策略，这些授权策略通常局限于某一个业务系统或者某一个业务部门，难以在整个政府信息系统实现统一可信的授权管理，难以互通，使各个政府业务部门的资源无法实现安全的信息共享。随着电子政务的发展，需要构建一个统一标准、统一规范、功能全面的政府信息安全保障体系，为电子政务提供切实可靠的信息安全保障，满足政府信息系统实际要求的安全保密性、信任和授权，以及提供责任认定、安全监管等安全保障服务。

5.1.3　政府信息系统安全威胁分析

1. 安全威胁的产生

信息技术的快速发展，使各种脆弱和威胁不断出现，因潜在威胁造成的危害难以避免。同时，攻击的速度和隐蔽性加大了犯罪分子将网络作为工具所带来的危害，也增加了防范这些危害的难度（朱自华和邹志仁，1999）。危害的表现形式主要是国家、集团和个人在内的敌对势力的攻击，目标主要是政府信息基础设施。他们一是以政府重要信息基础设施为目标实施攻击，破坏国民经济和社会生活秩序；二是以互联网为媒介，进行网上恐怖心理战和宣传战，破坏政治稳定，制造社会恐慌；三是利用网络进行组织策划、联络和收集相关情报，以便实施恐怖活动。各种形式的网络威胁日益增多。别有用心的个人或者组织都可以出于种种目的在网络上制造假新闻、发布假消息，歪曲事实进行宣传，在互联网上操纵信息。近年来，境内外敌对势力大力宣传煽动，利用互联网组党结社，谋划针对我国党和政府的非法组织和串联活动。尤其是一些非法组织有计划地通过网络渠道，宣传异教邪说。据媒体报道，“法轮功”非法组织就通过在美国设网站进行反政府活动。另外，境内外黑客攻击破坏网络的问题十分严重（巨乃岐和张志国，2005）。

在意识形态领域，电子媒介成为了国际意识形态斗争的主导工具。某些西方大国利用信息及信息传输技术优势，妨碍、限制、压制和破坏其他国家对信息的自由运用，甚至利用信息把本国的价值观念、意识形态强加于别国头上，以谋求政治军事手段难以得到的霸权利益。它们利用在信息领域的主宰地位，通过互联网上的电子邮件、电子报刊及其他信息媒体，展开宣传战和心理战，通过政策渗透和文化侵略等，严重威胁发展中国家的政治、科技和文化安全。在军事领域，网络泄密是军事信息安全问题的重要表现，军事泄密触目惊心，黑客攻击对军事信息安全的危害极大。在信息产业和经济金融领域，计算机硬件面临遏制和封锁的威胁，软件面临市场垄断和价格歧视的威胁。同时国家为加快信息化建设，大量引进国外的基础设备，对引进的信息和技术缺乏相应的有效管理和技术改造，尤其是对发达国家或跨国公司在关键设备中可能做的手脚（如在计算机芯片中隐藏着特定的程序，有可能在某种指令下被激活，或使计算机无法启动）缺乏有效的检测和排除技术，有可能造成花费宝贵外汇买来安全隐患，买来不安全的后果。

由上分析可知，威胁是一种对机构及其资产构成潜在破坏的可能性因素或者事件，是一个客观存在的事物。产生安全威胁的主要因素可以分为人为因素和环境因素。从来源上看，主要有环境因素、意外事故或故障等。对政府信息系统的安全威胁已远远超出了技术的范畴，其影响已不再局限于某一系统之内。由于政府系统资源的共享程度不断提高，不法分子对某一局部系统的攻击和破坏，往往会造成灾难性的后果。因此，我们必须从全局的角度布局政府信息安全系统的建设，努力将各种可能的安全威胁纳入我们的防范范围内，从而彻底保障政府信息系统的安全。同时，随着技术的不断进步，各种攻击手段也会不断出现，我们也必须不断进行新技术的研究和学习。

2. 安全威胁的形式

政府信息安全威胁的形式多种多样。首先，从安全威胁的来源来看，主要有：

1）社会环境威胁。主要指各种机构和人员，其攻击手段有中断、删改、窃取和伪造等。

2）技术环境脆弱。主要包括硬件设施、软件系统、网络结构、信息资源、人员管理和技术管理环境脆弱，如漏洞、后门等。

3）自然环境恶化。指物理基础设施和自然环境变化，包括电力供应不稳、静电或强磁场影响、自然灾害等（B. Harnis and R. Hunt，1999）。

其次，从系统的角度出发，政府信息安全威胁包括：

1）对数据及程序完整性的威胁，即政府信息被修改或破坏。

2）对信息保密性的威胁，即涉密政府信息或非共享政府信息被泄露或窃取。

3）对信息及系统可用性的威胁，即数据或政府信息系统拒绝提供服务。

再者，从攻击形式来看，则有：

1）对硬件实体的威胁和攻击。这类威胁和攻击是对政府信息系统本身和外部、外围设备乃至网络和通信线路而言的，如因各种自然灾害、人为破坏、操作失误、设备故障、电磁干扰、丢失、被盗和各种不同类型的不安全因素所致的财产损失、物质损失等。

2）对政府信息的威胁和攻击。这类威胁和攻击是指政府信息系统处理所涉及的国家、部门、各类组织团体和个人的机密、重要及敏感性信息，由于种种原因成为敌对势力、不法分子和黑客攻击的主要对象。无论是无意地泄露，还是有意地窃取，都会造成直接经济损失或社会重大损失。

3）同时攻击软硬件系统。这类情况除了战争攻击、武力破坏外，最典型的就是病毒危害。计算机病毒利用非法程序干扰、攻击和破坏系统的正常工作，它的产生和蔓延给政府信息系统的安全带来了严重威胁和巨大损失。

最后，从具体其种类上来看，目前政府信息安全主要存在着六大威胁：黑客和计算机犯罪、病毒的蔓延和破坏、机要信息的流失与信息间谍的潜入、网上恐怖活动与信息战、内外勾结犯罪和网络安全产品缺陷等。

综上所述，对于政府信息系统面临的安全威胁，尽管有各种不同的分类方法，种类也很多，但只要从其内在本质去认识，我们就会对它有一个清晰的认识。我们的观点是，不对每个具体的形式进行分析，而是从政府信息系统的不同层面去分析系统所面对的安全威胁类型。

3. 电子政务环境下政府信息安全的主要威胁

目前，网络电子犯罪的特点是智能化、年轻化，且多为内部犯罪，犯罪形式具有隐蔽性、跨地域性和高危害性等特点。随着计算机及互联网的发展和普及，网络电子犯罪的形式更多样、手段更新颖，且影响越来越大（吕欣，2007）。对现有的网络攻击和入侵事件的一项统计报告显示：国外政府入侵的安全风险指数为 21%，黑客入侵的安全风险指数为 48%，竞争对手入侵的安全风险指数为 72%，组织内部不满雇员入侵的安全风险指数为 89%。据报道，世界上平均每 20 秒就发生一次入侵互联网的计算机安全事件，其中相当一部分入侵事件使政府涉密文件被窃取和篡改，使电子政务的开展受到严重影响。美国联邦调查局统计，美国每年因网络安全造成的损失高达 75 亿美元。调查局计算机犯罪组负责人吉姆·塞特尔称："给我精选 10 名黑客组成一个攻击小组，90 天内我将使美国趴下。"（王谦和陈放，2006）由此可见电子政务环境下政府信息安全威胁的严重程度。对此我们必须清醒认识和高度重视，并采取一定的防范应对措施，以保证电子政务环境下政府信息的安全。

政府信息安全隐患主要是因政务系统本身、应用以及物理链路均存在一定易于隐蔽的潜在安全威胁而造成的。其中政府信息是安全保障的根本，它涉及国家机密、部门工作秘密、内部敏感信息和开放服务信息，它的主要安全隐患是窃取、篡改、假冒、抵赖和销毁。电子政务的开展本身与政府信息安全是一对实际的矛盾，电子政务要求政府与公众间交流通畅，安全则要求控制交流，而各种交流可能直接引起网络的连通，连通便可能引起安全事件。同时，电子政务平台一部分是涉密系统，黑客可能渗透国家职能部门，利用内部人员可以很容易地通过网络安全防护的特点直接攻击系统漏洞、利用漏洞窃取信息、假冒身份、阻塞服务等，这也是电子政务环境下，政府信息安全面对的主要威胁。

总体来说，电子政务环境下，政府信息安全隐患主要有两个方面：政府信息系统自身的安全隐患（这些安全隐患可能存在于网络、操作系统、数据库系统、应用系统、数据、物理环境等各个方面）和信息安全隐患（包括侦听、截获、窃取、破译等被动攻击和修改、伪造、破坏、冒充、病毒扩散等主动攻击）。一般来说电子政务环境下，危及政府信息安全的具体手段有：

1）计算机病毒与蠕虫。它属主动攻击的范畴。计算机蠕虫是一种依附于网络具有繁殖性的破坏性程序，是真正意义上的网络病毒。蠕虫常驻于一台或多台计算机中，自动寻找待感染的机器，在因特网中它常以电子邮件的形式进行传播，在局域网中常以共享目录传播。蠕虫病毒的可怕之处不在它的破坏性，而在它的传播性，爆发时可在短时间内造成整个网络阻塞。

2）特洛伊木马。一种在正常程序中隐藏恶意代码的小工具。通常特洛伊木马附在正常软件后通过软件分发站点传播自己，等用户下载时传播。另外木马还采用打包恶意代码的办法，将它和无毒的程序一起打包，待用户安装无毒程序时，木马程序便会一起被安装。

3）逻辑炸弹。当运行环境满足特定条件时执行一些有特殊功能的程序，它们都具有定期爆发的特点。

4）黑客攻击。在远程利用一些入侵工具对目标主机进行非授权访问。

在我国政府信息安全建设中，一方面，在多年来的电子政务建设中我国引进了大量的基础设备，无法从根本上保证安全利用和有效监控，政府信息安全的防护能力很弱，许多应用系统处于不设防状态。另一方面，我国政府信息安全的管理举措主要是封堵现有政府信息系统的安全漏洞，在宏观安全保障体系研究和建设上的关注和投入严重不足。概括起来说，与政府信息安全有关的问题主要表现在：分级分域保护不明确；安全隔离不彻底，政府内、外网承载业务划分与信息安全要求不对等；密码与信任体系建设不完善；应急处理组织和技术能力不强；网络与信息系统防护水平不高；政府信息安全法规标准不完善；社会信息安全意识不强；政府信息安全管理和技术人才缺乏等。究其原因，如政府信息系统基础设施中的防火墙性能往往比设想的低，每台硬件设备上支撑应用系统运行的操作系统在不同程度上存在漏洞等，都会给政府信息安全留下潜在的威胁。尤其是即时通信（IM）等技术的应用，给政府信息系统带来了更加严重的威胁（Pfleeger and Pfleeger，2003）。

5.2　政府信息安全保障

由于政府信息安全保障有着极其丰富的内容，所以其安全保障体系的结构也是非常复杂的，必须从深层次对其结构体系进行系统的分析，从而为其安全保障体系的建立提供依据。本节从政府信息保障的基本理论入手，描述了政府信息安全保障体系，在全面分析其功能定位的基础上，给出了政府信息安全保障体系的结构和系统模型。

5.2.1　政府信息保障基本理论

1. 政府信息保障及其发展

早期信息安全研究主要侧重于通信安全与保密，随着信息技术的广泛应用，人们逐渐开始考虑整个信息系统的安全保障体系问题。“信息保障”是近年来随着互联网发展和人们认识的深入而出现的新概念，最早源自美国。关于信息保障的系统性研究始于1955年。1955年，Shirey发表了《网络管理数据的安全需求》。其后，Dobry和Schanken在《分布式系统安全》一文中明确阐述了信息安全和信息保障的区别。1986年，Nessett提出了分布式系统的安全保密问题，信息系统安全保障体系的雏形出现。1996年美国国防部（Defence of Department，DoD）在国防部令S-3600.1中对信息保障重新做了如下定义：“保护和防御信息及信息系统，确保其可用性、完整性、保密性、可认证性、不可否认性等特性。包括在信息系统中融入保护、检测、反应功能，并提供信息系统恢复功能。”（吴世忠，2002）20世纪90年代以来，信息安全保障体系研究主要侧重于安全保障体系的设计方法、多域安全和保护模型等方面的研究（冯登国，2001）。

随着信息保障研究的深入，人们认识到政府信息资源安全的概念已经不再局限于政府信息的保护，人们需要的是对整个政府信息和信息系统的保护与防御，包括了对政府信息的保护、检测、反应和恢复能力。保障政府信息安全除了要进行政府信息的安全保护，还应该重视提高安全预警能力、系统的入侵检测能力、系统的事件反应能力和系统遭到入侵引起破坏的快速恢复能力。区别于传统的加密、身份认证、访问控制、防火墙、安全路由等技术，政府信息保障强调政府信息系统整个生命周期的防御和恢复，同时，安全问题的出现和解决方案也超越了纯技术范畴。由此形成了包括预警、保护、检测、反应和恢复五个环节的政府信息保障概念，即政府信息保障的WPDRR模型（Rajeev Joshi et al.，2000）。

在我国，沈昌祥教授认为，信息的安全防护随着信息技术的发展而不断完善，由早期的通信保密发展到计算机信息系统的安全，直至现在大家关注的动态的全过程的信息安全保障。信息安全国家重点实验室对信息保障给出了如下定义：信息保障是对信息和政府信息系统的安全属性及功能、效率进行保障的动态行为过程。上述观点反映了政府信息安全保障是运用源于人、管理、技术等因素所形成的预警能力、保护能力、检测能力、反应能力、恢复能力和反击能力，在信息和系统生命周期全过程的各个状态下，保证政府信息内容、计算环境、边界与连接、网络基础设施的真实性、可用性、完整性、保密性、可控性、不可否认性等安全属性，从而保障应用服务的效率和效益，促进信息化的可持续健康发展。

将上述观点推引至政府信息安全保障中，可知政府信息安全保障是指保证政府信息与政府信息系统的保密性、完整性、可用性、可控性和不可否认性的安全保护和防御的过程。它要求加强对政府信息和政府信息系统的保护，加强对政府信息安全事件和各种脆弱性的检测，提高应急反应能力和系统恢复能力。政府信息安全保障体系是实施政府信息安全保障的法制、组织管理和技术等层面有机结合的整体，是信息社会国家安全的基本组成部分，是保证政府信息化顺利进行的基础（沈昌祥，2002）。根据以上分析，我们认为政府信息安全保障是：对政府信息和政府信息系统的安全属性及功能、效率进行保障的动态行为过程。政府信息安全保障分为三个层面，即管理、技术和人。政府信息安全保障体系试图以系统理论方法，将政府信息安全保护涉及的各方面内容纳入一个整体框架，使之相互协调，形成整体的保障能力。随着信息技术的发展与应用，大量新技术和新产品的不断采用，政府信息安全的内涵不断延伸，反映在保护对象、生命周期、属性要求和实施要求等方面都发生了很大的变化。所以，目前有关政府信息安全保障的概念表述已不能满足现实发展的要求。信息技术发展到今天，单纯的保密和静态的保护已不能适应需要了。当今时代政府信息安全保障应当定义为：保障系统及政府信息资源不被破坏和有效利用，并使系统具有良好的预警能力、保护能力、检测能力、反应能力、恢复能力和反击能力。由此可以看出，它将过去对政府信息安全的要求提高到了一个更高的层面，要求实现的目标也更高。

2. 政府信息安全保障体系构建

总体来说，我们要从国家信息安全的角度去考虑政府信息保障，从国家信息安全的角度去实施政府信息保障。关于政府信息安全保障体系的构建，OSI/RM提出了一个概念性安全保障体系结构框架（ISO，1989），定义了五组安全服务：认证服务、保密服务、数据完整性服务、访问控制服务、抗抵赖服务。其中，安全服务是一个系统各功能部件所提供的安全功能总和，从协议分层角度看，是底层实体为上层实体提供服务，而对外屏蔽安全服务的具体实现（Ahn and Sandhu，2000）。安全管理包括两方面内容，即网络、系统中各种安全服务的管理（如认证或加密服务的激活等）和各种管理活动自身的安全（如管理系统本身和管理政府信息的安全等）。安全策略是制定安全方案和各项安全管理制度的依据，它是一个组织为发布、管理和保护敏感的政府信息资源而制定的一组法律、法规和措施的总和。

政府信息安全保障依赖于人、管理和技术来实现一个组织的业务运作，对政府信息基础设施的管理也离不开这三个因素。稳健的政府信息安全保障状态意味着政府信息安全保障的政策、步骤、技术和机制在整个组织的政府信息基础设施的所有层面上都得到实施。政府信息安全保障的核心思想是深层防御战略（defense in depth）。所谓深层防御战略就是采用一个层次化的、多样性的安全措施来保障用户信息及政府信息系统的安全。在深层防御战略中，人、技术和操作管理是三个主要因素，要保障政府信息及政府信息系统的安全，三者都不可或缺；从技术上讲深层防御战略体现为在包括主机、网络、系统边界和支撑性基础设施等多个网络环节之中如何实现预警、保护、检测、反应和恢复（WPDRR）这五个安全内容。深层防御战略的含义是多方面的，它试图全面覆盖一个层次化的、多样性的安全保障框架。深层防御战略的核心目标就是在攻击者成功地破坏了某个保护机制的情况下，其他保护机制依然能够提供附加保护。

总体来看，目前国内外对于政府信息安全保障体系的研究仍显不足，对政府信息安全保障体系的结构还缺乏统一认识。有效的政府信息安全保障状态是政府信息保障和政策、步骤、技术和机制在整个政府信息系统的所有层面上均得到实施，即面向数据的安全概念是政府信息的保密性、完整性和可用性，面向使用者的安全概念则是鉴别、授权、访问、控制、抗否认性、可服务性、个人隐私保护和知识产权保护等。这两者的有机结合就是政府信息安全保障体现的安全服务，而这些安全问题又要依赖密码、数字签名、身份验证、防火墙、灾难恢复、防毒墙和防黑客入侵等安全机制来解决，其中密码技术和管理是政府信息安全保障的核心，安全标准和安全评估则是政府信息安全保障的基础。

3. 安全保障模型分析

关于信息安全保障体系的研究，国外已开发出许多成熟的系统模型。其中具有影响的有以下几种：

1）OSI 安全体系结构。OSI 安全体系结构的研究始于 1982 年，到 1989 年又制定了一系列特定安全服务的标准，其成果标志是 ISO 发布的 ISO 749822。国际标准化组织于 1989 年对 OSI 开放互联环境的安全性进行了深入的研究，在此基础上提出了 OSI 安全体系，作为研究设计计算机网络系统以及评估和改进现有系统的理论依据。OSI 安全体系是面向对象的，给用户提供了各种安全应用，安全应用由安全服务来实现，而安全服务又是由各种安全机制来实现的。因此，安全服务标志着一个安全系统的功能和能力，安全服务越多，系统的安全功能就越强（Treck，2000）。

OSI 安全体系定义了安全服务、安全机制和安全管理及有关安全方面的其他问题。其中安全服务，是由参与通信的开放系统的某一层所提供的服务，OSI 安全体系结构确定了五类安全服务即认证、访问控制、数据保密性、数据完整性和不可否认；安全机制，定义了八大类安全机制，包括加密机制、数字签名机制、访问控制机制、数据完整性机制、鉴别交换机制、业务流填充机制、路由控制机制和公正机制等；安全管理，主要内容是通过实施一系列安全政策，对系统和网络上的操作进行管理，包括系统安全管理、安全服务管理和安全机制管理（Sandhu et al.，1996）。

2）P2DR 模型。20 世纪 90 年代末，美国国际互联网安全系统公司（ISS）提出了自适应网络安全模型 ANSM（adaptive network security model），并联合其他厂商组成了 ANS 联盟，试图在此基础上建立网络安全的标准。该模型可量化，可由数学证明，而且是基于时间的，也被称为 P2DR 模型。P2DR 模型包含四个部分：policy（安全策略）、protection（防护）、detection（检测）和 response（响应）。P2DR 模型是在整体的安全策略的控制和指导下，在综合运用防护工具的同时，利用检测工具了解和评估系统的安全状态，由防护、检测和响应组成的一个完整的、动态的安全循环（Cheng and Edward，2000）。

3）PPDRR 模型。针对日益突出的安全需求，需要对安全保障体系进行系统的描述，于是可适应性网络安全模型和动态安全模型应运而生。PPDRR 模型是典型的、公认的安全模型（黄泽斌，2007）。它是一种动态的、自适应的安全模型，可适应安全风险和安全需求的不断变化，提供持续的安全保障。PPDRR 模型包括策略（policy）、防护（protection）、检测（detection）、响应（response）和恢复（recovery）五个主要部分。防护、检测、响应和恢复构成了一个完整的、动态的安全循环，在安全策略的指导下共同实现安全保障。

在我国，一些学者在借鉴国外经验的基础上，研究出了一系列的模型。其中有代表性的如吕欣提出了一种“四维信息保障（IA）模型”（吕欣，2006），包括 IA 目标维、IA 能力维、IA 措施维和 IA 时间维。其重点给出了一个可以测度国家信息保障成熟度的评价指标体系，并给出了各级指标的构成和评价原理。该指标体系包括信息保障成熟度指数和基础支撑成熟度指数，适用于对国家信息安全保障体系、基础政府信息网络和重要信息系统、一般信息系统等的信息安全保障态势进行评价。

一个好的政府信息安全保障体系要有一个好的理论模型进行指导。在政府信息安全保障模型的选择上，OSI 模型具有较好的理论指导意义，但过于抽象，与政府信息安全保障的实际需求有较大距离。P2DR 及其衍生的模型对实践有较好的指导意义，而且注重了时间的因素，但该系列模型存在一个致命的弱点，就是忽略了内在的变化因素，比如人员的流动、人员的素质差异和策略贯彻的不稳定性等。PPDRR 模型则是一种典型的可适应性网络安全模型和动态安全模型。在实际应用中，我们要综合考虑政府信息安全对人、技术、管理、时间、空间等方面的要求，构建一个综合、全面、可操作的政府信息安全保障体系模型（Sejong and Seog，2000）。

5.2.2　安全保障体系描述

政府信息安全即在分布式计算环境中为政府信息的传输、存储、访问提供安全保护，以防止政府信息被窃取、篡改和非法操作。政府信息安全的三个基本要素是保密性、完整性和可用性服务。在分布式网络环境下还应提供鉴别、访问控制和抗否认等安全服务。完整的政府信息安全保障体系应包括保护、检测、响应、恢复四个方面。

政府信息安全保障体系描述是从整体上定义政府信息安全保障体系所提供的安全服务和安全机制以及体系元素间的关系与交互。从组成来看，政府信息安全保障体系可以分为政府信息保障管理体系和政府信息保障技术体系两个部分。其中，管理体系主要涉及人、技术与管理，而要对人、技术进行有效合理的管理，则离不开法律法规、标准规范以及相关的组织机构建设。技术本身可以有多种划分方式，可以从安全保障的时间或过程角度划分，也可以按物理的区域划分，还可以按安全技术在网络的不同层面来划分等。一个网络安全体系结构的构成包括四个要素：网络应用系统、网络层次结构、网络安全服务和网络安全机制（曲成义，2002）。

要有效应对政府信息安全威胁，必须建立一种多层次、大纵深的政府信息安全保障体系，达到保护政府信息资源存放、传输的安全，提高系统防护、检测、响应恢复和抗攻击能力的目的。在政府信息安全保障体系建设中，等级保护、风险评估、应急处理和灾难恢复是四个主要环节，它们对应于 PDRR（protection、detection、response、recovery），这四个部分构成了一个动态的政府信息安全周期的各要素。其中，等级保护是以制度的方式确定保护对象的重要程度和要求，风险评估是检测评估是否达到保护要求的度量工具，应急处理是将剩余风险因突发事件引起的损失降低到可接受程度的对应手段，灾难恢复是针对发生灾难性破坏时所采取的利用备份进行恢复的措施（沈昌祥，2002）。

2006年3月中央办公厅、国务院办公厅联合转发了《2006～2020年国家信息化发展战略》（简称《战略》），提出了全面加强国家信息安全保障体系、增强国家信息安全保障能力的战略目标。《战略》是继中办发［2003］27号文件后提出的包括信息安全工作在内的又一纲领性文件，其战略任务可概括为完成国家信息安全保障六项工作和提高国家信息安全保障六大能力。其中，信息安全保障六项工作可概括为：建立和完善信息安全等级保护制度；建设以密码为基础的网络信任体系；建设和完善信息安全监控体系，加强网络防范，防止有害信息传播；做好信息安全应急处置工作；做好信息安全风险评估工作，综合平衡安全成本和风险，确保重点，优化信息安全资源配置；促进资源共享，加强灾难备份体系建设。而要提高的信息安全保障六大能力可概括为：信息安全核心产品和技术的自主创新能力；信息安全人才保障能力；信息安全法律保障能力；信息安全基础设施支撑能力；网络宣传驾驭能力；国际影响力（吕欣，2007）。

而现实的情况是，在我国政府信息系统的建设中，传统的安全设计理念基本上仍处于封堵现有系统的漏洞的阶段，基于这样的设计理念建成的安全保障体系只能是局部的、被动的安全，而无法提供整体的、主动的安全（单蓉胜等，2003）。传统的安全保障建设以边界保护和核心保护为主，重视局部的保护，对整个系统安全的重视不足，同时也缺乏有效的管理和监控手段，使得病毒蠕虫层出不穷，终端系统漏洞众多，脆弱的口令和安全防护使得终端很容易遭到攻击。

所以，在电子政务环境下，政府信息安全保障体系应该支持不同层次、不同部门的大规模、复杂交互的应用，应寻求一种大规模应用环境下具有高安全性和一定开放性的安全保障体系结构。具体应做到：

1）构建电子政务环境下，政府信息安全保障技术架构，对于大型电子政务系统要建立纵深防御体系。包括政务内网安全控制策略、政务外网安全控制策略、互联网安全控制策略、租用公网干线安全控制策略和政务计算环境安全机制等。采用纵深防御和多级设防，是电子政务环境下，政府信息安全保障的重要原则，要通过全局性的安全防护、安全检测、快速响应、集成安全管理与安全设施的联动控制，使系统具有防护、检测、反应与恢复能力。

2）做好电子政务环境下，政府信息安全保障系统的资产价值分析，如物理资产价值、政府信息资产价值和数据重要性等。要分析业务系统正常运行所产生的效益，从而确定系统安全应保护的目标（曲成义，2003）。

我们认为，政府信息安全保障体系是由人、管理、技术等要素有机结合而形成的具有政府信息保障能力的综合性体系。它是在充分评估与分析系统安全风险因素的基础上，制定系统安全策略，采取先进、科学、适用的安全技术对系统实施安全保护和实时监控，使系统具有灵敏、迅速的响应与恢复能力，并能够根据审计记录动态调整安全策略的系统安全体系。

5.2.3　安全保障体系功能定位分析

在工作流程相对固定的重要政府信息系统中，政府信息系统主要由操作应用、共享服务和网络通信三个环节组成。如果政府信息系统中的每一个使用者都是经过认证和授权的，其操作都是符合规定的，网络上也不会被窃听和插入，那么就不会产生攻击性的事故，就能保证整个政府信息系统的安全，并以此来构建积极防御综合防范的防护框架（沈昌祥，2004）。从技术层面上说，政府信息安全保障体系可以分为以下五个环节（许春根等，2002）：

1）应用环境安全。包括单机、C/S、B/S 模式的安全，采用身份认证、访问控制、密码加密、安全审计等机制，构成可信应用环境。

2）应用区域边界安全。通过部署边界保护措施控制对内部局域网的访问，实现局域网与广域网之间的安全。采用安全网关、防火墙等隔离过滤机制，保护共享资源的可信链接。

3）网络和通信传输安全。确保通信的机密性、一致性和可用性。采用密码加密、完整性校验和实体鉴别等机制，实现可信链接和安全通信。

4）安全管理中心。提供认证、授权、实时访问控制策略等运行安全服务。

5）密码管理中心。提供互联互通密码配置、公钥证书和传统的对称密钥管理，为政府信息系统提供密码服务支持。

可见，政府信息安全保障体系在整个政府信息系统中处于重要的核心地位，对整个系统的有效运行起着非常重要的作用。在当今形势下，如果一个政府信息系统缺乏安全设计或安全设计不合理，便可能给政府信息系统带来灾难性的后果。因此，我们必须对政府信息安全保障体系的功能定位有一个明确而充分的认识，并在实际工作中采取有效措施，以保证政府信息系统的安全。

5.2.4　安全保障体系总体框架结构

所谓总体框架，就是要预先系统地考虑好政府信息安全保障体系的结构、建设、实施和应用。建立政府信息安全保障体系必须在政府信息安全保障体系中定义对一个系统进行政府信息保障的过程以及对该系统中硬件和软件部件的安全需求。

参照沈昌祥（2002）关于信息安全保障体系框架的描述，在电子政务环境下，政府信息安全保障体系技术框架可分为三个层次和两个中心。具体如下：

1）本地的计算环境防御层（用户层）。包括局域网内所使用的主机、服务器、应用程序和操作系统。

2）区域边界/外部连接防御层（应用层）。通过部署边界保护措施控制和监控对内部局域网访问。

3）网络和基础设施防御层（网络层）。包括实现互联的局域网，旨在确保通信的机密性，防止使通信能力中断的拒绝服务攻击。

4）攻击检测、报警和响应层（安全管理中心）。用于保护、分析和响应本地、地区和国家级非法访问、入侵和网络攻击。

5）密钥管理基础设施服务层（密码管理中心）。提供一种通用的联合处理方式，以便安全地创建、分发和管理公钥证书及传统的对称密钥，使它们能够为网络、区域和计算环境提供安全服务。

参照曲成义教授关于信息安全保障系统框架的阐述，电子政务环境下，政府信息安全保障系统的框架结构可包含：

1）设置政务内网的安全服务与控制策略（国家涉密、物理隔离）。

2）设置政务外网的安全服务与控制策略（非国家涉密、逻辑隔离）。

3）设置进入互联网的安全服务与控制策略（门户网站的可用性和完整性）。

4）设置租用公网干线的安全服务与控制策略，包括有线通信、无线通信和卫星通信的安全服务与控制策略（安全性、可靠性、可用性）。

5）设置安全服务与机制。采用纵深防御和多级设防，保障政府信息和服务的机密性、可用性、完整性、真实性、可控性；通过全局性的安全防护、安全检测、快速响应、安全集成管理与安全设施的联动控制使系统具有防护、检测、反应与恢复能力（曲义成，2003）。

参照学者王朗描述的良性信息安全保障体系的内容的观点，一个良好的政府信息安全保障体系在构建中需要明确以下几点（王朗，2004）：

1）实体资产保护需求。实体资产保护需求，即对系统实体资产有一个明晰的认识，包括软硬件设备、数据、人员和其他物品。

2）访问控制需求。包括防止非法用户的非法访问和合法用户的非授权访问两个方面。

3）加密需求。要保证数据的保密性、完整性及可靠性。

4）入侵检测需求。对透过防火墙的攻击需要进行实时检测并及时做出相应的反应。

5）系统评估需求。积极主动的防御要求进行网络安全扫描和系统安全扫描，以检测存在的安全漏洞，并采用相应的整改措施。

6）防病毒需求。针对网络上病毒、蠕虫、木马和恶意代码危害性大并且传播迅速的现状，系统应该具有整套的防病毒机制。

7）事故响应需求。安全的相对性注定了事故的发生是不可避免的，因而应该建立一个事故响应小组，能够将发生的事故在第一时间处理，努力将损失降到最低。

8）安全管理需求。提高人员安全意识，进行行为方面的约束。

而参照宋宇波、胡爱群两位学者的观点，从网络的角度来看，根据大规模应用环境下政府信息安全体系的特点，政府信息安全体系结构应该是一个多维的框架结构。该框架结构可由安全服务、安全需求、安全域三个维度组成。其中安全服务轴 S 包括认证、访问控制、数据完整性、数据保密性和抗抵赖五个元素，各元素之间的关系是层次关系。安全需求轴 N 参照 TCP/IP 协议分层模型，包括物理层安全、链路层安全、网络层安全、应用层安全和管理层安全。安全域 F 轴由不同的安全域组成，安全域的划分由具体的安全策略确定（宋宇波等，2003）。

政府信息安全问题是多种多样的，存在于政府信息系统的各个环节，而这些环节不是孤立的，它们都是政府信息安全中不可缺少和忽视的一环。所以必须从总体上规划，建立一个科学全面的政府信息安全保障体系，从而实现政府信息系统的整体安全（Rossouw von Solms，1998）。政府信息安全保障是一个复杂的系统工程，它不仅仅是各机构、各部门内部的事情，也是一个国家层面的事情。因为政府信息安全涉及不同国家之间、不同政治集团之间的利益关系，它的安全保障问题需要从国家范围来统一规划，以抵御来自外部的信息安全威胁。因此，政府信息安全问题不是几项技术或几条措施就可以解决的，需要构建一个安全保障体系，而且是技术、管理、服务及相关支撑体系相结合的综合保障体系（楮峻和苏震，2004）。

值得注意的是，电子政务环境下，政府信息安全保障体系在设计时，首先要对政府信息系统进行模型抽象。要把政府信息系统各个内容属性中与安全相关的属性抽象出来，参照 IATF（美国信息保障技术框架），通过建立“政府信息安全保护对象框架”来建立安全模型，从而相对准确地描述政府信息系统的安全属性。保护对象框架是根据政府信息系统的功能特性、安全价值以及面临威胁的相似性，将其划分成计算区域、网络基础设施、区域边界和安全基础设施四大类政府信息资产组，将其作为保护对象。政府信息系统安全保障体系应该是一个在充分分析系统安全风险因素的基础上，通过制定系统安全策略和采取先进、科学、适用的安全技术能对系统实施安全防护和监控，使系统具有灵敏、迅速的恢复响应和动态调整功能的智能型系统安全体系。因此，借鉴网络分层结构，从全局观点来看，电子政务环境下政府信息安全保障体系的内容主要包括：安全管理体系、安全基础设施体系、安全支撑体系和基本安全防护体系等，具体结构模型如图 5-1 所示。

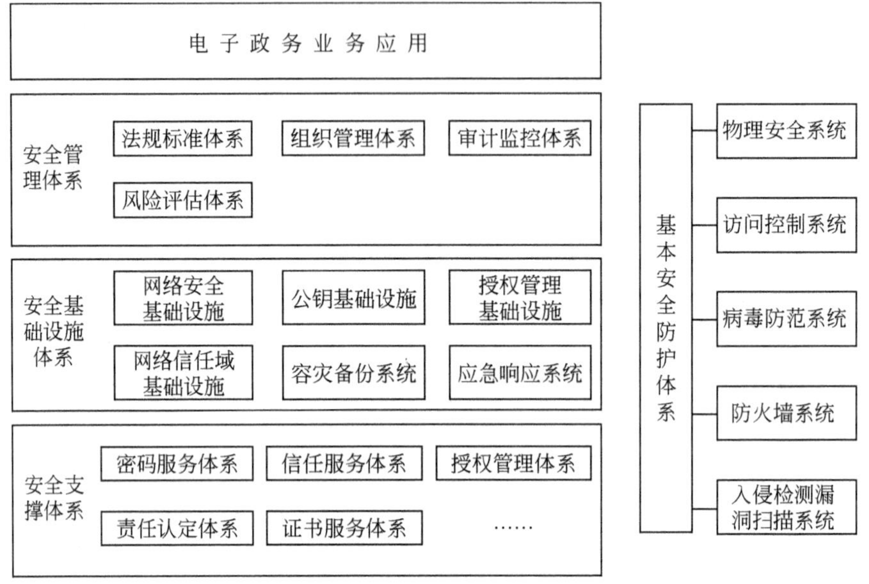

图 5-1　电子政务环境下政府信息安全保障体系总体框架

通过这一部分的分析，我们知道，国外理论界通过深入的研究，提出了较系统的政府信息安全保障理论，以及安全体系结构和模型，为政府信息安全保障提供了比较系统、完整的框架。我国的理论界也在借鉴国外先进经验的基础上，做了大量研究，取得了一些安全保障体系结构和模型方面的成果，并对实践应用产生了较大影响。这为我国政府信息安全保障体系的研究，奠定了良好的基础。但我们必须注意到的是，许多研究仍处于概念化的阶段，有待进一步研究开发，才能适应电子政务发展的要求。尤其值得注意的是，我们在借鉴国外经验和应用国外成果的时候，应该更多关注国产化应用和自主性开发，而不能因此又产生新的安全问题。

5.3　电子政务环境下政府信息安全保障体系建设

在前面对政府信息安全保障体系框架结构等进行系统分析的基础上，本节我们从电子政务的安全需求出发，在明确安全目标和策略的前提下，着力讨论电子政务环境下，政府信息资源的安全保障措施和实现机制，以及系统设计等方面的问题。

5.3.1　安全需求分析

面对错综复杂的信息安全问题，如何进行安全需求分析至关重要。全面、准确和清晰地理解政府信息安全需求是建立有效的安全保障体系的前提（Kokolakis 等，2000）。以电子政务为例，从安全需求来说，电子政务可划分为四层：第一层是核心决策层，是涉及国家秘密的、最核心、最机密的一层，需要高度的认证、高度的预审和用核心密码加密。第二层是政府业务处理层，这一层一般由防火墙、访问控制等安全措施组成。第一、第二层合起来就是政务内网（即局域网）。第三层是信息交换层。第四层是最外层，就是政务外网或公共服务层。其中第一、第二、第三层合起来称政府内部网（Dong 等，2003）。一般来说，电子政务环境下，政府信息安全需求包括以下几个层面：

1）管理层。位于安全需求的最上层，包括对安全威胁的管理和制定合理的管理标准。管理层对所有信息的安全负责并支持所有系统，确定信息系统与其他系统连接时可能会暴露的漏洞，确定被保护的资源和使用的安全技术。

2）应用层。提供事务处理的端到端安全，包括应用系统安全需求和应用软件安全需求。

3）网络层。提供域到域的安全，包括访问控制、机密性以及完整性保护。

4）链路层。需要保证通过网络链路传送的数据不被窃听。

5）物理层。主要是防止物理通路的损坏，对物理通路的窃听和攻击等（宋宇波和胡爱群，2003）。

《关于加强信息安全保障工作的意见》提出，“坚持积极防御，综合防范的方针，在全面提高信息安全防护能力的同时，重点保障基础网络和重要系统的安全。完善信息安全监控体系，建立信息安全的有效机制和应急处理机制。”关于信息安全的任务，《2006～2020 年国家信息化发展战略》指出：全面加强国家信息安全保障体系建设。坚持积极防御、综合防范，探索和把握信息化与信息安全的内在规律，主动应对信息安全挑战，实现信息化与信息安全协调发展。坚持立足国情，综合平衡安全成本和风险，确保重点，优化信息安全资源配置。建立和完善信息安全等级保护制度，重点保护基础信息网络和关系国家安全、经济命脉、社会稳定的重要信息系统。加强密码技术的开发利用。建设网络信任体系。加强信息安全风险评估工作。建设和完善信息安全监控体系，提高对网络安全事件应对和防范能力，防止有害信息传播。高度重视信息安全应急处置工作，健全完善信息安全应急指挥和安全通报制度，不断完善信息安全应急处置预案。从实际出发，促进资源共享，重视灾难备份建设，增强信息基础设施和重要信息系统的抗毁能力和灾难恢复能力（张炜和王小妮，2006）。

可见，电子政务环境下，政府信息安全在政府内网、外网以及互联网的需求是不同的，对其的安全措施和安全重点也有所不同：

1）政务内网系统的安全必须保证万无一失。政务内网主要用于涉密信息的处理、传输和存储，重点是防止泄密。

2）政务外网系统安全要做到适度安全，合理平衡系统运行效率和系统安全。政务外网是电子政务系统的主要组成部分，绝大多数非敏感的政务管理和服务功能都要通过本系统完成。因此，系统的安全重点在于防止与控制异常活动，抵抗和防护来自外部网络的攻击。

3）互联网公共服务系统安全以适用和实用为主。公共服务网主要提供电子政务系统与公众的出入口，其安全重点在于确保出入口的安全，防止攻击者通过公共网系统进入电子政务系统，同时确保公共网的公共服务器的高度可用性。

5.3.2 安全目标和安全策略

1. 安全目标

要对具体政府信息系统的安全目标进行分析，首先我们应该了解信息安全的国家战略目标。根据我国经济和社会发展的情况，信息安全的国家战略目标是：保证国民经济基础设施的安全，抵御有关国家、地区、集团可能对我实施信息战的威胁和打击以及国内外的高技术犯罪，保障国家安全、社会稳定和经济发展（沈昌祥，2003）。

在以上总体目标的基础上，政府信息安全的宗旨是通过在实现信息系统时充分考虑到自身、伙伴和客户的信息风险，确保政府组织能够完成它的全部使命和目标。简而言之，电子政务环境下的政府信息安全的宗旨就是通过在实现信息系统时充分考虑信息风险，而确保一个政府部门能够有效地完成法律所赋予的政府职能，其安全目标是保护政府信息价值不受侵犯，保证信息资产的拥有者面临最小的风险并获取最大的安全利益，使政府的信息基础设施、信息应用服务和信息内容为抵御上述威胁而具有保密性、完整性、真实性、可用性和可控性的特点（沈昌祥等，2002）。具体包括：

1）可用性目标。可用性目标是指确保政府信息系统有效率地运转并使授权用户得到所需信息服务。通常，可用性目标是电子政务系统的首要信息安全目标。

2）完整性目标。完整性目标包括两个方面：数据完整性和系统完整性。通常，完整性目标是政府信息系统除了可用性目标之外最重要的信息安全目标。

3）保密性目标。保密性目标是指不向非授权个人和部门暴露私有或者保密信息。通常，对于大多数政府信息系统而言，保密性目标在信息安全的重要程度排序中仅次于可用性目标和完整性目标。然而，对于某些特定的政府信息系统和数据，保密性目标是最重要的信息安全目标。

4）可记账性目标。可记账性目标是指政府信息系统能够如实记录一个实体的全部行为。通常，可记账性目标是政府部门的一种策略需求。可记账性目标可以为拒绝否认、威慑违规、隔离故障、检测和防止入侵、事后恢复和法律诉讼提供支持。

5）保障性目标。保障性目标突出了这样的事实：对于希望做到安全的政府信息系统而言，不仅需要提供预期的功能，而且需要保证不会发生非预期的行为。具体而言，保障性目标是指：提供并正确实现需要的电子政务功能；在用户或者软件无意中出现差错时，提供充分保护；在遭受恶意的系统穿透或者旁路时，提供充足防护。

2. 安全策略

安全策略是制定安全方案和各项安全管理制度的依据，它是一个政府组织为发布、管理和保护敏感的信息资源而制定的一组法律、法规和措施的总和。一个完整的安全策略通常体现为一系列的文档，主要包括：威胁和风险分析、安全防范技术体系、管理制度与措施、安全时间的响应计划和明确的责任分配等。对于政府信息系统，必须从总体上规划，建立一个科学全面的信息安全保障体系，从而实现系统的整体安全。一个全面的政府信息安全保障体系，其包含的内容是多方面的，应该能够解决政府信息系统存在的大部分安全威胁。为实现上述目标还应采取积极的安全策略（曲义成，2003）：

1）国家主导，社会参与。政府信息安全是关系到政府的办公决策、行政监管和公共服务的高质量和可信实施的大事，必须由国家统筹规划，社会积极参与，才能有效保障政府信息安全。

2）全局治理，积极防御。电子政务安全必须采用法律威慑、管理制约、技术保障和安全基础设施支撑的全局治理措施，并且实施防护、检测、恢复和反制的积极防御手段，才能更为有效。

3）等级保护，保障发展。要根据信息的价值等级及所面临的威胁等级，选择适度的安全机制强度等级和安全技术保障健壮性等级，寻求一个投入和风险可承受能力间的平衡点，保障政府信息系统健康地发展。

5.3.3　安全保障措施

1. 网络安全域划分与控制

信息安全域包括如下要素：主体，如人员、进程、设备等；客体，它们是主体操作的数据对象；安全策略，决定了主体访问客体的规则。对于政府信息系统而言，信息安全域的确定通常要重点考虑两个因素：物理因素，如建筑、园区、地区等；业务因素，如立法、司法、行政等（杜虹，2003）。

政府信息安全系统是一个分布式系统，它是由一系列相互信任或不相互信任的域通过不信任的网络互联而成的。根据政府信息系统的职能和业务，安全域应该包括办公业务资源网安全域和公共监管与服务网安全域。公网安全域和专网安全域是相互不信任的，其间的通信必须通过双方绝对信任的第三方进行。因此需要在政府信息安全体系中引入一个新的安全域，它包括 PKI 中心、PMI 中心、KM 中心以及相关的证书库、数据存储库和信任策略库等，以提供公网安全域和专网安全域间相互通信所需的身份认证和密钥管理等，我们称为安全基础设施域（宋宇波，2003）。

要正确划分电子政务环境下，政府信息在各个网络空间的密级。具体可以划分为三个大的安全域，即国家秘密区域、行业秘密区域和公共服务区域，其中涉及国家秘密的网络空间构成国家秘密区域，不涉及国家秘密，但涉及本单位、本部门或本系统的工作秘密的构成行业秘密区域，不涉及国家秘密，不涉及行业秘密，为公众服务的网络空间构成公共服务区域（沈昌祥，2002）。很显然，安全与开放是矛盾的，这在电子政务中尤为明显。在电子政务中，政府信息涉及国家秘密、国家安全，因此它需要绝对的安全，网络应该处于严格的控制之下，只有经过认证的设备才可以访问网络，并且能明确地限定其访问范围。另一方面，电子政务环境下，政府信息又要为社会服务，因此必须合理地划分安全域。既不能在政府公开的信息中过分强调安全问题而弱化开放，也不能盲目地将一些信息公开化，导致一些泄密事件的发生。

涉密政府办公网络是政府内部办公网络系统，主要提供对政府部门内部的涉密信息的处理支持。由于其中运行涉密的信息，因此根据国家保密局的有关要求，必须将其与非涉密网络进行物理隔离。进行物理隔离的主要措施是通过安全岛型交换系统，其中的业务代理服务器、资源管理服务器和数据交换服务器提供了涉密网络和非涉密网络之间的数据安全交换功能。涉密政府办公网络之间通过涉密网信息交换平台与涉密政府办公网连接，并经由涉密政府办公网进一步与上下级涉密网络进行安全互联（杜虹，2003）。由于涉密网络系统与公网之间是物理隔离的，因此需要为整个涉密网建立一套独立的信任与授权服务体系。

2. 内外网安全数据交换

两网指政务内网和政务外网这两个平台。对于电子政务专用网络内部，政府信息具有资源分类别、分级别、密级区别等特点，各个用户、各个部门拥有自主储存、使用和传递信息资源的权利。政府信息应用中势必存在内网、专网、外网间的信息交换需求，然而基于内网政府信息保密性的考虑，又不希望内网暴露在对外环境中（邬贺铨，2003）。

解决该问题的有效方式是设置安全岛，通过安全岛来实现内外网间信息的过滤和两个网络间的物理隔离，从而在内外网间实现安全的数据交换。安全岛是独立于电子政务内外网的一个特殊的过渡网络，它被置于内网、专网和外网相交的边界位置，一方面将内网与外网的物理隔离断开防止外网中的黑客利用漏洞等攻击手段进入内网，另一方面又要完成数据的中转，在其安全策略的控制下安全地进行内外网间的数据交换。

在网络建设中将电子政务网络划分为政务内网和政务外网。政务内网划分为专网和办公内网，专网和办公内网通过网关实现逻辑隔离。在政务内网中，各部委、省府办公部门通过专网，以国务院办公厅为枢纽，构成了一个统一的政务内网，其政务内网和政务外网间物理隔离（宋如顺等，2000）。电子政务内网网络划分如图 5-2 所示。

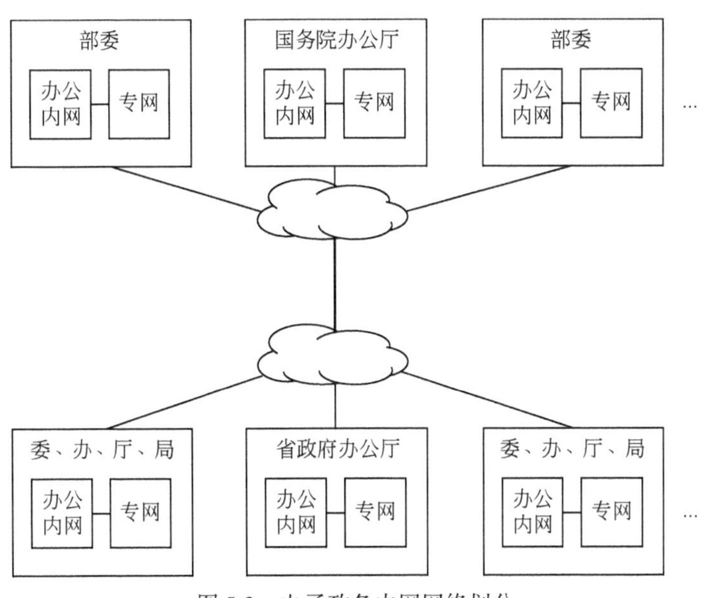

图 5-2　电子政务内网网络划分

3. 信息传输加密

电子政务环境下，政府信息应用涵盖政府内部办公和面对公众的信息服务两大方面。就政府内部办公而言，政府信息系统涉及部门与部门之间、上下级之间、地区与地区之间的公文流转，这些公文的信息往往涉及机密问题，应严格保密。因此，在信息传递过程中，必须采取适当的加密方法对信息进行加密。对于机密程度较高的信息，最好采用加密技术，把原始信息转换成不可识别的另一种形式的信息，这样，只有掌握解密钥匙的人，才可把加过密的信息解密，恢复成原始信息。在信息加密时，既可对传输信息加密，也可对存储信息加密。

还可考虑采用公钥基础设施技术（PKI）。公钥基础设施是政府信息安全在技术上和应用上最重要的基础设施之一，它以公开密钥技术为基础，以数据机密性、完整性、身份认证和行为的不可否认为安全目的（Kokolakis 等，2000），建立全系统范围内一致的信任基准，为实施政府信息服务提供安全支持，采用一致的证书管理策略，保证横向和纵向信任服务体系之间信任链互连，是实现数字签名的基础。

从电子政务的发展看，为了确保政务的安全可靠运行和政府通信的保密和安全，应该由政府来规划和组建专门为政府部门服务的证书管理机构。目前基于 IPsec 的加密方式正被广泛采用，其优点显而易见：IPsec 对应用系统透明且具有极强的安全性，这一点对于应用范围庞大的电子政务来说，就显得极有好处了，应用系统开发商不必为数据传输过程中的加密做过多的考虑。

IPsec 有多种应用方式，其中采用 IPsec 网关是比较理想的选择，它同时也易于部署和维护。为确保政府信息内网的安全和正常运行，必须贯彻所有密码设备和密码算法由国家密码主管部门统一领导和集中管理的国家密码管理政策。而国家密码主管部门则负责建设密码基础保障工程，实现政府信息内网对称和非对称密钥的在线管理和服务，提供政府信息内网统一的密码策略支持和信任服务，提供密码设备的网络化集中管理，为政府信息内网提供密码保障服务等。

4. 内部监控与审核

在政府信息系统中，内部人员是否会对网络进行恶意操作，以及是否具有一定程度的网络安全意识，在很大程度上决定了该单位网络本身的安全等级系数和防护能力（Tryfomas，2001）。目前绝大部分单位都没有系统可以实时地对内部人员除个人隐私以外的各项具体操作进行监控和记录，更不用谈对一些非法操作进行屏蔽和阻断了。

5. 安全互操作性

安全互操作性要求不同机构在使用不同的安全产品时，彼此之间仍可以建立起信任关系（吕欣，2006）。建设政府信息安全保障体系，强化互操作性管理势在必行。政府信息系统建设的一个重要任务是整合资源，实现互联互通。构建支持互操作性和安全分级的政府信息安全保障体系是整个电子政务工程的技术难点。互操作性是实现互联互通的基础，通过认证的用户可以访问处于同一安全级别或较低级别的其他政府信息系统，而不需要进行重新认证，可以大大节约时间和费用。

5.3.4　系统安全设计要点

1. 物理安全与传输安全

政府信息系统的基础设施是由各种软件系统和硬件设备组成的，因此，保证计算机信息系统各种设备的物理安全是保障整个政府信息系统安全的前提（陈兵等，2005）。政府信息系统中的信息比商业信息更为敏感，对物理安全设计和信息传输过程的安全性要求更高。物理安全是整个系统安全的前提。一般主要的物理安全风险有：水灾、火灾、地震等环境因素造成的系统安全风险等；设备被盗、毁坏等造成的数据丢失风险；报警、治安等措施不力造成的安全风险。对于物理安全防范，可参照国家标准《电子计算机机房设计规范》、《计算站场地技术条件》和《计算站场地安全要求》进行设计。

由于政府信息系统在服务发布层、内部安全应用层、核心安全应用层等网络之间存在着信息资源、服务对象、数据通信等方面的差异，其信息内容和保密级别也不尽相同，所以政府信息系统在设计时，为了防止政府信息在传输过程中被非法截获，确保信息的安全传输，应依据不同信息安全的要求采用不同特性的传输材料和传输方案。比如，对于交互信息的传输，就应该采用专用的通信线路，甚至可以选用没有电磁泄露的光缆传输，以提高安全保密性能（曲成义，2002）。

国家保密局颁布的有关文件规定："涉及国家秘密的计算机信息系统，不得直接或间接地与国际互联网或其他公共信息网络连接，必须实行物理隔离。"其方法是安装两套网络和计算机设备，一套对应内部办公环境，一套连接外部互联网，两套网络互不干扰，防止涉密信息通过外网泄露。而要实现真正的物理隔离就要满足网络隔离和数据隔离两方面的要求，即在同一时间、同一空间内，单个用户不能同时使用两个系统（王惠强和陈光伟，2002）。就电子政务环境下的政府信息系统而言，要达到政务网与业务网物理隔离的目的，就必须保证在物理传输、物理辐射和物理存储上隔断政务网与业务网，确保政务网不能通过网络连接或电磁辐射等方式泄露到业务网上。这样的网络至少要满足以下三个条件：

（1）阻断内外网物理传导。确保非法用户不能通过网络连接从外网侵入内网，同时防止内网信息通过网络连接泄漏到外网。

（2）隔离内外网物理存储。对于断电后会遗失信息的部件，如内存、处理器等暂存部件，要在网络转换时做清除处理，防止残留信息泄露到外网；对于断电后非遗失性部件，如磁带机、硬盘等存储设备，内外网的信息要分开存储；严格限制使用软盘、光盘等可移动介质。

(3) 隔断内外网物理辐射。确保内网信息不通过电磁辐射或耦合泄露到外网。目前这方面采取的主要措施包括机房屏蔽、电源接地、布线隐蔽和传输加密(Kokolakis 等，2000)。具体实施办法如下：

(1) 对设备环境按照国家有关标准设计。包括机房屏蔽、电源接地和冗余、不间断电源的配置、防电磁辐射、抗震、防灾、防雷等相应措施。

(2) 通过冗余措施以保证系统的可靠性。包括关键线路的冗余，关键设备的冗余和备份，负载均衡和设置相应的自动切换机制，保障系统不因单点故障而致网络应用中断。

(3) 对所有重要的网络设备采取物理保护措施。包括重要服务器、交换机、路由器等，配合安全管理手段，如非授权人员不得进入机房等重地。

(4) 配置物理隔离网闸，实现三网之间的隔离。按照有关部门的要求，政务内网、专网与外网之间要采取物理隔离措施，政务内网一般通过网闸访问政务专网。

计算机网络机房以及其他计算环境应该符合 GB/9361-88、GB/T2887-2000 和 GA173-1998 中的相关要求，并做到：机房主体结构具有与其功能相适应的耐久性、抗震性和耐火等级；机房应设置疏散照明设备和安全出口标志；机房应采用专用的空调设备，长期连续运行的计算机系统应有备用空调；计算环境应具备防止产生静电或消除静电的措施；建立安全周界以保护放置信息处理设施的区域等(高咏欣，史科蕾，2007)。

2. 网络层安全

对于网络层的安全考虑，主要体现在三方面：政务网络上信息的传输安全、存在入侵的可能和网络结构本身所存在的安全隐患。政务网络上信息的传输安全主要是指信息在政务网上传输时存在着被截取、窃听、伪造、删除和篡改的威胁，导致政务信息的完整性受到破坏。入侵者可能通过网络分析仪等工具进行非法登录、窃取、伪造或篡改政务信息。网络结构所特有的共享性和开放性，在给我们带来便利的同时，也增加了网络安全的复杂性和脆弱性（陈波，肖军模，2006)。

电子政务应用中势必存在内网与专网、外网间的信息交换需求，然而基于内网数据保密性的考虑，我们又不希望内网暴露在对外环境中。解决该问题的有效方式是设置安全岛，通过安全岛来实现内外网间信息的过滤和两个网络间的物理隔离，从而在内外网间实现安全的数据交换（王世美，2005)。

安全岛是独立于电子政务内、外网的一种特殊的过渡网络，它被置于内网、专网和外网相交的边界位置，一方面将内网与外网物理隔离断开，以防止外网中的黑客利用漏洞等攻击手段进入内网，另一方面完成数据的中转，在其安全策略的控制下安全地进行内外网间的数据交换。

隔离网闸（GAP）技术是实现安全岛的常用技术。它如同一个高速开关在内外网间来回切换，同一时刻内外网间没有连接，处于物理隔离状态。在此基础上，隔离网闸作为代理从外网的网络访问包中抽取数据然后通过反射开关转入内网，完成数据中转。在中转过程中，隔离网闸会对抽取的数据做应用层的协议检查和内容检测，也对IP包地址实施过滤控制。由于隔离网闸采用了独特的开关切换机制，因此，在进行这些检查时网络实际上处于断开状态，只有通过严格检查的数据才有可能进入内网，即使黑客强行攻击了隔离网闸，由于攻击发生时内外网始终处于物理断开状态，黑客也无法进入内网（赵志科等，2004）。

另一方面，由于隔离网闸仅抽取数据交换进入内网，因此，内网不会受到网络层的攻击，这就在物理隔离的同时实现了数据的安全交换。以隔离网闸技术为核心，通过添加VPN通信认证、加密、入侵检测和对数据的病毒扫描，就可构成一个在物理隔离基础上实现安全数据交换的信息安全岛。

而从保障网络层安全的主要措施来看，则主要包括（李磊，2002）：

（1）配置防火墙。通过在防火墙上设置有效的安全策略，在不改变原有网络拓扑结构和保证通信速度不受较大影响的情况下，实现对政务网络的访问控制，保证政务网络的安全。

（2）配置入侵检测系统。作为防火墙的补充，在政务网络系统内部网络的各重要网段配备入侵检测系统，以防范来自系统内部的攻击和来自外部透过防火墙的攻击。通过对网络行为的监视监控，捕获、识别和记录网络中的入侵行为和违反安全策略的行为，及时发现非法入侵，为故障预警、入侵识别、安全审计、故障事后分析和对攻击的追踪提供依据。

（3）配置加密机。为保障政务网络上信息传输的安全，在每一级网络配备的防火墙系统与边界路由器之间，配置网络层加密机，实现网关到网关的加密与解密。利用加密技术和安全认证机制，保护政务信息在网络上传输的机密性、真实性、完整性和可靠性。

考虑到电子政务环境下，政府信息系统目标在运行环境中需要处理大量敏感的政务信息，因此在网络结构设计过程中需要着重进行网络系统的安全性设计（陈兵等，2005）。主要包括以下几个部分：

（1）电子政务环境下，政府信息系统采用了统一的核心交换平台和统一的系统接入平台，为整个系统内部的安全域划分提供了清晰的界定准则。除了与接入平台以及 Web 服务系统的门户系统直接相连的网络系统为非安全网络部分外，其余的内部网络系统均可视为安全网络系统。在安全网络系统中，可以允许敏感信息的传输和交换，而对于非安全网络系统部分则需要综合采取物理层、网络层和应用层等多个层面的安全机制。安全和非安全网络系统之间的边界网络部分将是整个系统设计的关键，也是系统安全策略的主要实施者。

（2）电子政务环境下，政府信息系统接入平台中可提供对访问用户的物理接入安全控制。对于系统中安全保密级别较高的网络子系统，可通过网络层的安全保护机制提供对所传输敏感信息的保护。应结合电子政务网络系统进行统一的规划和设计，建立统一的网络地址空间和安全域划分，以便能与上面运行的政务应用的安全需求相一致。

（3）对于电子政务环境下政府信息系统的关键网络节点，要采用基于信任和授权服务机制的安全管理，以实现对网络资源的分配和管理。

（4）对于电子政务环境下政府信息系统中的各网元，要采用本地与远程两级的安全运行监管机制，并通过与系统安全漏洞扫描、系统入侵检测和系统安全审计等相关管理子系统的配合提供全网的安全运行管理。

（5）对于电子政务环境下政府信息系统的关键网络部分，还可进一步通过机房物理安全防护等物理安全保护措施来为其提供附加的安全保障。

3. 数据安全

数据在信息系统中具有两种状态：存储状态和传输状态。数据无论处于哪种状态，都可能受到安全威胁。其主要安全威胁表现在数据机密性、完整性和有效性等方面（Chan 等，2001）。根据数据处理形式不同，安全体系之数据安全可以分为数据传输安全、数据存储安全和数据库安全三个方面。具体如下：

（1）数据传输安全。电子政务环境下，政府信息系统中的数据传输根据传输方式的不同可以分为介质传输、纸质传输、网络传输三类，其中网络传输按照传输网络的不同又可以分为公网传输和专网传输两种。根据传递数据的安全级别不同，需要在公网中传输的一般数据，可以采用加盖时间戳与验证、数据摘要与验证等措施保证传输数据的完整性；对于重要数据，需要增加数字签名与验证、签名回执、数据加密与解密等保证数据的安全；对于关键数据，可以考虑增加交叉认证等保证更高的安全性。

（2）数据存储安全。电子政务环境下，政府信息系统一般采用关系型数据库的形式来保存数据，根据部署方式的不同，数据库可以是集中式部署，也可以是分布式部署或者是两者的混合形式（Tsoumas 等，2004）。数据存储安全除了采用关系型数据库管理系统本身提供的数据库加密存储、权限控制等安全机制之外，根据数据的安全分级，一般数据可以直接采用明文存储或者明文加上验证码存储的方式，对于重要数据和关键数据则除了附加验证码之外，还需要先加密后再存储以防止数据被非法窃取或篡改。

（3）数据库安全。数据库安全直接由提供数据存储和访问的数据库管理系统来保证。数据库管理系统能够提供多级数据库的安全机制，并能支持数据加密存储和传输以及冗余控制，对管理的数据和资源提供的安全保护一般包括物理完整性、逻辑完整性、元素完整性、用户鉴别、可获得性和可审计性等（秦天保，2006）。

4. 系统层安全

系统层安全问题主要是由于在电子政务环境下，政府信息系统所采用的系统基础平台产品及相关产品本身的安全漏洞所导致的。由于政府信息系统一般采用通用的操作系统和数据库管理系统产品，如政务信息网络的各种重要应用服务器均运行在通用的UNIX或WindowsNT系统平台上，没有另外开发特殊的安全保护模块，而系统软件一般在安全方面考虑较少，导致有安全隐患存在。

系统层安全主要包括两个方面：操作系统安全以及数据库安全。对于关键的服务器和工作站（如数据库服务器、WWW服务器、代理服务器、Email服务器、病毒服务器、主域服务器、备份域控服务器和网管工作站）应该采用服务器版本的操作系统。系统层安全主要从操作系统安全、数据库管理系统安全、服务器安全日志监控和配置管理服务器等方面着手：

（1）操作系统安全实现。网络安全的重要基础之一是安全的操作系统，因为所有的政务应用和安全措施（包括防火墙、防病毒、入侵检测等）都依赖操作系统提供底层支持。操作系统的漏洞或配置不当将有可能导致整个安全体系的崩溃。由于我国未掌握CPU等核心技术，这方面技术依然被国外垄断，所以在电子政务环境下，政府信息系统设计中，对操作系统的潜在安全性隐患应予以高度重视。更危险的是，我们无法保证国外厂家的操作系统产品不存在后门。

在操作系统安全方面，有两点值得考虑：采用具有自主知识产权且源代码对政府公开的产品；利用漏洞扫描工具定期检查系统漏洞和配置更改情况，及时发现问题。要通过科学合理的设置来充分利用UNIX和WindowsNT操作系统自身所提供的安全机制，弥补操作系统的安全漏洞。对关键的服务器和工作站，应采用服务器版本的操作系统。而对网管终端、普通工作站则可采用通用图形界面操作系统（Chan等，2001）。要从强化密码管理体制，从强化登录安全、注册表安全、RAS安全等方面强化操作系统的安全管理。

（2）数据库管理系统安全。应选用具有自主访问控制能力，拥有验证、授权、审计等安全功能的数据库管理系统，合理使用和配置数据库自身所提供的安全机制。配置数据库集群软件，实现双机热备和故障恢复，对关键系统和数据定期进行备份，以保障系统和数据的安全（Graham 等，1972）。

(3) 设置服务器安全日志。通过实时地监测和记录系统每天的事务，来监控和增强政务网络系统实际运行的安全性。

5. 应用层安全

由于政府信息系统对外提供 Internet 应用服务，因此存在非法用户对服务器攻击的可能，加上网络病毒的泛滥，使得政府信息系统应用层的安全风险涉及多方面，给政府信息系统带来了诸多不安全因素。应用层安全包括身份认证技术、防病毒技术和各种适合服务器应用的安全性增强技术等（梁望，2006）。

5.3.5 安全保障实现机制

对于具体政府信息系统来说，信息系统硬件结构和操作系统安全是政府信息安全的基础，只有从系统硬件和软件底层采取安全措施，才能有效地确保政府信息系统安全。而从目前的各种解决方案来看，大部分政府信息安全系统主要是由防火墙、入侵检测、漏洞扫描和病毒防范系统等组成。常规的安全手段只能是在网络层（IP）设防，在外围对非法用户和越权访问进行封堵，以达到防止外部攻击的目的。而对共享源的访问者源端（客户机）未加控制，加之操作系统的不安全，导致应用系统的漏洞层出不穷。封堵的办法是捕捉黑客攻击和病毒入侵的特征信息，其特征是只能捕捉已发生过的滞后信息，不能科学预测未来的攻击和入侵。随着恶意用户的攻击手段变化多端，防护者只能把防火墙越砌越高，入侵检测越做越复杂，恶意代码库越做越大，误报率也随之增多，使得安全的投入不断增加，维护与管理变得更加复杂和难以实施，政府信息系统的使用效率大大降低（沈昌祥，2003）。

政府信息安全保障体系建设，应遵循确定安全需求分析、安全状态评估、安全策略制定、安全方案设计、安全方案实施和安全制度培训等顺序进行。前期安全需求分析和安全状态评估是整个安全保障体系建设中最重要的两个步骤，它们是后续制定安全策略和方案设计的依据，决定了整个安全保障体系的可靠性。其中安全需求调查包括两个方面：系统安全的功能需求和安全置信度需求。其中系统安全的功能需求包括安全审计需求、安全连接需求、身份认证、信息机密需求、数据保护需求以及安全管理需求。而安全状态评估通常采用五种方式来了解安全漏洞，即对现有安全策略和制度进行分析；参照一些通用的安全基线来考察系统安全状态；利用安全扫描工具来发现一些技术性的常见漏洞；允许一些有经验的人在监管下对特定机密信息和区域做模拟入侵系统，以确定特定区域和信息安全等级；对系统安全管理人员和使用者进行访谈，以确定安全管理制度执行情况和漏洞等（Briney，2003）。

政务内网，即政府部门内部的关键业务管理系统和核心数据应用系统，如公文系统、专项业务管理系统、面向管理层的统计分析系统、重大事件的决策分析处理系统和核心数据库系统等，需要采用包括身份鉴别、访问控制、数据保密、数据完整、防止否认、审计管理、可用性和可靠性等安全措施。通过物理隔离器与政务外网相联，在实现隔离网络间数据正常传输的同时，对传输的数据进行校验，过滤其中的黑客程序和病毒代码等破坏性信息，只允许与系统相关的数据进入内网。指定的数据和文档可以在内外网物理隔离的条件下单向或双向流转，保证内外网传输的信息是安全的，对内部网络系统和数据不会造成影响和破坏（Graham and Denning，1972）。

政务外网，即政府部门内部以及部门之间的各类非公开应用系统，所涉及的信息应在政务外网上传输，如从中央政府到地方各级政府间的公文信息的审核传递系统、多媒体数据实时调度与监控系统，同级政府部门之间的公文传递及信息交换系统等（徐江峰，刘恒强，2008）。必须应用CA认证、加密传输、防火墙技术、VPN、漏洞检测与在线黑客监测预警、实时审计、网络防病毒、自动备份恢复等安全技术。外网是与互联网相联的网络，面向社会提供一般应用服务及信息发布，包括各类公开信息和非敏感的社会信息服务，如基于政府互联网网站的信息发布与查询、信访、建议、反馈数据统计资料，各类项目计划的申报申请，相关文件和法规的发布查询，各类公用服务性业务的信息发布和实施等。

在项目实施过程中，有以下几点值得注意：

（1）政府机构内部的政府信息安全和保密工程项目的建设，必须经国家有关保密主管部门的审批，并在保密主管部门的指导下实施并接受管理。重大的政府信息安全保密项目，应由有关保密主管部门主持实施（曲成义，2008）。

（2）政府信息系统中使用的所有密码，必须经国家有关密码管理主管部门的审批，严格按有关管理制度使用。涉及国家秘密的政府信息系统，在日常运行中需接受国家有关主管部门的保密检查和信息安全检查。发生重大问题，如泄密、遭到入侵、受到病毒攻击等，必须向有关主管部门报告。

（3）遵守国家有关信息安全的技术标准和管理规范。不得使用未经认证或自选的信息安全技术与设备，在整体政府信息安全方案上必须遵守国家制定的总体方案和国家确定的技术标准，政府信息安全使用的应用系统和设备，都需要得到有关主管部门的测评认证。

（4）参加政府信息系统应用研发的单位，必须通过资质认证。对于开发涉及国家秘密的政府信息系统，还应具有国家保密主管部门颁发的特殊资质。在内部管理上，如对与政府信息系统有关的网络和计算机设备的维护，必须符合国家有关主管部门的管理制度。政府信息处理设备的采购、运行、维修、报废和销毁等管理工作，必须按设备所处理的政府信息的密级，遵循最高密级的原则实施管理。对外托管等必须得到国家有关主管部门的审批，符合国家有关主管部门的安全保密管理要求。

本章小结

政府信息安全涉及每一个公民以至整个国家的安危，因此必须从多角度，包括技术、管理、过程和社会等综合考虑。政府信息安全保障体系是一个复杂的社会技术系统，对它的认识需要从多个视角来展开。本章从信息安全的相关概念出发，试图为政府信息安全建立一个系统的概念框架体系。

电子政务环境下，政府信息安全保障体系的建设，既是一个技术和管理方面的问题，更是个意识方面的问题。需要我们对安全问题的危害以及保证政府信息安全的意义有正确的认识，以提高对政府信息安全问题解决的主动性（何德全，2001）。其次，在电子环境下，政府信息安全工程往往被称为“一把手工程”，因此主要领导必须高度重视。要加强法规标准体系建设，因为法律是保障政府信息安全的最有力手段。最后，要完善政府信息安全管理体系，应加强自主技术和产品的研发与应用。

参考文献

蔡吉人．2003．加强电子政务中的密码保障体系建设．网络安全技术与应用，(1)
蔡俊杰．2005．简论信息安全的内涵和基本要求．理论学习，(6)
陈兵．2005．电子政务安全技术．北京：北京大学出版社．3～11
陈兵，钱红燕，冯爱民等．2005．电子政务安全概述．电子政务，(17/18)：51～63
陈波，肖军模编著．2006．计算机系统安全原理与技术．北京：机械工业出版社
陈波，于泠，肖军模．2006．计算机系统安全原理与技术．北京：机械工业出版社．145～153
陈雷霆，文立玉，李志刚．2005．信息安全评估研究．电子科技大学学报，(3)
楮峻．2003．构建电子政务安全管理体系．档案学通讯，(3)
楮峻，苏震．2004．电子政务安全技术保障．北京：中国人民大学出版社．8～9，13～15
戴宗坤，罗万伯，唐三平等．2002．信息系统安全．北京：电子工业出版社
单蓉胜，王明政，李建华．2003．基于策略的网络安全模型及形式化描述．计算机工程与应用，(13)：67～71
丁晓．2002．美俄等国维护信息安全的政策措施．中外科技信息，(12)
杜虹．2003．电子政务建设中网络划分与安全保密．信息安全与通信保密，(4)

杜虹 . 2003. 电子政务中安全域和网络划分与控制 . 信息安全与通信保密，(7)：48 ~ 50
杜虹 . 2001. 电子政务中涉密网络建设有关问题的探讨 . 信息安全与通信保密，(6)
冯登国 . 2006. 国内外信息安全技术研究现状及发展趋势//中国计算机科学技术发展报告 2005. 北京：清华大学出版社
冯登国 . 2003. 网络安全原理与技术 . 北京：科学出版社
冯登国，张阳，张玉清 . 2004. 信息安全风险评估综述 . 通信学报，(7)
冯惠玲，王健 . 2005. 电子政务建设中的文件管理风险探析 . 中国行政管理，(4)
高咏欣，史科蕾 . 2007. 浅议网络安全管理体系的建立 . 信息技术与信息化，(3)：87 ~ 89
公安部计算机管理监察司 . 1998. 计算机信息系统安全技术 . 北京：群众出版社
郭曙光 . 2007. 信息安全评估标准研究与比较 . 信息技术与标准化，(11)
国家信息安全工程技术研究中心，国家信息安全基础设施研究中心 . 2003. 电子政务总体设计与技术实现 . 北京：电子工业出版社
何德全 . 2001. 提高网络安全意识构建信息保障体系 . 信息安全与通信保密，(1)：22 ~ 25
黄泽斌 . 2007. 基于 P2DR 模型的安全解决方案研究 . 科技信息，(29)：79 ~ 80
季国新，王史峰 . 2006. 浅谈对信息安全风险评估的认识 . 信息安全与通信保密，(11)
蒋朝惠，许石青 . 2005. 我国信息安全管理的现状、问题及对策 . 信息化建设，(4)
金江军，潘懋 . 2005. 电子政务高级教程 . 北京：中国人民大学出版社
巨乃岐，张志国 . 2005. 信息时代国家安全战略论要 . 东方论坛，(1)：94 ~ 100
巨乃岐，张志国，翟秀文 . 2005. 论信息时代的国家安全战略 . 石油大学学报，(5)
巨乃歧，欧仕金，王育勤 . 2003. 信息安全：网络世界的保护神 . 北京：军事科学出版社
科飞管理咨询公司编著 . 2005. 息安全风险评估 . 北京：中国标准出版社
李会欣 . 2003. 子政务安全运行引论 . 北京：中国经济出版社
李磊 . 2002. 电子政务与信息安全 . 信息安全与通信保密，(6)：17 ~ 19
李强 . 2004. 对信息安全保障战略的思考 . 网络安全技术与应用，(10)
梁望 . 2006. 政务信息网络系统安全保障体系建设探讨 . 情报探索，(4)：59 ~ 61
林闯，彭雪海 . 2005. 可信网络研究 . 计算机学报，(5)
林闯，王元卓，田立勤 . 2008. 可信网络的发展及其面对的技术挑战 . 中兴通讯技术，(1)
吕诚昭 . 2001. 信息安全保障体系研究 . 信息安全与通信保密，(2)
吕欣 . 2006. 我国电子政务信息安全工作发展趋势 . 中国信息界，9 (18)：12 ~ 16
吕欣 . 2007. 我国信息网络安全现状与趋势（2006 ~ 2007）（上）. 信息安全与通信保密，(2)：11 ~ 14 (3)：63 ~ 68
吕欣 . 2006. 信息系统安全保障理论与评价指标体系 . 微电子学与计算机，(10)：10 ~ 12
马立钢，夏军利 . 2006. 信息安全风险评估 . 现代计算机，(1)
(美) Liska A. 2004. 网络安全实践 . 王嘉祯等译 . 北京：机械工业出版社
闵京华 . 2005. 电子政务的理论模型 . 电子政务，(3/4)
闵京华，胡道元 . 2004. 准确定位安全需求集——基于信息安全理论模型的安全需求分析 . 计算机安全，(10)：45 ~ 46
闵京华，马卫国，胡道元 . 2004. 基于信息安全理论和模型的安全需求分析 . 网络安全技术与

应用，（11）
闵京华，王晓东，邵忠岿等．2005．信息安全组织体系的建立指南．网络安全技术与应用，（12）（Z2）
宁家骏编著．2004．信息内容安全．贵阳：贵州科学技术出版社
牛少彰主编．2004．信息安全概论．北京：北京邮电大学出版社
彭澎，周湛等编著．2004．信息安全团队构建与管理．北京：机械工业出版社
蒲晓晔．2007．中国电子政务安全管理问题研究．西北大学硕士学位论文
秦天保．2006．电子政务信息安全体系结构研究．计算机系统应用，（1）：6～9
曲成义，陈若兰．2004．信息安全技术概览及探索．贵阳：贵州科技出版社
曲成义．2007．从几个侧面回顾国家信息安全事业发展的十年．信息网络安全，（6）
曲成义．2003c．电子政务安全保障体系探索．信息安全与通信保密，（6）：22～26
曲成义．2003b．电子政务安全保障体系探索．信息技术与标准化，（11）
曲成义．2002．电子政务安全体系框架．网络安全技术与应用，（6）：28～30
曲成义．2003a．电子政务信息安全保障体系．金卡工程，（3）
曲成义．2004．构建国家信息安全保障体系的思考．信息安全与通信保密，（5）
曲成义．2008b．强化内网安全机制，保护国家安全利益．信息网络安全，（3）
曲成义．2008a．信息安全面临的新挑战和安全技术发展的新趋势．信息网络安全，（1）
沈昌祥，蔡谊，赵泽良．2002．信息安全工程技术．计算机工程与科学，（2）：1～8
沈昌祥．2002b．电子政务安全保障体系技术框架．网络安全技术与应用，（6）
沈昌祥．2006b．风险管理与应急体系．网络安全技术与应用，（2）
沈昌祥．2006a．构建积极防御综合防范的防护体系．船舰电子工程，（1）
沈昌祥．2004．构建积极防御综合防范的防护体系．电力信息化，（4）：1～3
沈昌祥．2003a．构造积极防御的安全保障框架．网络安全技术与应用，（11）：16～18
沈昌祥．2002a．关于加强信息安全保障体系的思考．信息安全与通信保密，（12）：11～14
沈昌祥．2003c．关于强化信息安全保障体系的思考．信息安全与通信保密，（6）
沈昌祥．2001．浅谈信息安全保障体系．信息网络安全，（1）
沈昌祥．2003b．信息安全国家发展战略思考与对策．中国人民公安大学学报（自然科学版），（4）：1～6
沈昌祥，张焕国，冯登国等．2007．信息安全综述．中国科学（E辑），（2）
宋如顺，钱钢，于冷．2000．基于SSE-CMM的信息安全管理与控制．计算机工程与应用，（12）：128～129
宋晓莉，王劲松，陈源．2006．信息安全风险评估方法研究．网络安全技术与应用，（12）
宋宇波，胡爱群．2003．电子政务安全体系结构的探析．计算机工程，（10）：11～13
苏新宇，吴鹏，朱晓峰．2003．电子政务技术．北京：国防工业出版社
孙强，陈伟，王东红．2004．信息安全管理：全球最佳实务与实施指南．北京：清华大学出版社
孙玉美．2004．电子政务安全研究．信息技术与现代化，（3）
唐岚．2002．美国国家信息安全保障体系简介．国际资料信息，（5）

王惠强，陈光伟. 2002. 网络安全技术应用研究. 中国铁道科学，(3)

王朗. 2004. 一个信息安全保障体系模型的研究和设计. 北京师范大学学报，(2)(1)

王娜，方滨兴，罗建中. 2004. “5432战略”：国家信息安全保障体系框架研究. 通信学报，(7)

王谦，陈放. 2008. 电子政务的信息安全保障及体系构建. 信息网络安全，(3)

王谦，陈放. 2006. 信息资源安全问题与电子政务应用. 长江论坛，(4)：85～88

王世美. 2005. 电子政务安全解决方案研究. 山东师范大学硕士学位论文. 8～13

王新才，谭必勇. 2007. 电子政府建设中的政府信息公开问题研究. 档案管理，(1)

邬贺铨. 2003. 电子政务安全体系. 信息安全与通信保密，(4)：23～25

吴世忠. 2002. 基于风险管理的信息安全保障的研究. 四川大学博士论文. 32～33

徐江峰，刘恒强. 2008. 基于角色和加密技术的访问控制研究. 微计算机信息，(3)：36～38

许春根等. 2002. 基于角色访问控制的动态建模. 计算机工程，(1)：116～118

(英) Anderson R J. 2003. 信息安全工程. 蒋佳，刘新喜等译. 北京：机械工业出版社

袁皓，杨晓懿. 2007. 信息安全模型安全控制研究. 信息安全与通信保密，(2)：78～80

张焕国，罗捷，金刚等. 2006. 可信计算机技术与应用综述. 计算机安全，(6)：8～12

张炜，王小妮. 2006. 电子政务中的安全问题浅析. 信息网络安全，(7)：26～27

赵志科，卿斯汉，李丽萍. 2004. 支持动态多策略的安全体系结构应用研究. 计算机工程，(3)

朱自华，邹志仁. 1999. 信息系统安全与计算机犯罪. 情报学报，(6)：489～495

Adamic L A, Humberman B, Lukose R et al. 2001. Search in power law networks. Physical Review E, 64 (4)

Ahlm E. 2006. Emerging intelligent information security systems. Scientific Computing, 23 (2)

Ahn G J, Sandhu R. 2000. Role-based authorization constraint specification. ACM Transactions on Information and System Security, 3 (4): 207～226

Anderson J P. Computer security technology planning study. ESD-TR-73-51, Vol. II, Electronic Systems Division, Air Force Systems Command, Bedford, MA, USA

A Report for The Public Sector CIO Council. 2000. Information security: raising awareness. Subcommittee on Information Protection

Avizienis A, Laprie J C, Randell B, et al., 2004. Basic concepts and taxonomy of dependable and secure computing. IEEE Trans Dependable Secure Comput, 1 (1)

Beale J. 2003. Keep root privilege under control. http://www.infosecuritymag.techtarget.com

Benioff, Marc R, Lazowska, et al. 2005. President' s information technology advisory committee, cyber security: a crisis of prioritization

Briney A. 2003. Security Resolutions. http://www.infosecuritymag.techtarget.com

Chan M T, Kwok L F. 2001. Integrating security design into the software development process for ecommerce system. Information Management and Computer Security, 9 (3): 112～122

Cheng, Edward C. 2000. An object-oriented organizational model to support dynamic role-based access control in electronic commerce. Decision. Support Systems, 29 (4): 357～369

Cummings R, Ganger G, Granath D. 2002. The evolution of information assurance. Computer, 35 (12)

Davila J, Lopez J, Mana A. 2000. Development of secure internet applications for governmental environments. Proceedings of the 11th International Workshop on Database and Expert Systems Applications (DEXA00)

Dong Y M, Rui Y N, Shuai D X. 2003. The researching of constructing a convenient safe credible new e-government system intelligent transportation systems. Intelligent Transportation Systems, 21 (2): 1719 ~ 1723

Fang B X. 2002. Architecture for computer emergency response. Proceedings of 2002 Euro-China Co-operation Forum on the Information Society

Feng D G, Wang X Y. 2006. Progress and prospect on information security research in China. Journal of Computer Science &Technology, 21 (5): 27 ~ 33

Graham G S, Denning P J. 1972. Protection principles and practices. Proceedings of the 1972 AFIP Spring Joint Computer Conference, Montvale, NJ. USA, 40: 417 ~ 429

Gregory R D. 1995. Information security and the internet. Information Management & Computer Security, 3 (4): 15 ~ 19

Hamill, Todd J, Deckro, Richard F, et al. 2005. Evaluating information assurance strategie. Decision Support Systems, 39 (3)

Hardy, Gary. 1996. Information security technical report. Information Security Technical Report, 1 (3)

Harnis B, Hunt R. 1999. TCP/IP secunity threats and attack methods. Computer Communication, 10: 885 ~ 897

Hickson, Nigel. 1997. Security evaluation and certification: the future of a national scheme. Information Security Technical Report, 2 (1)

Information Assurance Solutions Technical Directors. 2000. Information Assurance Technical Framework (release 3.0). National Security Agency Information System Security Engineering Handbook National Security Agency, USA: 2 ~ 15

ISO. 2010. Information technology security evaluation criteria version 1.2. http: //www. iwar. org. uk/comsec/resources/standards/itsec. htm

ISO IS 7498-2. 1989. Information processing systems—open systems interconnection basic reference model-part 2: security architecture. ISO Geneva, Switzerland: 3 ~ 7

Jiang T, Liu J R, Qin Y. 2000. The research on dynamic selfadaptive network security model based on mobile agent. Proceedings of the 36th International Conference on Technology of Object-oriented Languages and Systems

Joshi J, Ghafoor A, Aref W G. 2001. Digital Government Security Infrastructure Design Challenges. Computer

Kabay M E. 2005. Improving information assurance education key to improving security management. Journal of Network and Systems Management, 13 (3)

Kaliontzoglou, Alexandros, Sklavoseral. 2005. A Secure-government plat of architecture from small to medium sized public organizations. Electronic Commerce Research and Applications, (4)

Kokolakis S A, Demopoulos A J, Kiountouzis E A. 2000. The use of business process modeling in information systems security analysis and design. Information Management and Computer Security , 8 (3): 107 ~ 116

Linwood H Rose. 2004. Information security: a difficult balance. EDUCAUSE Review, 39 (5)

McConnell M. 2002. Information Assurance in the Twenty-first Century, Computer. New York

Micheal E W. 2003. Enemy at the gate: threats to information security. Communications of the ACM, 46(8): 1 ~ 8

Microsoft. 2005. Trusted platform module services in windows longhorn. http: //www. microsoft. com/ resources/ngscb /

Noel S, Jajodia S. 2004. Managing attack graph complexity through visual hierarchical aggregation. Proceedings: ACM CCS Workshop on Visualization and Data Mining for Computer Security, Fairfax, Virginia: 109 ~ 118

Palmer C R, Steffan J G. 2000. Generating network topologies that cbey power laws. Global Telecommunications Conference, Globecom 00. IEEE, (4)

Pfleeger C P, Pfleeger S L. 2003. Security in computing. 3rd Editon. NJ: Prentice Hall. 5 ~ 8

Sandhu R, Coyne E J, Feinstein H L, et al. 1996. Role-based access control models. IEEE Computer, 29 (2): 38 ~ 47

Sejong, Seog P. 2000. Enterprise model as a basis of administration on role-based access control. The Proceedings of the Third International Symposium on Cooperative Database Systems for Advanced Applications. Beijing, China: 150 ~ 158

Shim S S Y, Gong L, Rubin A D, et al. 2004. Securing the high-speed internet. IEEE Computer, 37 (6)

Snyder J. 2003. Roadblocks to defense-in-depth. http: //www. infosecuritymag. techtarget. com

Stewart A. 2005. Information security technologies as a commodity input. Information Management & Computer Security, 13 (1)

Taylor J. 2003. Security for the Virtual Enterprise. http: //www. infosecuritymag. techtarget. com

Treck D. 2000. Security policy conceptual modeling and formalization for networked information systems. Computer Communications, 23 (17): 1716 ~ 1723

Tryfonas T, Kiountouzis E, Poulymenakou. A. 2001. Embedding security practices in contemporary information systems development approaches. Information Management and Computer Security, 9 (4): 183 ~ 197

Tsoumas V, Tryfonas T. 2004. From risk analysis to effective security management: towards an Automated Approach. Information Management & Computer Security, 12 (1): 91 ~ 101

Victor W, Maconachy, Corey D, et al. 2001. A model for information assurance: an integrated approach. Proceedings of the 2001 IEEE Workshop on Information Assurance and Security United States Military Academy, WestPoint, NY, 5-6 June

Von Solms, R. 1996. Information security management: the second generation. Computers & Security, 15 (4)

Von Solms R. 1998. Information technology—code of practice for information security management. Information Management & Computer Security, 6 (5): 224 ~ 225

Welch D, Ragsdale D, Schepens W. 2000. Training for information assurance. Computer, 35 (4): 30 ~ 37

Wimmer M, Von Bredow B. 2001. E-government: Aspects of Security on Different Layers. 12th International Workshop on Database and Expert Systems Applications

第 6 章　政府信息资源管理绩效审计

6.1　政府信息资源管理绩效审计概述

随着受托经济责任内容的不断拓展，人们对公共管理部门的要求已从保证资源或财产的安全完整上升到讲求节约、高效等层面上来。作为公共管理活动之一的政府信息资源管理，近些年来其绩效问题也引起了社会关注。一些组织和机构为了了解和监督政府信息资源管理部门受托履行经济责任的情况，对其活动进行了相应的绩效审计。

6.1.1　政府信息资源管理绩效审计产生背景

政府信息资源管理绩效审计的产生是社会发展到一定阶段的必然产物，有其特定的时代背景，是社会多重因素共同催生的结果（王新才等，2009；吕元智，2009）。

1. 受托经济责任内容的不断拓展

基本审计理论学说认为，受托经济责任内容的不断拓展是推动审计不断创新与发展的内在依据（蔡春等，2006）。从历史的角度来看，受托经济责任的早期内容主要是保证资源或财产的安全完整，到了 20 世纪 30 年代以后，受托经济责任的内容开始向更高的要求——讲求节约、效率与效果的方向发展，到了 20 世纪 70 年代以后，逐步形成了以“3E”（经济性、效率性与效果性）为核心的绩效审计（蔡春和刘学华，2006）。作为政府管理活动之一的政府信息资源管理工作存在明显的“受托经济责任”关系。这主要是因为，一方面，政府信息是政府活动的附产物，在其构成上主要有三大类：一是社会公众包括公民、企业等依法提供的信息；二是政府部门的专职机构所收集并积累的专业信息；三是政务信息——各级政府的各个部门在行政活动过程中所产生的信息。另一方面，政府信息资源的收集与管理经费主要来自中央或地方政府的财政预算，是纳税人提供的财力来源。因此，从政府信息的来源及其管理经费来源看，政府信息部门与社会公众之间存在着委托代理关系（王芳，2006）。这种委托代理关系决定了政府相关部门在进行政府信息资源管理时应承担“受托经济责任”。随着受托经济责任内容不断拓展，社会公众不仅要求政府相关部门合理地利用纳税人的钱，承担对政府信息资源保全的责任，而且还要求政府信息资源管理部门在管理和服务的过程中遵循“3E”的基本要求，实现政府信息资源配置的“帕累托最优”。要让政府信息资源管理活动遵循“3E”的基本要求，实现资源配置的“帕累托最优”，需要一套相关的监督管理体系。目前绩效审计是对政府信息资源管理部门受托经济责任进行有效监管的最为有效的工具之一。

2. 新公共管理运动的兴起

新公共管理运动是政府绩效审计发展的环境，在一定程度上促进了政府信息资源管理绩效审计的产生，为政府信息资源管理绩效审计的开展奠定了社会基础。新公共管理运动兴起于20世纪70年代，是一个公共行政模式由“权利至上”发展到“责任至上”的进化过程，其核心特征是对政府绩效和责任的高度关注。它强调人民的知情权、政府透明度及政府可问责性。新公共管理运动采用商业管理的理论、方法和技术，引入市场竞争机制，提高公共管理水平和公共服务质量，其实质是在公共责任与顾客至上理念的指导下，实现政府责任机制的再造（蔡春等，2006；于飞，2007）。通过新公共管理运动，治理者与被治理者的关系转化为服务提供者与消费者的关系，政府被界定为公共服务提供者，要求更加重视服务提供的效率与质量。政府信息资源具有明显的公共性，其管理工作是一项公共管理工作。随着新公共管理运动的发展，人们对提高政府信息资源管理部门支出的效果和明确支出的经济责任的要求愈来愈严。这样一来，对政府诸多管理活动中的信息资源管理等活动的质量与效率等进行评估，就成了社会的一种共识，政府信息资源管理绩效审计就成了理所当然的事情。

3. 绩效审计理论研究与实践运动的展开

绩效审计是一个新生事物，它不同于以前的合规性审计，它的顺利开展需要有一套较为完善的理论体系作支撑。从目前公开发表的文献来看，国内外对绩效审计尤其是政府绩效审计普遍重视。早在1948年美国阿瑟·肯特就提出了“绩效审计”这一概念。1962年美国管理咨询师威廉·伦纳德撰写了《管理审计》一书，到了20世纪70年代以后，学界开始把目光转向政府绩效审计理论与实务研究，出现了《经营审计》、《经营审计问题》、《在绩效审计中使用模型》等理论著作（蔡春等，2006）。国内对绩效研究起步较晚，从20世纪90年代起，我国理论界如李凤鸣（2006）、陈宋生（2006）、蔡春等（2006）、彭华彰（2006）、施青军（2007）等一批学者对绩效尤其是政府绩效问题进行了较为广泛的研究。

另外，在信息资源管理界，我国也有许多学者公开发表了许多理论文献，如《政务信息统计评价方法初探》（徐兴林，1996）、《我国电子政务信息系统审计探析》（吴小芬等，2006）、《信息化的绩效审计、审计与优化》（孟秀转等，2008）、《政府信息系统审计：基于经济监督视角的信息系统审计》（李春青，2007）、《政府信息资源开发利用的综合评价模型与实证》（刘强等，2005）……分别从不同的角度对政府信息资源管理的绩效问题进行了探讨。这些研究成果，为政府信息资源管理绩效审计提供了理论支持。

除了理论界的研究之外，世界各国在实践上对绩效审计也相当重视，并开展了一系列绩效审计活动。如 1995～1999 年，英国政府曾对各部门、各单位的政府采购工作进行了一系列的检查，以及对政府税务部门 IT 系统的审计等（罗美富）；又如我国对诸如国债、扶贫资金、三峡移民资金等进行的审计，虽然没有把绩效审计正式提出来，但在审计具体实施过程中也体现了不同程度的效益观。这些实践活动为政府信息资源管理绩效审计提供了实践基础。

4. 知识经济时代到的到来

随着知识经济的到来，信息已成为最为重要的生产要素，而政府是社会有用信息的最大拥有者。公众对政府信息的需求和依赖是以前任何时代无法相比的。在信息时代，谁先掌握了信息，谁就有可能获得别人无法获取的利益。作为公共服务部门之一的政府信息资源管理部门是否在消除信息不对称、弥合信息鸿沟、公正公平地提供信息服务等方面尽职尽责呢？政府信息资源管理部门是否让大量的政府信息资源转为现实的生产力？政府信息资源在国民经济和社会发展以及公众利益方面是否作出（蔡春等，2006）应有的贡献，作出了什么样的贡献？……这些问题在知识经济时代更加明显的凸现出来。如何满足公众强烈的信息需求，如何解决由信息需求所引发的问题，均需对政府信息资源管理部门的工作进行有效的绩效审计。通过绩效审计可以监督政府信息资源管理部门的工作，并为之发现问题、分析问题、提供改进工作的建议等，使政府信息资源管理部门的工作更加符合社会需求。可以说，知识经济时代所引发的强烈社会信息需求在一定程度上也刺激和推动了政府信息资源管理绩效审计的产生。

5. 电子政务工程的发展

电子政务的发展为政府信息资源管理绩效审计提供了基本可能条件。一方面，政府信息资源管理部门的绩效可以通过电子政务网络平台接受用户的广泛测评。由于信息工作的贡献或者说绩效具有一定的隐蔽性和相对性，如公平、公正的问题、信息在经济生活中的作用等，都需要有广泛的社会个体来实践。随着电子政务工程的推进，政府信息逐步上网，公众接触政府信息的机会比以前任何时代都要多。这样，政府信息资源管理绩效审计工作就可以拥有极大的用户群体，在选择样本时，可以有效地克服用户样本选择范围过小的局限，能够让审计工作较为广泛地收集多方面的意见。另一方面，电子政务平台在收集和处理用户意见等方面具有明显的优势，如可以同时或在较短的时间内收集多方面意见、可以降低审计证据收集成本等。这些都为政府信息资源管理绩效审计工作的开展创造了条件，减少了障碍，降低了绩效审计风险，在客观上也促进了政府信息资源管理绩效审计时代的到来。

6. 政府信息资源管理自身存在的不足

目前政府信息资源管理工作自身也存在不少问题，如数据库重复建设、信息资源利用率低、可利用的信息资源不足、信息服务的不公平、国家信息管理部门工作长期低效等。这些问题不会自动地分析原因，也不会自动消除，需要有外部力量对其进行校正、纠偏。目前，许多政府信息资源管理部门也迫切需要有外部机构对其绩效问题进行分析，找到问题的根源，并为其出谋划策。这种政府信息资源管理部门内在自身改进工作的需求也在一定条件上刺激了政府信息资源管理绩效审计工作的产生，因为审计工作不仅仅是一项监管工作，还是一项帮助分析问题并提供建议的工作。

6.1.2 政府信息资源管理绩效审计含义

1. 绩效审计

绩效审计不是一个新鲜的事物，在第二次世界大战后，尤其是在20世纪70年代以后，绩效审计就在加拿大、澳大利亚、英国、美国等国家得以广泛地推广和应用。那么，什么是绩效审计呢？从目前各国使用的术语来看，其表述不尽相同，如美国审计总署（GAO）在1994年为绩效审计下的定义中，认为绩效审计是关于政府组织、规划和活动的“3E”方面审计，包括经济性、效率性和规划审计等，英国国家审计署（NAO）称之为“货币价值审计”（value of money audit）（彭华彰，2006），加拿大采用“综合审计”术语，澳大利亚称之为“效率性审计”，瑞典称之为“效果性审计”（蔡春等，2006）……但绩效审计的本质基本相同，也即对被审计单位或人员所承担的效益责任所进行的检查、监督和计价（彭华彰，2006）。为此，在前人研究的基础上（彭华彰，2006；蔡春等，2006；陈宋生，2006），本文认为，绩效审计是指绩效审计者（国家审计机关、审计师等）按照授权和规定的程序通过收集、分析、评价审计证据，对被审计组织的行为及其各项活动的经济性、效率性、效果性等进行审计，发现问题，找出产生问题的根源，提出改进的建议，将审计结果提交给各相关部门，帮助其尽可能尽善尽美地实现其功能的一种旨在促进和提高受托经济责任中的效绩和责任得到全面有效履行的独立检查、监督和评价活动。绩效审计已成为继合规性审计之后受世界各国普遍关注的审计活动，它的展开对促进受托经济责任的全面有效履行具有不可估量的价值和意义。

2. 政府信息资源管理绩效审计

政府信息资源管理绩效审计是运用绩效审计的理论和方法等对政府信息资源管理活动所进行的一种专门性的政府绩效审计。它既属于政府绩效审计范畴，也属于信息资源管理活动的专门审计体系。这主要是因为，政府信息资源管理活动是政府管理工作的一部分，其绩效审计就应属于政府绩效审计，另外，政府信息资源管理活动是一种区别于其他经济活动、文化活动等的信息资源管理专门活动，其绩效审计应属于一种专门的审计活动。

具体来讲，政府信息资源管理绩效审计，是指绩效审计者（一般指国家审计机关）根据国家审计法规和国际惯例的要求，按照授权和规定的程序通过收集、分析、评价政府信息资源管理单位在政府信息资源管理活动中形成的审计证据，对其信息资源管理活动的经济性、效率性、效果性（“3E”）等进行的审计，发现政府信息资源管理中存在的问题，找出产生这些问题的根源，提出改进政府信息资源管理的建议，将审计结果反馈给相关部门，帮助政府信息资源管理单位更好地履行其功能的一项专门性的审计活动。为了便于进一步理解政府信息资源管理绩效审计，在这里有几点需要说明：

1）政府信息资源管理绩效审计的主体一般是国家审计机关，其审计活动是依法律和规定等进行的审计。这主要是因为，政府信息资源管理绩效审计属于政府绩效审计，它需要一个相对独立并拥有相当权力的审计机构才能有效对其进行审计，并要求依法进行。

2）政府信息资源管理绩效审计不是合规性审计（财务审计）。它关注的重点是政府信息资源管理活动的经济性、效率性和效果性等，而不是合法、合规与真实等方面的问题。其中政府信息资源管理的经济性指政府信息资源管理活动在关注保证其质量的前提下将其资源消耗降到最低水平，如政府信息资源管理者是否是以最低的成本为政府和公众提供符合质量要求的信息服务等。效率性是指政府信息资源管理活动中其产出与消耗资源之间的关系，也即以一定的投入实现最大的产出。如在不增加政府信息资源管理费用和保证质量的前提下，是否可以更加方便地为用户提供信息服务等。效果性是指政府信息资源管理活动既定目标的实现程度，以及政府信息资源管理活动的实际效果与预期效果的关系。如政府信息资源管理工作是否为政府决策带来了明显的好处，是否改善了政府与公众信息之间的不对称，是否公平等。

3）政府信息资源管理绩效审计的目的是发现政府信息资源管理工作中存在的问题，找出问题的根源，提出建议，改进工作，促进政府信息资源管理部门更好地履行受托经济责任。

政府信息资源管理绩效审计是一个范畴体系，在理论结构上，它包括绩效审计本质、绩效审计假设、绩效审计目标、绩效审计规范、绩效审计信息、绩效审计控制等要素。在实践中，人们往往按审计工作针对项目开展的先后次序，将其划分为事前绩效审计、事中绩效审计和事后绩效审计（孟秀转等，2008）。其中，事前绩效审计是对政府信息资源管理计划、预算、管理项目的可行性研究、成本预测等内容进行的审计。通过事前审计，可以防患于未然，对计划及其实施过程中可能出现的问题和风险因素，能在事前及时纠正，避免因预测不切实际或计划设计不尽合理而造成效益不高。事中审计是将政府信息资源管理活动实施情况与实施前的预测、预算、计划和标准等进行分析比较，从中找出差距和存在的问题，及时采取有效措施加以纠偏，并根据实际情况的变化，调整和修改计划、预算，使之更加符合客观实际，更加合理。事中审计是一种动态审计。事后审计是一种总结性审计，主要是对已经完成的政府信息资源管理活动的效益、效果、效率进行分析与评价，找出问题的原因，发掘进一步提高的途径，为下一轮政府信息资源管理工作提高绩效做准备。

6.1.3 政府信息资源管理绩效审计的意义

政府信息资源管理绩效审计是对政府信息资源管理部门的贡献性（彭华彰，2006）进行的审计，是时代发展的必然要求，它的产生和发展具有十分重要的理论与现实意义（王新才等，2009）。

1. 理论意义

政府信息资源管理绩效审计无论是对信息管理学界还是对审计学界来讲均是一个新事物。从信息管理学界来看，信息的效用问题一直是困扰信息学界的一个重要难题，而这个难题恰恰就是绩效审计工作要弄清楚的重点。通过对政府信息资源管理绩效进行审计，可以从审计工作的角度，借鉴审计工作中的一些原理、方法重新审视政府信息管理中的问题，为研究政府信息资源管理工作打开一个新的通道，开拓新的研究领域。另外，通过政府信息资源管理绩效审计，可以把信息管理学界的研究成果，如信息计量学、用户需求知识等一系列知识理论用于审计实践，通过实践检验并完善之。从审计学的角度来看，政府绩效审计是其关注的重点和焦点。但是我们不难发现，政府绩效体系中的政府信息资源管理的绩效问题仅凭现有的审计学知识体系是无法圆满解决的，需要从信息管理学的角度来补充和完善政府绩效审计的知识结构体系。由此可见，政府信息资源管理绩效审计工作不仅检验和完善了信息学的相关研究成果，还为信息管理学界和审计学界开拓了新的研究领域，丰富了其研究内涵，具有十分重大的理论意义。

2. 现实意义

政府信息资源管理绩效审计是政府绩效审计中的一个组成部分，它的开展将会在政府信息合理利用、改进政府信息资源管理工作、改善政府同公众的关系等方面产生深远的影响。

第一，通过绩效审计，检验政府信息管理工作的经济性、效率性和效果性，监督政府信息资源管理部门的不作为行为，有助于政府信息资源管理部门尽职尽责地履行“受托经济责任”。另外，通过绩效审计，还可以检验这些政府信息是否公平、公平地被广大用户利用，并促进政府信息资源尽快地被利用到最需要的地方，充分发挥“第三级资源”的作用。这也是政府信息资源管理绩效审计最基本的现实意义。

第二，绩效审计有助于防止逆向选择，改善政府信息资源管理机构同公众之间的关系。一般而言，政府与公众处于一种信息不对称的状态，政府处于信息优势端。在信息不对称的情况下，公众有时会对政府信息资源管理工作效果作出逆向选择，低估政府信息资源管理的绩效，作出错误判断。通过绩效审计，公开审计结果，可以让社会公众尽可能多地了解政府信息资源管理部门的工作绩效，有助于消除误会，提高政府信息管理部门在公众中的信誉度，树立政府信息在社会中的权威地位和公信力。

第三，绩效审计有助于政府信息资源管理部门改进工作。政府信息资源管理绩效审计工作不仅是一项监督管理工作，还是一项提供建议的工作。通过绩效审计，帮助政府信息资源管理部门发现工作中存在的问题，找出产生问题的根源，并提供改进工作的参考性建议，是提高政府信息资源管理工作质量的一项有效措施。

6.2　政府信息资源管理绩效审计程序和原则

6.2.1　政府信息资源管理绩效审计程序

根据绩效审计的一般思路，政府信息资源管理绩效审计过程可分为四个阶段：计划阶段、实施阶段、报告阶段和后续阶段（吕元智，2009）。

1. 计划阶段

任何一项工作在正式开始前，都应当制定切实可行的计划，这有助于控制工作的全过程，合理地组织有关人员有序地、高效地实现工作目标，保证工作效率和工作质量。做好计划工作，需要了解工作对象的基本情况。因此，在编制绩效审计计划之前，必须对审计对象（某一政府信息资源管理活动）进行初步调查，以便弄清楚对审计对象有重大影响的事项。在计划阶段有这样一些工作内容：

1）提出审计申请并获得相关主管部门批准。提出审计申请这项工作可以由外部力量如政府信息资源管理部门的主管部门或公众代表等提出，也可以由政府信息资源管理部门自身提出。申请获批准后，就可以开展政府信息资源管理绩效审计的计划工作。

2）成立审计小组，下发审计通知书。审计小组是政府信息资源管理绩效审计的实际操作者，它要求审计人员知识结构合理，能适应政府信息资源管理的绩效评判工作。同时，还要下发审计通知书，告知审计单位相关事宜，让被审计单位做好相关配合工作。

3）初步调查被审计单位的有关情况。初步调查的目的是了解被审计单位及其政策和目标、主要业务活动、主要资源、影响绩效的主要风险等。因此，在初步调查过程中，审计人员应以了解被审计的政府信息资源管理部门为目标，收集与衡量审计目标有关的尺度或标准，在这一阶段只需要迅速地对审计对象的概况作基本地、初步地了解，借以确定审计目标、范围、方法、程序等。在这一过程中，如果审计人员发现审计范围受到严重限制，以致审计人员无法获得充分可靠的审计证据、形成审计意见，或者审计风险超过审计人员可以承受的范围时，审计人员可以终止审计并说明终止审计的理由（孙平，2006）。

4）编制绩效审计工作方案。根据初步调查结果，确定审计目标、审计范围和为实现审计目标而采取的审计方法和审计程序等，编制审计计划方案。这一方案应包括政府信息资源管理绩效审计的依据、目标、范围、重点、步骤、方法、标准、人员配备和时间安排等内容。当然，审计工作方案不是一成不变的，它需要根据实施审计过程中的具体情况不断地进行补充和修改，以期更符合实际情况。另外，在制定审计方案时，要注意同被审计的政府信息资源管理单位相互协商，以消除误解和矛盾，提高审计方案的可行性。

2. 实施阶段

此阶段审计人员要对被审计的政府信息资源管理部门的组织、计划、项目或其他活动的经济性、效率性、效果性、公平性、时效性等进行评价，并提出审计建议。这一阶段工作具体包括（公共支出绩效审计研究课题组，2007）：

1）收集并整理各项审计证据。审计工作人员通过审阅、观察、计算、召开座谈会、进行管理控制测试、业务活动测试等方式（孙平，2006）获取政府信息资源管理绩效审计所需要的各项证据，并对这些证据进行有效鉴定与归纳整理。

2）编写审计工作底稿。审计人员在搜集证据后，如果发现被审计单位存在绩效低下的行为以及对审计结论有重要影响的审计事项，应当编制审计工作底稿。这种工作底稿主要以对发现的问题进行分析、研究和评价为主。工作底稿应包括收集到的审计证据、运用的审计标准、证据与标准之间的差异、对差异的研究分析等内容，它是连接政府信息资源管理绩效审计工作现场与审计报告的纽带。

3）复核审计工作底稿。审计工作底稿编好后，一般由审计组长或其委托有资格的审计人员进行复核。复核审计工作底稿主要是对审计人员的职业判断质量的控制和规范。复核的内容主要有：审计方案是否有效实施、审计目标是否实现、审计方法与步骤是否科学、审计发现的事实是否清晰、审计证据是否充分、运用的审计标准是否科学、审计分析是否客观等。

3. 报告阶段

报告阶段是对实施阶段的总结，此阶段的重点任务是作出审计结论并提交审计报告。该阶段的具体工作环节是（彭华彰，2006；公共支出绩效审计研究课题组，2007）：

1）审计小组起草审计报告初稿。审计小组在审计证据及审计工作底稿的基础上，经过讨论撰写出客观公正、简明扼要、有理有据的政府信息资源管理绩效审计报告初稿。

2）与被审计的政府信息资源管理部门交流沟通，充分征求其意见。由于审计报告是对被审计单位的评价，被审计单位的意见是非常重要的。因为，这些意见不仅要在绩效审计报告中有所反映，还能给审计人员判断审计结论和审计建议的客观性、准确性和可操作性提供重要的参考。同时，与被审计的政府信息资源管理部门交流沟通，也是争取被审计单位理解与获取信息的重要途径。

3）修改审计报告并向政府信息资源管理绩效审计委托机关提交。根据被审计单位的意见对审计报告初稿进行修改，并向政府信息资源管理绩效审计委托机关提交，以获得他们对该报告的意见。

4）根据委托机关的意见，再次修改，最后向主管机关正式提交政府信息资源管理绩效审计报告。

5）经主管机关审定后，正式将审计报告提交给相关部门，并按照有关规定向外界公告。

4. 后续阶段

后续阶段实施的审计即后续审计，也叫后续监督。这一阶段的工作主要体现在两个方面：其一，审查被审计单位针对审计报告的意见和建议而采取的措施的及时性和有效性，并对实施效果进行评价追踪审计；其二，对政府信息资源管理绩效审计活动进行后续检查和评价，以便将来进一步做好这方面的工作。

综合上述，政府信息资源管理绩效审计过程是由计划、实施、报告和后续监督等四个阶段构成的，这四个阶段及其之间的关系如图 6-1（Pollitt et al.，1999）所示。

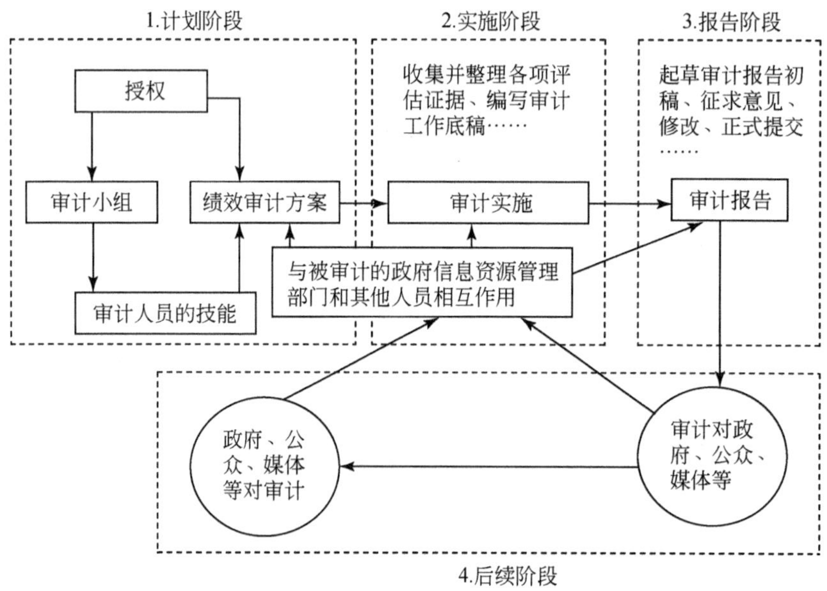

图 6-1　政府信息资源管理绩效审计过程示意图

6.2.2　政府信息资源管理绩效审计原则

1. 客观性原则

绩效审计是一项主观见诸于客观的活动，是事物价值在人的意识中的反映，它必然带有一定的主观性。对政府信息资源管理活动绩效进行审计或评估总会因人、因时、因环境而有所差异。这种差异性，可以说，是无法彻底消除的，只能尽可能地将其缩小。当然，并不是说，由于政府信息资源管理绩效审计不可避免地带有一定主观成分，就不追求其客观性。恰恰相反，政府信息资源管理绩效审计的首要原则就是客观性原则。因为，审计结果既是政府信息资源管理绩效的有力佐证，更是引导政府信息资源管理建设的指挥棒。科学的审计活动可以引导政府信息资源管理工作的发展，纠正建设中存在的问题，而不客观的审计不仅会失去审计本来的价值，还可能给政府信息资源管理工作带来误导。因此，在政府信息资源管理绩效审计过程中，要注意收集多方面相关信息，尽量将审计的主观性降到最低，使其尽量符合客观实际。

2. 科学性原则

科学性原则是任何工作的基本原则，政府信息资源管理绩效审计也不例外。科学性原则包括以下几层意思：其一，审计方法的科学性。也就是说，政府信息资源管理绩效审计的审计思路模式、指标的选取、指标权重的设计以及审计流程要符合科学性要求。其二，定量分析与定性分析结合。政府信息资源管理绩效不像其他机构绩效那样简明直接，其发挥的作用更多时候难以用简单的数理关系来表达，因此，在评价其绩效时，一定要注意将定量分析与定性分析相结合。对于那些可以量化的，就要以定量分析为主，运用数量经济学理论和方法进行计算；而对于无形的非经济效果，必须进行定性分析或比较性描述，从而使绩效评价做到准确、完整。其三，审计要系统全面。政府信息资源管理所产生的后果或影响是多层面的，在审计时，要注意其近期效果，也要注意其在未来可能产生的影响，要注意其工作自身带来的后果，也要看到它对其他工作造成的积极影响等。

3. 公正、公开原则

审计结果在不同政府信息资源管理部门之间必须具有可比较性，在一定程度上促成了一种竞争机制的形成，这样有利于进行比较，找出问题，促进发展，但最终结果是希望各政府信息资源管理部门的绩效都能得到进一步提升，既不希望挫伤其积极性，也不希望产生恶性竞争（杨道玲，2008），因此政府信息资源管理绩效审计工作需要坚持公正、公开的原则。一方面，为了保证绩效审计工作达到预期效果，必须在审计对象范围内做好宣传和指导工作，并公开审计的程序、指标等内容，让被审计单位了解和理解绩效审计工作；另一方面，要将审计结果向社会公开，并接受被审计单位和社会公众的申诉与咨询，保证政府信息资源管理绩效审计工作的公平、公正与公开，从而达到绩效审计的最终目的。

6.3　政府信息资源管理绩效审计标准与方法

6.3.1　政府信息资源管理绩效审计标准

1. 政府信息资源管理绩效审计标准含义

标准问题是绩效审计的核心问题，但是，到目前为止，绩效审计工作应该采用什么样的标准，国内外均没有取得一致的意见，仍是众说纷纭。如有些文献认为（审计署外事司，2003），绩效审计标准是“经济性、效率性、效果性”（“3E”），也有些文献认为（Pollitt et al.，1999），除了“3E”之外，绩效审计标准还应包括良好管理实践、良好治理、服务质量、完成任务，还有些文献认为（彭华彰，2006），绩效审计标准是经济性、效率性、效果性、良好行为、良好制度标准等，等等。那么，究竟什么是绩效审计标准呢？在回答这个问题之前，我们要先弄清楚什么是标准、什么是审计标准。根据《现代汉语词典》（2002 年版）的解释，标准是“衡量事务的准则”，而“准则”是指“言论、行动等所依据的原则”。相应地，审计标准就可以理解为在审计工作中为了便于审计工作有效开展并根据审计对象而制定的一些判断准则或原则。由此，作为审计工作重要组成部分的绩效审计来讲，其标准就可以理解为衡量被评价对象绩效状况的准则或原则，是用来考察和评价被审计活动是否符合经济性、效率性和效果性的业绩标准。这些标准应当反映待检查事项所应具备的标准的控制模式，应当代表良好的实践行为——即一个理性、有知识的人所认为的“应当是什么”（上海审计网，2008）。

政府信息资源管理绩效审计属于绩效审计，其审计标准相应地为绩效审计标准。为此，结合上述对绩效审计标准的理解，政府信息资源管理绩效审计标准就可以界定为用来判断政府信息资源管理绩效的基准或原则，也即用来衡量政府信息资源管理活动是否符合经济性、效率性和效果性的业绩标准。其中，经济性标准是用来评价政府信息资源管理活动在关注保证其质量的前提下将资源消耗降低到最低水平方面的标准。效率性标准是用来评价政府信息资源管理活动中其产出与消耗资源之间的关系标准。效果性标准是用来评价政府信息资源管理活动既定目标的实现程度，以及政府信息资源管理活动的实际效果与预期效果的关系标准。经济性标准、效率性标准与效果性标准共同测度政府信息资源管理工作是否履行节约、是否实现高效、是否为政府决策带来了明显的好处，是否完成既定目标任务等情况。绩效审计标准作为评判政府信息资源管理绩效高低的尺度和参照物，其确立具有十分重要的现实意义。一方面，这些标准可以为政府信息资源管理绩效审计工作提供相对客观的判断基准，减少人为主观性，降低绩效审计风险，确保政府信息资源管理绩效审计工作客观地发现问题，提出针对性的建议，不断改进政府信息资源管理工作；另一方面，这些标准也可以成为政府信息资源管理工作的导向，牵引政府信息管理部门工作向这些目标迈进，从而使政府信息资源部门更好地履行其职能。

2. 政府信息资源管理绩效审计标准的构成

绩效审计标准是判断政府信息资源管理绩效的基准或原则，而政府信息资源管理活动是一项以追求社会绩效为主的活动，其绩效计算是一项复杂事情。在反映其绩效时，既要注意当前绩效也要注意未来绩效，既要关注微观层次绩效又要看到其中观或宏观层面的绩效。因此，用来衡量政府信息资源管理绩效的审计标准应该是多维的，是一个体系构成，它既要能从不同层次结构上来考查绩效，又要能从不同侧面和不同内容上来反映具体绩效。

（1）政府信息资源管理绩效审计标准的层次构成

从衡量的结构层次来看，政府信息资源管理绩效审计标准可以划分为微观层次标准、中观层次标准和宏观层次标准：

1）微观层次标准。微观层次标准主要是从某一政府信息资源管理部门或机构的角度来考察该部门或该机构信息资源管理工作的绩效状况。例如，在经济性方面是否成本低于财政预算，在效率性方面是否比同期提供了更多的信息产品和信息服务，在效果性方面是否提高了所在政府机构的工作效率，是否改变了信息在部门之间不对称的现象等。

2）中观层次标准。中观层次标准主要是从某一区域范围的角度来考察该政府信息资源部门工作是否在这一范围内有绩效。如是否实现了信息共享，以及共享程度如何，共享的成本是否经济、是否有效率等。

3）宏观层次标准。宏观层次标准主要是从国家层面来看政府信息资源管理部门工作的绩效状况，如是否有利于促进社会信息化进程，是否有利于改善政府的管理和服务等。

（2）政府信息资源管理绩效审计标准的内容构成

从衡量的内容范围来看，政府信息资源管理绩效审计标准可划分为经济性标准、效率性标准和效果性标准：

1）经济性标准。这方面的标准主要用来测度这样一些内容，如政府信息资源管理者是否以最低的成本为政府和公众提供符合质量要求的信息服务等。其主要是用来考察、衡量政府信息资源管理部门如何最大限度地节约纳税人的钱，同时不降低信息服务质量。

2）效率性标准。这方面的标准主要用来测度政府信息资源管理活动是否以一定的投入实现了最大的产出，如在不增加政府信息资源管理费用和保证质量的前提下，是否可以更加方便地为用户提供信息服务等。它考察的内容是政府信息资源管理部门是否将纳税人的钱“钱尽其用”，是否实现了资源配置“帕累托最优”。

3）效果性标准。这方面的标准主要用来测度政府信息资源管理工作是否为政府决策带来了明显的好处，是否改善了政府与公众信息之间的不对称，是否完成了目标任务等。它是用来考察政府信息资源管理活动既定目标的实现程度，以及政府信息资源管理活动的实际效果与预期效果的关系的标准。

（3）政府信息资源管理绩效审计标准的性质构成

从衡量的绩效性质上来看，政府信息资源管理绩效审计标准可划分为定量标准和定性标准：

1）定量标准。这一类标准主要着眼于政府信息资源管理工作中可以量化的绩效指标，是评判政府信息资源管理工作绩效程度的重要依据或准则。如在考查政府信息资源管理工作资金运用是否符合经济性要求时，其标准就应该以定量标准为宜。

2）定性标准。这一类标准主要着眼于政府信息资源管理工作的结论判断或难以量化的内容。在考察、衡量政府信息资源管理绩效时，应注意这方面标准的运用，因为政府信息资源管理绩效主要是以社会绩效为主，而这种社会绩效具有难以量化、滞后性和模糊性、“心理价值”（Gupta et al.，2003）等特点，定量标准难以测度。因此，在政府信息资源管理绩效审计中，定性标准是其不可或缺的评判工具。

可以说，政府信息资源管理绩效审计标准是一个由多层面多个子标准构成的体系，这些标准相互配合，共同支持绩效审计主体完成绩效审计工作。

3. 政府信息资源管理绩效审计标准选择的要求

作为具体的政府信息资源管理绩效审计工作来讲，选择什么样的标准进行审计活动，还应具体问题具体分析，因为，“审计标准必须实用，并且考虑被审计单位的现实情况”（上海审计网，2008）。因此，在选择审计标准时，既要考虑到绩效审计工作的一般要求，又要结合政府信息资源管理工作的实际情况。审计标准的选择，要注意以下要求（吕元智，2009）：

1）符合绩效审计标准的一般性要求。根据《亚审组织绩效审计指南》（上海审计网，2008），合适的绩效审计标准应具有可靠性、客观性、有用性、易懂性、可比性、可接受性等特点。相应地，政府信息资源管理绩效审计标准也应符合可靠性、客观性、有用性、易懂性、可比性、可接受性等要求。其中，可靠性要求，是指在相同的环境下，不同的审计工作者运用同样的标准对政府信息资源管理进行绩效审计能够得出同样的结论。客观性是指审计标准能最大限度地不受审计人员或管理部门偏见的影响。有用性是指通过这些判断标准，能够得出满足用户信息需求的审计发现和结论。易懂性是指这些政府信息资源管理绩效审计标准的内容清晰，不会产生误解，方便理解。可比性是指运用在政府信息资源管理绩效审计中的标准能与其他类似活动中的审计标准相比，并且还能进行同期比较等。可接受性是指这些审计标准能够被审计单位、立法机构、媒体和一般社会公众所理解，并且愿意认可。

2）标准必须围绕政府信息资源管理目标来选择。绩效审计标准实际上是对审计对象目标的注解、转化和展开，使之变成可以进行取证与计量的各项质量数量指标体系（彭华彰，2008）。政府信息资源管理工作是一项具有一定专业性质的政府管理与服务工作，它既具有信息管理工作的特征，也具有政府管理与服务工作的特性。绩效审计工作的对象就是政府信息资源管理部门职能或工作目标是否有效履行。在信息时代，政府信息资源管理部门其职能或工作目标主要体现在以下几个方面：其一，做好政府信息资源管理工作，提升自身工作绩效；其二，为政府部门决策提供有效的信息或知识支持；其三，为公众提供及时有效的信息服务。因此，在确定政府信息资源管理绩效审计标准时，必须考虑到政府信息资源管理部门的这些职能目标，围绕这些目标来选择合适的标准。只有这样，才能有的放矢，绩效审计工作才能得出有针对性的审计结论，提出有价值的审计建议。

3）选择标准的来源应是广泛的。《世界审计组织绩效审计指南》指出，规范性的绩效审计标准可以从以下渠道获得（施青军，2007）：管辖被审计单位运作的法律和规定；立法机构或者行政部门采取的决策、政策和程序；与最佳实务的比较；与历史材料的比较；专业标准、经验和价值；独立专家建议和专长；新的或既定的科学知识以及其他可靠信息；以前在类似审计中用过的标准或者其他最高审计机关用过的标准；开展类似活动或项目的机构；绩效准则或者立法机构以前开展的问询活动；关于一般管理和被审计事项的文字等。作为绩效审计工作范畴之一的政府信息资源管理绩效审计，其标准来源也应是多渠道的，它既可以来源于国家的法律、法规和政策，也可以来源于部门制定的计划、预算和定额，既可以是其历史业绩水平、行业水平或国际水平，还可以是相关的理论依据或科学计算数据。为此，在选择相关标准时，政府信息资源管理绩效审计工作要拓宽眼界，善于借鉴，兼容并包。

4）标准的选择必须与环境相一致。绩效审计工作总是在一定环境下展开的，绩效审计标准的选择要与环境相适应，应是动态的。在这方面，要注意三个问题：一是标准选择要与政府信息资源管理活动中存在的问题相适应，如当政府信息资源管理活动中浪费较严重时，经济性标准必然处于该项目审计的核心地位。二是与社会对政府信息资源管理的要求相适应，如公众要求政府部门提供公平的信息服务时，效果性标准就显得更为重要了。三是要注意与被审计单位意见的协调。被审计单位的意见是政府信息资源管理绩效审计工作开展的基础人文环境，在开展审计时必须考虑这一环境因素。在选择标准时，妥善地处理这一问题，有助于绩效审计工作有序开展，正如《亚审组织绩效审计指南》中所述（上海审计网，2008），“采纳被审计单位管理部门对审计标准的意见是非常有帮助的”。为此，政府信息资源管理绩效审计标准的选择应具体问题具体分析，因环境的变化而有所调整。

4. 政府信息资源管理绩效审计标准体系的构建

一个科学合理且实用的评价标准体系是政府信息资源管理绩效审计工作有效开展的前提保障。经过综合考虑，在此采取对审计标准进行具体转化（即评价指标体系设计）、并给各指标赋予权重的思路来完成政府信息资源管理绩效审计标准体系的构建工作。

（1）政府信息资源管理绩效评价标准的具体转化——评价指标体系的设计

根据政府信息资源管理绩效审计标准的含义、构成和选择要求，结合政府信息资源管理绩效审计的三大业绩标准——经济性、效率性与效果性，从实用的角度出发，笔者经过反复讨论、筛选，设计出了 3 个一级指标、9 个二级指标、23 个三级指标，具体如表 6-1 所示。

表 6-1　政府信息资源管理绩效审计的评价指标体系

目标层	一级指标	二级指标	三级指标
A 政府信息资源管理绩效	B_1 经济性	C_1 资金运用情况	D_1 运用的资金量与预算是否相符
			D_2 资金运用分配是否合理
		C_2 人员配置情况	D_3 是否与本单位的工作量相适应
			D_4 岗位设置是否合理
			D_5 人员构成是否科学
		C_3 财产物资投入	D_6 物资是否按规定投入使用
			D_7 物资利用是否恰当

续表

目标层	一级指标	二级指标	三级指标
A 政府信息资源管理绩效	B_2 效率性	C_4 机构设置情况	D_8 机构设置是否符合精简原则
			D_9 分工是否合理
			D_{10} 岗位权责是否明晰
		C_5 人员管理情况	D_{11} 人员使用是否恰当
			D_{12} 岗位责任制是否落实
			D_{13} 人员流动是否合理
		C_6 业务流程情况	D_{14} 是否按用户要求建立业务流程
			D_{15} 业务流程自动化程度
			D_{16} 与其他信息系统的协同程度
	B_3 效果性	C_7 计划完成情况	D_{17} 工作任务完成比例
		C_8 用户满意情况	D_{18} 投诉情况
			D_{19} 服务有用性
			D_{20} 服务可得性
		C_9 社会影响力	D_{21} 服务的覆盖面
			D_{22} 服务的知晓率
			D_{23} 上级及平行单位的评价

（2）给各个指标赋予合适的权重

权重的赋值是绩效审计评价指标体系构建过程中非常关键的一个步骤，对于能否客观、真实地反映政府信息资源管理绩效起着至关重要的作用。这方面，可由专家小组根据经验，或一些专门的方法来确定，本文采用层次分析法来确定各指标权重。层次分析法（范柏乃，2007）（analytic hierarchy process，AHP）是美国运筹学家 T. L. Saaty 教授于 20 世纪 70 年代初期提出的、对定性问题进行定量分析的一种简便、灵活而又实用的多准则决策方法。其核心思想是把复杂问题中的各种因素通过划分为相互联系的有序层次，使之条理化，根据对一定客观现实的主观判断结构（主要是两两比较）把专家意见和分析者的客观判断结果直接而有效地结合起来，对每一层次元素两两比较的重要性进行定量描述。而后，利用数学方法计算反映每一层次元素的相对重要性次序的权值，通过所有层次之间的总排序计算所有元素的相对权重并进行排序。

由于构建的政府信息资源管理绩效审计评价指标体系共分为三层，为了求出最低层次所有因素对于最高层相对重要性的权重，本文采用逐层计算的方法，从最高层开始，由高向低逐层进行计算（索传军，2007）。具体到某一层，其操作方法为：对于某一层次准则 C，假如有元素 D_1 和 D_2，其中哪一个更重要，重要的程度如何，通常按 1 ~9 比例标度（胡勤华等，2006）对重要性程度赋值。对于准则 C，n 个元素之间相对重要性的比较得到一个两两比较判断矩阵 $\boldsymbol{A}=(a_{ij})_{n\times n}$ 其中 a_{ij} 就是元素 D_i 和 D_j 相对于 C 的重要性的比例标度，且 $a_{ij}>0$，$a_{ji}=\dfrac{1}{a_{ij}}$，$a_{ii}=1$。再对该矩阵进行运算，求得特征向量，并计算判断矩阵的最大特征值 λ、一致性指标 CI 和随机一致性比率 CR，进行一致性检验，最后将符合一致性检验的特征向量作为指标的权重。现以效果性方面的“用户满意情况”为例进行分析。经过专家打分取平均值的方法得到判断矩阵（表 6-2）。

表 6-2　用户满意情况判断矩阵

C_8	D_{18}	D_{19}	D_{20}	W_{C_8}
D_{18}	1	1/7	1/5	0.078
D_{19}	7	1	1	0.487
D_{20}	5	1	1	0.435

经过运算，该判断矩阵的特征向量 $W=(0.078, 0.487, 0.435)^T$，最大特征值 $\lambda=3.013$，$CI=0.006$，$CR=0.010<0.1$，符合一致性检验，在此，就可以确定（D_{18}，D_{19}，D_{20}）的权重为（0.078，0.487，0.435）。

同理，计算出其他各层次指标的权重。最后对这三层级的指标权重进行合并运算，就可以得出政府信息资源管理绩效评价指标（三级指标）的最终权重，具体如表 6-3 所示。

表 6-3　政府信息资源管理绩效审计评价指标体系的综合构成

	一级指标权重 W	二级指标权重 W_1	三级指标权重 W_2	三级指标合并权重 $W\times W_1\times W_2$
A 政府信息资源管理绩效	B_1 经济性（0.333）	C_1 资金运用情况（0.333）	D_1 运用的资金量与预算是否相符（0.500）	0.055
			D_2 资金运用分配是否合理（0.500）	0.055
		C_2 人员配置情况（0.333）	D_3 是否与本单位的工作量相适应（0.429）	0.048
			D_4 岗位设置是否合理（0.429）	0.048
			D_5 人员构成是否科学（0.142）	0.016
		C_3 财产物资投入（0.333）	D_6 物资是否按规定投入使用（0.500）	0.055
			D_7 物资利用是否恰当（0.500）	0.055

续表

一级指标权重 W	二级指标权重 W_1	三级指标权重 W_2	三级指标合并权重 $W \times W_1 \times W_2$
A政府信息资源管理绩效			
B_2 效率性（0.333）	C_4 机构设置情况（0.429）	D_8 机构设置是否符合精简原则（0.327）	0.047
		D_9 分工是否合理（0.413）	0.059
		D_{10} 岗位权责是否明晰（0.260）	0.037
	C_5 人员管理情况（0.429）	D_{11} 人员使用是否恰当（0.540）	0.077
		D_{12} 岗位责任制是否落实（0.297）	0.042
		D_{13} 人员流动是否合理（0.163）	0.023
	C_6 业务流程情况（0.142）	D_{14} 是否按用户要求建立业务流程（0.559）	0.026
		D_{15} 业务流程自动化程度（0.319）	0.015
		D_{16} 与其他信息系统的协同程度（0.122）	0.006
	C_7 计划完成情况（0.352）	D_{17} 工作任务完成比例（1.000）	0.117
B_3 效果性（0.333）	C_8 用户满意情况（0.559）	D_{18} 投诉情况（0.078）	0.015
		D_{19} 服务有用性（0.487）	0.091
		D_{20} 服务可得性（0.435）	0.081
	C_9 社会影响力（0.089）	D_{21} 服务的覆盖面（0.333）	0.010
		D_{22} 服务的知晓率（0.333）	0.010
		D_{23} 上级及平行单位的评价（0.333）	0.010

有了这些具体的评价标准，就可以开始着手准备政府信息资源管理绩效审计评价工作。当然，这些标准在具体的审计过程中，也不是一成不变的，随着审计活动的深入，有时因工作的要求也需要作适当的调整，以便更好地完成政府信息资源管理绩效审计工作。

科学的标准是绩效审计工作得以有效开展的重要前提。政府信息资源管理绩效审计工作是一项复杂的社会系统工作，其标准的作用主要在于为主观性的认识（对政府信息资源管理工作的评价）提供相对客观的依据或评判基准。为此，在进行政府信息资源管理绩效审计时，确立什么样的标准体系，是审计工作正式开展前就应该考虑的重点和主要内容，正如彭华彰先生所讲，绩效审计标准“在审计之外，而不在审计之内”（彭华彰，2006）。由此可见，在正式启动政府信息资源管理绩效审计工作前，制定科学合理的绩效审计标准是该项工作顺利进行的必要条件。

6.3.2 政府信息资源管理绩效审计方法

1. 绩效审计方法概述

绩效审计方法是指审计人员为了达到绩效审计的目标，在进行绩效审计时收集和分析证据所采用的手段与措施，它决定了绩效审计工作能否有效地取得预期的效果。目前世界各国在绩效审计工作中形成了一系列值得借鉴的方法（孙国平等，2006），如在美国，绩效审计方法一般由资料收集方法和数据分析方法构成，其中，资料收集方法包括采访、观察、调查和查阅档案等；数据分析方法包括对信息进行比较分析、成本收益分析、统计的定性和定量分析、回归分析等。在英国，绩效审计方法主要包括观察、档案检查、访谈、调查、比较和分析方法、问卷、对业绩进行计量和评价的方法等。在瑞典，审计人员常用的方法主要有访谈、举办研讨会、利用专家的工作、观察、审阅、案例研究、问卷调查和数据的整理与预测等。我国很多学者 20 世纪 90 年代以来对绩效审计方法也进行了研究，这些研究多以绩效审计方法的形式表现出来。例如，李敦嘉（1996）在《效益审计的理论结构》一书中认为，绩效审计方法包括四类：第一类是核实的方法，如审阅法；第二类是对比的方法，如将实绩与计划标准进行对比；第三类是分析的方法，如因素分析法等；第四类是评价的方法，如现值法等。李凤鸣（2006）认为绩效审计的方法体系包括三大部分：一是审计规划方法，二是审计实施方法，三是审计管理方法。

纵观国内外绩效审计工作，可以发现国内外在绩效审计方法体系的构成倾向上不尽相同，国外主要是将实践中的方法进行罗列，未能从总体上层次分明地把握各种方法及其运用，而我国倾向于在理论上构建审计方法体系，但往往适得其反，所构建的审计方法体系显得有些冗杂（孙国平，2006）。本文根据绩效审计工作实际操作步骤的需要，将具体绩效审计活动中需要运用的审计方法分为证据收集方法和证据分析方法。

（1）证据收集方法

绩效审计的质量取决于绩效信息的数量和质量，而绩效信息的数量则有赖于信息收集的方法和途径。目前在绩效审计工作中，证据收集的方法主要有访谈、观察、审阅、调查（公共支出绩效审计研究课题组，2007；范柏乃，2007；卓越，2004）等。

1）访谈法。访谈是绩效审计中最常用的方法之一，可以运用于审计过程中的每个阶段。在这种证据收集方法运用时，审计人员要根据需要，事先准备好一系列的问题，然后通过直接谈话或讨论来发现事实真相、收集审计证据。由于目的不同，访谈可以分为准备性或了解情况式的访谈、收集资料和学习式的访谈、了解看法和观点式的访谈，以及产生和评价建议式的访谈几大类。访谈的方式多种多样，可以同时与多人访谈，也可与一人单独访谈，可以通过电话访谈，也可面对面地访谈。当然，有效的访谈需要审计人员具有丰富的经验和心理学知识，能够与被访谈者建立一种和谐和相互信任的氛围。访谈之前，审计人员要做好充分的准备，对访谈内容、提问方式和问题要点等都要进行周密的设计。同时，对被访谈者的背景、知识与经验等也应有一定程度的了解。访谈之后，审计人员应对访谈的情况进行整理和分析，并记录于审计工作底稿。

2）观察法。观察法是指审计人员通过实地察看被审计项目的进度、资金的使用情况、使用效果以及相关环境等，增进对被审计项目运行情况的了解，获得第一手资料的方法。观察法既可以用于对通过其他方法获得的审计证据的补充，证实审计证据，也可以用于直接收集相关证据。观察法可以比较准确地获得被审计项目如何运用的信息，适用于正在发生的被审计事项。但是审计人员应当注意实地观察可能影响项目参与者的行为，因此，还应判断观察时和不观察时被审计项目的运行情况是否一致。

3）审阅法。审阅法是绩效审计中收集审计证据的最基本、最直接的方法，是指审计人员通过审查和翻阅被审计单位及其他单位的相关书面文件，获取相关的证据资料。这些书面文件既包括财务资料、统计数据，也包括报告、会议纪要、决议等。为了确保审阅法的有效性，审计人员运用该方法搜集证据时，应当充分了解审阅的书面文件的性质、存放地点以及可能获得性，并对文件内容的相关性、可靠性作出合理的判断。

4）调查法。调查法是指审计人员通过采取诸如问卷调查、电话调查等多种方式，系统地收集调查对象的观点、态度和行为等方面信息，并进行分析的方法。调查法按照调查方式不同可分为问卷调查、电话调查、面对面调查等，按照调查对象范围不同可分为全面调查、抽样调查、典型调查和个案调查等，按组织实施方式不同，可分为自行调查和委托调查等。审计人员应当根据不同的调查目的、调查总体以及对数据信息的不同要求，合理地选择调查方法。一般而言，调查法适用于从大量人员中获取关于某一具体问题的量化信息，特别是通过其他方式不容易获得并且对于证实观点具有重要参考价值的信息。如果运用得当，调查问卷的效果会非常明显。调查法的缺点是：调查对象可能不积极配合，使审计人员得不到准确的反馈。同时这种方法比较耗时，成本较高。如果调查总体规模庞大，调查法往往不能全面概括问题。

（2）证据分析方法

对审计证据进行分析，需要审计人员运用专业知识、经验和智慧，创造性地开展工作。在这一创造性工作过程中，需要运用到一系列证据分析方法。这些方法，根据其性质不同，可以分为定性分析法和定量分析法。

1）定性分析法（公共支出绩效审计研究课题组，2007）。定性分析法是将某种事物或现象分为简单或基本的组成部分，用文字直观地对这些组织部分分别加以研究，找出各个组成部分的本质属性以及彼此之间联系的方法。在绩效审计中，常用的定性分析方法有内容分析法、程序分析法等。内容分析法是指审计人员对来源于多个渠道的、分散的、有可能还交叉或重叠的信息进行梳理，归纳出一个客观、明确的观点的方法。程序分析法是指审计人员按照既定标准和合理的控制模式，对已经了解到的公共支出项目的管理程序进行分析的方法。

2）定量分析法。定量分析法，又称为数据分析法，是指运用现代数学方法对有关的数据资料进行加工处理，据以建立能够反映有关变量之间规律性联系的各类预测模型的方法体系。这些定量的分析方法，通常来自于经济学、管理学、统计学等相对学科。如经济学中的成本效益分析、价值分析等，管理学中的本量利分析法、净现值法、内含报酬率法和投资回收期法等，统计学中的集中趋势分析、离散趋势分析、相关关系分析和回归分析等。

一般而言，在绩效审计活动中，需要运用到的绩效审计方法是多重的，这些方法共同构成了绩效审计方法体系，在这个体系中，每种方法各有其不同的适用范围，共同完成绩效审计任务。但是在具体的审计活动中，每个绩效审计项目均各自具有自己的特点，只能要求审计人员根据审计项目的具体情况灵活运用各种方法，不可能制定出一套普遍适用的方法。就某一个具体项目而言，只需选用审计人员认为对该项目必要的技术方法即可，不必求全。

2. 政府信息资源管理绩效审计方法的选择

对政府信息资源管理活动实际效果进行检查和评价，需要运用一系列专门的方法。目前绩效审计工作中除了收集审计证据运用到的一些常用方法如访谈法、观察法、审阅法、调查法等外，在证据分析时，常采用的方法主要是前后对比法、成本效益分析法、目标群体评定法、专家评估法等（施青军，2007）。其中，前后对比法是将活动前后的有关情况（数据）进行对比，从中测度出活动效果及价值的一种定量分析方法。在实际运用中，这种方法又分为四种具体方式（简单前后对比法、投射—实施后对比法、有—无政策对比法、控制对象—实验对象对比法）。成本效益分析法主要通过“收益”与“成本”的对比，分析和估算活动的实际效果。实际效果包括正面效果和负面效果。将正面效果视为“收益”，而将负面效果及其他代价视为“成本”，然后，通过“收益”与“成本”的对比，从中测算实际效果。目标群体评估法，即由目标群体以自己的切身感受和个人理解来评定执行效果的方法。专家评估法是指组织和依靠专家审定各项活动记录，将一个个人的意见，形成集体意见的量化评估方法。这些绩效审计方法均有其优势和不足，具体如表 6-4 所示（施青军，2007）。

表 6-4　绩效审计中的几种常用的证据分析方法的优势与不足

方　法		优　势	不　足
前后对比法	简单前后对比法	简单、明了	无法将政策执行所产生的效果和其他因素所造成的影响区分开来
	投射—实施后对比法	从方法和结果来看，它比简单前后对比法先进	对审计人员要求较高，难度也较大
	有—无政策对比法	对执行前后的情况均进行更精确的分析，更能准确地测出实际效果	要求对活动前后的情况十分熟悉
	控制对象—实验对象对比法	结论最为准确	社会实验的做法在实际中通常都难以实施
成本—效益分析法		方法直接、简便	效益、成本有时难以量化
目标群体评估法		数据最真实	容易犯以偏概全或以少概多的错误
专家评估法		集思广益、评价周全、结论较为客观	周期较长、费时费力

对于政府信息资源管理绩效审计工作来讲，其审计方法的选择不是一件简单的事情。在选择审计方法的时候，要注意考虑两个方面的因素：一是什么方法适用于绩效审计工作，二是什么方法适合于对政府信息资源管理的后果（包括直接后果和间接后果）进行评价。结合政府信息资源管理绩效的实际情况和绩效审计方法的特性，政府信息资源管理绩效审计的方法应根据证据收集方法和证据分析方法来分别确定（吕元智，2009）：

1）在证据收集方面：收集审计证据，是任何审计工作均需完成的事项。在这方面，其方法一般都是通用的。作为政府信息资源管理绩效审计工作来讲，收集具体审计指标证据的方法不外乎访谈法、观察法、审阅法和调查法等方法。在这里，要注意的一点是，这些方法的运用是非常灵活的，要根据不同审计指标需求来选择。

2）在证据分析方面：众所周知，政府信息资源管理工作是一项复杂的社会工程，其产生的后果和影响是多层面的，因此，分析指标数据的方法也应该是多层次的。一般而言，政府信息资源管理绩效审计证据分析的方法应根据政府信息资源管理工作产生的直接效果和间接效益来选择。如直接效果方面的评价可以采取前后对比法中的“无政策对比法”，在间接效果评价方面，可以根据实际情况选择目标群体评定法、专家评估法等。另外，在具体统计数据分析上，还应注意结合一些专门的数据处理方法，如层次分析法（analytic hierarchy process，AHP）、数据包络分析法（data envelopment analysis，DEA）、时间序列分析法、回归分析法、相关分析法、聚类分析法（胡勤华和韩用明，2006）等。通过选择这些先进的技术方法，对政府信息资源管理的后果进行量化处理，可使得出的审计结论更加有说服力。

本章小结

政府信息资源管理绩效审计的产生是社会发展到一定阶段的必然产物，是受托经济责任内容不断拓展、新公共管理运动兴起、绩效审计理论研究与实践运动展开等因素共同作用的结果。

政府信息资源管理绩效审计是指绩效审计者（一般指国家审计机关）根据国家审计法规和国际惯例的要求，按照授权和规定的程序通过收集、分析、评价政府信息资源管理单位在政府信息资源管理活动中形成的审计证据，对其信息资源管理活动的经济性、效率性、效果性（简称为“3E”）等进行的审计，发现政府信息资源管理中存在的问题，找出产生这些问题的根源，提出改进政府信息资源管理的建议，将审计结果反馈给相关部门，帮助政府信息资源管理单位更好地履行其职能的一项专门性的审计活动。它是对政府信息资源管理部门的贡献性进行的审计，是时代发展的必然要求，它的产生和发展具有十分重要的理论与现实意义。

根据绩效审计的一般思路，政府信息资源管理绩效审计过程可分为计划阶段、实施阶段、报告阶段和后续阶段四个阶段。

另外，政府信息资源管理绩效审计是一项主观见诸于客观的活动，它需要遵循客观性、科学性，以及公正、公开原则，并按一定的标准进行。政府信息资源管理绩效审计标准就是用来判断政府信息资源管理绩效的基准或原则。从衡量的结构层次来看，它可以划分为微观层次标准、中观层次标准和宏观层次标准；从衡量的内容范围来看，它可以划分为经济性标准、效率性标准和效果性标准；从衡量的绩效性质上来看，它可划分为定量标准和定性标准。在具体审计标准选择时，既要考虑到绩效审计工作的一般要求，又要结合政府信息资源管理工作的实际情况。

此外，在实际操作过程中，还需要对政府信息资源管理绩效审计标准进行具体转化（即评价指标体系设计），给各指标赋予相应的权重，并选择科学适用的方法进行审计。

参考文献

蔡春，刘学华.2006. 绩效审计论. 北京：中国时代经济出版社

蔡春，刘学华.2006. 绩效审计论. 北京：中国时代经济出版社.1，7，9，10，12，13

陈宋生.2006. 政府绩效审计研究. 北京：经济管理出版社.9

陈宋生.2006. 政府效益市计研究. 北京：经济管理出版社

范柏乃.2007. 政府绩效评估与管理. 上海：复旦大学出版社.235～237，286

公共支出绩效审计研究课题组.2007. 公共支出绩效审计研究. 北京：中国时代经济出版社. 179～182，186～188，194，195

胡勤华，韩用明.2006. 效益审计技术与方法. 北京：中国财政经济出版社.59

李春青.2007. 政府信息系统审计：基于经济监督视角的信息系统审计. 审计月刊，(3)：8，9

李凤鸣.2006. 审计学原理. 上海：复旦大学出版社.213～214

李凤鸣.2006. 审计学原理. 上海：复旦大学出版社

李嘉敦.1996. 效益审计的理论结构. 北京：中国审计出版社.105

李三喜，李春胜，徐荣才等.2006. 经济效益审计精要与案例分析. 北京：中国市场出版社.42

刘强，甘仞初.2005. 政府信息资源开发利用的综合评价模型与实证. 北京理工大学学报，(11)：1024～1028

吕元智.2009. 基于结果导向的政府信息资源管理效益审计模式分析. 档案学通讯，(2)：69～74

吕元智.2009. 政府信息资源管理绩效评估研究. 武汉：武汉大学.1～4，49～54，92，93

罗美富.2005. 英国绩效审计. 北京：中国时代经济出版社.177，185

孟秀转，孙强.2008-08-31. 热点难题：绩效评估、绩效审计与绩效优化. http：//tech. ccidnet. com/art/884/20040405/100316_ 1. html

彭华彰.2006. 政府效益审计论. 北京：中国时代经济出版社.3，4，9

彭华彰.2006. 政府效益市计论. 北京：中国时代经济出版社

上海审计网.2008-10-06. 亚审组织第五次研究项目——绩效审计指南. http：//sjj. sh. gov. cn/node2/node9/node32/ula7057. html

审计署外事司.2003. 国外效益审计简介. 北京：中国时代经济出版社.172

施青军.2007. 中国特色的绩效审计探索. 北京：中国财政经济出版社.231，233

施青军.2007. 中国特色的绩效审计探索. 北京：中国财政经济出版社.281

施青军.2007. 中国特色的绩效市计探索. 北京：中国财政经济出版社

孙平.2006. 我国政府绩效审计问题研究. 哈尔滨：东北林业大学.25～28，30

索传军.2007. 数字馆藏评价与绩效分析. 北京：北京图书馆出版社.168

王芳. 2006. 政府信息共享障碍及一个微观解释. 情报科学,(2):195~199

王新才,吕元智,袁文清. 2009. 政府信息资源管理绩效审计:背景、内涵与意义. 档案学通讯,(3):18~22

王新才,吕元智. 2009. 政府信息资源管理效益审计标准研究. 图书情报工作,(11):127~130

吴小芬,李永忠,许惠煌. 2006. 我国电子政务信息系统审计探析. 情报杂志,(8):5~7

徐兴林. 1996. 政务信息统计评价方法初探. 情报资料工作,(2):24~26

杨道玲. 2008. 服务导向的政府部门电子政务绩效评估研究. 武汉:武汉大学. 78

于飞. 2007. 新公共管理运动中西方政府责任的变化. 哈尔滨市委党校学报,(5):61~63

卓越. 2007. 公共部门绩效评估. 北京:中国人民大学出版社. 94~98

Gupta M P, Jana D. 2003. E-government evaluation: a framework and case study. Government Information Quarterly, 20 (4): 365~387

Pollitt C, Girre X, Lonsdate et al. 1999. Performance or Compliance? ——Performance Auditand Public Management in Fire Contries. Oxford: Oxford University Press.

第7章　政府信息资源管理政策与宏观调控体制

7.1　政府信息资源管理政策

7.1.1　政府信息资源管理政策功能

1. 政府信息资源管理政策的含义

(1) 信息政策的含义

伴随着信息资源地位的日益提升，作为调控信息资源管理活动的信息政策越来越受到社会关注。早在20世纪50年代末，就有人开始关注信息政策问题，如美国在1958年的“贝克尔报告”中就提出了“国家应对科学研究与发展的作用予以重视”的思想。进入20世纪80年代后，信息政策普遍受到世界各国重视，并形成了一些有代表性的成果：1982年美国情报学家V. 卢森堡发表了《国家信息政策》一文，该文全面评述了世界范围的信息政策活动及研究状况，并特别强调了信息保密对国家安全和经济利益的重要性。1989年，国际文献联合会(FDI)出版了《国家信息政策》一书，该书对世界上主要发达国家的信息政策进行了比较研究（周鸿铎，2000）……相对而言，我国信息政策研究起步较晚，进入20世纪90年代后，陆续有一批学者（博特尼克，1986；薛列拴，1992；肖希明，1994；陈亮等，2002）开始关注信息政策问题。信息政策之所以受到世界各国的重视，主要在于信息技术和信息产业的飞速发展给社会在政治、经济、文化等方面带来了新的机遇和挑战，迫使国家重新思考信息资源的战略意义和制定国家信息政策的必要性和急迫性。正如美国情报学家V. 卢森堡在《国家信息政策》一文中指出那样，“信息技术的新发展使包括美国在内的许多国家重新看待管理信息的规则、规章、法律和政策。事实上，新的交流形式的剧增是我国需要新的、创造性政策的主要原因之一”（周鸿铎，2000）。

那么，什么是信息政策呢？目前对信息政策的理解有诸多不同观点，例如，温格顿（F. W. Weingaraten）认为，一切用以鼓励、限制和规范信息创造、使用、存储和交流的公共法律、条例和政策的集合即为信息政策（马费成等，

2000）。

卢泰宏认为，信息政策是国家用于调控信息产业的发展和信息活动的行为规范和准则，它涉及信息产品的生产、分配、交换和消费等各个环节，以及信息业的发展规则、组织与管理等综合性的问题（卢泰宏，1993）。

孟广均等人认为，信息政策就是与信息的创造、存储、处理、传播和利用有关的所有公共法律、规章和计划，它具有复杂性和动态性，会随着环境的变化不断改进并进行调整（孟广均等，2008）。

马费成等人认为，信息政策即据以调控信息生产、交流和利用的措施、规范和准则的集合，它涉及信息产品的生产、分配、交换和消费等各个环节（马费成等，2000）。

胡昌平认为，信息政策就是某一个国家或国际组织开展信息工作与发展信息产业所采取行动的概括性总体原则；或者从更狭义的角度看，信息政策是处理特定信息问题的一系列指导方针（胡昌平，2004）。

……

上述概念虽然在表述上有较大的差异，但其本质基本相似，人们对这一本质概念的理解大致可以分为三种类型（马费成等，2000）：

第一种类型是“大信息政策观”。该种类型的观点一般从广义层面上来理解信息政策，将所有与信息交流、创造等活动有关的宏观政策均视为信息政策。这种类型的观点以英美等国家为代表。

第二种类型是“小信息政策观”。此种类型的观点多是从原来的学科研究领域加以衍生、发展起来的，将情报政策、通信政策、信息产业政策等狭义的理解等同于信息政策。我国 20 世纪 90 年代前的信息政策基本上属于该种类型的信息政策。

第三种类型是“折中的信息政策观”。这类观点介于两者之间，力图从“信息联系”上来解释信息政策，构筑信息政策体系。

鉴于信息时代人们对信息的重视以及信息自身的价值和地位，本文采取“大信息政策观”的思路来理解信息政策。也即，信息政策是指在一定区域范围内一切用以鼓励、限制和规范信息创造、使用、存储和交流的公共法律、条例、措施、规划、原则或指南等的集合，其本质是一个用以调控信息资源管理活动的规范体系。

（2）对政府信息资源管理政策的理解

政府信息资源管理活动是信息政策调控的内容之一，因此，对政府信息资源管理活动进行调控的相关政策也属于信息政策体系的一部分。根据上文对信息政策的理解，在此，可以将政府信息资源管理政策理解为：在一定区域范围内一切用以鼓励、限制和规范政府信息资源创造、使用、存储和交流的公共法律、条例、措施、规划、原则或指南等的集合。具体来讲，它包括以下几层含义：

1）政府信息资源管理政策是信息政策体系内容之一，政府信息资源管理政策具有信息政策的一般共性；

2）政府信息资源管理政策调控的对象是政府信息资源及其管理活动，不同于一般的信息资源及其管理活动，具有特殊性；

3）政府信息资源管理政策是一个集合，它包括与政府信息资源管理活动相关的公共法律、条例、措施、规划、原则或指南等；

4）政府信息资源管理政策是一个发展的概念，它会随着社会信息环境的变化而不断调整。

2. 政府信息资源管理政策的功能

政府信息资源管理政策是规范政府信息资源管理活动的重要措施和指南，它在协调政府信息资源管理活动方面具有引导、管制、调控与分配等功能（刘昌雄，2003；钮菊生，2001）。

（1）引导功能

政府信息资源管理政策作为规范政府信息资源管理行为的准则，对其行为具有重要的引导作用。这种引导作用是多维的。从内容上来看，政府信息资源管理政策的引导包括两方面，一是对行为的引导，二是对观念的引导。在实际工作、生活中，政府信息资源管理政策通过相关内容告诉管理者和社会公众应以什么为标准来管理和利用政府信息资源，引导和规范政府信息资源管理和利用行为。这种对行为的引导必然也会对人的观念变化带来影响，也即观念上的引导；从表现形式上来看，政府信息资源管理政策的引导可以分为直接引导和间接引导。直接引导就是对政府信息资源管理活动产生直接的影响，如政府公开条例的发布明确规范政府信息的公开时限、方式等，而间接引导就是通过其他形式如发展电子政务等来影响政府信息资源管理工作；从作用结果看，政府信息资源管理政策的引导既有正向功能也有负向功能。所谓正向功能是指政策对政府信息资源管理活动发展方向的正确引导，体现了政策与管理活动发展规律的协调一致；所谓负向功能是指对政府信息资源管理活动发展方向的错误引导，表现了政策与管理活动发展规律的冲突和矛盾。这里需要强调的是，并非只有错误的政府信息资源管理政策才具有负向功能，一些正确的政策也可能产生负向功能，如泛化的政府信息公开政策有可能会导致信息泄密等。

（2）管制功能

为避免影响政府信息资源管理活动的不利因素出现，政府信息资源管理政策就要发挥对其活动的约束和管制职能。这种功能往往通过政策的有关条文规定明确地加以表现，通常采取两种途径达到目标。一是积极性管制。也即，通过制定政府信息资源管理政策明文规定对正确的行为进行物质或精神奖励，以刺激这种行为重复出现，从而达到减少其反向行为的目的。该种途径在管理中被称作正强化。二是消极性管制。也即，通过制定政府信息资源管理政策明文规定对错误或不当的行为进行物质或精神方面的惩罚，以抑制这种行为重复出现，从而达到有效管制的目的。该种途径在管理中被称作负强化。

（3）调控功能

随着人们对信息价值认识的不断深入和信息生产活动的日渐社会化，一些潜在的矛盾和问题渐渐暴露出来，导致信息环境恶化，一方面生产出的大量信息自生自灭得不到充分利用，另一方面用户的信息需求得不到满足，信息占有和获取的不公平日益严重等。信息环境的变化已经引起社会各界的广泛关注，人们已认识到，要使信息真正成为一种资源，必须强化信息管理，需要有相应的国家政策对其进行调控。作为社会信息资源最大的拥有者政府而言，其掌握的政府信息资源是当今社会最为重要的信息资源，出台相关政策对其进行调控是缓解当今社会信息供求矛盾的重中之重。政府信息资源管理政策的这种调控功能主要体现在以下几个方面：一是调控政府信息资源体系建设，促进各政府信息资源管理部门分工协作，避免“信息孤岛”和重复建设，实现政府信息资源共享。二是调控政府信息资源管理工作发展方向，确保政府信息资源管理部门在保障政府信息需求满足的同时，尽一切可能为社会公众提供政府信息资源服务，实现资源配置效率最大化。

（4）分配功能

众所周知，信息资源是社会重要的生产要素，对政府信息资源的各项收益进行分配是政府信息资源管理政策的本质特征。也即，政府信息资源管理政策要面临一个“政策使谁受益”的问题，换句话讲，就是每一项具体的政府信息资源管理政策都会涉及“把政府信息资源利益分配给谁”这样一个问题。如何使政府信息资源这种带有公共性质的资源被社会公平公正利用呢？这正是当今政府信息资源管理政策要解决的核心问题。政府信息资源管理政策是否公正合理，将直接影响该资源是否被有效利用。从这种政策的分配功能发挥效用的后果上来看，它有两种情形，一是比较公平公正地方便社会利用信息资源，如政府信息公开等。二是限制某些群体和个人有效利用政府信息资源，如政府信息资源管理政策过分地强调保密内容而让公众无法有效利用信息等。

7.1.2　政府信息资源管理政策基本要素

1. 有关信息政策要素的学说

（1）几种代表性的观点

自信息政策研究被重视以来，信息政策要素问题就引起了众多研究者的关注。国内外众多研究者从不同角度对其进行研究，形成了一批具有代表性的观点，其中以罗兰要素说、莫尔要素说、希尔要素说、赫尔农（Hereon）和雷利（Relyea）要素说、伯格（Burger）要素说和我国马费成等人的观点为代表（马费成等，2000；孟广均等，2008）。

1）罗兰要素说。罗兰（Ian Rowlands）在《理解信息政策——概念、框架与研究方法》（Rowlands，1996）一文中认为，信息政策由基础政策、水平信息政策和垂直信息政策组成。其中，基础政策适用于整个社会，对信息部门有直接或间接的影响，为信息部门活动创造社会、经济环境；水平信息政策适用于整个信息部门并对这些部门产生直接或间接的影响，如数据保护政策、信息自由政策、隐私政策等；垂直信息政策适用于某一特定的信息部门或某一特定的信息资源领域，如地理信息政策、公共图书馆服务政策等。基础政策是水平信息政策和垂直信息政策的基础。

2）莫尔要素说。1991年莫尔（N. Moore）在《信息政策》一书的导言中提出，信息政策应包括四大方面：①法规问题；②宏观经济问题；③组织问题；④社会问题。其中，法规问题包括个人隐私权、版权、其他知识产权、法律义务、信息保护、信息自由等；宏观经济问题涉及信息部门的发展，信息经济的测度，对信息基础设施、教育和培训（人力资源）的投资等；组织问题涉及对信息处理过程和信息技术进行管理的各个方面；社会问题包括个人为在社会上更有效地发挥作用而必须具备的信息、读写和计算能力，信息富者和信息贫穷者之间的差距等。在此认识基础上，1993年，莫尔在《信息政策和策略发展——政策目标的分析框架》（Moore，1993）一文中提出了层面—因素信息政策要素说，提出了一个信息政策模型，作为分析信息政策的工具。该模型在产业、组织和社会三个不同的层面上共同运作，而每个层面又需考虑到信息技术、信息市场、信息工程、人力资源和法规五个方面的因素。

3）希尔要素说。1994年，希尔（Hill）在《国家信息政策和策略》一书中指出信息政策包括以下方面（Hill，1994）：①政府对信息的获取；②政府的信息管理；③政府对信息和传播技术的利用；④信息技术产业；⑤电信和网络；⑥信息经济；⑦工业、农业和商业；⑧科学和技术信息；⑨信息产业。

4）赫尔农和雷利要素说（Hernon et al.，1991）。1991 年，赫尔农（Hereon）和雷利（Relyea）在他们合作的《信息政策》一文中构造了一个信息政策分类表，其主要要素包括：①与信息政策有关的联邦组织：提供联邦信息的政府机构的结构。②联邦政府和信息部门之间的关系：从事政府信息生产、分配和传播的机构、组织的责任与角色。③信息技术：信息技术的应用及其对政府信息提供的影响。④政府信息经济学：政府提供联邦信息的费用和效益。⑤公众获取政府信息的能力：公众获取联邦信息的权利和政府的责任。⑥信息自由和隐私权保护：在保护不应泄露的信息的同时，公众获取政府机构记录的权利。⑦秘密和保护：为了保护公众利益和国家安全，政府有不公开信息的权利。

5）伯格要素说（Burger，1998）。1993 年伯格（Burger）在其《信息政策——评价和政策研究框架》一文中采用由 1986 年恰特兰德（Chartrand）和米勒夫斯基（Milevski）设计的信息政策体系，将信息政策体系的要素归为九个大类：①联邦信息资源管理。②用于教育、革新和竞争的信息技术。③电信、广播和卫星转播。④国际交流和信息政策。⑤信息泄露、机密和隐私权。⑥计算机法规和犯罪。⑦知识产权。⑧图书馆和档案馆政策。⑨政府系统、票据交换所和传播。

6）陈亮、马费成等的观点（陈亮等，2002）。陈亮、马费成等人认为，政府信息政策体系由政策主体、政策目标、政策问题、政策内容和政策形式等五要素组成。

（2）对各代表性观点的评析

通过上述对各种信息政策要素说的列举可以看出，它们都在一定程度上概括了信息政策的要素，但也存在着一些缺陷。

1）罗兰要素说是从公共政策的角度分析信息政策，有利于从本质上掌握信息政策的目的和功能。但其要素说划分较为模糊，分类线条过粗，政策要素所覆盖的范围比较泛化，有时不易准确判断其边界，较易给政策执行带来困难。

2）莫尔要素说由两个阶段构成，第一个阶段的要素说较为简单，各要素之间的内在逻辑关系不明。为了建立一个逻辑性较强的信息政策体系，他提出了第二阶段的要素说，即层面—因素信息政策要素说，为分析信息政策的各种目的提供了框架，有助于确认制定政策的合适领域，但总体上来讲，该要素说仅从信息技术、信息市场、信息管理、人力资源和立法条例五个要素来分析信息问题，解决复杂的问题有时会无效。

3）希尔要素说采取列举的形式罗列信息政策要素，简洁明了。但其分类表没有全面地涵盖信息政策的各个方面，甚至有些要素相互重叠，给操作带来一定困难。

4）赫尔农和雷利要素说是基于政府资源的一种信息政策要素说，对解决政府信息资源管理工作问题具有明显的针对性，但以政府信息政策替代信息政策具有范围过小的局限。

5）伯格的要素说较好地涵盖了信息政策要素，并为信息政策的整体设计和综合性研究提供了一个有效的分析工具，但其要素说对经济方面关注度不高，不利于信息政策功能的发挥。

6）陈亮、马费成等的观点具有中国特色，代表我国目前主流学派对信息政策要素的认识，但其内容体系随着信息环境的变化还需要进一步深化。

2. 政府信息资源管理政策的基本要素

通过上述信息政策要素说的分析，可以看出，信息政策是一个非常复杂的概念，其要素构成是多维的，并具有复杂的逻辑关系。本文根据信息政策的本质，从动态的角度将政府信息资源管理政策构成划分为政策主体、政策客体、政策目标、政策内容、政策载体、政策执行六个要素。这六个要素相互作用，共同体现政府信息资源管理政策的内在逻辑关系和内在本质。

1）政策主体。政策主体主要指政策的制定者和执行者。在这里，政府信息资源管理政策的主体主要指政府及其相关部门。这主要是由于政府信息资源属于公共资源，归国家全体社会成员共有，但这些公有的信息资源不可能由全体社会成员来管理，只能通过一种“契约”关系——委托代理关系交给政府来管理。从委托代理关系上来看，政府信息资源管理政策的权利主体是公众，但是，到了具体操作层面上，政府信息资源管理政策的制定和执行主体只能是公众的代理机构和代理人——政府及其相关执行者。

2）政策客体。政策客体即政策调控的对象。政府信息资源管理政策的客体是指政府信息资源管理活动过程中的各种行为和问题。行为即政府信息资源管理活动中的一切表现形式，有正确的行为和非正确的行为。政府信息资源管理政策对这些行为进行调控，对正确的行为进行积极引导，使其沿正确的轨道继续前进，对非正确的行为进行纠偏，使其回归到既定的行为轨迹上来。问题主要指政府信息资源管理活动中出现的各种矛盾和不协调现象。政府信息资源管理政策对这些问题进行协调，化解矛盾，促进政府信息资源管理工作顺利进行。

3）政策目标。政策目标说到底就是政策执行后要求达到的预期效果。政府信息资源管理政策的目标主要是指通过这些政策在保障政府信息资源安全的基础上，使政府信息资源充分被社会利用，加速政府信息资源转化为现实生产力的进程，提高社会整体信息化水平。从利益关系上来看，政策其实就是一种利益分配协调工具，政府信息资源管理政策就是要将政府信息资源所带来的福祉以公平、公正的形式分配给社会全体成员。

4）政策内容。政策内容即政策调控行为涵盖的范围。政府信息资源管理政策内容在这里可以分为信息权利、信息义务及协调机制三个方面。其中信息权利方面主要指政府信息资源管理和利用主体在政府信息资源管理工作方面享有的权利，如管理主体根据相关政策和法规确定哪些信息公开共享，利用主体依法享有获取政府信息资源的权利等。信息义务方面主要指在政府信息资源管理活动中各主体应承担的责任。协调机制主要指对不履行义务行为的强调措施和方法等。

5）政策载体。政策载体指政策的表现形式。政府信息资源管理政策载体是指政府制定并颁布执行的政府信息资源管理内容的文件、指南、规定、法规等。

6）政策执行。政策执行指采取一定措施和方法实现政策目标的过程。政府信息资源管理政策执行是该政策实现其价值和目标的重要环节，因此执行要素是政府信息资源管理政策的核心要素。政府信息资源管理政策执行要依赖于一定的过程和资源、手段等。其中政府信息资源管理政策执行过程一般由政策宣传、政策分解、物质准备、组织准备、政策实验、全面实施、反馈等环节构成。政策执行资源是指政策执行主体实施既定的政策所必须具备的客观与主观条件，包括经费和人力、信息、权威、执行保护等，它是该政策得以有效实施的基础保障。政策执行手段有行政手段、法律手段、经济手段和思想引导手段等，它是政府信息资源管理政策得以实施的方法论。

可以说，政府信息资源管理政策这六个要素互为联系，共同构建了政府信息资源管理政策体系，如图 7-1 所示①。政府信息资源管理政策需要通过一定的政策内容和政策载体来体现，政策主体通过制定和执行政策而作用于政策客体，实现政策的目标。

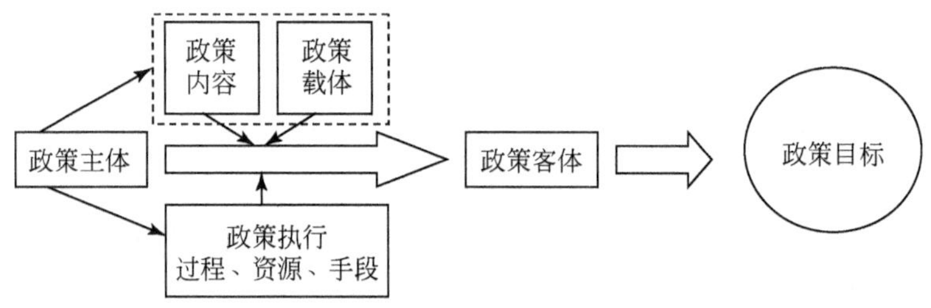

图 7-1　政府信息资源管理政策要素及其运行机制图

① 图中所提及的政策主体是一个宽泛的概念，在实际操作中，政府信息资源管理政策的制定者和执行者应分别属于不同的部门，并能进行有效监督。

7.1.3　政府信息资源管理政策体系构成

任何政策都是一个系统，政府信息资源管理政策也不例外。政府信息资源管理政策这一系统可以从层次和内容上进行构建。

1. 政府信息资源管理政策的层次体系

从层次上来看，政府信息资源管理政策体系可以根据指导和调整范围的不同，划分为 3 个层次——宏观层次政策、中观层次政策和微观层次政策（孟广美等，2008）。

1）宏观层次政策。宏观层次的政策是从战略高度针对全局性的问题而制定出来的政策。在这里，可以将其理解为国家信息化政策，如《2006 ~ 2020 年国家信息化发展战略》等。这一层次的政策是政府信息资源管理工作开展的基础政策，也是其他层次政策制定的前提，主要发挥政策导向作用，是政府信息资源管理的方向性政策。

2）中观层次政策。中观层次的政策调整和解决政府信息资源管理工作中的共性问题，如政府信息资源管理的标准、政府信息资源共享等。在中观层次政策指导下，政府信息资源管理机构在国家信息政策框架内通过协约机制、共享机制等手段来寻求相互之间的协调和管理。这一层次政策的最终目的是促进政府信息资源管理工作实现资源优化配置，实现区域或者全国范围内政府信息资源共享效率最大化。

3）微观层次政策。微观层次的政策主要是针对具体政府信息资源管理工作而制定的政策，其目的在于规范各政府信息资源管理单位工作程序，提升服务质量等，如《中华人民共和国政府信息公开条例》、《中华人民共和国档案法实施办法》等。这一层次的政策主要是指导和规范政府信息资源管理机构和部门的具体行为。这一层次政策要求更加具体化，以便于操作。

2. 政府信息资源管理政策的内容体系

从内容上来看，政府信息资源管理政策体系可以分为组织规则、投资政策、技术政策、人才政策、业务规范等几个方面。

1）组织规划。组织规划主要涉及政府信息资源管理工作的战略部署，如国家政府信息资源管理发展纲要、机构编制管理等。

2）投资政策。投资政策主要涉及政府信息资源管理部门的资金来源、构成、分配和使用，以及投资比例、增长速度和调控机制等。

3）技术政策。技术政策主要涉及政府信息资源管理相关技术的开发、推广和应用以及信息网络的建设、技术的标准化、技术的引进等。

4）人才政策。人才政策主要涉及人才的培养、引进、使用、晋升、奖惩和辞退等方面的内容。

5）业务规范。业务规范主要涉及政府信息资源管理工作业务操作流程的规范和标准，如著录标引规范、数字化操作标准等。

7.1.4 政府信息资源管理政策制定与选择

政府信息资源管理政策是调控政府信息资源管理活动的重要工具。可以说，有什么样的政府信息资源管理政策就会有什么样的政府信息资源管理行为和后果。因此，制定和选择政府信息资源管理政策是非常关键的，它需要按照一定的要求和程序进行。

1. 政府信息资源管理政策制定与选择的要求

政府信息资源管理政策制定与选择的具体要求有以下几个方面：

1）实事求是。每个国家的信息环境水平都与其社会发展程度有关，不同国家的社会信息环境存在着明显的差异，而这种差异主要表现在社会信息意识与社会信息能力层面。因此，在制定和选择政府信息资源管理政策时，要充分考虑这些问题。对于不同国家的社会信息环境来说，政府信息资源管理政策所关心的问题是大不相同的，如发达国家对信息公开、个人隐私保护大为关注，发展中国家更关心信息系统建设和信息资源的分布流通等问题。所以，政府信息资源管理政策的制定和选择要遵循实事求是的精神，从本国实际出发，逐步推进。

2）服从需要。国家社会经济发展的总目标、总战略和基本指导思想，是政府信息资源管理政策目标选择的宏观背景。因此，要根据国家在特定历史时期所确立的经济建设指导方针和社会发展战略目标来选择政府信息资源管理政策的目标，便于为实现社会发展总目标服务。另外，政府信息资源管理政策的制定和选择还要服从国家政策体系。在制定政策时，必须保证它与国家的有关经济政策、科技政策、文化政策协调一致，不发生矛盾和冲突。此外，由于信息环境问题的国际性、全球性趋势越来越明显，在制定与选择本国的政府信息资源管理政策时，也不得不考虑其他国家信息政策的影响，注意与国外信息政策的接轨问题。

3）公众参与。决策的民主化是现代公共政策制定中的一个重要的价值取向。政府信息资源是社会公共资源，其开发利用关系到每个公众的福祉，因此，在政府信息资源管理政策制定和选择时，每一个利益主体都能够参与进去，让自己的利益需求都能够得到体现，这样制定与选择的政策才能符合绝大多数的利益。

4）标准规范。社会中利益主体的多元化和公共政策制定过程的复杂性，都要求政府信息资源管理政策的制定和选择要遵循标准规范化原则，不能随意决定。作为公共政策之一的政府信息资源管理政策是对全社会的价值作权威性的分配，涉及社会生活的方方面面，影响到社会秩序，社会稳定和社会发展。因此，政府信息资源管理政策的制定与选择必须是一项非常重要的规范性行为，必须要有严格的规范和标准。

2. 政府信息资源管理政策制定与选择程序

政府信息资源管理政策制定与选择程序由问题界定、确定目标、规划方案、政策抉择和合法化等几个环节组成。

1）问题界定。问题界定是政府信息资源管理政策制定与选择的第一步。政策是针对某一问题而制定的，明晰政府信息资源管理政策要调控的问题是其核心内容。此阶段要注意透过现象看本质，找出影响政府信息资源管理工作的核心问题。

2）政策目标的确定。政策目标是将来政策执行要达到的效果，因此，确定科学合理的政策目标对于政府信息资源管理政策制定工作而言极其关键。在此阶段，需要制定者坚持正确的政策制定方针，采取科学预测的方法，遵循政策目标的价值标准来开展工作。此过程可以通过寻找和选择目标、掌握政策目标的数量标准约束条件及进行目标分解等程序来完成。

3）政策方案的规划。政策规划是指建立有关政策议程后，为了实现一定的政策目标，政府组织力量草拟和评估政策方案与行动步骤的过程。此过程要紧扣政策目标，规划多重彼此独立的方案，实施必要的听证程序和方案评估，以利于政策规划和抉择的透明化、科学化、民主化、公正化和规范化。

4）政策的抉择。政策抉择是由政策的制定者根据政策规划建议和注意的事项，按照一定的决策制度和规定，对解决有关政策问题的行动方案作出决定性选择的过程。这是政府信息资源管理政策制定过程中最具实质意义的阶段。此阶段需要在注意考虑各方利益的平衡的同时，按规定的制度和程序进行科学抉择。

5）政策的确立。此阶段就是将制定的政府信息资源管理政策通过权威渠道和合法的形式确定下来，并使之发挥效力等。

7.1.5　国内外的政府信息资源管理政策

1. 国外政府信息资源管理政策

从世界范围看，各国政府对政府信息资源管理政策的研究和制定非常重视，已形成了各具特色的政府信息资源管理政策体系。在此，仅以美国、法国、日本、俄罗斯等国的政府信息资源管理政策为例来说明。

（1）美国的政府信息资源管理政策

美国是世界上最早制定信息政策的国家之一，1958 年底的“贝克尔”报告就是其第一部专门的信息政策报告。继该报告后，相继又出台了一系列信息政策研究报告，如 1960 年的温克报告、1962 年的克劳福德报告、1963 年的温伯格报告……伴随着信息政策研究和相关信息政策的出台，美国政府信息资源管理方面的政策也相继出现。如 20 世纪 70 年代末期，卡特总统的国会工业创新咨文提出了“鼓励从政府实验室向公众传播信息”的思想等。进入 20 世纪 80 年代尤其是 90 年代后，随着社会信息化程度的提升及电子政务工程的发展，美国政府更加重视政府信息资源管理问题，1990 年 6 月国家图书馆与信息科学委员会（NCLIS）制定了一套指导政府信息政策的原则，其基本思想是“我们应明确地主张公众应对公众信息有最大可能的利用”（马费成等，2000）。1993 年克林顿政府制定并颁布了《美国国家信息基础设施（NII）行动计划》，在该计划中明确提出了“协调与各级政府及其他国家之间的信息交流活动”、“提供利用政府信息的机会”等原则。在美国政府信息资源管理政策体系中，最具有代表性的是“A-130 号通告”和“美国联邦政府信息资源管理政策”（附录 1）。1985 年美国预算局公布了关于政府信息资源管理的 A-130 号通告（OMB，2008）。该通告全面阐述了联邦政府的信息资源管理政策，不仅详细论述了联邦政府信息、信息系统和信息技术的管理政策和方针，而且在其附录中详细阐述了具体执行上的政策的细则和指导方面（周晓英等，2004）。总体上来讲，美国政府信息资源管理政策比较配套，并有相当完善的信息政策与法规作基础，是目前世界上政府信息资源管理政策体系较为完善的国家之一。

（2）法国的政府信息资源管理政策

法国对信息政策的关注也比较早，早在 1963 年就发表了具有划时代意义的《布特里报告》。到今天为止，该报告仍是法国信息政策的基础性文件。从 20 世纪 60 年代起，法国政府先后实施了“计算机计划（1960～1980 年）”、“全国科技信息网建设计划（1970 年）”……1985 年的“全民信息计划”、1998 年“为法国进入信息社会做准备”的政策等。这些信息政策和发展计划为法国政府信息资源管理工作提供了政策方向和思路。进入 20 世纪 90 年代以后，随着全球信息高速公路建设热潮的发展，法国政府部门对政府信息资源管理日益重视。在 1998 年 1 月开始实施的“法国信息社会政府行动计划”目标中，明确提出“政府机构本身也是信息社会的一个重要成员，必须尽快实现信息现代化，尤其它与企业、地方团体、公民之间的信息现代化将有助于改善政府的服务功能，对其他经济成员生产重要的影响。”另外，在促进法国信息社会发展的六项重点工作内容之一的“加快政府机构的信息化建设”中，也明文规定，“①所有政府部委均要制定并实施本单位的信息数字化计划；2000年以前每个司级部门均应安装电子网址，并对文件进行筛选，将可以对公众开放的信息上网。②实现行政手段电子化和远程化……大部分行政表格从1999年开始在互联网上获得。③制定签字认可标准。……④制定政府安全使用互联网指导守则。为保障政府互联网信息的安全和不受外客窃密，法国信息系统安全局和工业国务秘书处制定互联网操作指南，对国家工作人员进行安全使用信息技术培训。⑤中央和地方政府部门信息化建设同步发展。”（林涛，1999）此外，法国政府的一些部门也制定了相关信息政策，如法国知识产权局在专业信息服务方面建立有一套明确的信息服务规则，并作为示范标准加以推广。法国工商注册局对自己所拥有的经济信息进行分类，以确定哪些信息属于公众免费服务、哪些属于按电子商务付费、哪些信息需要经过许可才能得到等政策规定等。可以说，在世界信息化潮流中，法国出于对文化的保护，其信息政策比较强调“信息自立”，其政府信息资源管理政策也具有这方面的个性，一直注重保护本国的信息主权和民族文化传统等。

（3）日本的政府信息资源管理政策

日本最早与信息有关的法规是1957年4月颁布的《日本科学技术中心法》，其中明确规定“日本科学技术情报中心（JICST）为日本科学技术情报的中枢机构”，其目的在于“迅速而准确地提供国内外科学技术情报，从而为日本的科学技术发展作出贡献”。进入20世纪60年代后，随着日本经济进入高度增长期，其国家信息政策日益完善：1960年日本最高科学技术政策咨询决策机构——科学技术会议提出了《10年目标的振兴——科学技术的综合性政策》、1969年日本科学技术会议提出的第4号咨询报告《关于科学技术信息流通的基本政策》、1970年的《信息处理振兴事业协会及有关法律》（即“信振法”，1970～1985年）、1971年的《特定机械、信息产业振兴临时措施法》（即机信法）、1985年在原“信振兴”基础上发展而来的《信息处理的促进及有关法律》、《电子计算机联合开发指导方针》和《软件生产工业化系统》、1989年的《软件生产开发事业推进临时措施法》（刘尚焱，1999）等。在日本信息政策体系形成的过程中，政府信息资源管理方面的政策也日臻完美，在1985年提出的《关于数据库服务的中间报告》中提出了促进政府行政方面数据的公开流通、人才培养和著作权等方面的政策（刁军等，1998）。进入20世纪90年代后，尤其是电子政务浪潮兴起后，随着政府对电子政务工程的重视，1993年日本制定了《行政信息推进计划》，该计划的目标在于：提高政府机关行政效率，改进政府机关通信状况以及办公事务；建立政府信息的基础框架，促进各政府机关充分运用各种信息，并方便快捷地发布行政信息；提高公众服务质量；加速更新现有的行政程序等。1997年日本政府将原来的《计算机白皮书》更名为《信息化白皮书》，把政府信息化与产业信息化、家庭信息化结合在一起，共同构成日本经济与社会信息化的主体（吴爱明等，2004）。众所周知，日本是一个资源奇缺的国家，他们比一般国家更加重视信息资源的价值。为此，作为协调社会信息资源管理活动政策之一的日本政府信息资源政策，其显著的特点就是强调政府信息资源的开发利用，因为政府信息资源“是一种国家资源，公共性特别强，由于需要大量的资金和长期的开发，必须依赖国家投资”（日本科技会议，1969）。

（4）俄罗斯的政府信息资源管理政策

自苏联解体以来，俄罗斯社会政治动荡、经济大幅度滑坡，在社会转型过程中，不少关系到国家重大利益和安全的国家信息资源流失到国外。为了解决这些问题，20世纪90年代末到21世纪初期，俄罗斯政府制定并实施了一系列国家信息政策，其中主要包括1998年10月15日俄罗斯国家杜马信息政策与通信委员会批准、并于当年12月21日俄罗斯联邦总统政策咨询委员会国家信息政策常务院会议通过的“俄罗斯联邦国家信息政策纲要”、1999年5月28日俄罗斯信息与政策国家委员会下属的信息化国家委员会发布第32号文件批准的“俄罗斯信息社会构想”以及“电子俄罗斯”（2002～2010年）联邦系列规划和“发展俄罗斯信息化”（2001～2010年）联邦系列规划（尤小明，2004）等一系列信息政策。其中，“俄罗斯联邦国家信息政策纲要”强调国家必须制定和完善信息资源管理系统的法律保障和实现机制，在俄罗斯联邦、联邦主体和地方自治机关之间对国家信息资源的占有和处置的权限进行分配，设置国家信息资源的监督和统计系统，并根据专业种类建立国家信息资源管理系统。与此相应，1998年俄政府颁布了两个相关的法令——《关于组织、利用和保护俄联邦国家信息资源的规定》和《关于对利用国家信息资源进行监督和统计的规定》，明确指出国家信息资源的范围包括：联邦所有的文件、联邦主体形成和所有的文件、各个部门的文件资料、国家信息机构（含图书馆、档案馆、博物馆等）的文件资料以及利用国家预算而形成的各种信息资源（肖秋惠，2006）。另外，“发展俄罗斯信息化”（2001～2010年）联邦系列规划全面阐述了在俄罗斯建设信息化社会的意义与必要性，分析了存在的问题，并规定了纲要的主要目标与任务、实施期限与阶段、基本原则和重要地位、资源保证、纲要实施的管理和监督以及评价指标（余涛，2001）。总之，俄罗斯因其社会转型的需要，其政府信息资源管理方面的政策具有明显的国家强制性等特点，相对而言，其政策规定明显体现中央控制的思想。

2. 我国的政府信息资源管理政策

我国的政府信息资源管理政策的研究和制定起步较晚。在我国，信息政策的研究始于1956年制定的《二十年科技发展远景规划》。1958年国务院批准了《关于开展科学技术情报的方案》。20世纪70年代末，我国开始了专门的情报政策研究，孕育着信息政策研究的思想。80年代初，学术界通过反思我国信息政策的制定与发展，进一步探索了信息政策的范畴和体系。1985年我国制定了国家科技情报政策的任务，开展了一系列学术研讨会议，对美、日的科技情报政策进行考察、剖析与改进，制定本国的国家信息政策。1990年国家科委正式出版“中国科学技术蓝皮书第四号”——《信息技术发展政策》，并于1991年又正式出版“中国科学技术蓝皮书第六号”——《国家科学技术情报发展政策》，这是我国第一份国家科技信息政策，为以后信息政策的制定奠定了基础。在以后的几年中，我国政府又陆续制定和发布了一系列信息政策，如《关于加快发展科技信息服务业的规划纲要和政策要点》等（张海娟等，2002）。在制定和执行这些信息政策的同时，政府信息资源管理问题也引起了政府的高度重视。为了协调好政府信息资源管理方面的问题，我国政府先后也针对政府信息资源管理问题颁布了一系列专门的政策。如为了加强对我国政府部门政务信息工作的统一管理和有效控制，1995年国务院办公厅颁发了《政务信息工作暂行办法》（附录2）。该办法共分为七章，从总则、政务信息机构、政务信息队伍、政务信息工作制度、政务信息质量、政务信息工作手段及附件等方面来规范我国政府信息资源管理工作。2007年4月5日国务院公布了《中华人民共和国政府信息公开条例》（附录3），并于2008年5月1日起施行。总体上来讲，我国政府信息资源管理政策在继承与借鉴的基础上，已有较大的发展，但体系尚不完善，政策配套亟待加强。

3. 国内外政府信息资源管理政策的比较

通过上述对国内外政府信息资源管理政策的分析，不难发现，在社会信息化进程中，国内外该领域管理政策有相同点，也具有各自的差异和个性。

（1）国内外政府信息资源管理政策的相同点

1）各国对政府信息资源管理政策都相当重视，均有成文的具体管理政策；

2）政府信息资源管理政策是伴随着各国信息政策的制定而提出来的，是各国信息政策体系的重要组成部分；

3）当代政府信息资源管理政策都强调“政府信息公开”的思想；

4）政府信息资源管理政策强调将政府信息资源管理工作同政府信息化紧密结合起来，即现今的政府信息资源管理政策在某种程度上是政府信息化的政策。

（2）国内外政府信息资源管理政策的相异点

1）从政策重视的时间上来看，国外政府信息资源管理在20世纪50年代末就逐步引起政府重视，而我国信息资源管理问题到20世纪90年代后才引起政府足够的重视。当然，这一差异与国内外的环境不同是紧密相关的。

2）从政策的战略目标上来看，国内外政府信息资源管理政策也是各不相同的。例如，美国政府信息资源管理战略目标主要集中在国际竞争方面，法国政府信息资源管理战略目标主要集中在信息自立、民族文化传统保护等方面，日本政府信息资源管理政策集中在信息资源开发利用方面，俄罗斯政府信息资源管理战略目标主要集中在国家信息资源的保护方面，而我国的政府信息资源管理政策战略目标主要集中在政府效率提升方面。

3）从政策的具体内容上来看，国内外政府信息资源管理政策差异也较大。国外如美、法、日、俄等国家的政府信息资源管理政策的内容主要集中在社会信息化方面，而我国政府信息资源管理政策则主要集中在政府信息资源管理标准与规范、政府公开等政府信息化层面。

4）从政策的体系完备上来看，国内外政府信息资源管理政策配套完善程度差异较大。在该方面，美国最为完善，日本次之，法国、俄罗斯和我国还有待进一步完善。

7.2 政府信息资源管理宏观调控体制

7.2.1 政府信息资源管理宏观调控体制的意义

政府信息资源管理的宏观调控体制是指与政府信息资源过程管理（如信息采集、存储、传播、利用等）及与其支撑技术相关的一系列管理体系和制度，是从战略高度对政府信息资源进行有效配置和合理使用的一整套调控办法（孟广均等，2008），它包括机构设置、隶属关系、权利划分及战略规划等方面的内容。宏观调控体制是政府信息资源管理不可或缺的内容之一。科学的宏观调控体制是实现政府信息资源管理工作科学发展的重要保障，它在促进政府信息资源管理工作健康有序发展方面具有十分重要的现实意义。

1）科学的政府信息资源管理的宏观调控体制是政府信息资源管理工作实现协调发展的重要保障。政府信息资源管理工作是一项全局性的工作，在信息与知识共享时代，一个个单列的信息资源管理单位无法满足社会日益多样化的需求。因此，在现阶段，需要把分散于各地域、各层次的政府信息资源管理单位协调起来，构建一个完整的政府信息资源共享体系。而这些的实现需要有一套科学的宏观调控体制。通过宏观调控体制，合理分工，避免重复建设，促进政府信息资源管理工作协调发展。

2）科学的政府信息资源管理的宏观调控体制是政府信息资源管理工作沿正确轨道前进的指南。政府信息资源是具有公共性质的资源，其管理工作属于公共管理的一部分，理所当然，政府信息资源管理工作也是一项具有公益性质的工作。但是，在信息时代，信息是重要的社会资源，谁先掌握了信息谁就有可能掌握主动权，在利益驱动下，有时很难保障政府信息资源管理工作的公益性。这显然与政府信息资源管理工作的根本方向是不一致的。对这样的不一致，需要科学的宏观调控体制来保障。为此，从这一层面上来看，宏观调控体制的思路与方向将直接关系到政府信息资源管理工作能否沿正确轨道前进。

3）科学的政府信息资源管理的宏观调控体制是政府信息资源管理工作目标实现的重要措施。根据我国“政府信息资源的管理与立法研究”课题组研究报告（2002 年 8 月 12 日）显示，政府信息资源的具体管理目标为：一是对政府信息资源进行综合管理，提高政府对信息资源的开发利用率；二是充分开发政府管理经济和社会事业所需的信息资源，尽量减少重复开发，做到“一源多用”，使政府信息资源开发利用费用降至最小；三是保证政府信息资源的真实性、准确性、科学性、适用性，以求极大提高政府决策的正确性，满足日益增长的社会需求，对社会各界的工作、生活进行有效的信息引导；四是大大提高政府工作的效率和效能。众所周知，这些目标不会自动实现，它们的实现需要科学的协调机制。因此，宏观调控体制就成了政府信息资源管理工作目标能否实现的重要调控措施。

总之，政府信息资源管理宏观调控体制是现代政府信息资源管理工作的重要内容，它在引导政府信息资源管理工作发展方向、实现资源配置等方面的作用越来越受到世人的关注。政府信息资源管理宏观调控体制属国家宏观调控体制内容之一，它具有鲜明的国家特色。目前，由于各个国家的政治制度、历史文化背景和社会价值观不同，各国的政府信息资源管理宏观调控体制也不尽相同。本文在此以美国和我国为例来探讨政府信息资源管理的宏观调控体制问题。

7.2.2　美国政府信息资源管理宏观调控体制

美国是一个联邦制的国家，各州拥有较大的自主权，包括立法权。在政治体制上它实行三权分立，立法、行政、司法三部门鼎立，并相互制约。在信息资源管理领域，其宏观调控体制是一种典型的协调式分散模式。在政府信息资源管理领域，其宏观调控体制模式也不例外。到目前为止，美国已形成了由联邦政府及各州政府协调管理政府信息资源的格局。

1. 美国政府信息资源管理组织体制

自 20 世纪 50 年代以来，美国就开始重视信息资源管理问题，到目前为止，已形成了一整套有效的管理组织体制，包括领导机构和职能部门等。

（1）美国联邦政府信息资源管理的领导机构

鉴于政府信息资源的重要地位，美国政府设立了一些强有力的管理机构，以高效行使有关的管理职能，实现对政府信息资源的有效管理。目前美国联邦政府主要由四个机构对其进行指导和协调：

一是“首席信息官委员会”。美国“首席信息官委员会”根据13011号行政命令建立，后经《2002年电子政务法》在法律上予以确认。首席信息官委员会成员包括：美国管理与预算办公室（OMB）负责管理的副主任和OMB内负责电子政务与信息技术的主管；信息与规章事务办公室主管；第31条901（b）款规定的联邦机构的首席信息官、一名副首席信息执行官和首席技术主管；情报机构的首席信息官、一名副首席信息执行官和首席技术主管；国土安全部的首席信息官、一名副首席信息执行官和首席技术主管，陆军部、海军部、空军部的首席信息官、一名副首席信息执行官和首席技术主管（只要这些首席信息执行官是根据第3506（a）（2）（b）任命的）；委员会指定的两名小机构的代表和任何由委员会任命的官员或雇员（李岩，2009）。其职责包括为制定联邦信息管理政策提出议案，为信息管理部门提供行动建议方案。

二是联邦管理与预算局。它在美国的政府信息资源管理工作中起着举足轻重的作用，它根据《文书削减法案》的授权，负责从收集到传播政府信息的整个过程。其职责[①][②]是：①总体领导和协调联邦政府信息资源管理；②发布政策、方针和工作步骤，协助其他政府机构进行综合、有效、高效率的信息资源管理；③提出、审查和修改法令、法规与机构工作程序的建议，以改善联邦政府的信息资源管理；④根据相关规定审查、批准或不批准政府机构关于从公众中收集信息的建议和计划；⑤与总务署长磋商，编制和出版能满足联邦政府信息技术需要的5年计划的分年度报告；⑥通过对各政府机构的信息计划、信息采集预算、信息技术获取计划、财政预算等的审查，评价各机构的信息资源管理情况，明确已发布的信息政策的不完善部分；⑦在国家档案与记录署的协助下，对联邦文件管理职能进行政策监督，并协调文件管理政策、计划和其他信息活动；⑧在总务署长的协助下，有选择地审查各机构的信息资源管理工作，以符合《文书消减法》每三年复审一次的要求；⑨审查各机构与信息安全、保密、共享和解密有关的政策、工作与计划，以确保符合隐私法和有关法规。

三是电子政府办公室。其负责人由总统亲自任命，职责包括：①负责政府服务规范、规章的制定和报告的撰写，以便于公众利用；②为各种电子政务行动计

① http://www.whitehouse.gov/omb/regulatory_ affairs/default/.

② 详细请参见：孟广均等（2008）

划提供建议和指导；③制定政府信息技术资金和投资控制规划；④确保信息安全；⑤加强信息隐私保护；⑥加强政府信息的存取和保存；⑦制定政府内部政策，支持信息技术标准，监督联邦各部门和机构开发基于 Internet 的集成信息系统；⑧指导开发基于分类体系的联邦电子信息系统。

四是国会印刷联合委员会（Congress's Joint Committee on Printing，JCP）[①]。它负责管理“政府印刷局”。

（2）美国联邦政府信息资源管理的职能部门

除了领导机构外，美国联邦政府信息资源管理工作的职能部门有政府印刷局、国家技术信息服务中心、版本图书馆、国会图书馆和国家档案馆等（Robinson，1998；罗曼，2004）。

1）政府印刷局。美国政府印刷局于 1860 年成立，它是美国联邦信息最主要的生产者和发行者。根据《美国 44 号法令》（*Title 44 of the U. S. Code*）和《GPO 电子信息存取加强法案》（*the Government Printing Office Electronic Information Access Enhancement Act*）的规定，它负责印刷、发行、销售政府出版物，并通过 Internet 传播政府信息，监督和管理联邦版本图书馆系统的职能。

2）国家技术信息服务中心（National Technical Information Service，NTIS）。国家技术信息服务中心成立于 1945 年，是收集、保存、向资助研究项目的政府部门提供报告的主要机构。根据 1991 年《美国技术优势法案》（*the American Technology Preeminence Act*）的规定，所有联邦部门都必须在研究报告完成后的 15 天内将其副本送缴该中心。目前该中心所收藏的研究报告不仅局限于科学技术方面，还跨越“软”科学和“硬”科学两个领域，包括行为科学和社会科学，如管理、经济等多个学科的研究成果。

3）版本图书馆。版本图书馆系统建立于 19 世纪 50 年代末，目前约有 1371 个版本图书馆分布于美国的各个地区。版本图书馆分为两类：一类是选择性版本图书馆。这类图书馆通常从 7000 个类目的政府出版物中有选择性地保藏部分资料，但必须包括 20 个核心类目的出版物——美国政府预算、联邦国内支持目录、人口统计目录与指南、人口与安置统计、联邦规章、国会指南、国会记录、乡村与城市数据簿、联邦登记、美国历史统计数据、目录月刊、国家贸易数据库、票据法、统计文摘、总法案、主题书目、美国立法、美国政府手册、美国报告、总统文件编撰周刊记等，这 20 个类目的资源保存期限不得少于 5 年；另一类是地区性版本图书馆。这类图书馆作为州资料保藏中心，要永久性地保存 7000 个类目的所有政府出版物。

---

① http：//www. gpoaccess. gov/index. html

4）国会图书馆。“国会图书馆文件发展项目”是一项由国会图书馆牵头，收藏和提供政府出版物的合作计划，其成员馆包括大学图书馆、公共图书馆和专业图书馆。按照该项目的有关规定，国会图书馆及其他成员馆共同收集、保存不属于版本图书馆收藏的政府信息资料，如政府日常运作方面的信息、与非政府部门合作出版的资料等。此外，国会图书馆的“国家电子图书馆”工程将大量政府信息资料如文件、电影、照片、图表、声音资料、手稿、小册子等电子化，公众通过网络可直接存取。

5）国家档案馆。国家档案馆成立于1934年，收藏有美国近两个世纪的历史记录，也是最完整地收藏历年联邦文件的机构。除了联邦部门生产的各种非出版资料如照片、文件、录像、信件、日记和论文外，国家档案馆还收藏有许多政府出版物，其核心馆藏由前公共文件图书馆的馆藏构成，因此，在通过上述途径无法获得所需的政府信息的情况下，可以从国家档案馆获取。

可以说，美国已经形成比较完整的政府信息资源管理的组织体系。所有联邦政府机构，都设立了直接向部门主要领导报告的信息主管（chief information officer），设有专门的办事机构。另外，州政府有的设立信息资源管理部，如德州、明尼苏达州等；有的设置州信息主管，在信息主管下设一个或几个管理机构，如加州、新泽西州等。

2. 美国政府信息资源管理战略规划

根据《文书工作缩减法》和《联邦信息资源管理政策》的要求，联邦政府各个部门必须制定本部门的《信息资源管理战略规划》，而且每年滚动进行。信息资源管理战略规划，主要包括网络建设规划、信息收集规划、重要信息系统规划等内容，提出每年和五年的目标及对资源（包括资金）的要求，具体参考附录1——《美国联邦政府信息资源管理政策》。

此外，除了分散式体制和政策指导外，美国政府信息资源管理工作还注重协调国家和私有部门之间的关系。自第二次世界大战期间开始，美国政府就采用合同制使国家主要的信息项目和计划由公私团体联合承担，如2000年开通的“第一政府网”① 就是一个政府与私营企业合作的典型产物。

7.2.3 我国政府信息资源管理宏观调控体制

我国政府信息资源管理采取的是一种典型的集中式宏观调控体制，按行政隶属关系层层进行管理，即政府信息资源管理系统与政府行政指挥系统相统一（周

---

① 该网站网址由原来的“www. firstgov. gov”更改为“www. usa. gov”。

晓英等，2004）。集中式管理体制是国家按照既定计划对信息资源进行有意识的控制与协调，使信息资源统一计划、分工和管理，形成一个有机整体。这种管理体制从中央到地方都有专门的职能管理机构，在行政上与业务上进行统一领导，有利于调动信息生产要素，充分发挥大系统的功效，实现信息资源的合理开发和充分共享。但是，也应该看到，我国长期以来形成的条块分割体系并没有从根本上根除，政府信息资源分割管理的现象依然严重，信息资源共享的水平很低，再加上缺乏必要的协调措施，导致我国政府信息资源管理工作总体上处于分散状态。

1. 我国政府信息资源管理的组织体制

（1）我国政府信息资源管理的领导与组织结构

政府信息资源管理与政府的行政组织体制有着密不可分的关系，应该说，有什么样的行政管理体制就会有什么样的政府信息资源管理体制。从组织体制上来看，我国中央政府与各级各类地方政府在结构上形成了上下衔接、左右贯通的网络，相应的，我国政府信息资源管理存在这样一个网络结构，如图 7-2 所示[①][②]。

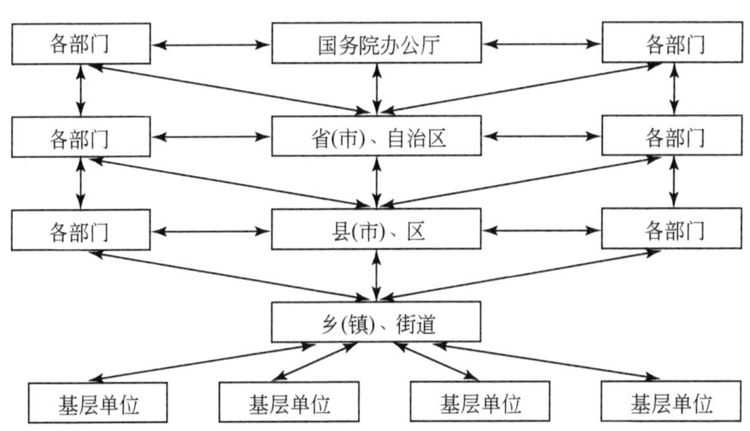

图 7-2　我国政府信息资源管理网络示意图

从图 7-2 可以看出，我国政府信息资源管理组织结构与政府管理体系结构相一致，即，我国政府信息资源工作受双重领导：一是受垂直管理网络——从国务院到乡（镇）、街道纵向层次的组织领导，二是受上级业务部分的领导和业务指

① 本图参见：费云良（1991）。

② 本图并没有严格按我国现存的行政管理体制来绘制。由于目前我国行政组织体制正处于改革时期，传统的五层结构现正调整为四层结构，故本图按行政体系的四层次来绘制。

导。这同时说明，我国政府信息资源管理工作具有高度的组织性。当然，这种组织模式也存在多头领导的现象，有时也会给工作带来一定的困难。另外，近年来，随着电子政务工程的推进，传统的政府信息资源管理工作组织结构已经不适应时代发展需要，我国政府信息资源管理工作组织结构正在向柔性管理网络方向发展。

（2）我国政府信息资源管理的具体职能部门

根据《政务信息工作暂行办法》第八条规定，负责政务信息工作的机构须履行下列主要职责：

1）依据党和国家的方针、政策，结合本地区、本部门的工作部署，研究制定政务信息工作计划，并组织实施；

2）做好信息的采集、筛选、加工、传送、反馈和存储等日常工作；

3）结合政府的中心工作和领导关心的问题，以及从信息中发现的重要问题，组织信息调研，提供有情况、有分析的专题信息；

4）为政府实施信息引导服务；

5）组织开展政务信息工作经验交流，了解和指导下级单位的政务信息工作；

6）组织本地区、本部门政务信息工作人员的业务培训。

具体到我国政府信息资源管理工作实际情况，目前从事政府信息资源管理工作的职能部门主要有机关办公厅（室）、信息化委员会、机关档案室、国家综合档案馆等。本章主要介绍下列单位：

1）国务院办公厅。国务院办公厅是协助国务院领导同志处理国务院日常工作的机构。其主要职责有：①负责国务院会议的准备工作，协助国务院领导同志组织会议决定事项的实施。②协助国务院领导同志组织起草或审核以国务院、国务院办公厅名义发布的公文。③研究国务院各部门和各省、自治区、直辖市人民政府请示国务院的问题，提出审核意见，报国务院领导同志审批。④根据国务院领导同志的指示，对国务院部门间出现的争议问题提出处理意见，报国务院领导同志决定。⑤督促检查国务院各部门和地方人民政府对国务院公文、会议决定事项及国务院领导同志有关指示的执行落实情况并跟踪调研，及时向国务院领导同志报告。⑥协助国务院领导同志组织处理需由国务院直接处理的突发事件和重大事故。⑦处理群众来信、接待群众来访，及时向党中央、国务院领导同志报告来信来访中提出的重要建议和反映的重要问题，办理党中央、国务院领导同志交办的有关信访事项。⑧根据国务院领导同志的指示，组织专题调查研究，及时反映情况、提出建议。⑨负责国务院值班工作，及时向国务院领导同志报告重要情况，协助处理各部门和各地区向国务院反映的重要问题。⑩做好行政事务工作，为国务院领导同志服务。⑪办理国务院领导同志交办的其他事项。

2）国家信息化领导小组。国家信息领导小组的主要任务：①审议国家信息化的发展战略、宏观规划、有关法规草案和重大政策；②综合协调涉及政治、经济、科技、文化、社会及军事等各个领域的信息化和信息安全工作；③组织协调网络与信息安全管理方面的重大问题。

3）机关档案部门。根据《机关档案工作条例》（附录4）第四条规定，机关档案部门的基本任务是：①对本机关文书部门或业务部门文件材料的归档工作，进行指导和监督；②负责管理本机关的全部档案，积极提供利用，为机关各项工作服务，并为党和国家积累档案史料；③中央和地方专业主管机关的档案部门，应根据本专业的管理体制，负责对本系统和直属单位的档案工作进行指导、监督与检查。

4）国家档案局。其主要工作职责为：①对全国档案工作实行统筹规划、宏观管理。依据党和国家的政策、法规，拟定档案工作的方针、政策、法规和规章制度；组织、指导、检查、监督、协调中央、国家机关、军队、群众团体和省、自治区、直辖市的档案业务工作。②集中统一管理党和国家中央机关的重要档案资料，保守党和国家机密，维护档案的完整，确保档案资料的安全。③负责接收、征集、整理、保管党和国家中央机关的重要档案资料，推进档案工作的科学化管理和现代化建设，做好档案编研出版工作，为社会提供利用。收集散失在国外的中国档案材料以及与中国有关的档案文件和史料。④制定档案工作人员队伍建设规划，组织档案专业教育和档案专业干部培训工作。负责档案专业技术职务评聘的有关工作。⑤统一组织领导全国性档案工作外事活动和国际交流。⑥完成党中央、国务院交办的有关事宜。

2. 我国政府信息资源管理的战略规划

为了促进政府信息资源管理工作的科学发展，我国先后制定了一系列战略规划。这些规划具体体现在政府信息资源管理的指导思想、战略方针、战略目标以及具体的业务管理程序中。

（1）指导思想方面

《2006～2020年国家信息化发展战略》（附录5）中明确提出了我国信息化发展的指导思路：以邓小平理论和“三个代表”重要思想为指导，贯彻落实科学发展观，坚持以信息化带动工业化、以工业化促进信息化，坚持以改革开放和科技创新为动力，大力推进信息化，充分发挥信息化在促进经济、政治、文化、社会和军事等领域发展的重要作用，不断提高国家信息化水平，走中国特色的信息化道路，促进我国经济社会又快又好地发展。另外，在《关于加强信息资源开发利用工作的若干意见》（中办发［2004］34号）（附录6）中也明确规定了信息资源开发利用工作的指导思想——坚持以邓小平理论和“三个代表”重要思想为指导，牢固树立和落实科学发展观，以体制创新和机制创新为动力，以政务信息资源开发利用为先导，充分发挥公益性信息服务的作用，提高信息资源产业的社会效益和经济效益，完善信息资源开发利用的保障环境，推动信息资源的优化配置，促进社会主义物质文明、政治文明和精神文明协调发展。这些指导思路为我国政府信息资源管理工作提供了基本哲学指导。

（2）基本原则方面

基本原则方面，在我国信息化建设的“统筹规划、资源共享，深化应用、务求实效，面向市场、立足创新，军民结合、安全可靠”的基本指导方针基础上，我国政府信息资源管理工作的基本原则是：①统筹协调。正确处理加快发展与保障安全、公开信息与保守秘密、开发利用与规范管理、重点突破与全面推进的关系，综合运用不同机制和措施，因地制宜，分类指导，分步推进，促进不同领域、不同区域的信息资源开发利用工作协调发展。②需求导向。紧密结合国民经济和社会发展需求，结合人民群众日益增长的物质文化需求，重视解决实际问题，以利用促开发，实现社会效益和经济效益的统一。③创新开放。坚持观念创新、制度创新、管理创新和技术创新，充分利用国际国内两个市场、两种资源，鼓励竞争，扩大交流与合作。④确保安全。增强全民信息安全意识，建立健全信息安全保障体系，加强领导，落实责任，综合运用法律、行政、经济和技术手段，强化信息安全管理，依法打击违法犯罪活动，维护国家安全和社会稳定。

（3）战略目标方面

战略目标方面，《2006～2020 年国家信息化发展战略》中明确规定，到 2020 年，我国信息化发展的战略目标是：综合信息基础设施基本普及，信息技术自主创新能力显著增强，信息产业结构全面优化，国家信息安全保障水平大幅提高，国民经济和社会信息化取得明显成效，新型工业化发展模式初步确立，国家信息化发展的制度环境和政策体系基本完善，国民信息技术应用能力显著提高，为迈向信息社会奠定坚实基础。在《关于加强信息资源开发利用工作的若干意见》（中办发［2004］34 号）中，特别强调了我国政府信息资源管理的基本任务：强化全社会的信息意识，培育市场，扩大需求，发展壮大信息资源产业；着力开发和有效利用生产、经营活动中的信息资源，推进政府信息公开和政务信息共享，增强公益性信息服务能力，拓宽服务范围；完善法律法规和标准化体系，推动我国信息资源总量增加、质量提高、结构优化，提升全社会信息资源开发利用水平，提高信息化建设的综合效益。

（4）具体信息资源管理方面

在目前的战略规划中，对政府信息资源管理工作的具体业务环节也作出了一些具体规划，如在《2006～2020 年国家信息化发展战略》中提出“建立和完善信息资源开发利用体系。加快人口、法人单位、地理空间等国家基础信息库的建设，拓展相关应用服务。引导和规范政务信息资源的社会化增值开发利用……”；“规范政务基础信息的采集和应用，建设政务信息资源目录体系，推动政府信息公开。整合电子政务网络，建设政务信息资源的交换体系，全面支撑经济调节、市场监管、社会管理和公共服务职能”；“开发科技、教育、新闻出版、广播影视、文学艺术、卫生、‘三农’、社保等领域的信息资源，提供人民群众生产生活所需的数字化信息服务，建成若干强大的、影响广泛的、协同关联的互联网骨干网站群。扶持国家重点新闻网站建设。鼓励公益性网络媒体信息资源的开发利用……”又如，在《关于加强信息资源开发利用工作的若干意见》（中办发［2004］34 号）文件中明确规定，“……⑥建立健全政府信息公开制度。加快推进政府信息公开，制定政府信息公开条例，编制政府信息公开目录。充分利用政府门户网站、重点新闻网站、报刊、广播、电视等媒体以及档案馆、图书馆、文化馆等场所，为公众获取政府信息提供便利。⑦加强政务信息共享。根据法律规定和履行职责的需要，明确相关部门和地区信息共享的内容、方式和责任，制定标准规范，完善信息共享制度。当前，要结合重点政务工作，推动需求迫切、效益明显的跨部门、跨地区信息共享。继续开展人口、企业、地理空间等基础信息共享试点工作，探索有效机制，总结经验，逐步推广。依托统一的电子政务网络平台和信息安全基础设施，建设政务信息资源目录体系和交换体系，支持信息共享和业务协同。规划和实施电子政务项目，必须考虑信息资源的共享与整合，避免重复建设。⑧规范政务信息资源社会化增值开发利用工作。对具有经济和社会价值、允许加工利用的政务信息资源，应鼓励社会力量进行增值开发利用。有关部门要按照公平、公正、公开的原则，制定政策措施和管理办法，授权申请者使用相关政务信息资源，规范政务信息资源使用行为和社会化增值开发利用工作。⑨提高宏观调控和市场监管能力。加强对经济信息的采集、整合、分析，为完善宏观调控提供信息支持。深化金融、海关、税务、工商行政管理等部门的信息资源开发利用工作，提高监管能力和服务水平。推动信用信息资源建设，健全社会信用体系。重视基础信息资源建设，强化对土地、矿产等自然资源的管理。⑩合理规划政务信息的采集工作。明确信息采集工作的分工，加强协作，避免重复，降低成本，减轻社会负担。各地区各部门要严格履行信息采集职责，遵循标准和流程要求，确保所采集信息的真实、准确、完整和及时。要统筹协调基础信息数据库的信息采集分工、持续更新和共享服务工作，增强地理空间等基础信息资源的自主保障能力。加快以传统载体保存的公文、档案、资料等信息资源的数字化进程。⑪加强政务信息资源管理。制定政务信息资源分级分类管理办法，建立健全采集、登记、备案、保管、共享、发布、安全、保密等方面的规章制度，推进政务信息资源的资产管理工作……”

本章小结

本章主要探讨美国和我国的政府信息资源管理的宏观调控体制问题。

政府信息资源管理政策是指在一定区域范围内一切用以鼓励、限制和规范政府信息资源创造、使用、存储和交流的公共法律、条例、措施、规划、原则或指南等的集合，它具有引导、管制、调控与分配等功能。

政府信息资源管理政策是一个非常复杂的概念，其要素构成是多维的，并具有复杂的逻辑关系。根据信息政策的本质，从动态的角度可将政府信息资源管理政策构成划分为政策主体、政策客体、政策目标、政策内容、政策载体、政策执行六个要素。

政府信息资源管理政策是一个体系，在层次上它可以根据指导和调整范围的不同，划分为宏观层次政策、中观层次政策和微观层次政策，在内容上它可以分为组织规则、投资政策、技术政策、人才政策、业务规范等几个方面。

制定和选择政府信息资源管理政策是非常关键的，它需要按照一定的要求和程序进行。

从世界范围看，各国政府对政府信息资源管理政策的研究和制定都非常重视，已形成了各具特色的政府信息资源管理政策体系。目前国内外该领域管理政策有其相同点，也具有各自的差异和个性。

政府信息资源管理的宏观调控体制是指与政府信息资源过程管理（如信息采集、存储、传播、利用等）及其支撑技术相关的一系列管理体系和制度，是从战略高度对政府信息资源进行有效配置和合理使用的一整套调控办法，它包括机构设置、隶属关系、权利划分及战略规划等方面的内容。

宏观调控体制是政府信息资源管理不可或缺的内容之一。科学的宏观调控体制是实现政府信息资源管理工作科学发展的重要保障，它在促进政府信息资源管理工作健康有序发展方面具有十分重要的现实意义。

参考文献

博特尼克 . 1986. 国家与国际信息政策 . 国外社会科学，（8）：45 ~ 47

刁军，钱菊声 . 1998. 日本与中国的国家信息政策及其宏观信息控制 . 中国信息导报，（5）：12 ~ 14

费云良 . 1991. 政务信息科学概论 . 济南：山东人民出版社 . 89

胡昌平 . 2004. 现代信息管理机制研究 . 武汉：武汉大学出版社 . 575

李岩. 2009-08-09. 美国政府信息化管理体制及其借鉴意义. http：//www. echinagov. com/gov/zxzx/2009/7/16/77101. shtml

林涛. 1999. 法国政府促进信息社会发展的政策和措施. 全球科技经济瞭望，(12)：12～14

刘昌雄. 2003. 公共政策：涵义、特征和功能. 探索，(4)：37～41

刘尚焱. 1999. 日本的国家信息政策浅析. 情报科学，(2)：196～199

卢泰宏. 1993. 国家信息政策. 北京：科学技术文献出版社

罗曼. 2004. 美国联邦政府信息资源管理体制. 图书情报工作，(2)：81～83

马费成，李纲，查先进. 2000. 信息资源管理. 武汉：武汉大学出版社. 326～346

孟广均，霍国庆，武曼等. 2008. 信息资源管理导论. 第三版. 北京：科学出版社. 308～313，316，317，330

钮菊生. 2001. 论现代公共政策的功能与特点. 江淮学刊，(5)：71～75

吴爱明，王淑清. 2004. 国外电子政务. 太原：山西人民出版社. 185，186

肖秋惠. 2006. 20世纪90年代以来俄罗斯国家信息政策综述. 图书情报工作，(5)：139～143

肖希明. 1994. 国外信息政策研究的兴起与热点. 图书与情报，(3)：19～22

薛列拴. 1992. 国际信息政策. 情报学刊，(2)：90，91

尤小明. 2004. 俄罗斯国家信息政策. 图书馆建设，(4)：79，80

余涛. 2001. 试论俄罗斯信息化发展纲要. 全球科技经济瞭望，(8)：24，25

张海娟，陶树人，徐钢. 2002. 中美日三国国家信息政策的比较研究. 科技进步与对策，(3)：33～35

周鸿铎. 2000. 信息资源开发利用策略. 北京：中国发展出版社. 353～355

周晓英，王英玮. 2004. 政务信息管理. 北京：中国人民大学出版社. 397，416

Burger R H. 1998. The evaluation of information policy：a case study using the SATCOM report. Ph. D. Thesis. University of Illinois at Urbana-Champaign. 176～204

Hernon P，Relyea H C. 1991. Information policy//Encyclopedia of Library and Information Science. Vol. 48，Supplement 11. New York：Marcel Dekker

Hill M W. 1994. National information policies strategies：an overview and bibliographic survey. London：Bowker Saur

Moore N. 1993. Information policy and strategic development：a framework for the analysis of policy objectives. Aslib Proceeding，45 (11/12)：281～285

OMB. 2008-08-04. Circular A-130：Management of Federal Information Resources. http：//www. whitehouse. gov/omb/circulars/a130/a130. html

Robinson J S. 1998. Tapping the Government Grapevine：the User-Friendly Guide to U. S. Government Information Sources. 3rd ed. Phoenix，Arizona：The Oryx Press.

Rowlands I. 1996. Understanding information policy：concepts，frameworks and research tools. Journal of Information Science，22 (1)：13～25

附录1　美国联邦政府信息资源管理政策[①]

1. 目的

联邦政府信息资源管理政策适用于所有联邦政府行政部门的信息活动，各个政府机构必须以有用、高效、经济的方式开展信息资源管理工作。为了帮助各个机构以协调一致的方式开展信息资源管理工作，文书削减法要求制定和贯彻执行统一的信息资源管理政策，并促进信息资源管理原则、标准、指南的应用；评估各个机构的信息资源管理活动，确定其适用性和有效性。

2. 主要思路

1）在美国，联邦政府是最大的信息生产者、收集者、消费者和发布者。由于政府信息活动的内容，以及这些活动依赖于公众的合作，联邦政府信息资源管理对联邦政府机构、州和地方政府、公民都具有长期重要的意义。

2）政府信息是一种有重要价值的国家资源。它向公众提供政府、社会和经济的过去、现在与将来的知识。它是保证政府公开性，管理政府运行，保持经济健康发展的手段，它本身也是具有市场价值的商品。

3）政府和公众之间信息的自由流动对于一个民主社会是必不可少的，对于政府将公众承担的联邦政府文书工作负担减到最少，将其信息活动的成本降到最低，最大限度地利用政府信息也是必不可少的。

4）为了将成本降到最低并使政府信息得到最大限度的利用，公众和民间期望从政府信息中得到的利益应该超过他们支付的相应的成本。

5）国家从联邦机构和各种非联邦机构发布的政府信息中得到利益，非联邦机构包括州和地方政府机构、教育和其他非营利研究所、非营利组织。

6）由于向公众开放政府信息是民主制度运作的基础，联邦政府信息资源管理必须保证公民获取政府信息的权利。

7）在联邦政府信息活动中涉及个人信息的地方，必须保护个人的隐私。

---

① 资料来源：中国信息协会“政府信息资源的管理与立法研究”课题组2002年08月12日公布的《政府信息资源的管理与立法研究》报告之三——《国外政府信息资源管理与立法经验研究》的附录，略有修改。

8）系统地关注政府记录管理是公共资源合理管理的基本构成部分，它保护了政府的历史记录，保护了政府和公民的法律和资产权利，应保证对公众的透明度。与记录保存一起。

9）机构的战略计划可以改善政府项目的运作，信息资源的应用应该支持机构完成其任务的战略计划。将信息资源管理计划和机构战略计划结合在一起，可以推动联邦政府信息资源的应用。

10）在健康保健、社会秩序、劳动力、运输和教育等方面，州和地方政府是重要的政府信息生产者，联邦政府在信息资源管理上必须与这些政府合作。

11）在适用的国家安全控制和其他所有权的约束下，政府科学和技术信息的开放和有效交流是取得杰出的研究成果、使联邦政府研究和开发基金更加有效使用的孵化器。

12）信息技术是一种可以改善联邦政府项目效率和效能的资源集合。

13）联邦政府信息资源管理政策和活动可以对其他国家的信息政策和活动产生影响，同样也会受到他们的影响。

14）联邦政府信息资源的用户必须具有技能和知识，得到管理信息资源的培训，使联邦政府能够有效地利用自动化技术为公众服务。

15）最新信息技术的应用为促进机构结构、工作流程以及同公众交互方式的根本变化提供了机会。这会改善联邦政府机构的效率和效能。

16）各种媒体（包括电子形式）条件下政府信息的可获得性，为机构和公众利用信息提供了极大的方便。

17）具有项目实施职责的联邦政府管理人员，应该认识到信息资源管理对执行任务的重要性。

3. 信息管理政策

（1）信息计划管理系统

信息管理计划机构必须制定综合的贯穿信息整个生命周期的计划：

1）在信息生命周期的每一个阶段，考虑决策和活动对生命周期其他阶段的影响，特别是与信息发布相关的部分。

2）考虑活动对公众的影响，保证在合适的情况下与公众的协商。

3）考虑活动对州和地方政府的影响，保证与这些政府在合适的情况下进行协商。

4）在生成和收集新的信息之前，通过机构内或政府范围内信息的共享，通过商品化的资源，寻找满足新的信息需求的办法。

5）信息系统计划和资源分配与使用计划要综合起来，包括预算、采购和信息技术的使用。

6）对工作人员必须进行信息管理技能培训。

7）考虑活动对公民隐私权的影响，并确保实施了法律和技术的安全措施。

在信息系统设计、开发和实施中，要把记录管理和档案功能结合起来，要求：

1）在需要和适合的情况下，将记录提供给公众；

2）各个机构只能收集履行机构职责必要的信息，而且要具有实际效用；

3）各个机构必须采用电子收集技术，只要这些技术能够减轻公众负担，增加政府项目的有效性，减少政府和公众的成本，或者向公众提供更好的服务。

适合使用电子收集技术的场合包括：该信息收集涉及大量的数据，或者涉及公众中的很大一部分；该信息收集发生的频率很高；几年之内，该项收集要得到的信息的结构、格式、定义没有重大变化。机构要把日常收集到的信息转换为电子形式。如果是指令性要求转换到电子申报，对公众，特别是州、地方政府和小企业，不能增加较多的成本或产生其他负面影响。

记录管理，各个机构应该：

1）保证记录管理方案对机构的活动提供适当和准确的文献；

2）保证不管什么格式和媒体，都能够获取记录；

3）要及时地制定联邦政府记录保持计划，并取得美国档案管理负责人的批准；

4）根据各自在联邦政府记录管理中承担的职责，对所有机构的官员、职工和委托者提供培训和指导。

向公众提供信息时，机构必须：

1）各个机构有责任向公众提供与其任务相一致的信息，各个机构对此项职责不能收费；

2）根据法律要求，提供记述机构组织、活动、项目、会议、记录系统和其他拥有的信息，以及公众如何获取机构的信息资源；

3）根据信息自由法和隐私法有关条款，遵循这些法律中规定的保护和限制，向公众提供与机构记录的接入手段；

4）为机构履行其职责提供其他必要的信息。

在决定是否及如何向公众发布信息时，机构必须：

1）发布信息的方式要实现最大限度地利用信息和政府和公众成本最低之间的平衡；

2）要以公平和及时的方式发布信息；

3）在履行机构信息发布职能的时候，要利用所有发布渠道的优势，如联邦的和非联邦的，包括州和地方政府，图书馆和民营的实体；

4）帮助公众存放由或为该机构维护的政府信息。

（2）信息发布管理系统

各个机构对所有信息发布产品必须建立和维护一个管理系统，该系统至少应：

1）保证信息发布产品对正常履行机构职责是必要的；

2）考虑是否可以从其他联邦政府机构或非联邦政府资源中得到与本机构信息发布产品相同的信息产品，并且履行本机构信息发布职责是合理的；

3）编制和维护本机构全部信息发布产品目录；

4）如对实现机构信息发布目标有益，可发展其他途径用于存放机构信息发布产品，包括它的目录和指南；

5）如果信息来源于别的机构，在信息发布产品中要指出信息的来源；机构对负有信息通告责任的那部分公众中的残疾人成员，应该保证他们具有适当的获取信息发布产品的能力；

6）根据美国法典第44篇19部分的规定，保证政府出版物通过政府印刷局的渠道呈交到典藏图书馆；

7）将以电子形式信息发布产品提供给政府印刷局，转交典藏图书馆；

8）为了使生成的信息发布产品满足公众中的那一部分成员、州和地方政府的要求，机构应该建立并维持与他们的交流；

9）当做出重大修改、终止一个信息发布产品时，机构应该提供恰当的解释；

10）如果已有的信息发布政策或行动与本文件规定不符，机构应该保证立即采取措施，使之有序地转换为与本文件规定一致。

避免不恰当的限制。机构必须：

1）避免制定限制或法规，包括公众对联邦政府信息发布产品的重用、销售、再发布收费和许可证要求；

2）将信息发布产品用户收费标准确定在收回发布成本的水平上，不允许比它更高。

电子信息发布。为了使公众对政府信息的获取和使用更加方便，在适当和预算约束范围内，各个机构必须使用电子媒体和格式，包括利用公共网络。

保证安全机构必须：

1）确保政府信息得到充分的保护，保护的力度同因信息的丢失、误用、非授权获取或修改造成的损失所造成的风险和危害相当；

2）对可以区分的个人信息的收集限制在对机构正常履行职责必要的、依法授权的范围内；

3）对可以区分的个人信息或包含所有权的信息的共享必须限制在依法授权

的范围内，遵照强制性约束使用条件，并确保信息保存中的机密性；

4）根据要求，为个人提供维护在隐私法记录系统中关于他们自己的记录；

5）根据隐私法条款，记录中存在错误的，允许他们进行修改。

4. 信息系统和信息技术管理

（1）评价和业绩测度

各个机构必须在以下几个方面促进联邦政府信息资源合理地应用：

1）通过工作程序重组和信息技术的恰当使用，寻找改善政府项目效率和效能的途径；

2）在整个信息系统生命周期，对每个信息系统进行效益/成本分析，如有必要，分析还应更新。分析的要求是：详细程度适合调查的规模；与行政管理和预算局第 A-94 号文件："联邦政府项目效益/成本分析指南和折扣率"规定的方法一致；任务业绩的评价基于系统化的测度，包括项目发挥的作用，项目管理的效率，减轻的负担，包括公众身上的信息收集负担；

3）在机构范围内，进行效益/成本分析，支持管理监督过程，使对主要信息系统的投资取得最大回报，将资金和运行风险降到最低；

4）进行信息系统后评估，证实估计的效益，确认文献得到更广泛利用的有效管理实践。

（2）战略信息资源管理规划

各个机构必须确立并维持战略信息资源管理规划过程，该过程应包括下列内容：

1）战略信息资源管理规划要回答信息资源管理是如何促进完成机构任务的，规划过程应该支持战略信息资源管理规划的制定和维护，预测并反映机构任务、政策方向、技术能力和资源水平的变化；

2）制定在信息的整个生命周期促进其利用的信息规划，使信息得到最广泛的利用，公众的负担降到最低，并恰当保持信息的完整性、可获得性和机密性，规划必须分别回答与公众信息收集负担相关的计划和预算；

3）运行性信息技术规划应该将信息技术和预期的项目和任务需求联系起来，反映预算约束，并构成申请预算的基础。根据美国法典第 44 篇 3506 条的要求，规划过程应该导致不断更新的五年计划的制定和维护。包括：一份已有和规划中的主要信息系统清单；一份计划中的信息技术采购清单；说明列出的主要信息系统和计划中的信息技术采购之间的关系，说明是如何支持机构完成其任务的；根据 1987 计算机安全法第 6 条（美国法典第 40 篇 759 条之注解）的要求，提供计算机安全规划总结；

4）与机构中其他规划过程协调，包括战略、人力资源和金融资源。

5. 信息系统管理检查

各个机构必须建立信息系统管理检查制度，要求：

1）保证每个信息系统满足机构完成任务的需要；

2）定期给信息系统提供评价以决定：任务对信息系统的需求是如何改变的；信息系统是否继续满足正在进行的和预期的任务需求；为保证信息系统以经济有效的方式满足任务需求，需要什么程度的维护；

3）如果一个项目得到一个信息系统的支持，该项目的管理者对该信息系统整个生命周期的管理负责；

4）为联邦政府信息资源的用户提供适当的培训；

5）规定联邦政府信息系统需求不要过分限制州、地方和乡镇政府的权力；

6）保证主要信息系统在其生命周期中按时间表实施，达到一个个预定的阶段目标：满足用户需求，机构得到预期的利益，并通过制定关于信息、人力、财务和其他支撑资源的决策影响公众；

7）保证财务管理系统与行政管理和预算办公室第 A-127 文件“财务管理系统”的要求一致。

6. 信息资源利用

各个机构必须制定和维护利用信息资源的管理和技术框架，将任务需求、信息内容和信息技术能力之间的关联文本化。这些框架必须为战略和运行信息资源管理规划提供指导。它们也应提出形成一个开放的系统环境所必要的步骤。各个机构必须贯彻下列原则：

1）在异构的硬件、软件和通信平台下，信息系统的开发方式应为必要的互操作、应用分解、计算机化应用的升级提供方便；

2）对现存系统的改善，计划中的信息系统开发，保证不与可利用的本机构、其他机构、民间信息系统重复；

3）与其他机构的信息系统共享要考虑实践上的可操作，法律上的允许；

4）如果经济合算，在采购新的信息技术资源之前，首先要通过机构间和机构内的共享满足信息技术需求；

5）对所有信息系统规定安全级别，该规定应该与由于丢失、误用、非授权获取或修改这些信息系统内的信息而造成的危害的风险和数量一致。

7. 信息技术采购

各个机构必须：

1）信息技术采购要采取全面公开竞争的方式，使投资回报率达到最大；

2）除非为满足任务的需求开发客户软件的经济性是清楚的并已经书面说明，否则必须从市场上购买商品化软件；

3）在适用的场合，信息技术采购要与行政管理和预算局第 A-109 号文件“主要系统的采购”中的规定一致；

4）在存在残疾人获取需求的情况下，信息技术采购要考虑这种需求需要的设备。

8. 责任分配

所有联邦政府机构的负责人必须：

1）对管理机构的信息资源负主要责任。

2）保证在本机构中正确执行行政管理和预算局制定的信息政策、原则、指南、标准、法规和规章。

3）制定本机构信息政策和程序，监督、评价和定期检查本机构的信息资源管理活动是否符合本文件规定的政策。

4）制定本机构及时采购需要的信息技术的政策和程序。

5）根据美国法典第 44 篇 3511 条，维护本机构主要信息系统、拥有的资产和信息发布产品目录。

6）贯彻执行适用的记录管理政策和程序，包括满足以电子形式维护信息的要求，特别是在信息系统的规划、设计和运行中。

7）向行政管理和预算局局长报告妨碍联邦政府信息资源有效管理的法律、法规和其他障碍。

8）协助行政管理和预算局履行文书削减法中规定的职责，包括在可能的情况下，使行政管理和预算局可以利用本机构的服务、人员和设施。

9）根据美国法典第 44 篇 3506 条，指定一个直接向机构负责人报告的高级官员执行文书削减法中规定的机构的职责。机构的负责人必须向行政管理和预算局主任及时通报该高级官员的姓名、职务、权力、责任和组织资源。针对本节的要求，军事部门和国防部长办公室可以分别指定一个官员。

10）遵循美国法典第 44 篇 3506 条（a）的要求，指导指定的高级官员监视本机构相关活动保持与本文件规定的政策、程序和指南一致。

国务卿必须：

1）向行政管理和预算局局长通报美国在国际信息政策方面的立场和政策的发展，指出对联邦政府信息资源管理政策的影响，保证这样的立场和政策与联邦信息资源管理政策是一致的。

2）与商务部长协商，保证美国参与国际信息技术标准的制定。并向行政管理和预算局局长通报这类活动。

商务部长必须：

1）制定并颁发联邦政府信息处理标准和指南，保证信息技术的采购、管理、安全和利用的效率和效益。

2）向行政管理和预算局局长通报关于联邦政府通信资源采购和管理政策的进展。

3）向行政管理和预算局及各个联邦政府机构提供关于信息技术发展和利用的科技咨询服务。

4）指导有关通信技术，有关联邦电信系统的改进、扩充、测试、运行和使用的研究和评价，并向行政管理和预算局局长和相关的机构通报从这些研究中得出的建议。

5）与国务卿、行政管理和预算局局长磋商，制定对政府信息活动有影响的与国际电信问题相关的规划、政策和项目。

6）确认电信和信息处理技术标准化的需求，与国防部长和总务局局长协商，制定标准，保证这些技术的有效应用。

7）保证联邦政府参与国家和国际（应与国务卿磋商）信息技术标准的制定，并向行政管理和预算局通报这类活动。

国防部部长必须制定统一的联邦政府电信标准和指南，保证国家安全、应急准备和政府管理的连续性。

总务局局长必须：

1）向行政管理和预算局局长，各个机构的负责人通报对信息技术采购有影响的事务。

2）对联邦政府机构要求的信息技术采购、租赁和维护进行协调。必要时提供指导。

3）为及时采购信息技术制定准则，遵照准则授予各个机构采购权。

4）根据法律授权，对联邦政府机构在信息技术采购、维护和保存方面提供指南和法规指导，并对联邦信息处理标准的贯彻提供指导。

5）根据本文件的规定，制定促进机构之间信息技术共享的政策和指南。

6）根据联邦资产和行政管理法及其补充，管理信息技术基金。

人事管理办公室主任必须：

1）制定并实施联邦政府职员信息资源管理培训计划，包括最终用户计算的培训。

2）定期评估联邦政府信息资源管理未来人事管理的人才需求。

3）制定人员安全政策，实施面向从事设计、运行或维护信息系统的联邦职员的培训计划。

国家档案和记录管理局主管必须：

1）根据国家档案和记录法，执行联邦政府记录管理计划。

2）在制定与记录管理计划相关的标准和指南事务上协助行政管理和预算局局长。

行政管理和预算局局长必须：

1）统一领导和协调政府管理部门的联邦政府信息资源。

2）在联邦政府电信系统的采购和管理、制定和完善这些系统采购和管理政策方面，作为总统的主要顾问。

3）颁发政策、程序、指南，帮助各个机构实现综合、高效、高质量的信息资源管理。

4）提出并审查调整法律、法规、机构的程序的建议，以改善联邦政府信息资源管理。

5）根据 CFR 第 5 篇第 1320. 3 条的规定，审查、批准或否决机构从公众中收集信息的申请。

6）制定并维护联邦政府范围内的信息资源管理战略规划。

7）评估各个机构的信息资源管理，通过对机构信息项目、信息收集预算、信息技术采购计划、财政预算的审查和其他手段，发现信息政策中的缺陷。

8）对由国家档案和记录管理局履行的联邦政府记录管理职能进行监督，对记录管理政策和项目与其他信息活动进行协调，审查各个机构是否与记录管理的要求一致。

9）评议各个机构与信息的安全、保护、共享、公开相关的政策、实践和项目，保证在隐私、安全等方面与隐私法、信息自由法、计算机安全法和其他相关法律的一致性。

10）根据联邦资产和行政服务法第 111 条，解决在信息技术采购中有关机构与总务局的争议。

11）审议联邦政府在国际事务中可能影响联邦政府信息活动的立场和政策的提案；对国务卿在上述方面与联邦信息资源管理政策的一致性提出建议。

12）在由信息和法规事务办公室制定和审议的与联邦政府采购和获得信息技术相关的政策方面，与联邦政府采购政策办公室进行协调。

9. 监督

1）行政管理和预算局局长采用信息技术计划审议、年度财政预算审议、信息收集预算审议、管理审议和局长认为有必要的其他手段来评价各个机构信息资源管理的合理性和有效性，评价是否与本文件规定一致。

2）行政管理和预算局局长可以根据法律或机构提出的书面要求，准予免去本文件的某个要求。豁免请求必须详细说明该豁免申请的理由，明确豁免的期限，并要包括一个完全符合本文件要求的及时有序的转变计划。机构必须及时将每个豁免请求在联邦登记处公告，并准备好当公众要求获得豁免请求时提供复印件。

附录2 《政务信息工作暂行办法》

国务院办公厅关于印发《政务信息工作暂行办法》的通知（国办发［1995］53号）

各省、自治区、直辖市人民政府，国务院各部委、各直属机构：

多年来，全国政府系统的政务信息工作不断适应改革开放和政府管理职能转变的需要，努力为各级政府科学决策提供信息服务，取得了较好的成效。

在深化改革、扩大开放建立社会主义市场经济体制的新形势下，政务信息工作对于政府掌握情况、科学决策和进行宏观调控等，具有重要作用。

各级政府及其部门的办公厅（室）是为政府领导提供政务信息的主要渠道。为了切实做好政务信息工作，并使之逐步规范化、制度化，现将《政务信息工作暂行办法》发给你们，自1995年11月1日起施行。

国务院办公厅

一九九五年十月二十七日

《政务信息工作暂行办法》

第一章 总 则

第一条 为了适应建立社会主义市场经济体制和政府管理职能转变的需要，实现全国政府系统政务信息工作规范化、制度化，制定本办法。

第二条 政务信息工作是各级政府及其部门的办公厅（室）的一项重要工作，其主要任务是：反映政府工作及社会、经济发展中的重要情况，为政府把握全局、科学决策和实施领导提供及时、准确、全面的信息服务。

第三条 政务信息工作必须坚持党的基本路线，遵守宪法、法律、法规，坚持实事求是的原则。

第四条 政务信息工作坚持分层次服务，以为本级政府服务为重点，努力为上级和下级政府服务。

第五条 政务信息工作应当围绕政府的中心工作和社会、经济发展中的重点、难点、热点问题，反映在建立社会主义市场经济体制进程中出现的新情况。

第六条 各级政府及其部门应当加强对政务信息工作的领导，提出要求，交代任务，做好协调，支持和指导本级政府或者本部门的办公厅（室）发挥整体功能，做好政务信息工作。

第二章 政务信息机构

第七条 省、自治区、直辖市人民政府和国务院各部门的办公厅（室）应当稳定并完善负责政务信息工作的机构，加强对本地区或者本系统所属单位政务信息工作的指导。

第八条 负责政务信息工作的机构履行下列主要职责：

（一）依据党和国家的方针、政策，结合本地区、本部门的工作部署，研究制定政务信息工作计划，并组织实施；

（二）做好信息的采集、筛选、加工、传送、反馈和存储等日常工作；

（三）结合政府的中心工作和领导关心的问题，以及从信息中发现的重要问题，组织信息调研，提供有情况、有分析的专题信息；

（四）为政府实施信息引导服务；

（五）组织开展政务信息工作经验交流，了解和指导下级单位的政务信息工作；

（六）组织本地区、本部门政务信息工作人员的业务培训。

第九条 政务信息网络是政务信息工作的基础，信息联系点是政务信息网络的组成部分。各级政府及其部门应当根据本地区或者本部门的实际情况和需要，逐步建立和完善政务信息网络。

第三章 政务信息队伍

第十条 政务信息队伍由专职、兼职和特聘的政务信息工作人员组成。县级以上各级人民政府办公厅（室）应当配备专职政务信息工作人员。专职政务信息工作人员的人数由本级政府或者本部门的办公厅（室）根据工作需要在编制范围内确定。

第十一条 政务信息工作人员应当具备下列基本条件：

（一）努力学习马列主义、毛泽东思想和邓小平同志建设有中国特色社会主义理论，热爱政务信息工作，有较强的事业心和责任感，作风正派，实事求是；

（二）熟悉党的路线、方针、政策，熟悉政府或者部门的主要业务工作；

（三）掌握政务信息工作的基本知识和工作技能，具备一定的经济、科技和法律等方面的基本知识；

（四）具有较强的综合分析能力、文字表达能力和组织协调能力；

（五）严格遵守党和国家的保密制度。

第四章　政务信息工作制度

第十二条　下级政府应当及时向上级政府报送信息。政府各部门应当及时向本级政府和上级部门报送信息。下级政府或者部门对上级政府或者部门专门要求报送的信息，必须严格按照要求报送。

第十三条　上级政府和部门的办公厅（室），应当适时向下级政府或者部门的办公厅（室）通报信息报送参考要点和采用情况。

第十四条　各级政府及其部门负责政务信息工作的机构根据需要组织相互之间的信息交流，在依法保守秘密的前提下，实现信息资源共享。

第十五条　下级政府或者部门负责政务信息工作的机构向上级政府或者部门负责政务信息工作的机构报送的信息，必须经本级政府或者本部门的办公厅（室）分管领导审核、签发；必要时，报本级政府或者本部门分管领导审核、签发。

第十六条　对在政务信息工作中成绩突出的单位和个人，给予奖励。

第五章　政务信息质量

第十七条　政务信息应当符合下列要求：

（一）反映的事件应当真实可靠，有根有据。重大事件上报前，应当核实。

（二）信息中的事例、数字、单位应当力求准确。

（三）急事、要事和突发性事件应当迅速报送；必要时，应当连续报送。

（四）实事求是，有喜报喜，有忧报忧，防止以偏概全。

（五）主题鲜明，文题相符，言简意赅，力求用简练的文字和有代表性的数据反映事物的概貌和发展趋势。

（六）反映本地区、本部门的新情况、新问题、新思路、新举措、新经验，应当有新意。

（七）反映情况和问题力求有一定的深度，透过事物的表象，揭示事物的本质和深层次问题，努力做到有情况、有分析、有预测、有建议，既有定性分析，又有定量分析。

（八）适应科学决策和领导需要。

第六章　政务信息工作手段

第十八条　各级政府及其部门应当加强政务信息工作现代化手段的建设，保证政务信息工作的正常开展，实现信息迅速、准确、安全地处理、传递和存储。

第十九条　各级政府及其部门应当建立严格的网络设备管理、维护和值班制度，保持网络设备的正常运行和信息传输的畅通。

第二十条　省、自治区、直辖市人民政府和国务院各部门的办公厅（室）应当逐步建立电子数据资料库，收集、整理和存储本地区或者本系统的基本的和重要的数据资料，以适应随时调用和信息共享的需要。

第二十一条　省、自治区、直辖市人民政府和国务院有关部门的办公厅（室）应当管好、用好计算机远程工作站，严格遵守国家有关安全、保密的规定。

第七章　附　　则

第二十二条　本办法由国务院办公厅秘书局负责解释，并根据施行情况适时修订。

第二十三条　本办法自1995年11月1日起施行。

发布部门：国务院办公厅　发布日期：1995年10月27日　实施日期：1995年11月1日

附录3 《中华人民共和国政府信息公开条例》

中华人民共和国国务院令

第492号

《中华人民共和国政府信息公开条例》已经2007年1月17日国务院第165次常务会议通过，现予公布，自2008年5月1日起施行。

总理 温家宝

二〇〇七年四月五日

中华人民共和国政府信息公开条例

第一章 总 则

第一条 为了保障公民、法人和其他组织依法获取政府信息，提高政府工作的透明度，促进依法行政，充分发挥政府信息对人民群众生产、生活和经济社会活动的服务作用，制定本条例。

第二条 本条例所称政府信息，是指行政机关在履行职责过程中制作或者获取的，以一定形式记录、保存的信息。

第三条 各级人民政府应当加强对政府信息公开工作的组织领导。

国务院办公厅是全国政府信息公开工作的主管部门，负责推进、指导、协调、监督全国的政府信息公开工作。

县级以上地方人民政府办公厅（室）或者县级以上地方人民政府确定的其他政府信息公开工作主管部门负责推进、指导、协调、监督本行政区域的政府信息公开工作。

第四条 各级人民政府及县级以上人民政府部门应当建立健全本行政机关的政府信息公开工作制度，并指定机构（以下统称政府信息公开工作机构）负责本行政机关政府信息公开的日常工作。

政府信息公开工作机构的具体职责是：

（一）具体承办本行政机关的政府信息公开事宜；

（二）维护和更新本行政机关公开的政府信息；

（三）组织编制本行政机关的政府信息公开指南、政府信息公开目录和政府信息公开工作年度报告；

（四）对拟公开的政府信息进行保密审查；

（五）本行政机关规定的与政府信息公开有关的其他职责。

第五条 行政机关公开政府信息，应当遵循公正、公平、便民的原则。

第六条 行政机关应当及时、准确地公开政府信息。行政机关发现影响或者可能影响社会稳定、扰乱社会管理秩序的虚假或者不完整信息的，应当在其职责范围内发布准确的政府信息予以澄清。

第七条 行政机关应当建立健全政府信息发布协调机制。行政机关发布政府信息涉及其他行政机关的，应当与有关行政机关进行沟通、确认，保证行政机关发布的政府信息准确一致。

行政机关发布政府信息依照国家有关规定需要批准的，未经批准不得发布。

第八条 行政机关公开政府信息，不得危及国家安全、公共安全、经济安全和社会稳定。

第二章 公开的范围

第九条 行政机关对符合下列基本要求之一的政府信息应当主动公开：

（一）涉及公民、法人或者其他组织切身利益的；

（二）需要社会公众广泛知晓或者参与的；

（三）反映本行政机关机构设置、职能、办事程序等情况的；

（四）其他依照法律、法规和国家有关规定应当主动公开的。

第十条 县级以上各级人民政府及其部门应当依照本条例第九条的规定，在各自职责范围内确定主动公开的政府信息的具体内容，并重点公开下列政府信息：

（一）行政法规、规章和规范性文件；

（二）国民经济和社会发展规划、专项规划、区域规划及相关政策；

（三）国民经济和社会发展统计信息；

（四）财政预算、决算报告；

（五）行政事业性收费的项目、依据、标准；

（六）政府集中采购项目的目录、标准及实施情况；

（七）行政许可的事项、依据、条件、数量、程序、期限以及申请行政许可需要提交的全部材料目录及办理情况；

（八）重大建设项目的批准和实施情况；

（九）扶贫、教育、医疗、社会保障、促进就业等方面的政策、措施及其实施情况；

（十）突发公共事件的应急预案、预警信息及应对情况；

（十一）环境保护、公共卫生、安全生产、食品药品、产品质量的监督检查情况。

第十一条 设区的市级人民政府、县级人民政府及其部门重点公开的政府信息还应当包括下列内容：

（一）城乡建设和管理的重大事项；

（二）社会公益事业建设情况；

（三）征收或者征用土地、房屋拆迁及其补偿、补助费用的发放、使用情况；

（四）抢险救灾、优抚、救济、社会捐助等款物的管理、使用和分配情况。

第十二条 乡（镇）人民政府应当依照本条例第九条的规定，在其职责范围内确定主动公开的政府信息的具体内容，并重点公开下列政府信息：

（一）贯彻落实国家关于农村工作政策的情况；

（二）财政收支、各类专项资金的管理和使用情况；

（三）乡（镇）土地利用总体规划、宅基地使用的审核情况；

（四）征收或者征用土地、房屋拆迁及其补偿、补助费用的发放、使用情况；

（五）乡（镇）的债权债务、筹资筹劳情况；

（六）抢险救灾、优抚、救济、社会捐助等款物的发放情况；

（七）乡镇集体企业及其他乡镇经济实体承包、租赁、拍卖等情况；

（八）执行计划生育政策的情况。

第十三条 除本条例第九条、第十条、第十一条、第十二条规定的行政机关主动公开的政府信息外，公民、法人或者其他组织还可以根据自身生产、生活、科研等特殊需要，向国务院部门、地方各级人民政府及县级以上地方人民政府部门申请获取相关政府信息。

第十四条 行政机关应当建立健全政府信息发布保密审查机制，明确审查的程序和责任。

行政机关在公开政府信息前，应当依照《中华人民共和国保守国家秘密法》以及其他法律、法规和国家有关规定对拟公开的政府信息进行审查。

行政机关对政府信息不能确定是否可以公开时，应当依照法律、法规和国家有关规定报有关主管部门或者同级保密工作部门确定。

行政机关不得公开涉及国家秘密、商业秘密、个人隐私的政府信息。但是，经权利人同意公开或者行政机关认为不公开可能对公共利益造成重大影响的涉及商业秘密、个人隐私的政府信息，可以予以公开。

第三章　公开的方式和程序

第十五条　行政机关应当将主动公开的政府信息，通过政府公报、政府网站、新闻发布会以及报刊、广播、电视等便于公众知晓的方式公开。

第十六条　各级人民政府应当在国家档案馆、公共图书馆设置政府信息查阅场所，并配备相应的设施、设备，为公民、法人或者其他组织获取政府信息提供便利。

行政机关可以根据需要设立公共查阅室、资料索取点、信息公告栏、电子信息屏等场所、设施，公开政府信息。

行政机关应当及时向国家档案馆、公共图书馆提供主动公开的政府信息。

第十七条　行政机关制作的政府信息，由制作该政府信息的行政机关负责公开；行政机关从公民、法人或者其他组织获取的政府信息，由保存该政府信息的行政机关负责公开。法律、法规对政府信息公开的权限另有规定的，从其规定。

第十八条　属于主动公开范围的政府信息，应当自该政府信息形成或者变更之日起20个工作日内予以公开。法律、法规对政府信息公开的期限另有规定的，从其规定。

第十九条　行政机关应当编制、公布政府信息公开指南和政府信息公开目录，并及时更新。

政府信息公开指南，应当包括政府信息的分类、编排体系、获取方式，政府信息公开工作机构的名称、办公地址、办公时间、联系电话、传真号码、电子邮箱等内容。

政府信息公开目录，应当包括政府信息的索引、名称、内容概述、生成日期等内容。

第二十条　公民、法人或者其他组织依照本条例第十三条规定向行政机关申请获取政府信息的，应当采用书面形式（包括数据电文形式）；采用书面形式确有困难的，申请人可以口头提出，由受理该申请的行政机关代为填写政府信息公开申请。

政府信息公开申请应当包括下列内容：

（一）申请人的姓名或者名称、联系方式；

（二）申请公开的政府信息的内容描述；

（三）申请公开的政府信息的形式要求。

第二十一条 对申请公开的政府信息，行政机关根据下列情况分别作出答复：

（一）属于公开范围的，应当告知申请人获取该政府信息的方式和途径；

（二）属于不予公开范围的，应当告知申请人并说明理由；

（三）依法不属于本行政机关公开或者该政府信息不存在的，应当告知申请人，对能够确定该政府信息的公开机关的，应当告知申请人该行政机关的名称、联系方式；

（四）申请内容不明确的，应当告知申请人作出更改、补充。

第二十二条 申请公开的政府信息中含有不应当公开的内容，但是能够作区分处理的，行政机关应当向申请人提供可以公开的信息内容。

第二十三条 行政机关认为申请公开的政府信息涉及商业秘密、个人隐私，公开后可能损害第三方合法权益的，应当书面征求第三方的意见；第三方不同意公开的，不得公开。但是，行政机关认为不公开可能对公共利益造成重大影响的，应当予以公开，并将决定公开的政府信息内容和理由书面通知第三方。

第二十四条 行政机关收到政府信息公开申请，能够当场答复的，应当当场予以答复。

行政机关不能当场答复的，应当自收到申请之日起15个工作日内予以答复；如需延长答复期限的，应当经政府信息公开工作机构负责人同意，并告知申请人，延长答复的期限最长不得超过15个工作日。

申请公开的政府信息涉及第三方权益的，行政机关征求第三方意见所需时间不计算在本条第二款规定的期限内。

第二十五条 公民、法人或者其他组织向行政机关申请提供与其自身相关的税费缴纳、社会保障、医疗卫生等政府信息的，应当出示有效身份证件或者证明文件。

公民、法人或者其他组织有证据证明行政机关提供的与其自身相关的政府信息记录不准确的，有权要求该行政机关予以更正。该行政机关无权更正的，应当转送有权更正的行政机关处理，并告知申请人。

第二十六条 行政机关依申请公开政府信息，应当按照申请人要求的形式予以提供；无法按照申请人要求的形式提供的，可以通过安排申请人查阅相关资料、提供复制件或者其他适当形式提供。

第二十七条 行政机关依申请提供政府信息，除可以收取检索、复制、邮寄等成本费用外，不得收取其他费用。行政机关不得通过其他组织、个人以有偿服务方式提供政府信息。

行政机关收取检索、复制、邮寄等成本费用的标准由国务院价格主管部门会同国务院财政部门制定。

第二十八条 申请公开政府信息的公民确有经济困难的，经本人申请、政府信息公开工作机构负责人审核同意，可以减免相关费用。

申请公开政府信息的公民存在阅读困难或者视听障碍的，行政机关应当为其提供必要的帮助。

第四章 监督和保障

第二十九条 各级人民政府应当建立健全政府信息公开工作考核制度、社会评议制度和责任追究制度，定期对政府信息公开工作进行考核、评议。

第三十条 政府信息公开工作主管部门和监察机关负责对行政机关政府信息公开的实施情况进行监督检查。

第三十一条 各级行政机关应当在每年3月31日前公布本行政机关的政府信息公开工作年度报告。

第三十二条 政府信息公开工作年度报告应当包括下列内容：

（一）行政机关主动公开政府信息的情况；

（二）行政机关依申请公开政府信息和不予公开政府信息的情况；

（三）政府信息公开的收费及减免情况；

（四）因政府信息公开申请行政复议、提起行政诉讼的情况；

（五）政府信息公开工作存在的主要问题及改进情况；

（六）其他需要报告的事项。

第三十三条 公民、法人或者其他组织认为行政机关不依法履行政府信息公开义务的，可以向上级行政机关、监察机关或者政府信息公开工作主管部门举报。收到举报的机关应当予以调查处理。

公民、法人或者其他组织认为行政机关在政府信息公开工作中的具体行政行为侵犯其合法权益的，可以依法申请行政复议或者提起行政诉讼。

第三十四条 行政机关违反本条例的规定，未建立健全政府信息发布保密审查机制的，由监察机关、上一级行政机关责令改正；情节严重的，对行政机关主要负责人依法给予处分。

第三十五条 行政机关违反本条例的规定，有下列情形之一的，由监察机关、上一级行政机关责令改正；情节严重的，对行政机关直接负责的主管人员和其他直接责任人员依法给予处分；构成犯罪的，依法追究刑事责任：

（一）不依法履行政府信息公开义务的；

（二）不及时更新公开的政府信息内容、政府信息公开指南和政府信息公开目录的；

（三）违反规定收取费用的；

（四）通过其他组织、个人以有偿服务方式提供政府信息的；

（五）公开不应当公开的政府信息的；

（六）违反本条例规定的其他行为。

第五章　附　　则

第三十六条　法律、法规授权的具有管理公共事务职能的组织公开政府信息的活动，适用本条例。

第三十七条　教育、医疗卫生、计划生育、供水、供电、供气、供热、环保、公共交通等与人民群众利益密切相关的公共企事业单位在提供社会公共服务过程中制作、获取的信息的公开，参照本条例执行，具体办法由国务院有关主管部门或者机构制定。

第三十八条　本条例自 2008 年 5 月 1 日起施行。

附录4　《机关档案工作条例》

中共中央办公厅、国务院办公厅关于印发机关档案工作条例的通知

（1983年4月28日中共中央办公厅、国务院办公厅发布）

现将国家档案局制定的《机关档案工作条例》印发给你们，望督促各机关和档案部门贯彻执行。

第一章　总　　则

第一条　根据中共中央、国务院有关档案工作的决定和指示，为加强各级党、政、军机关和人民团体（以下统称机关）档案的科学管理，更好地为机关工作服务，特制定本条例。

第二条　机关档案工作是机关工作的组成部分，是提高机关工作效率和工作质量的必要条件，是维护机关历史真实面貌的一项重要工作。

第三条　各机关在工作活动中形成的全部档案均由本机关档案部门集中统一管理。

第四条　机关档案部门的基本任务是：

（一）对本机关文书部门或业务部门文件材料的归档工作，进行指导和监督；

（二）负责管理本机关的全部档案，积极提供利用，为机关各项工作服务，并为党和国家积累档案史料；

（三）中央和地方专业主管机关的档案部门，应根据本专业的管理体制，负责对本系统和直属单位的档案工作进行指导、监督与检查。

第五条　机关档案部门必须贯彻执行党和国家的保密、保卫制度，确保档案和档案机密的安全。

第二章　机关档案工作体制、机构和干部

第六条　机关必须建立档案工作，成立相应的档案工作机构。不需要建立档案机构的机关，应配备专职或兼职的档案人员。机关档案部门受办公厅（室）领导。

第七条　各级机关档案部门的业务工作受同级和上级档案业务管理机关的指

导、监督与检查。

对驻在地方的上级直属单位的档案工作，实行以专业主管机关为主、地方档案管理机关为辅的管理体制。

第八条 各机关应为档案部门配备政治上可靠、具有高中或高中以上文化水平和一定专业知识、能够胜任工作的相应数量的干部。

第九条 档案干部要努力学习马克思列宁主义、毛泽东思想，坚持四项基本原则，认真执行党和国家的方针、政策，热爱档案事业，刻苦钻研业务，努力提高政治思想、科学文化和档案业务水平，以保证工作任务的顺利完成。

第十条 档案干部应相对稳定。对有业务职称的档案干部，在调离档案部门时，应征得授予职称的档案业务管理机关的同意。

第三章 档案的接收

第十一条 机关应建立、健全文件材料的归档制度。凡机关工作活动中形成的具有保存价值的文件材料（包括党、政、工、团以及人事、保卫、财会等工作中形成的文件材料），均由文书部门或业务部门进行整理、立卷，并定期向档案部门归档。机关领导人和承办人员办理完毕的文件材料应及时交有关部门整理、立卷。

第十二条 机关档案部门接收的档案，应符合下列要求：

（一）应归档的文件材料齐全、完整；

（二）文件和电报按其内容的联系，合并整理、立卷；

（三）归档的文件材料，保持它们之间的历史联系，区分保存价值，分类整理、立卷，案卷标题简明确切，便于保管和利用。

第十三条 机关文书部门或业务部门一般应在第二年上半年向档案部门移交档案，交接双方根据移交目录清点核对，并履行签字手续。

第四章 档案的管理和提供利用

第十四条 一个机关在工作活动中形成的全部档案，应在文书或业务部门立卷的基础上，按照一定的要求进行分类、加工整理和保管。

第十五条 机关档案部门应建立档案的统计制度，对档案的收进、移出、保管、利用等情况进行统计，并按照规定向档案业务管理机关报送档案工作基本情况统计表。

第十六条 机关档案部门应根据国家的有关规定，编制本机关或本专业系统的《档案材料保管期限表》，经机关领导人批准后执行，并报同级档案业务管理机关备案。

第十七条 机关应定期对已超过保管期限的档案进行鉴定。鉴定档案必须在机关办公厅（室）主任的主持下，由档案部门和有关业务部门组成鉴定小组共同进行。鉴定工作结束后，应提出工作报告，对确无保存价值的档案进行登记造册，经机关领导人批准后销毁。

第十八条 机关销毁档案，应指定两人负责监销，防止档案遗失和泄密。监销人要在销毁清册上签字。

第十九条 机关的档案库房应该坚固，并力求逐步做到有防盗、防火、防虫、防鼠、防潮、防尘、防高温等设施。要定期检查档案保管状况，对破损或变质的档案应及时修补、复制或作其他技术处理。

第二十条 机关档案部门应根据工作需要，编制必要的目录、卡片、索引等检索工具，编辑档案文件汇集和各种参考资料，积极主动地开展档案的利用工作，为机关各项工作服务，并注意掌握档案的利用效果。

第二十一条 机关档案部门应建立档案的借阅制度，根据档案的机密程度，确定不同的利用范围，规定不同的审批手续。

机关档案部门保管的档案，是现行档案，主要供本机关和上级主管机关使用，不属于开放范围。对外提供利用需经上级主管机关批准。

第二十二条 省级以上党、政领导机关的重要档案，根据需要和可能可多保存一套重份或复印件，以保证档案的安全和方便利用。

第二十三条 机关应根据需要和可能，采用先进技术设备，逐步实现档案管理的科学化、现代化。

第二十四条 档案保管人员调动工作时，应在离职前办好交接手续。

第五章 档案的移交

第二十五条 省级以上机关应将永久保存的档案在本机关保存 20 年左右；省辖市（州、盟）和县级以下机关应将永久、长期保存的档案在本机关保存十年左右，连同案卷目录（一式三份）和有关的检索工具、参考资料，一并向有关的档案馆移交。一个机关的全部档案是不可分割的整体，应统一向一个档案馆移交。

第二十六条 机关撤销或合并必须将本机关的全部档案进行认真整理，妥善保管，不得分散，并按下列办法进行处理：

（一）撤销机关的档案，应向有关的档案馆进行移交或由有关主管机关代管；

（二）机关撤销的业务分别划归几个机关的，其档案材料不得分散，可由其中一个机关代管或向有关的档案馆移交；

（三）一个机关并入另一个机关或几个机关合并为一个新的机关，其档案材料应移交给合并后的机关代管或向有关的档案馆移交；

（四）一个机关内一部分业务或者一个部门划给另一个机关接收，其档案材料不得带入接收机关，如果接收机关需要利用，可以借阅或者复制；

（五）机关撤销或者合并时，没有处理完毕的文件材料，可以移交给新的机关继续处理，并作为新的机关的档案加以保存；

（六）一个机关改变了领导关系，在其工作活动中形成的全部档案仍属原来的全宗，实行集中统一管理。

第二十七条 各种临时工作机构撤销时，其档案应向有关的主管机关或档案馆移交。

第六章 附 则

第二十八条 机关可根据本条例规定的原则，结合本机关的具体情况，制定具体实施办法。

第二十九条 企业、事业单位的档案工作应参照本条例执行，其中科学技术档案工作应按《科学技术档案工作条例》办理。

第三十条 本条例自发布之日起施行。

发布部门：国务院办公厅/中共中央办公厅 发布日期：1983 年 4 月 28 日 实施日期：1983 年 4 月 28 日

附录5 《2006～2020年国家信息化发展战略》

信息化是当今世界发展的大趋势，是推动经济社会变革的重要力量。大力推进信息化，是覆盖我国现代化建设全局的战略举措，是贯彻落实科学发展观、全面建设小康社会、构建社会主义和谐社会和建设创新型国家的迫切需要和必然选择。

一、全球信息化发展的基本趋势

信息化是充分利用信息技术，开发利用信息资源，促进信息交流和知识共享，提高经济增长质量，推动经济社会发展转型的历史进程。20世纪90年代以来，信息技术不断创新，信息产业持续发展，信息网络广泛普及，信息化成为全球经济社会发展的显著特征，并逐步向一场全方位的社会变革演进。进入21世纪，信息化对经济社会发展的影响更加深刻。广泛应用、高度渗透的信息技术正孕育着新的重大突破。信息资源日益成为重要生产要素、无形资产和社会财富。信息网络更加普及并日趋融合。信息化与经济全球化相互交织，推动着全球产业分工深化和经济结构调整，重塑着全球经济竞争格局。互联网加剧了各种思想文化的相互激荡，成为信息传播和知识扩散的新载体。电子政务在提高行政效率、改善政府效能、扩大民主参与等方面的作用日益显著。信息安全的重要性与日俱增，成为各国面临的共同挑战。信息化使现代战争形态发生重大变化，是世界新军事变革的核心内容。全球数字鸿沟呈现扩大趋势，发展失衡现象日趋严重。发达国家信息化发展目标更加清晰，正在出现向信息社会转型的趋向；越来越多的发展中国家主动迎接信息化发展带来的新机遇，力争跟上时代潮流。全球信息化正在引发当今世界的深刻变革，重塑世界政治、经济、社会、文化和军事发展的新格局。加快信息化发展，已经成为世界各国的共同选择。

二、我国信息化发展的基本形势

（一）信息化发展的进展情况

党中央、国务院一直高度重视信息化工作。20世纪90年代，相继启动了以金关、金卡和金税为代表的重大信息化应用工程；1997年，召开了全国信息化工作会议；党的十五届五中全会把信息化提到了国家战略的高度；党的十六大进一步作出了以信息化带动工业化、以工业化促进信息化、走新型工业化道路的战略部署；党的十六届五中全会再一次强调，推进国民经济和社会信息化，加快转变经济增长方式。“十五”期间，国家信息化领导小组对信息化发展重点进行了全面部署，作出了推行电子政务、振兴软件产业、加强信息安全保障、加强信息资源开发利用、加快发展电子商务等一系列重要决策。各地区各部门从实际出发，认真贯彻落实，不断开拓进取，我国信息化建设取得了可喜的进展。

1）信息网络实现跨越式发展，成为支撑经济社会发展重要的基础设施。电话用户、网络规模已经位居世界第一，互联网用户和宽带接入用户均位居世界第二，广播电视网络基本覆盖了全国的行政村。

2）信息产业持续快速发展，对经济增长贡献度稳步上升。2005 年，信息产业增加值占国内生产总值的比重达到 7.2%，对经济增长的贡献度达到 16.6%。电子信息产品制造业出口额占出口总额的比重已超过 30%。掌握了一批具有自主知识产权的关键技术。部分骨干企业的国际竞争力不断增强。

3）信息技术在国民经济和社会各领域的应用效果日渐显著。农业信息服务体系不断完善。应用信息技术改造传统产业不断取得新的进展，能源、交通运输、冶金、机械和化工等行业的信息化水平逐步提高。传统服务业转型步伐加快，信息服务业蓬勃兴起。金融信息化推进了金融服务创新，现代化金融服务体系初步形成。电子商务发展势头良好，科技、教育、文化、医疗卫生、社会保障、环境保护等领域信息化步伐明显加快。

4）电子政务稳步展开，成为转变政府职能、提高行政效率、推进政务公开的有效手段。各级政务部门利用信息技术，扩大信息公开，促进信息资源共享，推进政务协同，提高了行政效率，改善了公共服务，有效推动了政府职能转变。金关、金卡、金税等工程成效显著，金盾、金审等工程进展顺利。

5）信息资源开发利用取得重要进展。基础信息资源建设工作开始起步，互联网上中文信息比重稳步上升，信息资源开发利用水平不断提高。

6）信息安全保障工作逐步加强。制定并实施了国家信息安全战略，初步建立了信息安全管理体制和工作机制。基础信息网络和重要信息系统的安全防护水平明显提高，互联网信息安全管理进一步加强。

7）国防和军队信息化建设全面展开。国防和军队信息化取得重要进展，组织实施了一批军事信息系统重点工程，军事信息基础设施建设取得长足进步，主战武器系统信息技术含量不断提高，作战信息保障能力显著增强。

8）信息化基础工作进一步改善。信息化法制建设持续推进，信息技术标准化工作逐步加强，信息化培训工作得到高度重视，信息化人才队伍不断壮大。

我国信息化发展的基本经验是：坚持站在国家战略高度，把信息化作为覆盖现代化建设全局的战略举措，正确处理信息化与工业化之间的关系，长远规划，持续推进。坚持从国情出发，因地制宜，把信息化作为解决现实紧迫问题和发展难题的重要手段，充分发挥信息技术在各领域的作用。坚持把开发利用信息资源放到重要位置，加强统筹协调，促进互联互通和资源共享。坚持引进消化先进技术与增强自主创新能力相结合，优先发展信息产业，逐步增强信息化的自主装备能力。坚持推进信息化建设与保障国家信息安全并重，不断提高基础信息网络和重要信息系统的安全保护水平。坚持优先抓好信息技术的普及教育，提高国民信息技术应用技能。

（二）信息化发展中值得重视的问题

当前我国信息化发展也存在着一些亟待解决的问题，主要表现在：第一，思想认识需要进一步提高。我国是在工业化不断加快、体制改革不断深化的条件下推进信息化的，信息化理论和实践还不够成熟，全社会对推进信息化的重要性、紧迫性的认识需要进一步提高。第二，信息技术自主创新能力不足。核心技术和关键装备主要依赖进口。以企业为主体的创新体系亟待完善，自主装备能力急需增强。第三，信息技术应用水平不高。在整体上，应用水平落后于实际需求，信息技术的潜能尚未得到充分挖掘；在部分领域和地区应用效果不够明显。第四，信息安全问题仍比较突出。在全球范围内，计算机病毒、网络攻击、垃圾邮件、系统漏洞、网络窃密、虚假有害信息和网络违法犯罪等问题日渐突出，如应对不当，可能会给我国经济社会发展和国家安全带来不利影响。第五，数字鸿沟有所扩大。信息技术应用水平与先进国家相比存在较大差距。国内不同地区、不同领域、不同群体的信息技术应用水平和网络普及程度很不平衡，城乡、区域和行业的差距有扩大趋势，成为影响协调发展的新因素。第六，体制机制改革相对滞后。受各种因素制约，信息化管理体制尚不完善，电信监管体制改革有待深化，信息化法制建设需要进一步加快。

经过多年的发展，我国信息化发展已具备了一定基础，进入了全方位、多层次推进的新阶段。抓住机遇，迎接挑战，适应转变经济增长方式、全面建设小康社会的需要，更新发展理念，破解发展难题，创新发展模式，大力推进信息化发展，已成为我国经济社会发展新阶段重要而紧迫的战略任务。

三、我国信息化发展的指导思想和战略目标

（一）指导思想和战略方针

我国信息化发展的指导思想是：以邓小平理论和“三个代表”重要思想为

指导，贯彻落实科学发展观，坚持以信息化带动工业化、以工业化促进信息化，坚持以改革开放和科技创新为动力，大力推进信息化，充分发挥信息化在促进经济、政治、文化、社会和军事等领域发展的重要作用，不断提高国家信息化水平，走中国特色的信息化道路，促进我国经济社会又快又好地发展。

我国信息化发展的战略方针是：统筹规划、资源共享，深化应用、务求实效，面向市场、立足创新，军民结合、安全可靠。要以科学发展观为统领，以改革开放为动力，努力实现网络、应用、技术和产业的良性互动，促进网络融合，实现资源优化配置和信息共享。要以需求为主导，充分发挥市场机制配置资源的基础性作用，探索成本低、实效好的信息化发展模式。要以人为本，惠及全民，创造广大群众用得上、用得起、用得好的信息化发展环境。要把制度创新与技术创新放在同等重要的位置，完善体制机制，推动原始创新，加强集成创新，增强引进消化吸收再创新能力。要推动军民结合，协调发展。要高度重视信息安全，正确处理安全与发展之间的关系，以安全保发展，在发展中求安全。

（二）战略目标

到2020年，我国信息化发展的战略目标是：综合信息基础设施基本普及，信息技术自主创新能力显著增强，信息产业结构全面优化，国家信息安全保障水平大幅提高，国民经济和社会信息化取得明显成效，新型工业化发展模式初步确立，国家信息化发展的制度环境和政策体系基本完善，国民信息技术应用能力显著提高，为迈向信息社会奠定坚实基础。具体目标是：

促进经济增长方式的根本转变。广泛应用信息技术，改造和提升传统产业，发展信息服务业，推动经济结构战略性调整。深化应用信息技术，努力降低单位产品能耗、物耗，加大对环境污染的监控和治理，服务循环经济发展。充分利用信息技术，促进我国经济增长方式由主要依靠资本和资源投入向主要依靠科技进步和提高劳动者素质转变，提高经济增长的质量和效益。

实现信息技术自主创新、信息产业发展的跨越。有效利用国际国内两个市场、两种资源，增强对引进技术的消化吸收，突破一批关键技术，掌握一批核心技术，实现信息技术从跟踪、引进到自主创新的跨越，实现信息产业由大变强的跨越。

提升网络普及水平、信息资源开发利用水平和信息安全保障水平。抓住网络技术转型的机遇，基本建成国际领先、多网融合、安全可靠的综合信息基础设施。确立科学的信息资源观，把信息资源提升到与能源、材料同等重要的地位，为发展知识密集型产业创造条件。信息安全的长效机制基本形成，国家信息安全保障体系较为完善，信息安全保障能力显著增强。

增强政府公共服务能力、社会主义先进文化传播能力、中国特色的军事变革能力和国民信息技术应用能力。电子政务应用和服务体系日臻完善，社会管理与公共服务密切结合，网络化公共服务能力显著增强。网络成为先进文化传播的重要渠道，社会主义先进文化的感召力和中华民族优秀文化的国际影响力显著增强。国防和军队信息化建设取得重大进展，信息化条件下的防卫作战能力显著增强。人民群众受教育水平和信息技术应用技能显著提高，为建设学习型社会奠定基础。

四、我国信息化发展的战略重点

（一）推进国民经济信息化

推进面向“三农”的信息服务。利用公共网络，采用多种接入手段，以农民普遍能够承受的价格，提高农村网络普及率。整合涉农信息资源，规范和完善公益性信息中介服务，建设城乡统筹的信息服务体系，为农民提供适用的市场、科技、教育、卫生保健等信息服务，支持农村富余劳动力的合理有序流动。

利用信息技术改造和提升传统产业。促进信息技术在能源、交通运输、冶金、机械和化工等行业的普及应用，推进设计研发信息化、生产装备数字化、生产过程智能化和经营管理网络化。充分运用信息技术推动高能耗、高物耗和高污染行业的改造。推动供应链管理和客户关系管理，大力扶持中小企业信息化。

加快服务业信息化。优化政策法规环境，依托信息网络，改造和提升传统服务业。加快发展网络增值服务、电子金融、现代物流、连锁经营、专业信息服务、咨询中介等新型服务业。大力发展电子商务，降低物流成本和交易成本。

鼓励具备条件的地区率先发展知识密集型产业。引导人才密集、信息化基础好的地区率先发展知识密集型产业，推动经济结构战略性调整。充分利用信息技术，加快东部地区知识和技术向中西部地区的扩散，创造区域协调发展的新局面。

（二）推行电子政务

改善公共服务。逐步建立以公民和企业为对象、以互联网为基础、中央与地方相配合、多种技术手段相结合的电子政务公共服务体系。重视推动电子政务公共服务延伸到街道、社区和乡村。逐步增加服务内容，扩大服务范围，提高服务质量，推动服务型政府建设。

加强社会管理。整合资源，形成全面覆盖、高效灵敏的社会管理信息网络，增强社会综合治理能力。协同共建，完善社会预警和应对突发事件的网络运行机制，增强对各种突发性事件的监控、决策和应急处置能力，保障国家安全、公共安全，维护社会稳定。

强化综合监管。满足转变政府职能、提高行政效率、规范监管行为的需求，深化相应业务系统建设。围绕财政、金融、税收、工商、海关、国资监管、质检、食品药品安全等关键业务，统筹规划，分类指导，有序推进相关业务系统之间、中央与地方之间的信息共享，促进部门间业务协同，提高监管能力。建设企业、个人征信系统，规范和维护市场秩序。

完善宏观调控。完善财政、金融等经济运行信息系统，提升国民经济预测、预警和监测水平，增强宏观调控决策的有效性和科学性。

（三）建设先进网络文化

加强社会主义先进文化的网上传播。牢牢把握社会主义先进文化的前进方向，支持健康有益文化，加快推进中华民族优秀文化作品的数字化、网络化，规范网络文化传播秩序，使科学的理论、正确的舆论、高尚的精神、优秀的作品成为网上文化传播的主流。

改善公共文化信息服务。鼓励新闻出版、广播影视、文学艺术等行业加快信息化步伐，提高文化产品质量，增强文化产品供给能力。加快文化信息资源整合，加强公益性文化信息基础设施建设，完善公共文化信息服务体系，将文化产品送到千家万户，丰富基层群众文化生活。

加强互联网对外宣传和文化交流。整合互联网对外宣传资源，完善互联网对外宣传体系建设，不断提高互联网对外宣传工作整体水平，持续提升对外宣传效果，扩大中华民族优秀文化的国际影响力。

建设积极健康的网络文化。倡导网络文明，强化网络道德约束，建立和完善网络行为规范，积极引导广大群众的网络文化创作实践，自觉抵御不良内容的侵蚀，摈弃网络滥用行为和低俗之风，全面建设积极健康的网络文化。

（四）推进社会信息化

加快教育科研信息化步伐。提升基础教育、高等教育和职业教育信息化水平，持续推进农村现代远程教育，实现优质教育资源共享，促进教育均衡发展。构建终身教育体系，发展多层次、交互式网络教育培训体系，方便公民自主学习。建立并完善全国教育与科研基础条件网络平台，提高教育与科研设备网络化利用水平，推动教育与科研资源的共享。

加强医疗卫生信息化建设。建设并完善覆盖全国、快捷高效的公共卫生信息系统，增强防疫监控、应急处置和救治能力。推进医疗服务信息化，改进医院管理，开展远程医疗。统筹规划电子病历，促进医疗、医药和医保机构的信息共享和业务协同，支持医疗体制改革。

完善就业和社会保障信息服务体系。建设多层次、多功能的就业信息服务体系，加强就业信息统计、分析和发布工作，改善技能培训、就业指导和政策咨询服务。加快全国社会保障信息系统建设，提高工作效率，改善服务质量。

推进社区信息化。整合各类信息系统和资源，构建统一的社区信息平台，加强常住人口和流动人口的信息化管理，改善社区服务。

（五）完善综合信息基础设施

推动网络融合，实现向下一代网络的转型。优化网络结构，提高网络性能，推进综合基础信息平台的发展。加快改革，从业务、网络和终端等层面推进“三网融合”。发展多种形式的宽带接入，大力推动互联网的应用普及。推动有线、地面和卫星等各类数字广播电视的发展，完成广播电视从模拟向数字的转换。应用光电传感、射频识别等技术扩展网络功能，发展并完善综合信息基础设施，稳步实现向下一代网络的转型。

建立和完善普遍服务制度。加快制度建设，面向老少边穷地区和社会困难群体，建立和完善以普遍服务基金为基础、相关优惠政策配套的补贴机制，逐步将普遍服务从基础电信和广播电视业务扩展到互联网业务。加强宏观管理，拓宽多种渠道，推动普遍服务市场主体的多元化。

（六）加强信息资源的开发利用

建立和完善信息资源开发利用体系。加快人口、法人单位、地理空间等国家基础信息库的建设，拓展相关应用服务。引导和规范政务信息资源的社会化增值开发利用。鼓励企业、个人和其他社会组织参与信息资源的公益性开发利用。完善知识产权保护制度，大力发展以数字化、网络化为主要特征的现代信息服务业，促进信息资源的开发利用。充分发挥信息资源开发利用对节约资源、能源和提高效益的作用，发挥信息流对人员流、物质流和资金流的引导作用，促进经济增长方式的转变和资源节约型社会的建设。

加强全社会信息资源管理。规范对生产、流通、金融、人口流动以及生态环境等领域的信息采集和标准制定，加强对信息资产的严格管理，促进信息资源的优化配置。实现信息资源的深度开发、及时处理、安全保存、快速流动和有效利用，基本满足经济社会发展优先领域的信息需求。

（七）提高信息产业竞争力

突破核心技术与关键技术。建立以企业为主体的技术创新体系，强化集成创新，突出自主创新，突破关键技术。选择具有高度技术关联性和产业带动性的产品和项目，促进引进消化吸收再创新，产学研用结合，实现信息技术关键领域的自主创新。积聚力量，攻克难关，逐步由外围向核心逼近，推进原始创新，力争跨越核心技术门槛，推进创新型国家建设。

培育有核心竞争能力的信息产业。加强政府引导，突破集成电路、软件、关键电子元器件、关键工艺装备等基础产业的发展瓶颈，提高在全球产业链中的地位，逐步形成技术领先、基础雄厚、自主发展能力强的信息产业。优化环境，引导企业资产重组、跨国并购，推动产业联盟，加快培育和发展具有核心能力的大公司和拥有技术专长的中小企业，建立竞争优势。加快“走出去”步伐，鼓励运营企业和制造企业联手拓展国际市场。

（八）建设国家信息安全保障体系

全面加强国家信息安全保障体系建设。坚持积极防御、综合防范，探索和把握信息化与信息安全的内在规律，主动应对信息安全挑战，实现信息化与信息安全协调发展。坚持立足国情，综合平衡安全成本和风险，确保重点，优化信息安全资源配置。建立和完善信息安全等级保护制度，重点保护基础信息网络和关系国家安全、经济命脉、社会稳定的重要信息系统。加强密码技术的开发利用。建设网络信任体系。加强信息安全风险评估工作。建设和完善信息安全监控体系，提高对网络安全事件应对和防范能力，防止有害信息传播。高度重视信息安全应急处置工作，健全完善信息安全应急指挥和安全通报制度，不断完善信息安全应急处置预案。从实际出发，促进资源共享，重视灾难备份建设，增强信息基础设施和重要信息系统的抗毁能力和灾难恢复能力。

大力增强国家信息安全保障能力。积极跟踪、研究和掌握国际信息安全领域的先进理论、前沿技术和发展动态，抓紧开展对信息技术产品漏洞、后门的发现研究，掌握核心安全技术，提高关键设备装备能力，促进我国信息安全技术和产业的自主发展。加快信息安全人才培养，增强国民信息安全意识。不断提高信息安全的法律保障能力、基础支撑能力、网络舆论宣传的驾驭能力和我国在国际信息安全领域的影响力，建立和完善维护国家信息安全的长效机制。

（九）提高国民信息技术应用能力，造就信息化人才队伍

提高国民信息技术应用能力。强化领导干部的信息化知识培训，普及政府公务人员的信息技术技能培训。配合现代远程教育工程，组织志愿者深入老少边穷地区从事信息化知识和技能服务。普及中小学信息技术教育。开展形式多样的信息化知识和技能普及活动，提高国民受教育水平和信息能力。

培养信息化人才。构建以学校教育为基础，在职培训为重点，基础教育与职业教育相互结合，公益培训与商业培训相互补充的信息化人才培养体系。鼓励各类专业人才掌握信息技术，培养复合型人才。

五、我国信息化发展的战略行动

为落实国家信息化发展的战略重点，保证在“十一五”时期国家信息化水平迈上新的台阶，按照承前启后、以点带面的原则，优先制定和实施以下战略行动计划。

（一）国民信息技能教育培训计划

在全国中小学普及信息技术教育，建立完善的信息技术基础课程体系，优化课程设置，丰富教学内容，提高师资水平，改善教学效果。推广新型教学模式，实现信息技术与教学过程的有机结合，全面推进素质教育。

加大政府资金投入及政策扶持力度，吸引社会资金参与，把信息技能培训纳入国民经济和社会发展规划。依托高等院校、中小学、邮局、科技馆、图书馆、文化站等公益性设施，以及全国文化信息资源共享工程、农村党员干部远程教育工程等，积极开展国民信息技能教育和培训。

（二）电子商务行动计划

营造环境、完善政策，发挥企业主体作用，大力推进电子商务。以企业信息化为基础，以大型重点企业为龙头，通过供应链、客户关系管理等，引导中小企业积极参与，形成完整的电子商务价值链。加快信用、认证、标准、支付和现代物流建设，完善结算清算信息系统，注重与国际接轨，探索多层次、多元化的电子商务发展方式。

制定和颁布中小企业信息化发展指南，分类指导，择优扶持，建设面向中小企业的公共信息服务平台，鼓励中小企业利用信息技术，促进中小企业开展灵活多样的电子商务活动。立足产业集聚地区，发挥专业信息服务企业的优势，承揽外包服务，帮助中小企业低成本、低风险地推进信息化。

（三）电子政务行动计划

规范政务基础信息的采集和应用，建设政务信息资源目录体系，推动政府信息公开。整合电子政务网络，建设政务信息资源的交换体系，全面支撑经济调节、市场监管、社会管理和公共服务职能。

建立电子政务规划、预算、审批、评估综合协调机制。加强电子政务建设资金投入的审计和监督。明确已建、在建及新建项目的关系和业务衔接，逐步形成统一规范的电子政务财政预算、基本建设、运行、维护管理制度和绩效评估制度。

（四）网络媒体信息资源开发利用计划

开发科技、教育、新闻出版、广播影视、文学艺术、卫生、“三农”、社保等领域的信息资源，提供人民群众生产生活所需的数字化信息服务，建成若干强大的、影响广泛的、协同关联的互联网骨干网站群。扶持国家重点新闻网站建设。鼓励公益性网络媒体信息资源的开发利用。

制定政策措施，引导和鼓励网络媒体信息资源建设，开发优秀的信息产品，全面营造健康的网络信息环境。注重研究互联网传播规律和新技术发展对网络传媒的深远影响。

（五）缩小数字鸿沟计划

坚持政府主导、社会参与，缩小区域之间、城乡之间和不同社会群体之间信息技术应用水平的差距，创造机会均等、协调发展的社会环境。

加大支持力度，综合运用各种手段，加快推进中西部地区的信息网络建设，普及信息服务。把缩小城乡数字鸿沟作为统筹城乡经济社会发展的重要内容，推进农业信息化和现代农业建设，为建设社会主义新农村服务。逐步在行政村和城镇社区设立免费或低价接入互联网的公共服务场所，提供电子政务、教育培训、医疗保健、养老救治等方面的信息服务。

（六）关键信息技术自主创新计划

在集成电路（特别是中央处理器芯片）、系统软件、关键应用软件、自主可控关键装备等涉及自主发展能力的关键领域，瞄准国际创新前沿，加大投入，重点突破，逐步掌握产业发展的主动权。

在具有研发基础、市场前景广阔的移动通信、数字电视、下一代网络、射频识别等领域，优先启用具有自主知识产权的标准，加快产品开发和推广应用，带动产业发展。

六、我国信息化发展的保障措施

为了保持我国信息化发展的协调性和连续性，顺利部署我国信息化发展的战略重点和战略行动，提出以下保障措施。

（一）完善信息化发展战略研究和政策体系

紧密跟踪全球信息化发展进程，适应经济结构战略性调整、产业升级换代和转变经济增长方式的需要，持续深化信息化发展战略研究，动态调整信息化发展目标。

把推广信息技术应用作为修订和完善各类产业政策的重要内容。明确重点，保障资金，把工业化提高到广泛应用智能工具的水平上来，提高我国产业的整体竞争力。

按照西部大开发、东北地区等老工业基地振兴改造、中部崛起以及有关国家产业基地和工业园区的部署，把信息化作为促进区域协调发展、增进区域之间优势互补、实现区域比较优势的平衡器和助推器。

制定并完善集成电路、软件、基础电子产品、信息安全产品、信息服务业等领域的产业政策。研究制定支持大型中央企业的信息化发展政策。

（二）深化和完善信息化发展领域的体制改革

完善市场准入和退出机制，规范法人治理结构，推动运营服务市场的公平有效竞争。鼓励和推广各种形式的宽带终端和接入技术。鼓励业务创新，提供市场许可、资源分配、技术标准、互联互通等方面的支持。

研究探索适应网络融合与信息化发展需要的统一监管制度。以创造公平竞争环境和保护消费者利益为重点，加快转变监管理念。防范和制止不正当竞争。逐步建立以市场调节为主的电信业务定价体系。

（三）完善相关投融资政策

根据深化投资体制改革和金融体制改革的要求，加快研究制定信息化的投融资政策，积极引导非国有资本参与信息化建设。研究制定适应中小企业信息化发展的金融政策，完善相关的财税政策。培育和发展信息技术转让和知识产权交易市场。完善风险投资机制和资本退出机制。

健全和完善招投标、采购政策，逐步完善扶持信息产业发展的产业政策。加大国家对信息化发展的资金投入，支持国家信息化发展所急需的各类基础性、公益性工作，包括基础性标准制定、基础性信息资源开发、互联网公共服务场所建设、国民信息技能培训、跨部门业务系统协同和信息共享应用工程等。完善并严格实施政府采购政策，优先采购国产信息技术产品和服务，实现技术应用与研发创新、产业发展的协同。

（四）加快制定应用规范和技术标准

加强政府引导，依托重大信息化应用工程，以企业和行业协会为主体，加快产业技术标准体系建设。完善信息技术应用的技术体制和产业、产品等技术规范和标准，促进网络互联互通、系统互为操作和信息共享。加快制定人口、法人单位、地理空间、物品编码等基础信息的标准。加强知识产权保护。加强国际合作，积极参与国际标准制定。

（五）推进信息化法制建设

加快推进信息化法制建设，妥善处理相关法律法规制定、修改、废止之间的关系，制定和完善信息基础设施、电子商务、电子政务、信息安全、政府信息公开、个人信息保护等方面的法律法规，创造信息化发展的良好法制环境。根据信息技术应用的需要，适时修订和完善知识产权、未成年人保护、电子证据等方面的法律法规。加强信息化法制建设中的国际交流与合作，积极参与相关国际规则的研究和制定。

（六）加强互联网治理

坚持积极发展、加强管理的原则，参与互联网治理的国际对话、交流和磋商，推动建立主权公平的互联网国际治理机制。加强行业自律，引导企业依法经营。理顺管理体制，明确管理责任，完善管理制度，正确处理好发展与管理之间的关系，形成适应互联网发展规律和特点的运行机制。

坚持法律、经济、技术手段与必要的行政手段相结合，构建政府、企业、行业协会和公民相互配合、相互协作、权利与义务对等的治理机制，营造积极健康的互联网发展环境。依法打击利用互联网进行的各种违法犯罪活动，推动网络信息服务健康发展。

（七）壮大信息化人才队伍

研究和建立信息化人才统计制度，开展信息化人才需求调查，编制信息化人才规划，确定信息化人才工作重点。建立信息化人才分类指导目录。确定信息化相关职业的分类，制定职业技能标准。

尊重信息化人才成长规律，以信息化项目为依托，培养高级人才、创新型人才和复合型人才。发挥市场机制在人才资源配置中的基础性作用，高度重视“走出去，引进来”工作，吸引海外人才，鼓励海外留学人员参与国家信息化建设。

（八）加强信息化国际交流与合作

密切关注世界信息化发展动向，建立和完善信息化国际交流合作机制。坚持平等合作、互利共赢的原则，积极参与多边组织，大力促进双边合作。准确把握我国加入世界贸易组织后过渡期的新情况，统筹国内发展与对外开放，切实加强信息技术、信息资源、人才培养等领域的交流与合作。

（九）完善信息化推进体制

切实加强领导，凡涉及信息化的重大政策和事项要经国家信息化领导小组审定。要抓紧研究建立符合行政体制改革方向、分工合理、责任明确的信息化推进协调体制。加大政府部门间的协调力度，明确中央、地方政府在信息化建设上的事权，加强对地方的业务指导。

各地区各部门要贯彻落实党的十六大和十六届三中、四中、五中全会精神，因地制宜，加快编制信息化发展规划，制定科学的信息化统计指标体系，改进信息化绩效评估方法，完善国民经济和社会发展的统计核算体系，使信息化融汇到国民经济和社会发展的中长期规划之中。

附录6 《关于加强信息资源开发利用工作的若干意见》

（中办发［2004］34号）

为贯彻党的十六大和十六届三中、四中全会精神，树立和落实科学发展观，坚持走新型工业化道路，以信息化带动工业化、以工业化促进信息化，充分发挥信息资源开发利用在信息化建设中的重要作用，推进经济结构调整和经济增长方式转变，实现经济社会全面协调可持续发展，经党中央、国务院同意，现就加强信息资源开发利用工作提出如下意见：

一、充分认识信息资源开发利用工作的重要性和紧迫性

（一）高度重视信息资源开发利用对促进经济社会发展的重要作用。信息资源作为生产要素、无形资产和社会财富，与能源、材料资源同等重要，在经济社会资源结构中具有不可替代的地位，已居为经济全球化背景下国际竞争的一个重点。加强信息资源开发利用、提高开发利用水平，是落实科学发展观、推动经济社会全面发展的重要途径，是增强我国综合国力和国际竞争力的必然选择。加强信息资源开发利用，有利于促进经济增长方式根本转变，建设资源节约型社会；有利于推动政府转变职能，更好地履行经济调节、市场监管、社会管理和公共服务职责；有利于体现以人为本，满足人民群众日益增长的物质文化需求；有利于发展信息资源产业，推动传统产业改造，优化经济结构。

（二）进一步增强推进信息资源开发利用工作的紧迫感。近年来，我国信息化建设取得了重要进展，信息资源总量不断增加，质量逐步提高，在现代化建设中日益发挥重要作用。但必须看到，当前信息资源开发利用工作仍存在诸多问题，主要是：信息资源开发不足、利用不够、效益不高，相对滞后于信息基础设施建设；政府信息公开制度尚不完善，政务信息资源共享困难、采集重复；公益性信息服务机制尚未理顺；信息资源开发利用市场化、产业化程度低，产业规模较小，缺乏国际竞争力；信息安全保障体系不够健全，对不良信息的综合治理亟待加强；相关法律法规及标准化体系需要完善。各级党委和政府必须担负起加强信息资源开发利用工作的重要责任，采取有效措施，抓紧解决工作中存在的问题，不断提高信息资源开发利用水平。

二、加强信息资源开发利用工作的指导思想、主要原则和总体任务

（三）加强信息资源开发利用工作的指导思想是：坚持以邓小平理论和“三个代表”重要思想为指导，牢固树立和落实科学发展观，以体制创新和机制创新为动力，以政务信息资源开发利用为先导，充分发挥公益性信息服务的作用，提高信息资源产业的社会效益和经济效益，完善信息资源开发利用的保障环境，推动信息资源的优化配置，促进社会主义物质文明、政治文明和精神文明协调发展。

（四）加强信息资源开发利用工作的主要原则是：①统筹协调。正确处理加快发展与保障安全、公开信息与保守秘密、开发利用与规范管理、重点突破与全面推进的关系，综合运用不同机制和措施，因地制宜，分类指导，分步推进，促进不同领域、不同区域的信息资源开发利用工作协调发展。②需求导向。紧密结合国民经济和社会发展需求，结合人民群众日益增长的物质文化需求，重视解决实际问题，以利用促开发，实现社会效益和经济效益的统一。③创新开放。坚持观念创新、制度创新、管理创新和技术创新，充分利用国际国内两个市场、两种资源，鼓励竞争，扩大交流与合作。④确保安全。增强全民信息安全意识，建立健全信息安全保障体系，加强领导，落实责任，综合运用法律、行政、经济和技术手段，强化信息安全管理，依法打击违法犯罪活动，维护国家安全和社会稳定。

（五）加强信息资源开发利用工作的总体任务是：强化全社会的信息意识，培育市场，扩大需求，发展壮大信息资源产业；着力开发和有效利用生产、经营活动中的信息资源，推进政府信息公开和政务信息共享，增强公益性信息服务能力，拓宽服务范围；完善法律法规和标准化体系，推动我国信息资源总量增加、质量提高、结构优化，提升全社会信息资源开发利用水平，提高信息化建设的综合效益。

三、加强政务信息资源的开发利用

（六）建立健全政府信息公开制度。加快推进政府信息公开，制定政府信息公开条例，编制政府信息公开目录。充分利用政府门户网站、重点新闻网站、报刊、广播、电视等媒体以及档案馆、图书馆、文化馆等场所，为公众获取政府信息提供便利。

（七）加强政务信息共享。根据法律规定和履行职责的需要，明确相关部门和地区信息共享的内容、方式和责任，制定标准规范，完善信息共享制度。当前，要结合重点政务工作，推动需求迫切、效益明显的跨部门、跨地区信息共享。继续开展人口、企业、地理空间等基础信息共享试点工作，探索有效机制，总结经验，逐步推广。依托统一的电子政务网络平台和信息安全基础设施，建设政务信息资源目录体系和交换体系，支持信息共享和业务协同。规划和实施电子

政务项目，必须考虑信息资源的共享与整合，避免重复建设。

（八）规范政务信息资源社会化增值开发利用工作。对具有经济和社会价值、允许加工利用的政务信息资源，应鼓励社会力量进行增值开发利用。有关部门要按照公平、公正、公开的原则，制定政策措施和管理办法，授权申请者使用相关政务信息资源，规范政务信息资源使用行为和社会化增值开发利用工作。

（九）提高宏观调控和市场监管能力。加强对经济信息的采集、整合、分析，为完善宏观调控提供信息支持。深化金融、海关、税务、工商行政管理等部门的信息资源开发利用工作，提高监管能力和服务水平。推动信用信息资源建设，健全社会信用体系。重视基础信息资源建设，强化对土地、矿产等自然资源的管理。

（十）合理规划政务信息的采集工作。明确信息采集工作的分工，加强协作，避免重复，降低成本，减轻社会负担。各地区各部门要严格履行信息采集职责，遵循标准和流程要求，确保所采集信息的真实、准确、完整和及时。要统筹协调基础信息数据库的信息采集分工、持续更新和共享服务工作，增强地理空间等基础信息资源的自主保障能力。加快以传统载体保存的公文、档案、资料等信息资源的数字化进程。

（十一）加强政务信息资源管理。制定政务信息资源分级分类管理办法，建立健全采集、登记、备案、保管、共享、发布、安全、保密等方面的规章制度，推进政务信息资源的资产管理工作。

四、加强信息资源的公益性开发利用和服务

（十二）支持和鼓励信息资源的公益性开发利用。政务部门要结合工作特点和社会需求，主动为企业和公众提供公益性信息服务，积极向公益性机构提供必要的信息资源。建立投入保障机制，支持重点领域信息资源的公益性开发利用项目。制定政策，引导和鼓励企业、公众和其他组织开发信息资源，开展公益性信息服务，或按有关规定投资设立公益性信息服务机构。重视发挥中介机构的作用，支持著作权拥有人许可公益性信息机构利用其相关信息资源开展公益性服务。

（十三）增强信息资源的公益性服务能力。加强农业、科技、教育、文化、卫生、社会保障和宣传等领域的信息资源开发利用。加大向农村、欠发达地区和社会困难群体提供公益性信息服务的力度。推广人民群众需要的公益性信息服务典型经验。

（十四）促进信息资源公益性开发利用的有序发展。明晰公益性与商业性信息服务界限，确定公益性信息机构认定标准并规范其服务行为，形成合理的定价机制。妥善处理发展公益性信息服务和保护知识产权的关系。

五、促进信息资源市场繁荣和产业发展

（十五）加快信息资源开发利用市场化进程。积极发展信息资源市场，发挥市场对信息资源配置的基础性作用。打破行业垄断、行政壁垒和地方保护，营造公平的市场竞争环境，促进信息商品流通，鼓励信息消费，扩大有效需求。政务部门要积极采用外包、政府采购等方式从市场获取高质量、低成本的信息商品和服务。

（十六）促进信息资源产业健康快速发展。研究制定促进信息资源产业发展的政策和规划。鼓励文化、出版、广播影视等行业发展数字化产品，提供网络化服务。促进信息咨询、市场调查等行业发展，繁荣和规范互联网信息服务业。开展信息资源产业统计分析工作，完善信息资产评估制度。鼓励信息资源企业参与国际竞争。

（十七）加强企业和行业的信息资源开发利用工作。推进企业信息化，发展电子商务，鼓励企业建立并逐步完善信息系统，在生产、经济、管理等环节深度开发并充分利用信息资源，提高竞争能力和经济效益。建立行业和大型企业数据库，健全行业信息发布制度，引导企业提高管理和决策水平。注重推动高物耗、设有耗和高污染产业的改造，着力提高电力、交通、水利等重要基础设施的使用效能。

（十八）依法保护信息资源产品的知识产权。加大保护知识产权执法力度，严厉打击盗版侵权等违法行为。健全著作权管理制度，建立著作权集体管理组织。完善网络环境下著作权保护和数据库保护等方面的法律法规。

（十九）建立和完善信息资源市场监管体系。适应数字化和网络化发展形势，建立健全协调一致、职责明确、运转有效的监管体制，完善法律法规和技术手段，加强信息资源市场监管工作。加强市场准入管理，提高信息资源产品审批效率，完善登记备案和事后监督制度。保护信息资源生产者、经营者和消费者的合法权益。

六、完善信息资源开发利用工作的保障环境

（二十）加强组织协调和统筹规划。各级党委和政府要加强领导，理顺信息资源管理体制，强化对信息资源开发利用工作的组织协调、统筹规划和监督管理。要制定信息资源开发利用专项规划，并纳入国民经济和社会发展规划。

（二十一）增加资金投入并提高其使用效益。保障政务信息资源的建设管理、采集更新、运行维护、长期保存和有效利用，相应经费要纳入预算管理。鼓励企业和公众投资信息资源开发利用领域。多渠道筹集资金，支持政策研究、标

准制定、科技研发、试点示范以及重点信息资源开发。加强资金使用管理，提高效益，降低风险。

（二十二）加快相关法律法规体系建设。积极开展调查研究，确定立法重点，制定相应的立法计划，加快立法进程，及时颁布需求迫切的法律法规，为信息资源开发利用工作提供有力的法律保障。

（二十三）加强标准化工作。建立信息资源开发利用标准化工作的统一协调机制，制定信息资源标准、信息服务标准和相关技术标准。突出重点，抓紧制定信息资源分类和基础编码等急需的国家标准，并强化对国家标准的宣传贯彻。推广公民身份号码和组织机构代码的广泛应用。

（二十四）推进关键技术研发和成果转化。支持有广泛需求、可拥有自主知识产权的技术研发，促进信息资源开发利用技术成果的商品化、产业化和推广应用。国家重点支持核心技术攻关，力求在关键领域取得突破。

（二十五）营造公众利用信息资源的良好环境。采取有效措施，逐步形成以多种渠道、多种方式和多种终端方便公众获取信息资源的环境。鼓励、扶持在街道社区和乡镇建设适用的信息服务设施。提高互联网普及率，丰富网上中文信息资源，加强公众使用互联网的技能培训，支持上网营业场所向连锁经营方向发展。发挥广播电视普及、便捷的优势，推动广播电视数字化进程和产业发展。充分利用电信网、广电网、互联网开发利用信息资源。

（二十六）加强信息安全保障工作。贯彻落实国家关于加强信息安全保障工作的方针政策，提高信息安全保障能力。健全信息安全监管机制，倡导网络道德规范，创建文明健康的信息和网络环境。遏止影响国家安全和社会稳定的各种违法、有害信息的制作和传播，依法打击窃取、盗用、破坏、篡改信息等行为。实行信息安全等级保护制度。加强信息安全技术开发应用，重视引进信息技术及产品的安全管理。建立和完善信息公开审查制度，增强对涉密系统的检查测评能力。加快修订《中华人民共和国保守国家秘密法》，推进信息安全、个人信息保护、未成年人在线行为保护等法律问题的研究工作。

（二十七）加大宣传教育和人才培训力度。加强宣传教育工作，提高人与信息意识。重视业务能力培养和信息安全、法律法规教育。加强高等院校信息资源开发利用相关学科和专业建设，将信息资源管理等课程纳入教学计划。发挥各类教育培训体系作用，积极开展信息资源开发利用相关人员的知识与技能培训。

军队信息资源开发利用工作，由解放军信息化领导小组作出规定。

中共中央办公厅秘书局
2004 年 12 月 13 日

附录 7　CIRCULAR NO. A-130 Revised[①]

Transmittal Memorandum No. 4

MEMORANDUM FOR HEADS OF EXECUTIVE DEPARTMENTS AND AGENCIES

SUBJECT：Management of Federal Information Resources

1. Purpose
2. Rescissions
3. Authorities
4. Applicability and Scope
5. Background
6. Definitions
7. Basic Considerations and Assumptions
8. Policy
9. Assignment of Responsibilities
10. Oversight
11. Effectiveness
12. Inquiries
13. Sunset Review Date

1. Purpose：This Circular establishes policy for the management of Federal information resources. OMB includes procedural and analytic guidelines for implementing specific aspects of these policies as appendices.

2. Rescissions：This Circular rescinds OMB Memoranda M-96-20，"Implementation of the Information Technology Management Reform Act of 1996"；M-97-02，"Funding Information Systems Investments"；M-97-09，"Interagency Support for In-

① 资料来源：http：//www. whitehouse. gov/omb/Circulars_ a130_ a130trans4/#main-content.

formation Technology"; M-97-15, "Local Telecommunications Services Policy"; M-97-16, "Information Technology Architectures".

3. Authorities: OMB issues this Circular pursuant to the Paperwork Reduction Act (PRA) of 1980, as amended by the Paperwork Reduction Act of 1995 (44 U. S. C. Chapter 35); the Clinger-Cohen Act (also known as "Information Technology Management Reform Act of 1996") (Pub. L. 104-106, Division E); the Privacy Act, as amended (5 U. S. C. 552a); the Chief Financial Officers Act (31 U. S. C. 3512 et seq.); the Federal Property and Administrative Services Act, as amended (40 U. S. C. 487); the Computer Security Act of 1987 (Pub. L. 100-235); the Budget and Accounting Act, as amended (31 U. S. C. Chapter 11); the Government Performance and Results Act of 1993 (GPRA); the Office of Federal Procurement Policy Act (41 U. S. C. Chapter 7); the Government Paperwork Elimination Act of 1998 (Pub. L. 105-277, Title XVII), Executive Order No. 12046 of March 27, 1978; Executive Order No. 12472 of April 3, 1984; and Executive Order No. 13011 of July 17, 1996.

4. Applicability and Scope:

a. The policies in this Circular apply to the information activities of all agencies of the executive branch of the Federal government.

b. Information classified for national security purposes should also be handled in accordance with the appropriate national security directives. National security emergency preparedness activities should be conducted in accordance with Executive Order No. 12472.

5. Background: The Clinger-Cohen Act supplements the information resources management policies contained in the PRA by establishing a comprehensive approach for executive agencies to improve the acquisition and management of their information resources, by:

1) focusing information resource planning to support their strategic missions;

2) implementing a capital planning and investment control process that links to budget formulation and execution; and

3) rethinking and restructuring the way they do their work before investing in information systems.

The PRA establishes a broad mandate for agencies to perform their information resources management activities in an efficient, effective, and economical manner. To assist agencies in an integrated approach to information resources management, the PRA requires that the Director of OMB develop and implement uniform and consistent information resources management policies; oversee the development and promote the use of information management principles, standards, and guidelines; evaluate agency information resources management practices in order to determine their adequacy and efficiency; and determine compliance of such practices with the policies, principles, standards, and guidelines promulgated by the Director.

6. Definitions:

a. The term "agency" means any executive department, military department, government corporation, government controlled corporation, or other establishment in the executive branch of the Federal government, or any independent regulatory agency. Within the Executive Office of the President, the term includes only OMB and the Office of Administration.

b. The term "audiovisual production" means a unified presentation, developed according to a plan or script, containing visual imagery, sound or both, and used to convey information.

c. The term "capital planning and investment control process" means a management process for ongoing identification, selection, control, and evaluation of investments in information resources. The process links budget formulation and execution, and is focused on agency missions and achieving specific program outcomes.

d. The term "Chief Information Officers Council" (CIO Council) means the Council established in Section 3 of Executive Order 13011.

e. The term "dissemination" means the government initiated distribution of information to the public. Not considered dissemination within the meaning of this Circular is distribution limited to government employees or agency contractors or grantees, intra- or inter-agency use or sharing of government information, and responses to requests for agency records under the Freedom of Information Act (5 U. S. C. 552) or Privacy Act.

f. The term "executive agency" has the meaning defined in section 4 (1) of the Office of Federal Procurement Policy Act (41 U. S. C. 403 (1)).

g. The term "full costs", when applied to the expenses incurred in the operation of an information processing service organization (IPSO), is comprised of all direct, indirect, general, and administrative costs incurred in the operation of an IPSO. These costs include, but are not limited to, personnel, equipment, software, supplies, contracted services from private sector providers, space occupancy, intra-agency services from within the agency, inter-agency services from other Federal agencies, other services that are provided by State and local governments, and Judicial and Legislative branch organizations.

h. The term "government information" means information created, collected, processed, disseminated, or disposed of by or for the Federal Government.

i. The term "government publication" means information which is published as an individual document at government expense, or as required by law. (44 U. S. C. 1901)

j. The term "information" means any communication or representation of knowledge such as facts, data, or opinions in any medium or form, including textual, numerical, graphic, cartographic, narrative, or audiovisual forms.

k. The term "information dissemination product" means any book, paper, map, machine- readable material, audiovisual production, or other documentary material, regardless of physical form or characteristic, disseminated by an agency to the public.

l. The term "information life cycle" means the stages through which information passes, typically characterized as creation or collection, processing, dissemination, use, storage, and disposition.

m. The term "information management" means the planning, budgeting, manipulating, and controlling of information throughout its life cycle.

n. The term "information resources" includes both government information and information technology.

o. The term "information processing services organization" (IPSO) means a discrete set of personnel, information technology, and support equipment with the primary function of providing services to more than one agency on a reimbursable basis.

p. The term "information resources management" means the process of managing information resources to accomplish agency missions. The term encompasses both information itself and the related resources, such as personnel, equipment, funds, and information technology.

q. The term "information system" means a discrete set of information resources organized for the collection, processing, maintenance, transmission, and dissemination of information, in accordance with defined procedures, whether automated or manual.

r. The term "information system life cycle" means the phases through which an information system passes, typically characterized as initiation, development, operation, and termination.

s. The term "information technology" means any equipment or interconnected system or subsystem of equipment, that is used in the automatic acquisition, storage, manipulation, management, movement, control, display, switching, interchange, transmission, or reception of data or information by an executive agency. For purposes of the preceding sentence, equipment is used by an executive agency if the equipment is used by the executive agency directly or is used by a contractor under a contract with the executive agency which (i) requires the use of such equipment, or (ii) requires the use, to a significant extent, of such equipment in the performance of a service or the furnishing of a product. The term "information technology" includes computers, ancillary equipment, software, firmware and similar procedures, services (including support services), and related resources. The term "information technology" does not include any equipment that is acquired by a Federal contractor incidental to a Federal contract. The term "information technology" does not include national security systems as defined in the Clinger-Cohen Act of 1996 (40 U. S. C. 1452).

t. The term "Information Technology Resources Board" (Resources Board) means the board established by Section 5 of Executive Order 13011.

u. The term "major information system" means an information system that requires special management attention because of its importance to an agency mission; its high development, operating, or maintenance costs; or its significant role in the administration of agency programs, finances, property, or other resources.

v. The term "national security system" means any telecommunications or information system operated by the United States Government, the function, operation, or use of which (1) involves intelligence activities; (2) involves cryptologic activities related to national security; (3) involves command and control of military forces; (4) involves equipment that is an integral part of a weapon or weapons system; or (5) is critical to the direct fulfillment of military or intelligence missions, but excluding any system that is to be administrative and business applications (including payroll, finance, logistics, and personnel management applications). The policies and procedures established in this Circular will apply to national security systems in a manner consistent with the applicability and related limitations regarding such systems set out in Section 5141 of the Clinger-Cohen Act (Pub. L. 104-106, 40 U. S. C. 1451). Applicability of Clinger-Cohen Act to national security systems shall include budget document preparation requirements set forth in OMB Circular A-11. The resultant budget document may be classified in accordance with the provisions of Executive Order 12958.

w. The term "records" means all books, papers, maps, photographs, machine-readable materials, or other documentary materials, regardless of physical form or characteristics, made or received by an agency of the United States Government under Federal law or in connection with the transaction of public business and preserved or appropriate for preservation by that agency or its legitimate successoras evidence of the organization, functions, policies, decisions, procedures, operations, or other activities of the government or because of the informational value of the data in them. Library and museum material made or acquired and preserved solely for reference or exhibition purposes, extra copies of documents preserved only for convenience of reference, and stocks of publications and of processed documents are not included. (44 U. S. C. 3301)

x. The term "records management" means the planning, controlling, directing, organizing, training, promoting, and other managerial activities involved with respect to records creation, records maintenance and use, and records disposition in order to achieve adequate and proper documentation of the policies and transactions of the Federal Government and effective and economical management of agency operations. (44 U. S. C. 2901 (2))

y. The term "service recipient" means an agency organizational unit, programmatic entity, or chargeable account that receives information processing services from an information processing service organization (IPSO) . A service recipient may be either internal or external to the organization responsible for providing information resources services, but normally does not report either to the manager or director of the IPSO or to the same immediate supervisor.

7. Basic Considerations and Assumptions:

a. The Federal Government is the largest single producer, collector, consumer, and disseminator of information in the United States. Because of the extent of the government's information activities, and the dependence of those activities upon public cooperation, the management of Federal information resources is an issue of continuing importance to all Federal agencies, State and local governments, and the public.

b. Government information is a valuable national resource. It provides the public with knowledge of the government, society, and economy – past, present, and future. It is a means to ensure the accountability of government, to manage the government's operations, to maintain the healthy performance of the economy, and is itself a commodity in the marketplace.

c. The free flow of information between the government and the public is essential to a democratic society. It is also essential that the government minimize the Federal paperwork burden on the public, minimize the cost of its information activities, and maximize the usefulness of government information.

d. In order to minimize the cost and maximize the usefulness of government information, the expected public and private benefits derived from government information should exceed the public and private costs of the information, recognizing that the benefits to be derived from government information may not always be quantifiable.

e. The nation can benefit from government information disseminated both by Federal agencies and by diverse nonfederal parties, including State and local government agencies, educational and other not-for-profit institutions, and for-profit organizations.

f. Because the public disclosure of government information is essential to the operation of a democracy, the management of Federal information resources should protect the public's right of access to government information.

g. The individual's right to privacy must be protected in Federal Government information activities involving personal information.

h. Systematic attention to the management of government records is an essential component of sound public resources management which ensures public accountability. Together with records preservation, it protects the government's historical record and guards the legal and financial rights of the government and the public.

i. Strategic planning improves the operation of government programs. The agency strategic plan will shape the redesign of work processes and guide the development and maintenance of an Enterprise Architecture and a capital planning and investment control process. This management approach promotes the appropriate application of Federal information resources.

j. Because State and local governments are important producers of government information for many areas such as health, social welfare, labor, transportation, and education, the Federal Government must cooperate with these governments in the management of information resources.

k. The open and efficient exchange of scientific and technical government information, subject to applicable national security controls and the proprietary rights of others, fosters excellence in scientific research and effective use of Federal research and development funds.

l. Information technology is not an end in itself. It is one set of resources that can improve the effectiveness and efficiency of Federal program delivery.

m. Federal Government information resources management policies and activities can affect, and be affected by, the information policies and activities of other nations.

n. Users of Federal information resources must have skills, knowledge, and training to manage information resources, enabling the Federal government to effectively serve the public through automated means.

o. The application of up-to-date information technology presents opportunities to promote fundamental changes in agency structures, work processes, and ways of interacting with the public that improve the effectiveness and efficiency of Federal agencies.

p. The availability of government information in diverse media, including electronic formats, permits agencies and the public greater flexibility in using the information.

q. Federal managers with program delivery responsibilities should recognize the importance of information resources management to mission performance.

r. The Chief Information Officers Council and the Information Technology Resources Board will help in the development and operation of interagency and interoperable shared information resources to support the performance of government missions.

8. Policy:

a. Information Management Policy

a) How will agencies conduct Information Management Planning?

Agencies must plan in an integrated manner for managing information throughout its life cycle. Agencies will:

(a) Consider, at each stage of the information life cycle, the effects of decisions and actions on other stages of the life cycle, particularly those concerning information dissemination;

(b) Consider the effects of their actions on members of the public and ensure consultation with the public as appropriate;

(c) Consider the effects of their actions on State and local governments and ensure consultation with those governments as appropriate;

(d) Seek to satisfy new information needs through interagency or intergovernmental sharing of information, or through commercial sources, where appropriate, before creating or collecting new information;

(e) Integrate planning for information systems with plans for resource allocation and use, including budgeting, acquisition, and use of information technology;

(f) Train personnel in skills appropriate to management of information;

(g) Protect government information commensurate with the risk and magnitude of harm that could result from the loss, misuse, or unauthorized access to or modification of such information;

(h) Use voluntary standards and Federal Information Processing Standards where appropriate or required;

(i) Consider the effects of their actions on the privacy rights of individuals, and ensure that appropriate legal and technical safeguards are implemented;

(j) Record, preserve, and make accessible sufficient information to ensure the management and accountability of agency programs, and to protect the legal and financial rights of the Federal Government;

(k) Incorporate records management and archival functions into the design, development, and implementation of information systems;

(l) Provide for public access to records where required or appropriate.

b) What are the guidelines for Information Collection?

Agencies must collect or create only that information necessary for the proper performance of agency functions and which has practical utility.

c) What are the guidelines for Electronic Information Collection?

Executive agencies under Sections 1703 and 1705 of the Government Paperwork Elimination Act (GPEA), P. L. 105-277, Title XVII, are required to provide, by October 21, 2003, the (1) option of the electronic maintenance, submission, or disclosure of information, when practicable as a substitute for paper; and (2) use and acceptance of electronic signatures, when practicable. Agencies will follow the provisions in OMB Memorandum M-00-10, "Procedures and Guidance on Implementing of the Government Paperwork Elimination Act."

d) How must agencies implement Records Management?

Agencies will:

(a) Ensure that records management programs provide adequate and proper documentation of agency activities;

(b) Ensure the ability to access records regardless of form or medium;

(c) In a timely fashion, establish, and obtain the approval of the Archivist of the United States for retention schedules for Federal records; and

(d) Provide training and guidance as appropriate to all agency officials and employees and contractors regarding their Federal records management responsibilities.

e) How must an agency provide information to the public?

Agencies have a responsibility to provide information to the public consistent with their missions. Agencies will discharge this responsibility by:

(a) Providing information, as required by law, describing agency organization, activities, programs, meetings, systems of records, and other information holdings, and how the public may gain access to agency information resources;

(b) Providing access to agency records under provisions of the Freedom of Information Act and the Privacy Act, subject to the protections and limitations provided for in these Acts;

(c) Providing such other information as is necessary or appropriate for the proper performance of agency functions; and

(d) In determining whether and how to disseminate information to the public, agencies will:

(i) Disseminate information in a manner that achieves the best balance between the goals of maximizing the usefulness of the information and minimizing the cost to the government and the public;

(ii) Disseminate information dissemination products on equitable and timely terms;

(iii) Take advantage of all dissemination channels, Federal and nonfederal, including State and local governments, libraries and private sector entities, in discharging agency information dissemination responsibilities;

(iv) Help the public locate government information maintained by or for the agency.

f) What is an Information Dissemination Management System?

Agencies will maintain and implement a management system for all information dissemination products which must, at a minimum:

(a) Assure that information dissemination products are necessary for proper performance of agency functions (44 U. S. C. 1108);

(b) Consider whether an information dissemination product available from other Federal or nonfederal sources is equivalent to an agency information dissemination product and reasonably fulfills the dissemination responsibilities of the agency;

(c) Establish and maintain inventories of all agency information dissemination products;

(d) Develop such other aids to locating agency information dissemination products including catalogs and directories, as may reasonably achieve agency information dissemination objectives;

(e) Identify in information dissemination products the source of the information, if from another agency;

(f) Ensure that members of the public with disabilities whom the agency has a responsibility to inform have a reasonable ability to access the information dissemination products;

(g) Ensure that government publications are made available to depository libraries through the facilities of the Government Printing Office, as required by law (44 U. S. C. Part 19);

(h) Provide electronic information dissemination products to the Government Printing Office for distribution to depository libraries;

(i) Establish and maintain communications with members of the public and with State and local governments so that the agency creates information dissemination products that meet their respective needs;

(j) Provide adequate notice when initiating, substantially modifying, or terminating significant information dissemination products; and

(k) Ensure that, to the extent existing information dissemination policies or practices are inconsistent with the requirements of this Circular, a prompt and orderly transition to compliance with the requirements of this Circular is made.

g) How must agencies avoid improperly restrictive practices?

Agencies will:

(a) Avoid establishing, or permitting others to establish on their behalf, exclusive, restricted, or other distribution arrangements that interfere with the availability of information dissemination products on a timely and equitable basis;

(b) Avoid establishing restrictions or regulations, including the charging of fees or royalties, on the reuse, resale, or redissemination of Federal information dissemination products by the public; and,

(c) Set user charges for information dissemination products at a level sufficient to recover the cost of dissemination but no higher. They must exclude from calculation of the charges costs associated with original collection and processing of the information. Exceptions to this policy are:

(i) Where statutory requirements are at variance with the policy;

(ii) Where the agency collects, processes, and disseminates the information for the benefit of a specific identifiable group beyond the benefit to the general public;

(iii) Where the agency plans to establish user charges at less than cost of dissemination because of a determination that higher charges would constitute a significant barrier to properly performing the agency's functions, including reaching members of the public whom the agency has a responsibility to inform; or

(iv) Where the Director of OMB determines an exception is warranted.

h) How will agencies carry out electronic information dissemination?

Agencies will use electronic media and formats, including public networks, as appropriate and within budgetary constraints, in order to make government information more easily accessible and useful to the public. The use of electronic media and formats for information dissemination is appropriate under the following conditions:

(a) The agency develops and maintains the information electronically;

(b) Electronic media or formats are practical and cost effective ways to provide public access to a large, highly detailed volume of information;

(c) The agency disseminates the product frequently;

(d) The agency knows a substantial portion of users have ready access to the necessary information technology and training to use electronic information dissemination products;

(e) A change to electronic dissemination, as the sole means of disseminating the product, will not impose substantial acquisition or training costs on users, especially State and local governments and small business entities.

i) What safeguards must agencies follow?

Agencies will:

(a) Ensure that information is protected commensurate with the risk and magnitude of the harm that would result from the loss, misuse, or unauthorized access to or modification of such information;

(b) Limit the collection of information which identifies individuals to that which is legally authorized and necessary for the proper performance of agency functions;

(c) Limit the sharing of information that identifies individuals or contains proprietary information to that which is legally authorized, and impose appropriate conditions on use where a continuing obligation to ensure the confidentiality of the information exists;

(d) Provide individuals, upon request, access to records about them maintained in Privacy Act systems of records, and permit them to amend such records as are in error consistent with the provisions of the Privacy Act.

j) How Will Agencies Manage Information Systems and Information Technology?

(a) How will agencies use capital planning and investment control process?

Agencies must establish and maintain a capital planning and investment control process that links mission needs, information, and information technology in an effective and efficient manner. The process will guide both strategic and operational IRM, IT planning, and the Enterprise Architecture by integrating the agency's IRM plans, strategic and performance plans prepared pursuant to the Government Performance and Results Act of 1993, financial management plans prepared pursuant to the Chief Financial Officer Act of 1990 (31 U. S. C. 902a5), acquisition under the Federal Acquisition Streamlining Act of 1994, and the agency's budget formulation and execution processes. The capital planning and investment control process includes all stages of capital programming, including planning, budgeting, procurement, management, and assessment.

As outlined below, the capital planning and investment control process has three components: selection, control, and evaluation. The process must be iterative, with inputs coming from all of the agency plans and the outputs feeding into the budget and investment control processes. The goal is to link resources to results (for further guidance on Capital Planning refer to OMB Circular A-11). The agency's capital planning and investment control process must build from the agency's current Enterprise Architecture (EA) and its transition from current architecture to target architecture. The Capital Planning and Investment Control processes must be documented, and provided to OMB consistent with the budget process. The Enterprise Architecture must be documented and provided to OMB as significant changes are incorporated.

(b) What plans are associated with the capital planning and investment control process?

In the capital planning and investment control process, there are two separate and distinct plans that address IRM and IT planning requirements for the agency. The IRM Strategic Plan is strategic in nature and addresses all information resources management of the agency. Agencies must develop and maintain the agency Information Resource Management Strategic Plan (IRM) as required by 44 U. S. C. 3506 (b) (2). IRM Strategic Plans should support the agency Strategic Plan required in OMB Circular A-11, provide a description of how information resources management activities help accomplish agency missions, and ensure that IRM decisions are integrated with organizational planning, budget, procurement, financial management, human resources management, and program decisions.

The IT Capital Plan is operational in nature, supports the goals and missions identified in the IRM Strategic Plan, is a living document, and must be updated twice yearly. This IT Capital Plan is the implementation plan for the budget year. The IT Capital Plan should also reflect the goals of the agency's Annual Performance Plan, the agency's

Government Paperwork Elimination Act (GPEA) Plan, the agency's EA, and agency's business planning processes. The IT Capital Plan must be submitted annually to OMB with the agency budget submission. annually. The IT Capital Plan must include the following components:

(i) A component, derived from the agency's capital planning and investment control process under OMB Circular A-11, Section 300 and the OMB Capital Programming Guide, that specifically includes all IT Capital Asset Plans for major information systems or projects. This component must also demonstrate how the agency manages its other IT investments, as required by the Clinger-Cohen Act.

(ii) A component that addresses two other sections of OMB Circular A-11: a section for Information on Financial Management, including the Report on Financial Management Activities and the Agency's Financial Management Plan, and a section entitled Information Technology, including the Agency IT Investment Portfolio.

(iii) A component, derived from the agency's capital planning and investment control process, that demonstrates the criteria it will use to select the investments into the portfolio, how it will control and manage the investments, and how it will evaluate the investments based on planned performance versus actual accomplishments.

(iv) A component that includes a summary of the security plan from the agency's five-year plan as required by the PRA and Appendix III of this Circular. The plan must demonstrate that IT projects and the EA include security controls for components, applications, and systems that are consistent with the agency's Enterprise Architecture; include a plan to manage risk; protect privacy and confidentiality; and explain any planned or actual variance from National Institute of Standards and Technology (NIST) security guidance.

(c) What must an agency do as part of the selection component of the capital planning process?

It must:

(i) Evaluate each investment in information resources to determine whether the investment will support core mission functions that must be performed by the Federal government;

(ii) Ensure that decisions to improve existing information systems or develop new information systems are initiated only when no alternative private sector or governmental source can efficiently meet the need;

(iii) Support work processes that it has simplified or otherwise redesigned to reduce costs, improve effectiveness, and make maximum use of commercial, off-the-shelf technology;

(iv) Reduce risk by avoiding or isolating custom designed components, using components that can be fully tested or prototyped prior to production, and ensuring involvement and support of users;

(v) Demonstrate a projected return on the investment that is clearly equal to or better than alternative uses of available public resources. The return may include improved mission performance in accordance with GPRA measures, reduced cost, increased quality, speed, or flexibility; as well as increased customer and employee satisfaction. The return should reflect such risk factors as the project's technical complexity, the agency's management capacity, the likelihood of cost overruns, and the consequences of under- or non-performance. Return on investment should, where appropriate, reflect actual returns observed through pilot projects and prototypes;

(vi) Prepare and update a benefit-cost analysis (BCA) for each information system throughout its life cycle. A BCA will provide a level of detail proportionate to the size of the investment, rely on systematic measures of mission performance, and be consistent with the methodology described in OMB Circular No. A-94, "Guidelines and Discount Rates for Benefit-Cost Analysis of Federal Programs";

(vii) Prepare and maintain a portfolio of major information systems that monitors investments and prevents redundancy of existing or shared IT capabilities. The portfolio will provide information demonstrating the impact of alternative IT investment strategies and funding levels, identify opportunities for sharing resources, and consider the agency's inventory of information resources;

(viii) Ensure consistency with Federal, agency, and bureau Enterprise architectures, demonstrating such consistency through compliance with agency business requirements and standards, as well as identification of milestones, as defined in the EA;

(ix) Ensure that improvements to existing information systems and the development of planned information systems do not unnecessarily duplicate IT capabilities within the same agency, from other agencies, or from the private sector;

(x) Ensure that the selected system or process maximizes the usefulness of information, minimizes the burden on the public, and preserves the appropriate integrity, usability, availability, and confidentiality of information throughout the life cycle of the information, as determined in accordance with the PRA and the Federal Records Act. This portion must specifically address the planning and budgeting for the information collection burden imposed on the public as defined by 5 CFR 1320;

(xi) Establish oversight mechanisms, consistent with Appendix III of this Circular, to evaluate systematically and ensure the continuing security, interoperability, and availability of systems and their data;

(xii) Ensure that Federal information system requirements do not unnecessarily restrict the prerogatives of state, local and tribal governments;

(xiii) Ensure that the selected system or process facilitates accessibility under the Rehabilitation Act of 1973, as amended.

(d) What must an agency do as part of the control component of the capital planning process?

It must:

(i) Institute performance measures and management processes that monitor actual performance compared to expected results. Agencies must use a performance based management system that provides timely information regarding the progress of an information technology investment. The system must also measure progress towards milestones in an independently verifiable basis, in terms of cost, capability of the investment to meet specified requirements, timeliness, and quality;

(ii) Establish oversight mechanisms that require periodic review of information systems to determine how mission requirements might have changed, and whether the information system continues to fulfill ongoing and anticipated mission requirements. These mechanisms must also require information regarding the future levels of performance, interoperability, and maintenance necessary to ensure the information system meets mission requirements cost effectively;

(iii) Ensure that major information systems proceed in a timely fashion towards agreed-upon milestones in an information system life cycle. Information systems must also continue to deliver intended benefits to the agency and customers, meet user requirements, and identify and offer security protections;

(iv) Prepare and update a strategy that identifies and mitigates risks associated with each information system;

(v) Ensure that financial management systems conform to the requirements of OMB Circular No. A-127, "Financial Management Systems";

(vi) Provide for the appropriate management and disposition of records in accordance with the Federal Records Act.

(vii) Ensure that agency EA procedures are being followed. This includes ensuring that EA milestones are reached and documentation is updated as needed.

(e) What must an agency do as part of the evaluation component of the capital planning process?

It must:

(i) Conduct post- implementation reviews of information systems and information resource management processes to validate estimated benefits and costs, and document effective management practices for broader use;

(ii) Evaluate systems to ensure positive return on investment and decide whether continuation, modification, or termination of the systems is necessary to meet agency mission requirements.

(iii) Document lessons learned from the post- implementation reviews. Redesign oversight mechanisms and performance levels to incorporate acquired knowledge.

(iv) Re-assess an investment's business case, technical compliance, and compliance against the EA.

(v) Update the EA and IT capital planning processes as needed.

b. The Enterprise Architecture

Agencies must document and submit their initial EA to OMB. Agencies must submit updates when significant changes to the Enterprise Architecture occur.

a) What is the Enterprise Architecture?

An EA is the explicit description and documentation of the current and desired relationships among business and management processes and information technology. It describes the "current architecture" and "target architecture" to include the rules and standards and systems life cycle information to optimize and maintain the environment which the agency wishes to create and maintain by managing its IT portfolio. The EA must also provide a strategy that will enable the agency to support its current state and also act as the roadmap for transition to its target environment. These transition processes will include an agency's capital planning and investment control processes, agency EA planning processes, and agency systems life cycle methodologies. The EA will define principles and goals and set direction on such issues as the promotion of interoperability, open systems, public access, compliance with GPEA, end user satisfaction, and IT security. The agency must support the EA with a complete inventory of agency information resources, including personnel, equipment, and funds devoted to information resources management and information technology, at an appropriate level of detail. Agencies must implement the EA consistent with following principles:

(i) Develop information systems that facilitate interoperability, application portability, and scalability of electronic applications across networks of heterogeneous hardware, software, and telecommunications platforms;

(ii) Meet information technology needs through cost effective intra-agency and interagency sharing, before acquiring new information technology resources; and

(iii) Establish a level of security for all information systems that is commensurate to the risk and magnitude of the harm resulting from the loss, misuse, unauthorized access to, or modification of the information stored or flowing through these systems.

b) How do agencies create and maintain the EA?

As part of the EA effort, agencies must use or create an Enterprise Architecture Framework. The Framework must document linkages between mission needs, information content, and information technology capabilities. The Framework must also guide both strategic and operational IRM planning.

Once a framework is established, an agency must create the EA. In the creation of an EA, agencies must identify and document:

(i) Business Processes - Agencies must identify the work performed to support its mission, vision and performance goals. Agencies must also document change agents, such as legislation or new technologies that will drive changes in the EA.

(ii) Information Flow and Relationships - Agencies must analyze the information utilized by the agency in its business processes, identifying the information used and the movement of the information. These information flows indicate where the information is needed and how the information is shared to support mission functions.

(iii) Applications - Agencies must identify, define, and organize the activities that capture, manipulate, and manage the business information to support business processes. The EA also describes the logical dependencies and relationships among business activities.

(iv) Data Descriptions and Relationships - Agencies must identify how data is created, maintained, accessed, and used. At a high level, agencies must define the data and describe the relationships among data elements used in the agency's information systems.

(v) Technology Infrastructure - Agencies must describe and identify the functional characteristics, capabilities, and interconnections of the hardware, software, and telecommunications.

c) What are the Technical Reference Model and Standards Profile?

The EA must also include a Technical Reference Model (TRM) and Standards Profile.

(i) The TRM identifies and describes the information services (such as database, communications, intranet, etc.) used throughout the agency.

(ii) The Standards Profile defines the set of IT standards that support the services articulated in the TRM. Agencies are expected to adopt standards necessary to support the entire EA, which must be enforced consistently throughout the agency.

(iii) As part of the Standards Profile, agencies must create a Security Standards Profile that is specific to the security services specified in the EA and covers such services as identification, authentication, and non-repudiation; audit trail creation and analysis; access controls; cryptography management; virus protection; fraud prevention; detection and mitigation; and intrusion prevention and detection.

d) How Will Agencies Ensure Security in Information Systems?

Agencies must incorporate security into the architecture of their information and systems to ensure that security supports agency business operations and that plans to fund and manage security are built into life-cycle budgets for information systems.

(a) To support more effective agency implementation of both agency computer security and critical infrastructure protection programs, agencies must implement the following:

(i) Prioritize key systems (including those that are most critical to agency operations);

(ii) Apply OMB policies and, for non-national security applications, NIST guidance to achieve adequate security commensurate with the level of risk and magnitude of harm;

(b) Agencies must make security's role explicit in information technology investments and capital programming. Investments in the development of new or the continued operation of existing information systems, both general support systems and major applications must:

(i) Demonstrate that the security controls for components, applications, and systems are consistent with, and an integral part of, the EA of the agency;

(ii) Demonstrate that the costs of security controls are understood and are explicitly incorporated into the life-cycle planning of the overall system in a manner consistent with OMB guidance for capital programming;

(iii) Incorporate a security plan that complies with Appendix III of this Circular and in a manner that is consistent with NIST guidance on security planning;

(iv) Demonstrate specific methods used to ensure that risks and the potential for loss are understood and continually assessed, that steps are taken to maintain risk at an acceptable level, and that procedures are in place to ensure that controls are implemented effectively and remain effective over time;

(v) Demonstrate specific methods used to ensure that the security controls are commensurate with the risk and magnitude of harm that may result from the loss, misuse, or unauthorized access to or modification of the system itself or the information it manages;

(vi) Identify additional security controls that are necessary to minimize risk to and potential loss from those systems that promote or permit public access, other externally accessible systems, and those systems that are interconnected with systems over which program officials have little or no control;

(vii) Deploy effective security controls and authentication tools consistent with the protection of privacy, such as public-key based digital signatures, for those systems that promote or permit public access;

(viii) Ensure that the handling of personal information is consistent with relevant government-wide and agency policies;

(ix) Describe each occasion the agency decides to employ standards and guidance that are more stringent than those promulgated by NIST to ensure the use of risk-based cost-effective security controls for non-national security applications;

(c) OMB will consider for new or continued funding only those system investments that satisfy these criteria. New information technology investments must demonstrate that existing agency systems also meet these criteria in order to qualify for funding.

e) How Will Agencies Acquire Information Technology?

Agencies must:

(a) Make use of adequate competition, allocate risk between government and contractor, and maximize return on investment when acquiring information technology;

(b) Structure major information systems into useful segments with a narrow scope and brief duration. This should reduce risk, promote flexibility and interoperability, increase accountability, and better match mission need with current technology and market conditions;

(c) Acquire off-the-shelf software from commercial sources, unless the cost effectiveness of developing custom software is clear and has been documented through pilot projects or prototypes; and

(d) Ensure accessibility of acquired information technology pursuant to the Rehabilitation Act of 1973, as amended (Pub. Law 105-220, 29 U. S. C. 794d).

9. Assignment of Responsibilities:

a. All Federal Agencies. The head of each agency must:

a) Have primary responsibility for managing agency information resources;

b) Ensure that the agency implements appropriately all of the information policies, principles, standards, guidelines, rules, and regulations prescribed by OMB;

c) Appoint a Chief Information Officer, as required by 44 U. S. C. 3506 (a), who must report directly to the agency head to carry out the responsibilities of the agencies listed in the Paperwork Reduction Act (44 U. S. C. 3506), the Clinger Cohen Act (40 U. S. C. 1425 (b) & (c)), as well as Executive Order 13011. The head of the agency must consult with the Director of OMB prior to appointing a Chief Information Officer, and will advise the Director on matters regarding the authority, responsibilities, and organizational resources of the Chief Information Officer. For purposes of this paragraph, military departments and the Office of the Secretary of Defense may each appoint one official. The Chief Information Officer must, among other things:

(a) Be an active participant during all agency strategic management activities, including the development, implementation, and maintenance of agency strategic and operational plans;

(b) Advise the agency head on information resource implications of strategic planning decisions;

(c) Advise the agency head on the design, development, and implementation of information resources.

(i) Monitor and evaluate the performance of information resource investments through a capital planning and investment control process, and advise the agency head on whether to continue, modify, or terminate a program or project;

(ii) Advise the agency head on budgetary implications of information resource decisions;

(d) Be an active participant throughout the annual agency budget process in establishing investment priorities for agency information resources;

d) Direct the Chief Information Officer to monitor agency compliance with the policies, procedures, and guidance in this Circular. Acting as an ombudsman, the Chief Information Officer must consider alleged instances of agency failure to comply with this

Circular, and recommend or take appropriate corrective action. The Chief Information Officer will report instances of alleged failure and their resolution annually to the Director of OMB, by February 1st of each year.

e) Develop internal agency information policies and procedures and oversee, evaluate, and otherwise periodically review agency information resources management activities for conformity with the policies set forth in this Circular;

f) Develop agency policies and procedures that provide for timely acquisition of required information technology;

g) Maintain the following, as required by the Paperwork Reduction Act (44 U. S. C. 3506 (b) (4) and 3511) and the Freedom of Information Act (5 U. S. C. 552 (g)): an inventory of the agency's major information systems, holdings, and dissemination products; an agency information locator service; a description of the agency's major information and record locator systems; an inventory of the agency's other information resources, such as personnel and funding (at the level of detail that the agency determines is most appropriate for its use in managing the agency's information resources); and a handbook for persons to obtain public information from the agency pursuant to these Acts.

h) Implement and enforce applicable records management policies and procedures, including requirements for archiving information maintained in electronic format, particularly in the planning, design and operation of information systems.

i) Identify to the Director of OMB any statutory, regulatory, and other impediments to efficient management of Federal information resources, and recommend to the Director legislation, policies, procedures, and other guidance to improve such management;

j) Assist OMB in the performance of its functions under the PRA, including making services, personnel, and facilities available to OMB for this purpose to the extent practicable;

k) Ensure that the agency:

(a) cooperates with other agencies in the use of information technology to improve the productivity, effectiveness, and efficiency of Federal programs;

(b) promotes a coordinated, interoperable, secure, and shared government wide infrastructure that is provided and supported by a diversity of private sector suppliers; and

(c) develops a well-trained corps of information resource professionals.

l) Use the guidance provided in OMB Circular A-11, "Planning, Budgeting, and Acquisition of Fixed Assets," to promote effective and efficient capital planning within the organization;

m) Ensure that the agency provides budget data pertaining to information resources to OMB, consistent with the requirements of OMB Circular A-11,

n) Ensure, to the extent reasonable, that in the design of information systems with the purpose of disseminating information to the public, an index of information disseminated by the system will be included in the directory created by the Superintendent of Documents pursuant to 41 U. S. C. 4101. (Nothing in this paragraph authorizes the dissemination of information to the public unless otherwise authorized.)

o) Permit, to the extent practicable, the use of one agency's contract by another agency or the award of multi-agency contracts, provided the action is within the scope of the contract and consistent with OMB guidance; and

p) As designated by the Director of OMB, act as executive agent for the government-wide acquisition of information technology.

b. Department of State. The Secretary of State must:

a) Advise the Director of OMB on the development of United States positions and policies on international information policy and technology issues affecting Federal government activities and the development of international information technology standards; and

b) Be responsible for liaison, consultation, and negotiation with foreign governments and intergovernmental organizations on all matters related to information resources management, including federal information technology. The Secretary must also ensure, in consultation with the Secretary of Commerce, that the United States is represented in the development of international standards and recommendations affecting information technology. These responsibilities may also require the Secretary to consult, as appropriate, with affected domestic agencies, organizations, and other members of the public.

c) Department of Commerce. The Secretary of Commerce must:

(a) Develop and issue Federal Information Processing Standards and guidelines necessary to ensure the efficient and effective acquisition, management, security, and use of information technology, while taking into consideration the recommendations of the agencies and the CIO Council;

(b) Advise the Director of OMB on the development of policies relating to the procurement and management of Federal telecommunications resources;

(c) Provide OMB and the agencies with scientific and technical advisory services relating to the development and use of information technology;

(d) Conduct studies and evaluations concerning telecommunications technology, and concerning the improvement, expansion, testing, operation, and use of Federal telecommunications systems, and advise the Director of OMB and appropriate agencies of the recommendations that result from such studies;

(e) Develop, in consultation with the Secretary of State and the Director of OMB, plans, policies, and programs relating to international telecommunications issues affecting government information activities;

(f) Identify needs for standardization of telecommunications and information processing technology, and develop standards, in consultation with the Secretary of Defense and the Administrator of General Services, to ensure efficient application of such technology;

(g) Ensure that the Federal Government is represented in the development of national and, in consultation with the Secretary of State, international information technology standards, and advise the Director of OMB on such activities.

d) Department of Defense. The Secretary of Defense will develop, in consultation with the Administrator of General Services, uniform Federal telecommunications standards and guidelines to ensure national security, emergency preparedness, and continuity of government.

e) General Services Administration. The Administrator of General Services must:

(a) Continue to manage the FTS2001 program and coordinate the follow-up to that program, on behalf of and with the advice of agencies;

(b) Develop, maintain, and disseminate for the use of the Federal community (as requested by OMB or the agencies) recommended methods and strategies for the development and acquisition of information technology;

(c) Conduct and manage outreach programs in cooperation with agency managers;

(d) Be a liaison on information resources management (including Federal information technology) with State and local governments. GSA must also be a liaison with non-governmental international organizations, subject to prior consultation with the Secretary of State to ensure consistency with the overall United States foreign policy objectives;

(e) Support the activities of the Secretary of State for liaison, consultation, and negotiation with intergovernmental organizations on information resource management matters;

(f) Provide support and assistance to the CIO Council and the Information Technology Resources Board.

(g) Manage the Information Technology Fund in accordance with the Federal Property and Administrative Services Act, as amended;

f) Office of Personnel Management. The Director, Office of Personnel Management, will:

(a) Develop and conduct training programs for Federal personnel on information resources management, including end-user computing;

(b) Evaluate periodically future personnel management and staffing requirements for Federal information resources management;

(c) Establish personnel security policies and develop training programs for Federal personnel associated with the design, operation, or maintenance of information systems.

g) National Archives and Records Administration. The Archivist of the United States will:

(a) Administer the Federal records management program in accordance with the National Archives and Records Act;

(b) Assist the Director of OMB in developing standards and guidelines relating to the records management program.

h) Office of Management and Budget. The Director of the Office of Management and Budget will:

(a) Provide overall leadership and coordination of Federal information resources management within the executive branch;

(b) Serve as the President's principal adviser on procurement and management of Federal telecommunications systems, and develop and establish policies for procurement and management of such systems;

(c) Issue policies, procedures, and guidelines to assist agencies in achieving integrated, effective, and efficient information resources management;

(d) Initiate and review proposals for changes in legislation, regulations, and agency procedures to improve Federal information resources management;

(e) Review and approve or disapprove agency proposals for collection of information from the public, as defined by 5 CFR 1320.3;

(f) Develop and maintain a Government wide strategic plan for information resources management.

(g) Evaluate agencies' information resources management and identify cross-cutting information policy issues through the review of agency information programs, information collection budgets, information technology acquisition plans, fiscal budgets, and by other means;

(h) Provide policy oversight for the Federal records management function conducted by the National Archives and Records Administration, coordinate records management policies and programs with other information activities, and review compliance by agencies with records management requirements;

(i) Review agencies' policies, practices, and programs pertaining to the security, protection, sharing, and disclosure of information, in order to ensure compliance, with respect to privacy and security, with the Privacy Act, the Freedom of Information Act, the Computer Security Act, the GPEA, and related statutes;

(j) Review proposed U. S. Government Position and Policy statements on international issues affecting Federal Government information activities, and advise the Secretary of State as to their consistency with Federal information resources management policy.

(k) Coordinate the development and review by the Office of Information and Regulatory Affairs of policy associated with Federal procurement and acquisition of information technology with the Office of Federal Procurement Policy, and policies regarding management of financial management systems with the Office of Federal Financial Management.

(l) Evaluate agency information resources management practices and programs and, as part of the budget process, oversee agency capital planning and investment control processes to analyze, track, and evaluate the risks and results of major capital investments in information systems;

(m) Notify an agency if OMB believes that a major information system project requires outside assistance;

(n) Provide guidance on the implementation of the Clinger-Cohen Act and on the management of information resources to the executive agencies, to the CIO Council, and to the Information Technology Resources Board; and

(o) Designate one or more heads of executive agencies as executive agent for government-wide acquisitions of information technology.

10. Oversight:

a. The Director of OMB will use information technology planning reviews, fiscal budget reviews, information collection budget reviews, management reviews, and such other measures as the Director deems necessary to evaluate the adequacy and efficiency of each agency's information resources management and compliance with this Circular.

b. The Director of OMB may, consistent with statute and upon written request of an agency, grant a waiver from particular requirements of this Circular. Requests for waivers must detail the reasons why a particular waiver is sought, identify the duration of the waiver sought, and include a plan for the prompt and orderly transition to full compliance with the requirements of this Circular. Notice of each waiver request must be published promptly by the agency in the Federal Register, with a copy of the waiver request made available to the public on request.

11. Effectiveness: This Circular is effective upon issuance. Nothing in this Circular will be construed to confer a private right of action on any person.

12. Inquiries: All questions or inquiries should be addressed to the Office of Information and Regulatory Affairs, Office of Management and Budget, Washington, D. C. 20503. Telephone: (202) 395-3785.

13. Sunset Review Date: OMB will review this Circular three years from the date of issuance to ascertain its effectiveness.